U0135924

強力陰陽線 [完整版]

Candlestick Charting Explained:

Timeless Techniques for Trading Stocks and Futures

[3rd Edition]

Gregory L. Morris / Ryan Litchfield / 著

黃嘉斌 / 譯

寰宇出版股份有限公司

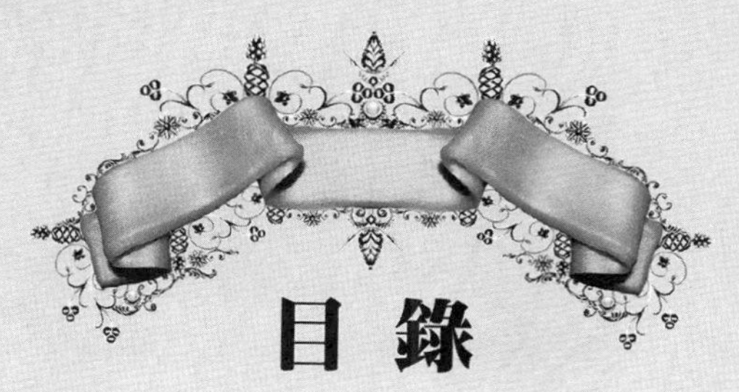

目錄

發行人的話

「讀書的目的，是為了讀更好的書。」這句話時常浮現我的腦海。每當走入誠品書店，我都期待能發現一本好書，滿足我讀書的目的與渴望。曾幾何時自己搖身成為出版人，「出好書是你的責任」這句話反成了我的棒頭喝。我出身於金融操作領域，早期市場沒有多少投資書籍可讀，更不知何謂經典，無奈之下興起自己尋書翻譯與大眾共享的念頭。我們這群算是初代的財務顧問，從事金融投資的夥伴，原是為反對老闆發行雜誌刊物，才另起爐灶自立門戶，怎料自己會踏入出版的泥坑。

從一開始的外行走到行內，從委銷轉為自銷、常銷，一路走來與典型出版業大相逕庭；其中秉持兩項理念：一是要尋最好的經典之作出版，二是我們不靠出版來養活自己。有人曾說：「打架最懼不怕死的，賭博就畏不怕輸的。」此中最能道出寰宇存續的硬道理，怎知一路走來竟愈行愈順，不斷朝著專業之路邁進。雖說時代在變，科技在進步；但書仍是書，書是作者思想靈魂的結晶體，科技再進步也只能改變閱讀的方式，無法取代人的思想與靈魂。

寰宇出版已累積近三十年的珍貴資產，也形成一代接一代的傳承記憶；縱有人已退隱江湖不問世事，仍有人身在場內奮戰不懈，我相信寰宇始終陪伴著這些前輩後進。不要忘了好書絕對值得一讀再讀，它能在每場投資戰役中提供新的能量、扮演最佳參謀，讓參與者不再覺得孤軍奮戰。

我想寰宇存在的目的，無非是希望在浩瀚的出版界中，開拓出一塊純屬財經投資人的淨土，它不該淪落為一般出版商的小配角。對任何愛好投資又熱愛閱讀者，我可以這麼說，寰宇本該是屬於諸位的出版公司，我們何其有幸，能創設擁有這樣的出版公司。

回首我三十年的投資操作生涯，雖不盡完美，但也未劃下句點，當中我很少後悔苦惱，自我反思原因在於，無論面臨什麼狀況，我皆能安然地處於當下，即使身陷困境，我也堅持做對的事，不問結果，盡我所能。我常與年輕朋友分享，投資陷入困境屢見不鮮，如何脫困則是一種技能，不是常識亦非知識；知而不做、不會做都是枉然。若有智慧，絕不要讓自己陷入萬劫不復的境地，這是我從書裡經常得到的啟示。凡事覺得對就要確切執行，多做多經驗，對判斷力有絕對的幫助，要知道，判斷力是投資成敗的關鍵。

在此，我想建議投資者，藉著讀好書來共勉：

第一，提高投資的品質

許多投資者都認為，投資的本質就是賺與賠，過多的思慮會導致分心，反讓投資失去焦點；然而，單只聚焦於輸贏，不知不覺中會使你成為賭徒！投資操作若持平常心，身段可以安然優雅，如同圍棋高手執子對弈，論策略、談佈局、思突破、慎收官，輸贏倒是兵家常事。談到投資，如李佛摩所言：「機會是靠等待來的。」但出場時別忘了邱吉爾的名言：「酒店關門時，我一定會離開。」日本經營之聖稻盛和夫亦有句令人無法忘懷的語錄：「人存在的意義，就是不斷地提升內在的品格，直到你離開世界的那一天。」對投資者而言，要鍥而不捨地提升投資品質，日復一日，直到你揮別這個市場。我相信這得依靠不斷閱讀才可能進行。

第二，讓投資的過程更顯豐富、獲利更具說服力

如果有人中了樂透成為億萬富翁，一輩子不愁吃穿，緊接著卻不知為何而活；捫心自問即使你願意，但這真的是你所渴望？若是我，沒有因由與過程的財富，我毫無興趣，也不想取得；理由很簡單，投資的樂趣在於過程，有過程才有成就感，跳過這一關，任何財富都將失去意義。

金融投資就是歸納別人的成敗經驗，搭配自己的分析研究，進而創造出甜美的果實，經歷這過程才足以吸引人，而閱讀是其中最不可或缺的環節。我常與朋友提起，如果擁有這麼多的財富，卻無法在兒女面前道出掙來的過程，倒不如平淡一生好。有人在股市中散盡家產還負債累累，憤而立誓不許兒女操作股票。在我看來，這既可憐又矯枉過正，真正重點應是奉勸多讀些投資書籍，知曉專業者如何面對股市，以培養正確心態。

第三，讓投資成為分享的人生

一本好的財經書藉，大都出自願意分享的操作者或系統研究者。成功的投資者，除擁有傲人的財富外，更擁有豐富的操作經驗。我看過許多國外經典的投資操作回憶錄或自傳，作者無不把畢生功力展露無遺，猶如大方捐贈舉世名畫的收藏家。

分享代表一個人的自信與富足；物質的豐富不表示內心的富有，投資者窮其心力追逐財富，不經意間卻讓心靈陷入貧乏之境，內外落差易使人成為「有錢的窮人」；分享則是身心靈平衡的要素，也是快樂的泉源。

我要感謝前寰宇出版總經理，也是我的至好同學陳志鏗先生，協助我掌理近十年的出版業務，也分擔了許多行政工作，讓我安心於投資領域。更要感謝一群財經界的朋友，不吝分享他們的大作，使寰宇出版的資源得以聚沙成塔。對於長期支持寰宇的忠實朋友們，我們獻上最誠摯的感謝！

我們會繼續努力，將更好的內容與服務呈現給各位，再次謝謝你們！

寰宇出版發行人

江聰亮

推薦序1

活用K線理論賺錢術

市面上充斥著K線書籍，這說明了K線技巧對於投資判斷具有高度的有效性。但是，為何很多散戶投資人學會K線技巧後，看到反轉型態出現時，買了總是再破底，賣了卻持續漲？那是因為功夫只練到入門，未再深入。首先您必須瞭解K線運用的優劣勢，善用優勢，避開或解決劣勢。K線的最大優點在於能快速找到轉折點，最大缺點在於反轉處是大中小波段的哪一種分不清。第二大優點是藉由K線型態能清楚透視市場背後參與者的動態，第二大缺點則因K線型態扭曲的影響，產生的雜訊造成誤判。這些重點都在本書「第10章陰陽線交易」中，以圖例案例做說明。

相較於市面上的K線書籍，這本書有什麼特點？必讀的要點有八點：1.藉由圖示簡單清楚說明基礎入門技巧。2.圖示範例多，易讀易懂。3.每種K線型態都有合成與確認說明。4.K線結合軟體運用。5.各種K線型態藉由軟體統計計算有效性。6.實戰活學活用案例多，有助於學習實際投資技巧。7.K線與所有其他分析方法綜合運用。8.深入淺出，適合入門者，也適合進階修習。

K線理論在投資技巧上扮演著什麼角色？技術分析上有一大派系，英文講Chart Pattern Recognition中文翻譯成「型態學」，狹義講泛指三角形與頭肩頂等連續型態與反轉型態，Chart Pattern是指型態或圖形，廣義講是指運用圖形辨識來判斷未來走勢的技巧，分爲三種：1.型態學（初階），2.K線理論（進階），3.波浪理論（高階）。1.型態，例W底反轉「型態」。2.K線，例烏雲罩頂反轉「型態」。3.波浪，例上漲五波下跌三波，八波基本「型態」。請注意這三種圖形辨識技巧中都有「型態」二字。K線技巧於此做了承先啓後的功能，同時由於K線具有快速找到轉折點的優勢，故是短線操作無法替代的法寶。

15年前，個人在美國經《操作生涯不是夢》作者的大力推薦下，買了本英文版的《強力陰陽線》，閱讀完後至今仍深深地影響著我，在寰宇出版開的課程中，很多上過探金K線課程的學員，對於個人在K線型態中說明「分解與合成」，以及解讀型態「確認」的印象深刻。另外在探金選股課程中，運用K線型態程式選股，選出的個股都是眼睛爲之一亮的標的。這些功夫都是源自《強力陰陽線》這本書。

1992年一版的《強力陰陽線》，在1995年出版二版，大綱內容大致沿襲一版，三版的《強力陰陽線（完整版）》在2006年出版。本書爲三版，書中新增加了兩章，「第8章陰陽線型態績效」中統計比較14種技術指標，驗證陰陽線型態的可靠性與有效性，另一章「第10章陰陽線交易」，則以79個圖例案例說明K線的活用實戰技巧。相較一二版，本書增加超過百頁以上的活學活用案例，值得一讀再讀。

什麼樣的書值得一讀再讀？這本書從一版至三版歷經15年，經過許多專家強力推薦，亞馬遜網站書店中讀者投票的書評結果近五顆星，個人手邊買的寰宇出版中文書《強力陰陽線》是2007年4月初版25刷。一本經過長時間考驗與大家認同的書，就是一本值得一讀再讀的好書。

學習投資技巧過程中，好書讓您事半功倍。本書爲寰宇出版第300號書，個人認爲寰宇出版選擇此書來慶祝第300本書的誕生別具用心，慎選好書的意義重大。感謝寰宇出版給我這個榮幸，樂爲推薦序文。

財經投資作家與專業講師

齊克用

推薦序 2

知識轉化成爲操作智慧

幾乎每位投資人都會經歷市場給予的慘痛教訓，部分投資人因此開始尋找能夠在市場中求生存的方法，大量的閱讀相關書籍，藉此獲得基本分析與技術分析的相關知識，可以說是最直接且簡單的選擇，而最先接觸的技術分析技巧，往往是K線理論。

K線理論源自於日本酒田戰法，藉由陰陽變化，織起連綿不絕的價格波動，投資人可以依據K線組合與相對位置的判斷，擬定可靠的操作策略。因此個人在經歷市場的教訓後，與眾多投資人一樣，開始尋找技術分析的助力，而在選擇陰陽線的參考書籍時，先是博覽群書，但卻發現「不是所有書都是知識，不是所有知識都是智慧」，最後蹲在書局角落，挑到書頁已經略微泛黃的《強力陰陽線》。

這本書的內容，從K線型態認識、法則辨認、走勢確認與操作者所蘊涵的心理，娓娓道來，使投資人理解並體會在市場中運用的關鍵法則，讀來倍覺興味十足，愛不釋手。經過幾次仔細反覆閱讀後，深深覺得《強力陰陽線》這本書，確實能夠協助我們認識K線走勢的變化，並且在深入思考後，能將知識轉化成爲操作智慧，所以個人極力贊同本書是陰陽線分析領域中的經典作品之一，値得投資人珍藏。

寰宇出版社此次不惜工本，將《強力陰陽線》的第三版——《強力陰陽線（完整版）》翻譯出版，其內容豐富的程度更甚於前兩版，無論是否已經擁有前兩版書籍的讀者，《強力陰陽線（完整版）》値得讓大家再度擁有它、學習它，並且將理論化諸爲行動在市場實踐它。

「學習最大的目的在於行動，而不是獲得知識」，期與所有投資人共同努力。

黃韋中

前 言
（第2版）

我喜歡收藏第一版書籍，尤其是1900年之前出版的天文學相關書籍，譬如：波奇瓦・勞威爾（Pecival Lowell）的經典著作《火星》（Mars），第一次公開談論這個紅色星球上存在生命的可能性（激發朱立斯・弗尼〔Jules Verne〕的靈感而寫了《世界大戰》〔The War of the Worlds〕一書），而1852年出版的一本奇書，甚至宣稱天文學家威廉・赫塞爾（William Hershel）透過天文望遠鏡看到月球上的羊群。

我的收藏還包括大約200本經濟書籍，這些書籍的作者都是我多年來曾經訪問過的。譬如說，我所收藏的《購併狂熱》（Merger Mania），內頁有作者伊凡・波斯基（Ivan Boesky）的親筆簽名，幾年前評估的價值高達$200。

可是，就我個人而言，我最喜歡的一本書，是有關道瓊工業指數和運輸指數的走勢圖，這本老舊圖譜的資料，可以回溯到1896年12月18日，也就是現代道瓊工業指數誕生的日子。（問個小問題：道瓊工業指數第一個交易日的收盤價格是多少？答案：38.59。）當時，道瓊工業指數只有12支成分股，運輸指數（也稱爲鐵路指數）有20支成分股。

這本圖譜是1985年秋天，某位住在維吉尼亞州的90歲老翁送給我的。

他告訴我，「自從1920年代初期以來，我就一直對於股票市場很感興趣，但始終沒有積極介入。我歷經了1929年的股市大崩盤，還有隨後的經濟大蕭條，後者顯然能夠『緩和』高亢的熱情。」

「年屆90，現在的活動都侷限於『成長型』股票和安全型投資，不再涉及投機活動。」因此，他問我，是否對於這本圖譜有興趣。

我當然有興趣，我欣然接受這本書，並且拿喬・葛蘭威爾（Joe Granville）的一本親筆簽名書跟他交換。

這本圖譜的初版是由羅伯・李（Robert Rhea）在1931年出版的，他是道氏（Charles Dow）的忠實信徒，也是最早期的「道瓊理論」技術分析專家。

我所擁有的版本，涵蓋期間是1896～1948，每頁記錄這兩種股價指數的一年交易資料。

這是一本暗綠色的大型手冊，有11英吋長，18英吋寬，厚實的紙板封面由幾根生鏽的螺絲釘裝訂成冊。

我每隔一陣子都會翻翻這本圖譜，很喜歡其單純的架構。每天收盤價都很仔細地標示爲一個小橫畫。

圖譜上沒有什麼新奇的玩意兒。沒有盤中最高價和最低價的紀錄，沒有趨勢線，沒有圈叉圖；只有每天交易的最單純紀錄。

1899年12月，市場曾經發生大恐慌，股價指數在短短13個交易日之內，由76點暴跌到58點。

1914年7月到12月之間，股票市場因爲第一次世界大戰而意外宣布休市。繪製當年圖譜的那一頁，有一半是空白的。

1929年，股票市場行情在9月3日出現最高價，道瓊工業指數攀升到381.17點。3年之後，當股票市場在1932年7月份見底時，道瓊工業指數爲41.22。

對於我來說，這本圖譜的意義相當重大，書中談到一些歷史，若干數學，還有一些經濟對策和心理描述。它教導我許多以往我視之爲巫毒的紀律。

好的記者應該對他們所報導的故事，抱持開放的態度。譬如說，政治記者既不該是共和黨員，也不該是民主黨員。成功的財金記者應該避免抱持多頭或空頭的立場。同時，他們也應該熟悉基本分析和技術分析。

我記得，我第一次訪問股票技術分析師，是在1981年秋天。當時，我對於經濟新聞還是新手。這位分析師談到34天期和54週期的市場循環、頭肩底型態、楔形排列…等。我認爲，這些玩意兒根本是一派胡言，直到1982年夏天多頭市場發動之後，我才恍然大悟；當時，基本分析師還在哀悼經濟衰退無法平復。這個時候，我終於發現技術分析確實有幾分道理

葛雷・莫里斯教導我很多關於技術分析的知識，雖然他自己並不知道這點。事實上，更精確來說，一切都是他開發之軟體（N-Squared software）的功勞。1980年代中期的若干年內，我每天把紐約證交所的漲跌家數和收盤價資料，透過手工方式輸入電腦。我就是使用這套軟體繪製圖形和趨勢線。（當時，我還不知道什麼是數據機，也不知道如何直接下載資料。）

緩慢而痛苦的學習程序，讓我對於市場產生了微妙的感覺。在電腦螢幕上研究那些重複發生的價格型態，確實有助於瞭解市場供需和群眾心理。

我自認爲瞭解如何從事技術分析。可是，技術分析究竟是爲什麼有效的原因，則讓我覺得非常困擾。舉例來說，我瞭解支撐／壓力的供需意涵，也能夠體會旗形排列和底部墊高背後的理論。可是，對於造就技術分析之所以能夠發揮作用的根本力量，仍然令我吃驚：某種無形力量促使技術分析師在不知不覺的情況下，把市場人格化。他們會說，市場累了。或說，市場試著告訴我們這個或那個。市場總是比報紙更早得知新聞。

我認爲，所謂「某種無形的力量」，就是市場的人性層面，這也是一般美國技術分析師所忽略的。技術分析畢竟是科學與藝術的混合。可是，太多技術分析師存在著數學盲點，並且將其歸咎於電腦。沒錯，走勢圖反映的是數據之間的關係，但它們所描述的也是人類的感知和行爲。

進入阪田的陰陽線領域，我們在此發現了美國技術分析高度量化的推論方法，融合著日本哲學的直覺幽雅。葛雷・莫里斯在其著作內，深入探討這股迷人的繪圖風格。

我認爲，日本陰陽線將是90年代技術分析的完美形式。我也同意作家John Naisbett和Patricia Aburdene的看法，在其暢銷書《2000年大趨勢》（Megatrends 2000）一書內，他們表示我們正朝著精神時代前進。當然，這並不必然代表我們將邁入純然的信仰時期，但我們會發展出一種預知未來的微妙能力。這將會是一種混合著東方哲學和西方實踐的時代，而不是新時代的戲法。

這些見解也適用於陰陽線分析。這套系統既精準、又迷人，譬如說，「紙傘」或「紡錘」等型態，其名稱不只能夠精準傳達價格型態，而且也能夠反映市場心理。

可是，還是讓葛雷・莫里斯在此接手後續的故事吧。我希望那位90歲的老朋友能夠讀到這本書。

我相信他會喜歡的。

Bill Griffeth, Anchor
Strictly Business, CNBC
Park Ridge, NJ

前言
（第3版）

我在21歲的時候踏進金融投資圈子，時機是再恰當不過了。1982年6月，我成立第一個辦公室，就在兩個月之後，股票市場展開長達18年的大多頭行情（顯然地，這段大行情是爲了配合我的開業而發生的）。當時，我很年輕，而且無所不知——至少我自認爲如此。可是，隔不了多久，我就發現自己不只不是無所不知，甚至還知道得很少。投資界是個很大的場所，而且沒有所謂的唯一正確做法。很多點子或策略都很棒，但沒有絕對完美的東西。

就21歲來說，我認爲自己蠻老成的，但很慶幸地——抱著這種看法的人並不多。很少人會排隊等候一個小鬼提供投資建議，這當然是好事，因爲這讓我比較沒有機會造成傷害。

年輕有個好處，心胸比較開放，而且我很幸運能夠打從開始就自己創業，所以不需接受大型證券商的傳統訓練。沒有人會對我洗腦，沒有人說服我相信他們的做法是唯一正確的方法，所以我沒有很多偏見，可以聽取各方的意見，學習任何值得學習的東西。套句南方的諺語，「我還沒有選定自己的路。」

由於生逢史無前例的大多頭行情，1987年大崩盤是我經歷的第一次重大挫折。黑色星期一的影響雖然很短暫，但在情緒上、

心理上則是一大震撼，至於隨後發生的空頭市場，很快就變成那些主張買進-持有策略之投資家用以證明其見解「正確」的根據：任何修正都是買進機會，空頭市場沒能持續很久，股價很快就回升了。我成為這種想法的忠實信徒。

1990年開始的空頭市場，雖然類似1987年的情況——時間很短，股價在不到一年的時間就回升了——但對我而言，則全然不同，因為我當時已經有眞正的客戶、管理眞正的資金！人們問我有關投資組合風險管理的眞正問題，而我對於這些問題則完全沒有答案。就在這種情況下，我的雷達螢幕上出現了技術分析。

1991年，唐・畢斯利（Don Beasley）和我成立了後來的PMFM公司，這是一家登記有案的投資顧問公司，運用技術分析方法管理資金。我們的目標是提供合理、穩定的投資報酬，避免如同買進-持有策略一樣發生劇烈波動的盈虧。

當時，技術分析並非「主流」，因為對於經紀商或投資顧問公司來說，買進-持有策略要簡單多，但自從最近這波空頭市場以來，投資人終於開始注意技術分析了。2000年到2002年之間，市場出現狂暴的空頭市場，徹底吹毀了1982年以來股票市場流傳的所有「眞理」。這波空頭行情並不短暫；股價暴跌20%仍然不代表買進機會；整體傷害相當嚴重。現在，距離股票市場開始下滑的時間已經五年，但很多股價指數仍然還沒有扳平呢！很不幸地，唯有歷經景氣大蕭條以來的最嚴重空頭市場洗禮，技術分析才能引起投資人該有的重視，但也很慶幸我們能夠始終運用這套方法照顧客戶的資金，即使在這最低迷的三年期間內，仍然可以幫客戶賺錢。

過去十年來，我逐漸體會技術分析領域的範圍有多大。實在有太多可行的模型和方法——有些很基本，有些很複雜——但最終它們都只不過是優秀技術分析者的交易工具而已。我們都喜歡自己熟悉的東西，或許這也是日本陰陽線始終沒有受到重視的緣故。乍看之下，這套方法似乎很晦澀、神秘，甚至不可理解；然而，現在不再如此了！

葛雷・莫里斯是很有才華的技術分析師，也是很棒的作家；在他的引導之下，日本陰陽線被賦予新生命。我們很高興葛雷能夠加入PMFM公司陣營。本書提供的知識很清楚、易於瞭解，而且——更重要者——很容易運用。不論你是管理客戶資產的專業人員，或是照顧自己資金的個人投資者，本書都是學習日本陰陽線的最佳指南，讓你成為更棒的投資人／交易者。

Tim Chapman

PMFM.com

序

（第2版）

對於股票和商品市場的時效判斷和分析，日本陰陽線繪圖方法和分析技巧，絕對是一種可行而有效的工具。這是相當大膽的陳述，尤其是現在市面充斥著各種技術分析方法。關於日本陰陽線，長期以來存在的唯一問題，就是——除了尼森的作品之外——沒有足夠的資訊。本書不只可以解決這方面問題，而且也能激發人們對於陰陽線研究的好奇心。

日本陰陽線可以讓使用者洞察當前市場的心理狀態。日本陰陽線背後並沒有隱藏著什麼古老、神秘不可解的東西。可是，它們確實代表一種強而有力的分析方法，能夠用來掌握股票和期貨市場的時效。陰陽線已經有數百年的使用歷史，其效力歷經最嚴苛的時間考驗。陰陽線如果結合其他技術指標一起使用，更能夠提升其功效。

令人遺憾的，這套健全的分析方法引進西方時，所使用的名稱是「燭形線」（candlesticks），而不是更適當、更吸引人的術語，譬如：「阪田兵法」（Sakata's Methods）或「阪田五法」（Sakata's Five Methods）。當陰陽線引進西方之初，重心如果擺在闡釋日本古代的分析技術阪田兵法，我相信這套方法會更快、更普及地被接受。可是，所有這一切都雖然不會改變日本陰陽線對於技術分析所做的貢獻，但起碼可以避免許多不必要的誤解。

1992年1月，我完成了在日本和竹廣引田（Takehiro Hikita）先生爲期一週的討論研究，他是位獨立而活躍的期貨交易者。待在他家裡作客的期間，我們徹底討論陰陽線分析相關的日本文化。他淵博的知識和對主題的投入，不但讓我的學習變成一種享受，而且非常周全、徹底。在我學習各種型態概念的過程中，他堅持我必須瞭解根本的心理層面。但願我已經把這些珍貴的資訊彙整到本書內。

本書所談論的，不只是基本概念而已，也提供了有關如何識別和運用陰陽線型態的詳細資訊。本書做了完整的分析，歸納明確的辨識方法，使得各位判斷陰陽線型態的過程中，絕對不會有模稜兩可的情形。除了徹底討論各種型態之外，我們也會探討這些排列背後的根本哲學，讓各位能夠眞正掌握陰陽線分析的精神，清楚如何運用相關技巧於時效判斷和各種策略。陰陽線型態需要透過一般人都能理解的參數來界定，而且能夠運用於日常交易分析。可是，關於型態的定義或解釋，還是允許有某種程度的彈性的。

陰陽線分析應該設法排除主觀判斷的成分，這也是本書致力的目標之一。處理陰陽線分析的過程中，多數人都認爲，型態排列應該擺在當時的市況背景內做判斷。這種說法雖然是正確的，但也經常成爲不想對於型態判斷做進一步研究的藉口。

討論統計檢定和評估的章節裡，將徹底說明相關檢定引用的假設和所有細節資料。對於股票、期貨和股價指數，我們都做了

嚴格的統計檢定。某些檢定結果相當令人意外，但多數結果都符合預期。本書列舉了所有的結果供各位運用和研究。

閱讀一頁頁有關市場價格型態的詳細資料，探討自己原本應該或可以如何反應，大概沒有什麼比這個更累人的事情了。市況眞正發生時，如果當時能夠精準辨識價格型態，想必就能做正確的反應；這類的檢討似乎是蠻徒然的，而且也沒有太大意義。本書的圖例只是學習陰陽線型態的工具而已。這些圖例絕對有助於辨識實際資料內發生的型態。

關於日本陰陽線的分析功能或時效判斷能力，如果我有些許懷疑的話，就不可能進行這項計畫。過去15年來，我幾乎閱讀了技術分析方面的所有相關書籍，使用過每種技術指標，追蹤許多分析師的方法，甚至和N-Squared Computing合作發展技術、經濟分析軟體。請相信我，如果陰陽線只是曇花一現的玩意兒，那我根本不會考慮寫這本書。

我覺得，用最直接的方式寫書，應該是最容易被接受，也是最具說服力的。當我買本書而想學習新技術，我最喜歡教科書方式的講述。所以，本書就是採用這種格式編寫。

本書不只介紹和解釋日本陰陽線的所有內在運作，也可以做爲參考手冊而供日後查閱。每種陰陽線型態都透過標準格式做定義和解釋，所以查閱上很方便。我也會引進一種稱爲「陰陽線過濾」（candlestick filtering）的方法；根據我的研究，這種方法有助於辨識型態。由於能夠提供未來分析研究更堅實的基礎，所以各位將見到這套方法會愈來愈受歡迎。

日本陰陽線分析如果配合其他技術方法或市場指標一併運

用，應該可以顯著改善操作績效，以及各位對於市場行情的理解。即使各位只運用陰陽線來繪製價格走勢圖，也會很快就發現這是不可或缺的工具。陰陽線走勢圖、陰陽線型態分析，以及陰陽線過濾方法，這些工具將讓各位享有優勢，提升各位對於市況發展的瞭解和操作績效。

所以，學習陰陽線繪圖和分析方法，好好使用這方面的知識，享受其帶來的成果。

葛雷・莫里斯

德州，達拉斯

1992

序

（第3版）

本書第2版的序言仍然適用於此版，只有下列少許變動與附加說明。

自從1992年本書第1版發行以來，又出現幾種新的陰陽線型態。原始的日本陰陽線中，很多只有多頭或空頭型態，不存在對應的型態（換言之，不是多、空兩種型態皆有）。

本版填補了這方面的空缺，另外增添幾種新型態。經年累月地研究陰陽線型態，久而久之，就自然會瞭解新型態是如何產生的。這些對應型態和新型態都是由諾斯系統的史帝夫・諾斯（Steve North of North System）提出的。各位如果在其他書籍或論文上看到這些新型態，務必要詢問相關的資料來源。

所以，經過了14年，有什麼變化呢？電腦變得更普及；某些電腦運算能力的成長速度甚至不受摩爾定律（Moore's Law）規範。現在，股票資訊供應商幾乎都提供開盤價。1992年的情況當然不是如此，如同本書第6章談到的。目前，很多網站都提供股價圖形分析方面的服務，譬如：StockCharts.com，使得投資人和交易者幾乎不需要訂閱軟體服務；唯一需要的只是網路瀏覽器。可是，除了日線資料之外，我發現陰陽線型態分析運用於盤中價格資料仍然有困擾。日本人非常強調當天收盤到隔天開盤之間的時間間隔，這對於投資人心理的醞釀和發酵很重要。

對於10分鐘走勢圖來說，某線形收盤到次一支線形開盤之間，只有剎那功夫；如此短暫的時間，投資人心理顯然沒有辦法醞釀或發酵。

又有哪些東西是沒有變動的呢？我仍然看到某些使用者似乎忘了陰陽線型態分析的最基本前提：你必須先判定市場當時的趨勢，然後才能開始辨識陰陽線型態。如果行情當時並不處於下降趨勢，怎麼可能會出現多頭反轉型態呢？

務必記住，陰陽線所分析的短期投資心理，是建立在市場趨勢的基礎上。

我仍然聽到或看到某些分析師過份渲染陰陽線分析的功能。這不是什麼魔術或奇蹟，更不是一夕致富的聖杯；陰陽線只是運用於市場分析和交易的另一種短期工具。陰陽線型態分析永遠應該與其他技術方法配合使用。

本書第3版提供了更多有關陰陽線型態相對於其他技術指標之預測成功率的資料。另外，關於本書第1版談到的陰陽線過濾概念，本版也補充了一些統計資料。

關於陰陽線預測適用的期間長度，我現在的看法，變得更短了。我在本書第1版曾經提到，陰陽線型態預測可以相當可靠地涵蓋9個交易日。現在，我強烈認爲，凡是超過5天，陰陽線型態的任何預測都純屬巧合。假定陰陽線型態預測股票市場即將展開有史以來最大規模的多頭行情。這種情況下，多頭行情並不是由陰陽線型態分析造成的，陰陽線型態分析只能協助辨識市場行情。

最後，本版新增添一整章的內容，這是由萊恩・李奇費爾特（Ryan Litchfield）提供的。如果各位是短線交易者，一定會喜歡第10章。如果你不是短線交易者，也同樣會喜歡第10章。

葛雷・莫里斯

喬治亞州，Big Canoe

2006

謝詞

本書之所以得以完成，做出貢獻的人很多。所以，我應該從何說起呢？想要回答這個問題，困難度恐怕還要超過寫這本書。

人不能忘本。因此，對於我所成就的一切美好事物，都應該要感謝我的父母德萊特和瑪麗・莫里斯。至於一切不好的事物，則必然要歸咎於我在美國海軍擔任飛行員的6年期間。

我很幸運能夠擁有最棒的妻女。編寫本書的過程中，她們的支持讓我感激莫名。

諾門・挪斯（Norman North）從生意伙伴變成了好朋友。他的睿智意見是我經常仰賴的倚靠。事實上，如果沒有他，本書絕對不可能完成。史帝夫・挪斯（Steve North，諾門的兒子）協助我整理本版新增內容。

感激竹廣引田（Takehiro Hikita）先生，他慷慨邀請我訪問日本，並安排我住在他家，協助我瞭解許多有關陰陽線的日本式解釋方法。1992年，我專程前往日本鑽研陰陽線分析，這個經驗非常珍貴。他對於陰陽線型態分析的知識，也藉由本書得以傳達。

索特資產管理公司（Salter Asset Management）的隆恩・索特（Ron Salter）經常提供有關經濟和市場狀況的意見給我，他的看法非常睿智，而且總是正確居多。我感謝他允許我從其客戶的信函中，引用一些評語。

史帝夫・尼森（Steve Nison）是把日本因陽線介紹給西方的先驅，其貢獻是無庸置疑的。由「紐約金融學院（New York Institute of Finance / Simon & Schuster）出版的《陰線陽線》（Japanese Candlestick Charting Techniques，由寰宇出版）是本經典作品，提供讀者有關因陽線的豐富歷史背景和分析方法。西方世界當今使用的各種陰陽線型態名稱，有許多是由尼森創造的。西方世界目前講述的許多陰陽線概念，都可以回溯到尼森的著作，而且這些概念都被陰陽線分析愛好者普遍接受，所以本書也不打算改變此事實。

第一本翻譯爲英文的日本陰陽線書籍，是日人阪田（Seike Shimizu）所寫的《日本走勢圖》（Japanese Chart of Charts）。本書提供了有關陰陽線型態的寶貴資訊及各種解釋。這本書的翻譯者是葛雷・尼可森（Greg Nicholson）。另一本有關日本陰陽線的珍貴參考書籍，是「日本技術分析協會」（Nippon Technical Analysis Association）在1988年出版的《股價分析》（Analysis of Stock Price）。

我要感謝齊普・安德森（Chip Anderson）和StockChart.com的所有工作者，他們協助編排本版使用的新圖形。尤其要感謝凱麗・厄蘭德森（Kellie Erlandson）把書稿轉換爲可用的格式，而且每當我要做某種更改時，她從來不抱怨。另外，我也要感謝愛德格・伊賽多（Edgar Isidro）把書稿重新編排爲微軟Word的格式。由於本書第一版是完成於1991年，我想當時一定是使用目前已經不復存在的某種文字處理軟體。

感謝傑森・霍康（Jason Holcombe）幫我查閱所有日文資料文獻，搜尋新的陰陽線型態，以及新型態的英文翻譯。

感謝雷蒙・佛克（Raymond Fowkes）運用其專業技巧編制微軟Excels的表格，把各種統計資料轉換爲本書第3章、第4章的「型態細節資料表」。

我要特別感謝萊恩・李奇費爾特（Ryan Litchfield），他對本書新版的貢獻良多。萊恩對於市場和交易有著特殊的見解，我們的合作對於本書有很大的幫助。讀者應該會很喜歡本書新增添的第10章。

至於本書可能存在的任何錯誤或疏失，我覺得很遺憾，當然也應該負起全責。

第 1 章

導論

日本陰陽線（K線）是有效的技術分析形式，而且也應該由這個角度看待這門學問。很多鼓吹迅速致富的人，總是會造成誤導，濫用權利，但這些人畢竟眼光短視，不至於造成實際傷害。對於任何新技術，永遠應該保持適度的懷疑。但願本書能夠抒解人們的懷疑觀點。

技術分析

考慮技術分析的時候，務必記住一件事：事情往往不是表面上看到的那樣子。我們所得知的很多事實，實際上並不是眞的；看似顯然爲眞的東西，往往並非如此。

很多人認爲，浴缸裡的水快流光時，速度特別快；這不是眞的。有些人像魚一樣喝水，但魚不會喝水。喬治・華盛頓沒有砍倒櫻桃樹，也沒有把一銀元扔過波多馬克河。狗不會經由舌頭排汗，奧迪汽車不會神秘加速，邦克山戰役（Battle of Bunker Hill）

並非發生在邦克山（而是在附近的Breed’s Hill）。

有經驗的警探會告訴你，目擊證人的證詞往往非常不可靠。人們觀察事情時，不免受到本身文化、教育…等背景條件的影響。調查人員到達犯罪現場時，所需要做的最重要事情之一，就是防止目擊證人彼此交談，因爲他們會彼此影響。

我們觀察事情時，還會出現另一種奇怪的瑕疵。人們不擅長處理龐大的數據或概念。所以，每年有成千上萬的人死於交通意外事件，我們不覺得有何特殊之處，但一架飛機失事死了百來人，立即成爲全國新聞焦點。每年有數萬人感染愛滋病，這並不會引起我們特別在意，但看到某個無辜的小孩受到間接感染，就會特別難過。事情一旦牽扯到自己，就會被放大、膨脹。我們會被自己的情緒迷惑，情緒會影響我們的感知。對於自己持有的股票，如果股價暴跌，所有能夠想像的恐怖景象都會浮現：經濟衰退、債務、戰爭、預算、經常帳赤字、銀行倒閉…等。我們需要仰賴某種機制，讓自己得以避免受到情緒的嚴重干擾；這種機制就是技術分析。

幾乎所有技術分析方法取得的資訊，如果只運用於彰顯或組織市場行爲，總是有助於投資人瞭解行情發展。可是，有經驗的投資人都清楚，技術分析能力並不代表交易能力。某些投機客之所以賠錢，未必是因爲分析判斷不正確，而是因爲他們沒有能力把分析結論，轉化爲有效的交易操作。想要銜接分析結果與實際操作之間的關鍵鴻溝，我們需要克服恐懼、貪婪、期待…等情緒的威脅。換言之，碰到操作上的逆境時，務必要保持耐心，不要想暫時偏離正軌而嘗試一些偏方。由另一個角度說，投資人必須維持自律，堅信自己採用的健全方法，嚴格遵循其指示，完全不受其他人之看法或做法的影響。

日本陰陽線分析

有種嶄新的技術分析方法——日本陰陽線與其型態分析——可供投資人運用，協助釐清股票與期貨市場分析方面經常產生的亂象。

相較於西方人普遍採用的長條圖，陰陽線（K線）能夠額外提供什麼呢？就實際展現的資料來說，完全沒有。可是，就視覺效果，以及資料關係的表達清晰程度來說，陰陽線是非常特別的。只要經過一些練習，熟悉其概念，陰陽線很容易就成爲各位的重要分析工具，甚至永遠都不會再回頭使用長條圖。

日本陰陽線很適合反映短線交易的心理層面，研究其影響，而不是原因。這也凸顯陰陽線在技術分析領域扮演的角色。我們不能忽視一項事實：價格會受到投資人各種心理情緒的影響，包括：貪婪、恐懼、期待…等。

市場的整體心理因素沒有辦法透過統計數據來衡量；我們需要透過某種技術分析方法來處理這些心理因素的變動。日本陰陽線能夠精準反映投資人對於市場價值的解釋，然後顯示在價格走勢之中。陰陽線除了協助研究型態排列之外，還能顯示買方和賣方之間的互動。

日本陰陽線所提供的金融市場資訊，不是其他繪圖方法能夠相提並論的。不論是個別股票或期貨商品，都同樣適合採用日本陰陽線。另外，在適當時機，本書也會跟大家介紹陰陽線濾網和強力陰陽線繪圖等相關的分析技巧。

本書不僅是日本陰陽線繪圖和型態分析方面的完整指南，也會提供明確結論，證明陰陽線形態是有用的分析工具。所有的分析方法和相關假設，都會敞開擺在讀者眼前。閱讀本書之後，各位想必會決定開始使用陰陽線，甚至做進一步研究。

陰陽線與各位

一旦熟悉陰陽線的運作之後，各位可能會覺得標準長條圖有太多不足之處。沒有陰陽線，各位將覺得若有所失，好像漏掉了什麼似的。除了容易辨識型態排列之外，陰陽線還有其他視覺魅力。資料彼此之間的關係，似乎要躍出紙面（電腦螢幕），這絕不是長條圖能夠媲美的。

陰陽線vs.長條圖

走勢圖的每支線形，雖然可以代表任何時間單位，譬如：1個月、1星期、60分鐘、15分鐘…等，但本書爲了說明方便起見，假定每支線形代表1天的資料。另外，本書經常提到投資人、交易者、投機客，這些名詞都沒有特殊涵意或明確定義。

標準長條圖

繪製某交易時段的長條圖，需要該交易時段的一些價格資

料，包括：開盤價、最高價、最低價和收盤價。長條圖包括一個垂直線段，線段兩端分別代表相關交易時段的最高價和最低價。

過去很長一段期間內，除了最高價和最低價之外，長條圖往往只顯示收盤價資料，標示爲前述垂直線段右側的小橫畫。最近，長條圖也把開盤價顯示在線形上，標示爲垂直線段左側的小橫畫。請參考圖1-1。換言之，過去除了期貨或商品長條圖比較常見開盤價之外（期貨開盤價資料比較容易取得），股票長條圖大多沒有顯示開盤價。

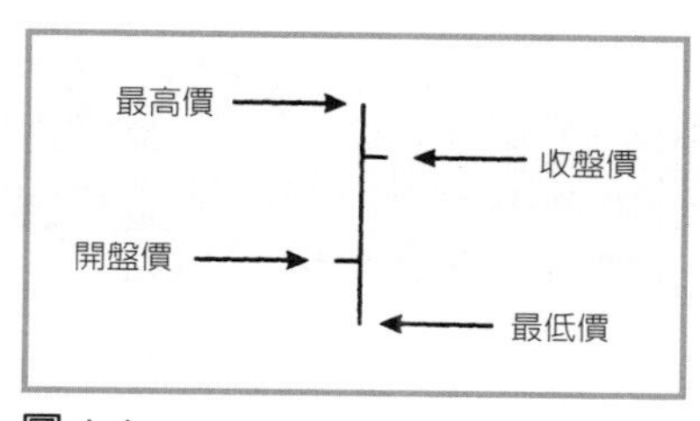

圖 1-1

多數服務機構提供的長條圖，下端通常會提供該交易時段的成交量，表示爲直方圖格式。請參考圖1-2。除此之外，還會顯示某些常用的技術指標。如果採用技術分析軟體的話，這些走勢圖的顯示方式相當有彈性。所以，除了標準長條圖之外，通常還會顯示成交量、未平倉量、多種技術指標。

陰陽線走勢圖

相較於標準長條圖，繪製陰陽線不需要額外資料，同樣都使用：開盤價、最高價、最低價和收盤價。過去很長一段時間，供

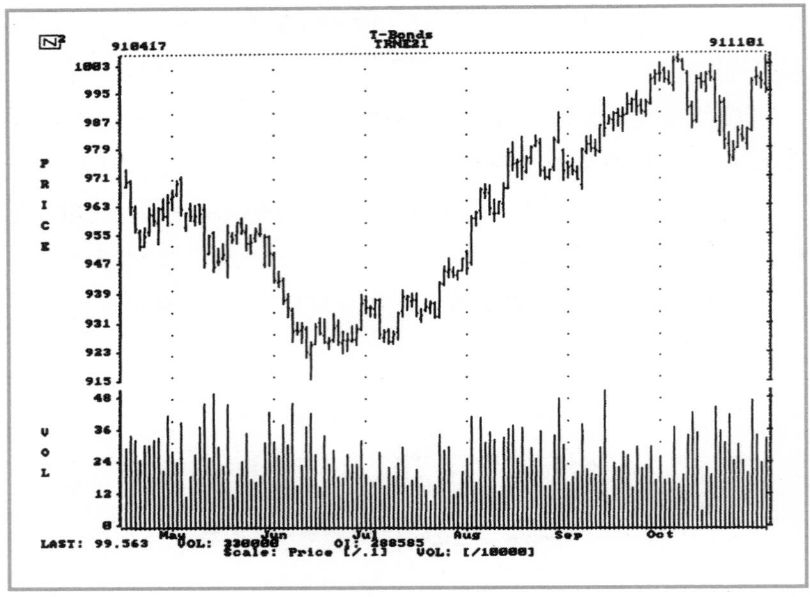

圖 1-2

應商沒有提供股票的開盤價；碰到這種情況，繪圖可以採用昨天的收盤價做爲今天的開盤價。可是，這種處理方式，往往會引發一些頗具爭議性的問題，細節內容請參考本書第6章。

實體（Jittai）

夾在開盤價和收盤價之間的塊狀部分，稱爲陰陽線的實體。實體長度也就代表當天開盤價和收盤價之間的價格距離。實體標示爲黑色，代表收盤價低於開盤價（開高收低）；實體標示爲白色（無色），代表收盤價高於開盤價（開低收高）。

影線（Kage）

陰陽線實體上方或下方，往往有細小的線段。這些線段稱為影線，代表相關交易時段內，曾經出現的最高價和最低價。上影線（uwakage）標示盤中最高價，下影線（shitakage）標示盤中最低價。日本有些交易者，稱上影線為「頭髮」，下影線為「尾巴」。這些影線也是陰陽線稱為燭形線的由來，因為影線和實體看起來就像蠟燭和燭心。

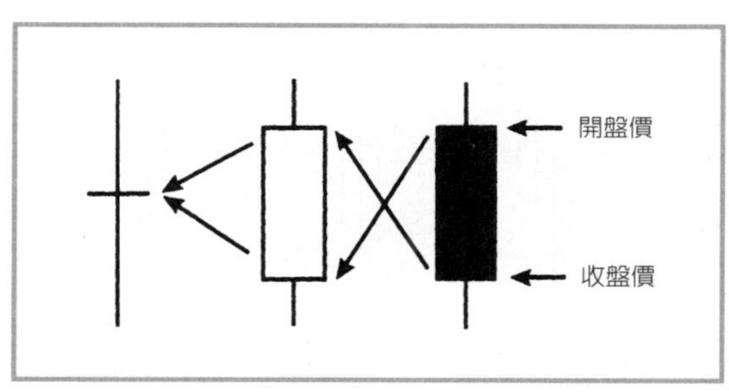

圖1-3

透過手工方式繪製陰陽線，日本人習慣用紅色——而不是白色——繪製上漲日（開低收高）的線形（譯按：台灣習慣上也把陽線稱為「紅線」，陰線稱為「黑線」。因此，本書譯文把「紅線」和「白線」視為相同意義）。

可是，透過電腦繪圖，除非使用彩色印表機，否則紅色會將印製為黑色，因此無法區別上漲白線與下跌黑線。影印走勢圖也會發生類似問題。

各位如果比較圖1-4和圖1-5，將發現陰陽線相較於標準長條圖來說，實際上並沒有提供更多的價格資訊。可是，一旦用慣了日本陰陽線，由於其結構非常清楚，讓使用者能夠快速而精確地解釋行情，所以一般人都會偏愛採用陰陽線。

關於圖形解釋的問題，也是本書準備討論的主題之一。我們相信，日本陰陽線繪圖方法與其分析，會持續蓬勃發展。只要適當運用，這套方法會與金融交易共存亡。

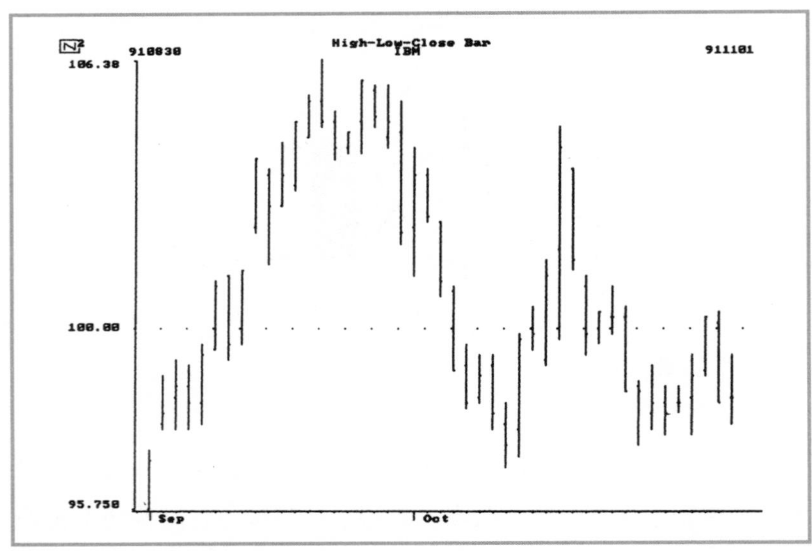

圖1-4

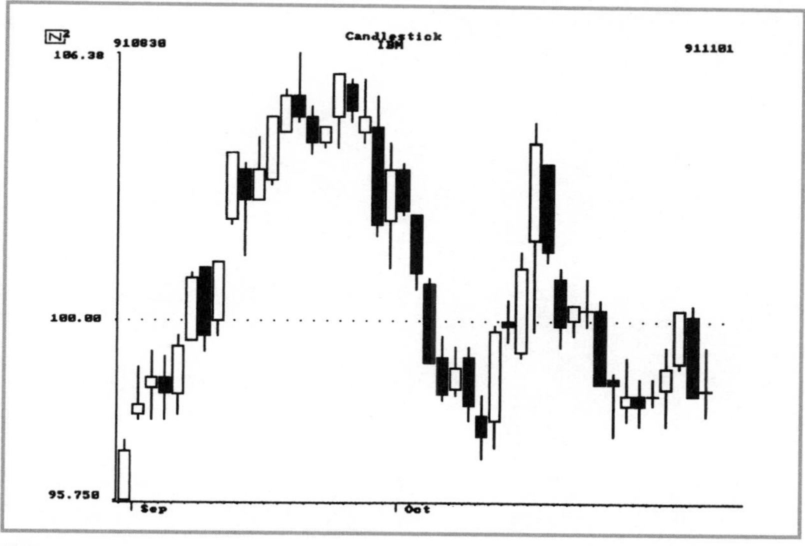

圖1-5

第2章

陰陽線

股票或期貨的一整天交易，傳統長條圖是用單一線形或長條圖表示；日本陰陽線也是如此，但所代表的資訊比較容易解釋。

陰陽線提供的資訊很多。這有助於我們瞭解後文將討論的陰陽線型態及其蘊含的心理狀態。陰陽線型態很少是由單一線形構成的，單一線形的反轉型態更是少見。關於反轉型態，後文會詳細討論。

每種類型的陰陽線，都有獨特的名稱，代表當天可能的交易情節。某些陰陽線型態有日文名稱，某些有英文名稱。凡是英文名稱，本書都會儘可能附上日文名稱。日文名稱則是按照羅馬拼音表示。這種表達方式，讓非日語系讀者也能唸出日文名稱。單一線形經常也稱爲陰陽線。

「陰陽」這個名詞是源自於中國，西方分析師用它表示極端對應的東西，譬如：進／出、開／關、上／下、有餘／不足等。陰與空頭有關，陽與多頭有關。陰陽線分析有9種基本的線形，甚至可以被延伸爲15種不同線形，更清楚解釋各種不同的可能性。後

續章節裡，我們將看到多數陰陽線型態可以被簡化爲單一線形，而該線形跟原來型態之間蘊含著相同的多頭或空頭意義。

長日（Long Days）

陰陽線相關文獻經常提到「長日」。所謂「長」，是指線形實體很長，也就是說開盤價和收盤價之間拉得很開，請參考圖2-1。長日代表當天的價格出現重大走勢，也就是說開盤價和收盤價之間顯著不同。（譯按：譯文經常以「長線形」取代「長日」。至於什麼叫做「線形實體很長」，細節內容請參考第6章。）

圖 2-1

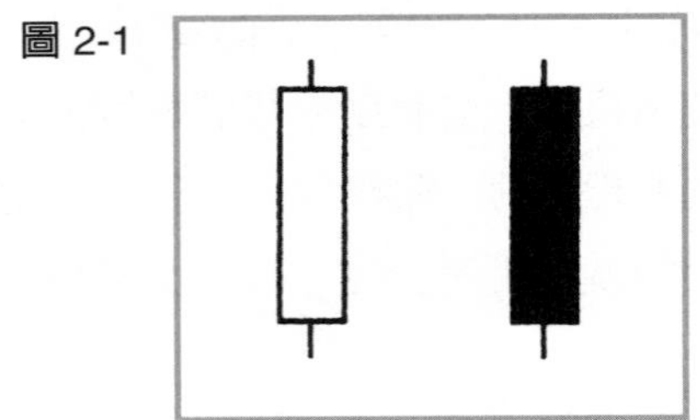

可是，開盤價和收盤價之間究竟要有多大的差異，才符合長日的定義呢？如同多數技術分析的情況一樣，這需要考慮當時狀況的前後關連和背景。所謂「長」，是相較於什麼而言？關於什麼是「長」，我們最好只考慮最近的價格行爲。日本陰陽線基本上屬於短期價格分析，所以「長日」的定義也應該如此。當我們考慮某天的線形是否屬於「長日」時，通常觀察最近5～10天的線形也就夠了。當然，我們還可以引用其他判斷方法。關於這點，細節請參考後文討論型態辨識的章節。

短日（Short Days）

如圖2-2所示，「短日」和「長日」是彼此對應的，兩者的定義和考量很類似。請注意，長日和短日都屬於極端狀況，絕大多數線形既不是長日、也不是短日。（譯按：譯文經常以「短線形」取代「短日」。）

圖 2-2

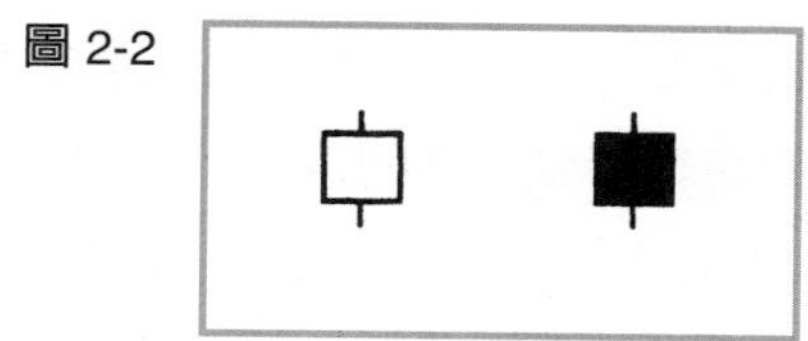

實線（Marubozu）

日文Marubozu代表「封閉」的意思，也可以解釋為「禿頭」（Bald）或「光頭」（Shaven Head）。總之，實線就是線形完全由實體構成，開盤價和收盤價兩端都沒有影線。

黑色實線（Black Marubozu）

黑色實線是兩端沒有影線的實體黑線，請參考圖2-3。黑色實線代表極弱線形，經常是空頭連續型態或多頭反轉型態的構成部分之一，尤其是發生在下降趨勢之內。長黑線經常代表最後的賣壓高潮，這也是為什麼多頭反轉型態的第一支線形往往是長黑線的道理。這種線形也稱為「主要陰線」（Major Yin）或「實體陰線」（Marubozu of Yin）。

白色實線（White Marubozu）

白色實線是兩端沒有影線的實體白線，請參考圖2-4。就單一線形本身而言，白色實線是極強的線形。白色實線經常是多頭連續型態或空頭反轉型態的第一支線形，情況與黑色實線剛好對應。這種線形也稱爲「主要陽線」（Major Yang）或「實體陽線」（Marubozu of Yang）。

收盤實線（Closing Marubozu）

收盤實線是指線形——不論黑線或白線——的收盤端沒有影線，請參考圖2-5。如果線形爲白色，則收盤實線沒有上影線，因爲收盤價位在實體上端。

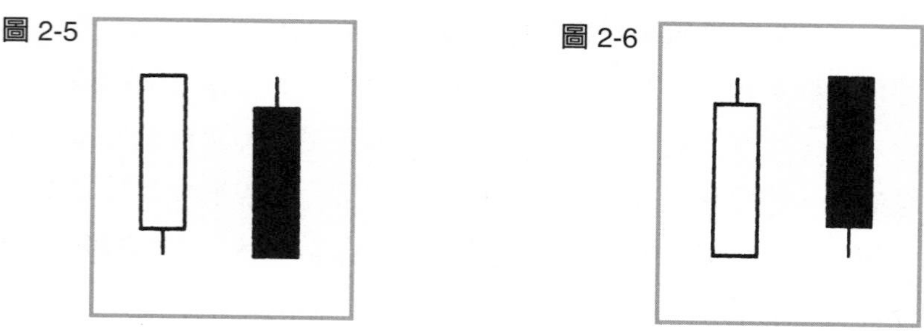

同理，如果線形為黑色，則收盤實線沒有下影線。黑色收盤實線（yasunebike）被視為弱勢線形，白色收盤實線被視為強勢線形。

開盤實線（Opening Marubozu）

開盤實線是指線形的開盤端沒有影線，請參考圖2-6。如果線形為白色，則沒有下影線，屬於強勢多頭線形。黑色開盤實線（yoritsuri takane）沒有上影線，屬於弱勢空頭線形。開盤實線的強勁程度不如收盤實線。

紡錘線（Spinning Tops, Koma）

紡錘線是指實體很小而影線長度顯著超過實體的線形，請參考圖2-7。

這種線形代表多、空勢力沒有定論的狀態。紡錘線的實體顏色，乃至於影線的實際長度，都不重要。關鍵是：實體與影線之間的相對長度。

圖 2-7

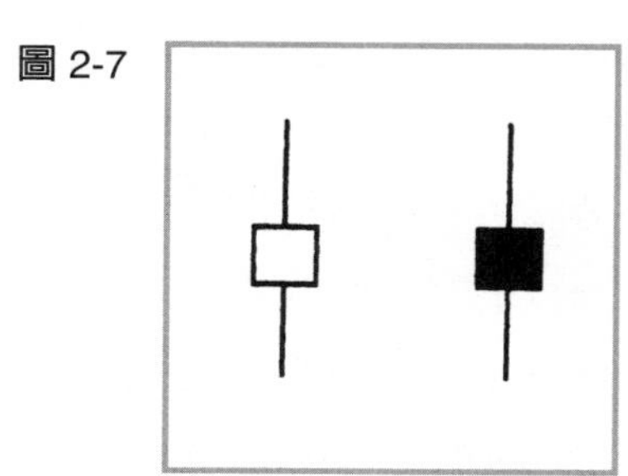

十字線（Doji）

線形實體部分很小，使得開盤價和收盤價幾乎相同，這稱爲十字線。換言之，十字線是指當天開盤價和收盤價相同，或幾近於相同。至於影線的長度，則可長可短。完美的十字線，有著完全相同的開盤價和收盤價，但這會涉及一些解釋上的考量。規定開盤價和收盤價必須完全相同，這種限制太嚴格，恐怕會讓十字線變得很罕見。開盤價和收盤價之間，如果允許有幾檔的差異，應該比較切合實際需要。

關於十字線的判定，情況類似「長日」和「短日」；沒有硬性規定，只有一般準則。所以，十字線是否重要，判斷上也需要考慮最近幾天的線形狀況。如果最近經常出現十字線，那麼十字線就不重要。反之，如果十字線單獨出現，就不該忽略該線形代表的猶豫不決。一般來說，十字線本身並不特別重要，還不足以用來預測趨勢已經發生變化，只能做爲趨勢可能即將產生變化的警訊。譬如說，上升趨勢中，長紅線之後緊跟著出現十字線，就具有重要意義。這種特定線形組合，稱爲「空頭星形十字」（參考第3章說明）。在上升趨勢發展過程中，如果漲勢突然停頓，自然值得關心。十字線代表不確定，猶豫不決。

根據尼森（Nison）的看法，十字線如果出現在頭部，其蘊含的趨勢變動意義，明顯超過十字線出現在底部。這方面的差異源自於一種事實：上升趨勢想要持續上漲，必須要有新的買盤推升，但下降趨勢即使沒有新的賣壓，也可以憑著本身的重量而下跌。很有趣的，日文Doji也有「愚蠢」的意思。

長腳十字線（Long-Legged Doji, juji）

長腳十字線有著很長的上影線和下影線，清楚顯示買、賣雙方的高度不確定，請參考圖2-8。整個交易時段內，行情漲跌不定、來回游走，價格最終收在開盤價附近。Juji代表「交叉」或「十字」的意思。

圖 2-8

圖 2-9

墓碑十字線（Gravestone Doji, tohba）

墓碑十字線是另一種形式的十字線，開盤價和收盤價的位置很接近最低價，請參考圖2.9。

如同很多日本名詞一樣，總是蘊含著各種比喻。就目前這個例子來說，墓碑十字代表戰死者的墳墓。墓碑十字的上影線很長，代表線形有著濃厚的空頭氣息。開盤之後，價格走高，但最後收盤價卻落在開盤價、也是最低價附近。這種線形只有一種解釋：漲勢受挫。墓碑十字如果出現在行情頭部，則幾乎可以是爲特殊形式的「流星」（Shooting Star，詳見第3章）。

流星與墓碑十字之間的唯一差別，是流星允許存在很小的線形實體，但墓碑十字則是十字線。有些日本專家認爲，墓碑十字只會發生在地面（低檔），不會發生在半空中（高檔）。這意味著墓碑十字在行情底部具有多頭意義，而且不是很好的空頭指標。總之，這種線形透露高度的不確定性，甚至可能是趨勢變動。

蜻蜓十字線（Dragonfly Doji, tonbo）

蜻蜓十字線的開盤價、收盤價都等於當天最高價，請參考圖2-10。如同其他十字線一樣，這種線形經常出現在行情轉折點。事實上，蜻蜓十字線也就是特殊格式的「吊人」（Hanging Man）和「鎚子」（Hammer）。蜻蜓十字線有很長的下影線，所以也稱爲「探底」線（Takuri line）。探底線如果發生在下降趨勢末端，具有強烈的多頭意義。

四價十字線（Four Price Doji）

當開盤價、收盤價、最高價和最低價等四個價格都完全相同，則會出現這種非常罕見的線形，請參考圖2-11。這種線形之所以發生，通常都代表該股票極度欠缺市場流動性，或者價格資料只有收盤價。對於期貨交易者來說，千萬不要把這種線形誤以爲是停板走勢。由於非常罕見，所以當我們看到這種線形，甚至會懷疑資料錯誤。可是，這畢竟代表交易者對於行情發展方向完全不確定。

圖 2-10　圖 2-11

星形（Stars, hoshi）

在長日之後，出現實體跳空的小線形，這種型態稱為「星形」，請參考圖2-12。理想情況下，兩支線形的影線之間最好也存在缺口，但這並非必要條件。星形意味著某種程度的不確定性。星形經常是陰陽線型態的構成部分之一，主要是反轉型態。

圖 2-12

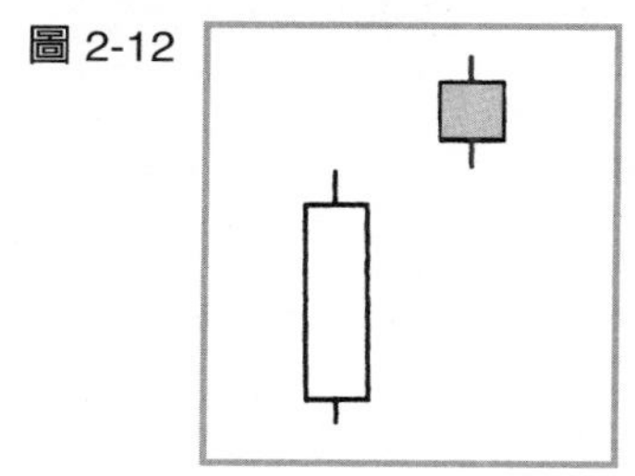

紙傘（Paper Umbrella, karakasa）

此處討論的很多線型，都屬於下一章的陰陽線型態。就如同前文提到的線形一樣，紙傘具有強烈的反轉意涵。紙傘和蜻蜓十字線很相似，請參考圖2-13。鎚子與吊人都屬於紙傘線形，名稱之所以不同，完全取決於線形所在位置。

圖 2-13

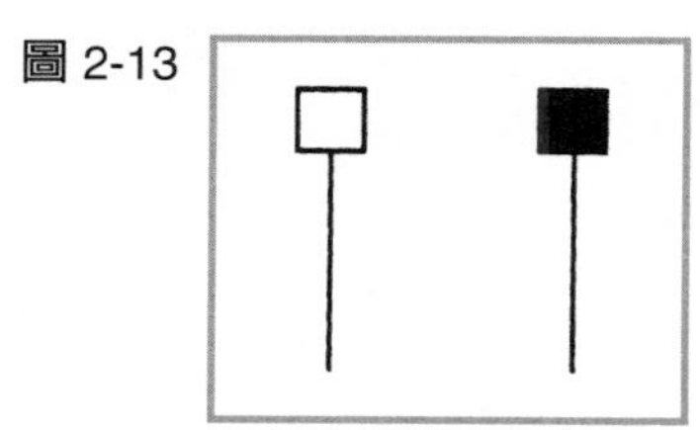

結論

對於日本陰陽線分析來說，單一線形是很重要的。單一線形本身的研究，再配合其他線形的分析，就能顯示市場的整個心理狀態。有關線形和型態方面的分析，大部分屬於「阪田兵法」（Sakata's Method，參考第5章）。可是，除了阪田兵法之外，本書還會探討其他型態和方法。有些屬於嶄新的型態，有些則是由原有型態衍生而出。

第3章

陰陽線反轉型態

陰陽線型態可能是單一線形，也可能是由多支線形構成；若是後者，則線形數量很少超過5、6支。日本文獻裡，有時候會提到線形數量很多的型態，關於這類型態，本書擺在第5章的「陰陽線排列」討論。

請注意，有關陰陽線型態討論的順序，本書是根據型態構成的線形數量爲準（換言之，最先討論單一線形的型態）；所以，討論順序和型態重要性之間沒有關連。可是，對於相同線形數量的型態，討論基本上是根據型態發生頻率多寡做安排。

陰陽線型態多數屬於對稱組合，換言之，型態存在著多頭版本和空頭版本。兩種版本之間的主要差異，取決於型態發生在短期市場趨勢上的相關位置。多頭版本和空頭版本的型態名稱，有些相同，有些不同。所以，本章可以視爲型態排列的參考，每種型態都會透過固定格式說明。有些型態直接採用日文名稱，有些則取英文語意。有些型態的結構完全相同而有不同名稱。細節內容請參考個別討論。

關於本書的圖解，型態之前都繪製了3條垂直線段，它們代表型態出現之前的市場趨勢發展，與型態本身並無直接關連。

反轉型態vs.連續型態

反轉型態和連續型態將擺在不同章節內討論。本章討論反轉型態，第4章討論連續型態。這種安排方便於將來查閱。我們之所以在此提到這點，是因爲型態屬於多頭或空頭，只和後續價格走勢有關，和先前價格走勢無關。先前價格走勢只能協助我們判斷型態，卻無助於預測未來價格走勢。不論是反轉型態或連續型態，我們總需要做出某種投資或交易決策，即便是不採取任何行動，也是一種決策。第6章會詳細處理此概念。

關於型態的多頭版本和空頭版本，我們原則上會先討論多頭版本；可是，如果空頭版本明顯比較重要，我們就會先討論空頭版本。本書第3版會介紹一些新的型態，很多都只是用來輔助說明原有的多頭或空頭型態，這些新型態本身沒有對稱的解釋。這種情況下，我們一定會先說明原有型態。

內容格式

關於陰陽線型態的解釋，我們原則上會採用標準格式，如此會更方便將來查詢。某些型態的講解不會很詳細，那是因爲其結構單純而不需多加說明，或是因爲該型態與其他型態很類似而不需重複說明。有些型態只是另一些型態的變形；若是如此，我們

會做此註明。有些型態同時存在多頭與空頭版本，所以我們可能只會舉一個例子來說明相關情節發展。另外，有些說明會重複，這主要也是爲了內容完整，以及方便將來查詢。一般格式如下：

■ 型態資訊摘要

型態名稱：低價配 +						**類別**：R +	
日文名稱：niten zoko / kenuki							
趨勢條件：需要				**確認**：不需要			
發生頻率（型態相隔平均天數）：590 經常							
型態統計數據取自7275支普通股，涵蓋1460萬天資料							
期間（天數）	1	2	3	4	5	6	7
平均獲利%	3.63	4.71	5.42	5.98	6.64	6.98	7.37
勝率%	69	64	62	61	60	59	59
平均獲利%	3.63	4.71	5.42	5.98	6.64	6.98	7.37
敗率%	31	36	38	39	40	41	41
平均虧損%	-2.60	-3.42	-3.92	-4.39	-4.75	-5.13	-5.48
淨盈虧：	1.23	1.43	1.55	1.65	1.77	1.79	1.82

・型態名稱：＋代表多頭，－代表空頭

・類別：R代表反轉型態，C代表連續型態

・日文名稱：羅馬拼音

・趨勢條件：需要／不需

・確認：需要／建議／不需

希望把陰陽線型態劃分爲兩大類，其中一類看起來通常有效，另一類看起來通常無效。對於那些通常無效的型態，運用上需要經過確認（需要）。對於那些通常有效的型態，運用上則不需經過確認（不需）。最後，有些型態有效的機率不是很高，運用上則建議經過確認（建議）。本書稍後會提出大膽的建議：所有陰陽線型態都應該經由其他技術方法做確認。此處會提到一些例子。

· 發生頻率（型態相隔平均天數）：這是指該型態重複發生間隔的平均天數。

頻繁／經常／一般／罕見／非常罕見

列舉7個不同期間的績效統計數據：

勝率%／平均獲利%／敗率%／平均虧損%／每筆交易淨盈虧

至於型態資訊的更詳細解釋，請參考後續章節。

■ 評論

· 型態描述

· 西方傳統的對應型態

■ 型態標準圖例

· 標準圖例（紅線、黑線皆可的線形，繪製爲陰影灰色）

■ 辨識法則

· 迅速辨識的簡單法則

· 型態辨識準則

■ 型態蘊含的發展情節／心理層面

· 可能的發展情節

· 每天心理的一般討論

■ 型態彈性

· 改變型態效力的狀況

· 允許偏離標準型態的程度

・數據分析與電腦程式方面的資訊

■ 型態簡化

・型態簡化為單一線形

■ 相關型態

・排列相似的型態

・型態構成部分

■ 案例

反轉型態索引

單支線形的型態

鎚子（Hammer）和吊人（Hanging Man）

型態名稱：鎚子 +						**類別**：R +	
日文名稱：kanazuchi / tonkachi							
趨勢條件：需要				**確認**：需要			
發生頻率（型態相隔平均天數）： 284 相當頻繁							
型態統計數據取自7275支普通股，涵蓋1460萬天的資料							
期間（天數）	1	2	3	4	5	6	7
勝率%	41	43	44	44	45	46	47
平均獲利%	3.06	3.96	4.74	5.33	5.93	6.51	6.96
敗率%	59	57	56	56	55	54	53
平均虧損%	-3.25	-4.05	-4.66	-5.17	-5.70	-6.15	-6.52
淨盈虧：	-0.57	-0.54	-0.47	-0.46	-0.40	-0.33	-0.23

型態名稱：吊人－						類別：R －	
日文名稱：kubitsuri							
趨勢條件：需要				確認：不需			
發生頻率（型態相隔平均天數）：117　相當頻繁							
型態統計數據取自7275支普通股，涵蓋1460萬天的資料							
期間（天數）	1	2	3	4	5	6	7
勝率%	69	66	64	62	61	60	59
平均獲利%	3.63	4.10	4.49	4.87	5.21	5.54	5.84
敗率%	31	34	36	38	39	40	41
平均虧損%	-2.81	-3.85	-4.60	-5.23	-5.77	-6.25	-6.71
淨盈虧：	1.32	1.20	1.05	0.95	0.85	0.76	0.67

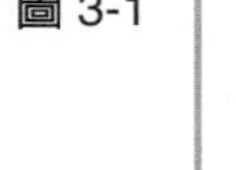
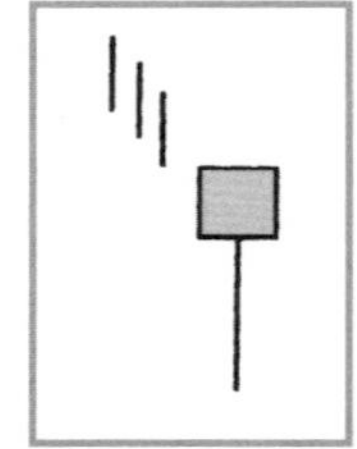
圖 3-1

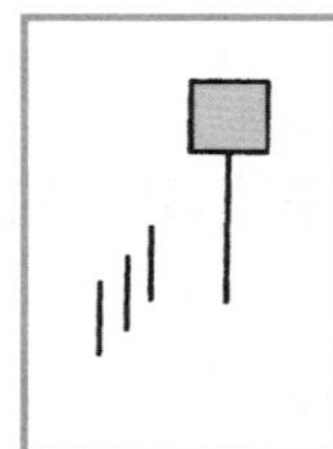
圖 3-2

評論

「鎚子」和「吊人」都是由單一線形構成，請參考圖3-1和圖3-2。兩者都有很長的下影線，實體很小而位在線形上端。第2章曾經介紹這種線形為「紙傘」。它們也是「蜻蜓」和「探底」的特殊版本。

「鎚子」出現在下降趨勢，其名稱有奮力躍出底部的意思。日文所謂「鎚子」（tonkachi）也有地面或土地的意思。

「吊人」發生在上升趨勢末端或過程。「吊人」（kubitsuri）的形狀就像吊在半空中的人。

「鎚子」與「探底」的線形結構很類似。日文名稱有攀爬繩索或向上攀升的意思。這種行動並不順暢，有點像是用雙手拔錨：雙手交替使用，會造成拉拔行動會斷斷續續。「探底」的下影線長度至少必須是實體長度的3倍，「鎚子」的下影線長度至少必須是實體長度的2倍。

辨識法則

1. 實體很小，落在整個交易區間的頂端。
2. 實體顏色不重要。
3. 下影線長度必須遠超過實體，通常是2～3倍。
4. 最好沒有上影線，如果有的話，必須很短。

型態蘊含的發展情節／心理狀態

鎚子

行情處於下降趨勢，市場瀰漫著空頭氣息。開盤之後，賣壓相當強。可是，價格下跌到某種程度，慢慢開始回升，最終收在最高價附近。行情沒有繼續下挫，舒緩了市場的空頭氣氛，空頭部位持有者覺得有些擔心。如果收盤價較開盤價高，線形為白色，對於多頭更是鼓舞。這種型態的多頭意涵，需要經過確認：隔天價格應該開高，而且要收高。

吊人

吊人處在多頭趨勢發展過程或末端。這種線形之所以能夠發生，價格在開盤之後必須顯著走低，然後反彈，最終收在最高價附近。這說明了盤中賣壓如何導致線形產生很長的下影線。隔天，如果價格開低，多頭部位持有者就需要小心了，或許應該考慮結束部位。史帝夫・尼森（Steve Nison）認為，為了確認吊人型態的空頭意涵，當天線形應該是黑色，隔天價格開低。

型態彈性

型態上的一些特色，可以強化鎚子和吊人的多、空意涵：下影線特別長、沒有上影線、實體很小（幾乎是典型十字線）、先前趨勢很顯著、線形顏色與先前趨勢方向相反。這些特色如果出現在鎚子，則屬於探底線形。一般來說，探底的多頭意涵勝過鎚子。

吊人和鎚子的線形顏色，可以強化型態的預測功能。吊人如果是黑線，空頭意涵超過紅（白）線。同理，紅色鎚子的多頭意涵勝過黑色鎚子。

如同多數單一線形陰陽線型態，鎚子和吊人都需要經過確認。確認可以只考慮隔天開盤，但最好也要經過隔天收盤的確認。換言之，鎚子（吊人）如果具有多頭意涵，隔天價格必須開高（低），而且最好也收高（低）。

下影線至少是實體的2倍，但不可超過3倍。上影線不可超過整個線形長度的5～10%。鎚子實體下緣應該低於先前趨勢，吊人實體下緣應該高於先前趨勢。

型態簡化

鎚子和吊人都是單一線形的型態，不能進一步簡化。請參考第2章的「紙傘」。

相關型態

鎚子和吊人都是第2章談到之「蜻蜓十字」的特殊型態。一般來說，蜻蜓十字線的空頭意涵超過吊人。

範例

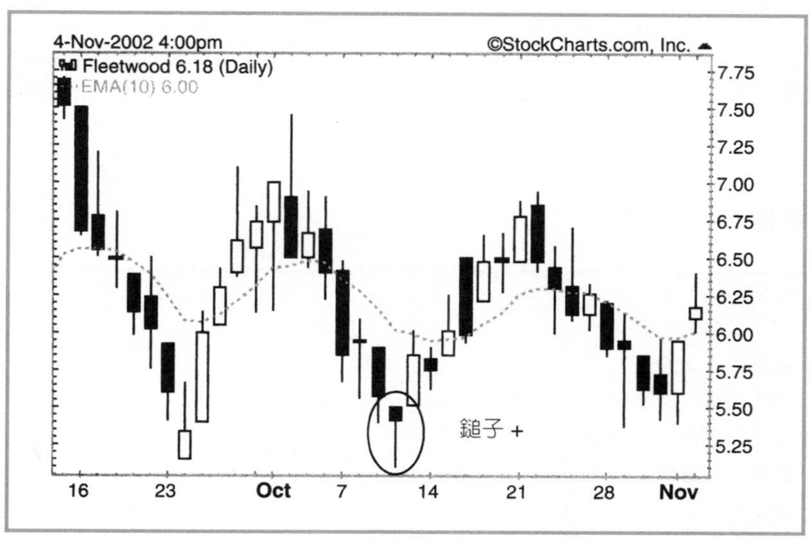

圖 3-3A

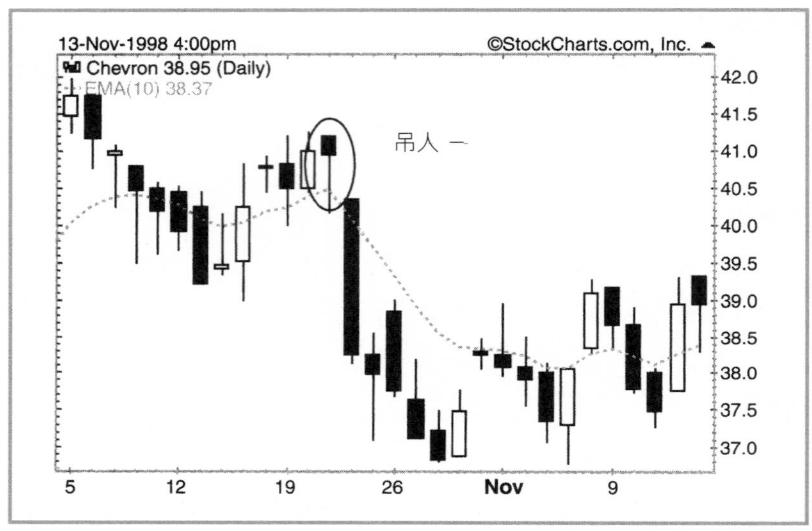

圖 3-3B

執帶（Belt Hold）

型態名稱：執帶 +					類別：R +	
日文名稱：yorikiri						
趨勢條件：需要			確認：建議			
發生頻率（型態相隔平均天數）：6,466　一般						
型態統計數據取自7275支普通股，涵蓋1460萬天的資料						

期間（天數）	1	2	3	4	5	6	7
勝率%	49	49	52	53	52	52	52
平均獲利%	2.95	3.93	4.82	5.30	5.94	6.20	6.64
敗率%	51	51	48	47	48	48	48
平均虧損%	-2.55	-3.81	-4.61	-5.10	-5.74	-6.12	-6.48
淨盈虧：	0.14	-0.02	0.25	0.35	0.33	0.24	0.31

型態名稱：執帶 ─						類別：R ─	
日文名稱：yorikiri							
趨勢條件：需要				確認：需要			
發生頻率（型態相隔平均天數）：6,772 一般							
型態統計數據取自7275支普通股，涵蓋1460萬天的資料							
期間（天數）	1	2	3	4	5	6	7
勝率%	48	48	47	46	46	45	46
平均獲利%	2.72	3.29	3.93	4.71	5.02	5.48	5.63
敗率%	52	52	53	54	54	55	54
平均虧損%	-2.69	-3.68	-4.07	-4.42	-5.02	-5.59	-6.07
淨盈虧：	-0.10	-0.33	-0.33	-0.22	-0.34	-0.57	-0.72

圖 3-4

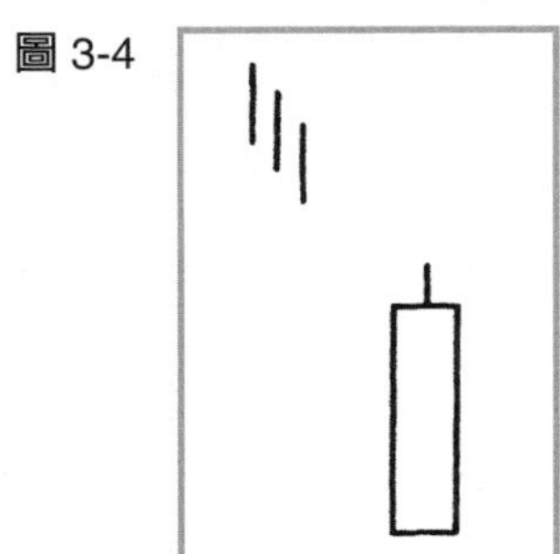

圖 3-5

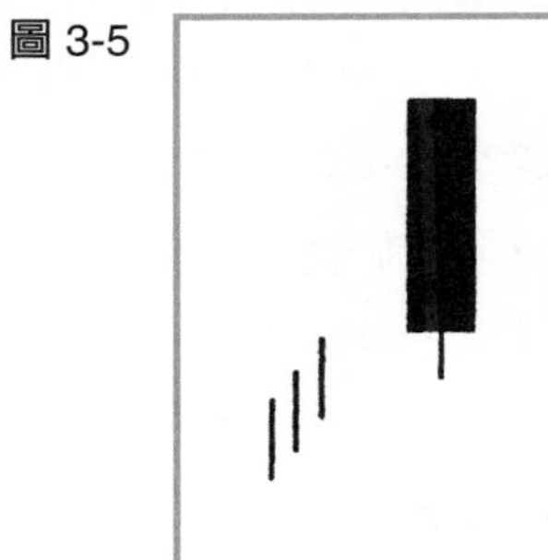

評論

執帶屬於開盤實線（請參考第2章）。請留意，開盤實線在實體的開盤端沒有影線。多頭執帶是白色的開盤實線，發生在下降趨勢（請參考圖3-4）。當天，價格以最低價開出，然後逆著當時趨勢方向而顯著走高，最後收在最高價附近，但未必是最高價。空頭執帶是黑色的開盤實線，發生在上升趨勢（請參考圖3-5）。

當天，價格以最高價開出，然後逆著當時趨勢方向而顯著走低，最後收在最低價附近。執帶的實體愈長，代表線形逆著當時趨勢發展方向的勁道愈強。

辨識法則

1. 執帶實體有一端沒有影線。
2. 多頭執帶紅線的開盤價也是最低價，沒有下影線。
3. 空頭執帶黑線的開盤價也是最高價，沒有上影線。

型態蘊含的發展情節／心理狀態

先前趨勢發展相當明確，當天開盤也順著既有趨勢發展方向跳空。可是，開盤之後，價格就開始呈現逆向走勢，直到收盤爲止。對於持有順勢部位者，這種型態會造成壓力，促使他們結束部位，導致型態的多空意涵更強烈。

型態彈性

單一線形的型態沒有太大彈性。

相關型態

執帶屬於第2章討論的開盤實線。執帶與實體線形都經常是其他陰陽線型態的第一支線形。

範例

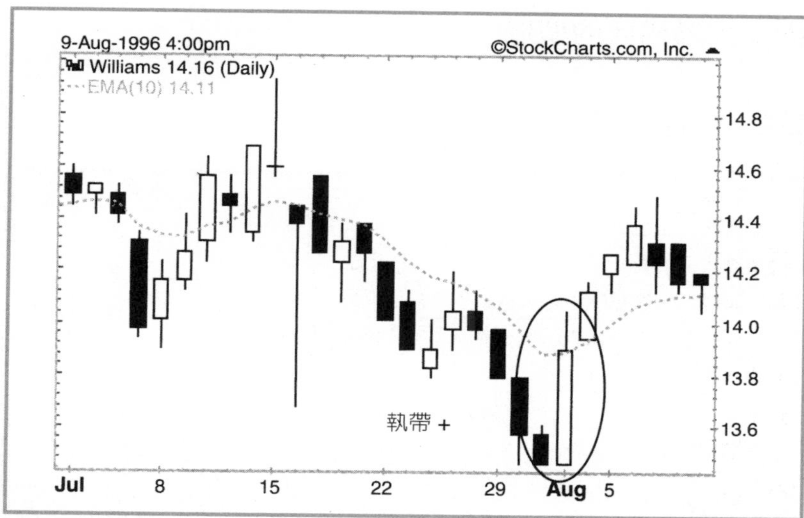

9-Aug-1996 4:00pm
©StockCharts.com, Inc.
Williams 14.16 (Daily)
EMA(10) 14.11
14.8
14.6
14.4
14.2
14.0
13.8
13.6
執帶 +
Jul
8
15
22
29
Aug
5

圖 3-6 A

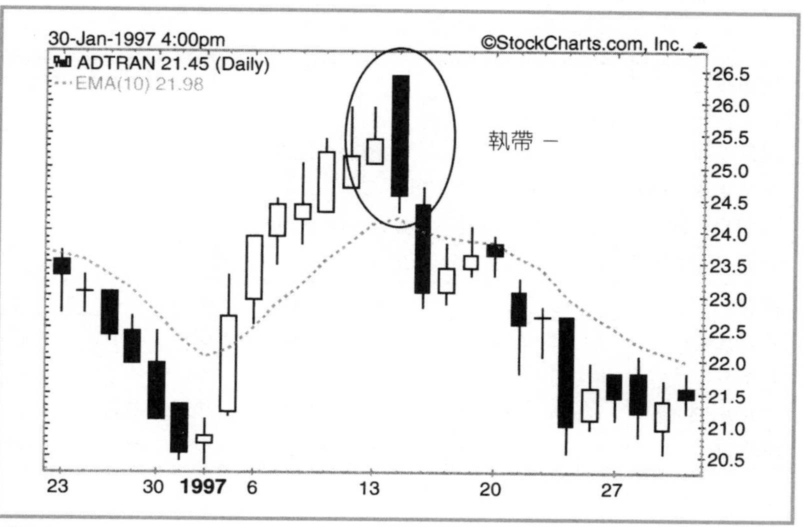

30-Jan-1997 4:00pm
©StockCharts.com, Inc.
ADTRAN 21.45 (Daily)
EMA(10) 21.98
26.5
26.0
25.5
25.0
24.5
24.0
23.5
23.0
22.5
22.0
21.5
21.0
20.5
執帶 －
23
30
1997
6
13
20
27

圖 3-6 B

兩支線形構成的型態

吞噬（Engulfing）

型態名稱：吞噬 +					類別：R +		
日文名稱：tsutsumi							
趨勢條件：需要				確認：建議			
發生頻率（型態相隔平均天數）： 74 頻繁							
型態統計數據取自7275支普通股，涵蓋1460萬天的資料							
期間（天數）	1	2	3	4	5	6	7
勝率%	44	45	46	47	47	47	48
平均獲利%	2.76	3.73	4.51	5.14	5.71	6.23	6.71
敗率%	56	55	54	53	53	53	52
平均虧損%	-2.74	-3.54	-4.18	-4.70	-5.18	-5.63	-6.04
淨盈虧：	-0.27	-0.27	-0.18	-0.11	-0.06	0.00	0.02

型態名稱：吞噬 −					類別：R −		
日文名稱：tsutsumi							
趨勢條件：需要				確認：需要			
發生頻率（型態相隔平均天數）： 73 頻繁							
型態統計數據取自7275支普通股，涵蓋1460萬天的資料							
期間（天數）	1	2	3	4	5	6	7
勝率%	45	45	45	46	46	46	45
平均獲利%	2.29	3.08	3.70	4.23	4.68	5.10	5.48
敗率%	55	55	55	54	54	54	55
平均虧損%	-2.55	-3.38	-4.07	-4.66	-5.23	-5.74	-6.20
淨盈虧：	-0.34	-0.44	-0.52	-0.58	-0.66	-0.76	-0.88

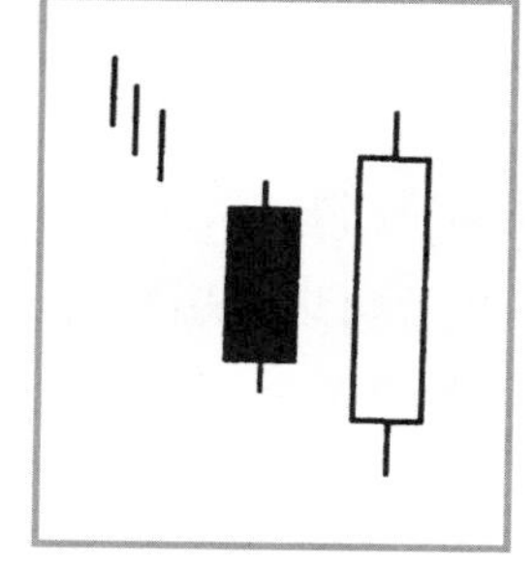

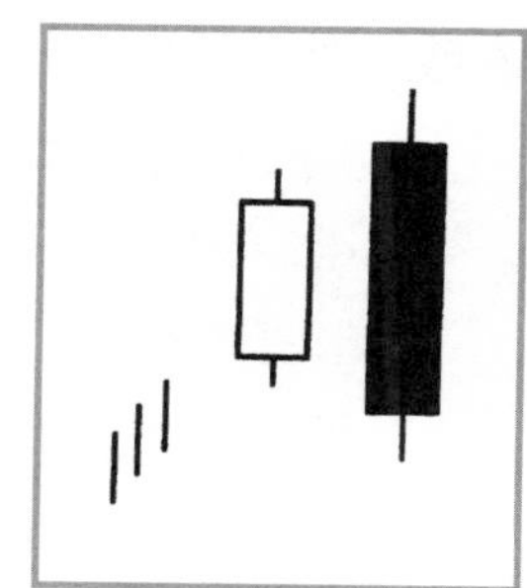

評論

吞噬型態是由兩支顏色相反的線形構成（請參考圖3-7和圖3-8）。第2支線形實體完全吞噬第1支線形實體。這個型態的影線不重要。吞噬又稱爲「擁抱」（daki），因爲第2支線形抱著第1支線形。這種型態如果發生在上升趨勢或行情頭部，意味著人氣轉空，賣方開始掌握優勢。上升趨勢出現黑色吞噬，往往又稱爲「最後擁抱」，這是稍後將討論的阪田兵法之一。

吞噬型態第1支線形的實體相對較小，第2支線形的實體相對較大。由於第2支線形的演變太過突兀，意味著先前趨勢可能告一段落。空頭吞噬如果發生在持續性漲勢末端，可能意味著想要買進的人都已經買進了。若是如此，恐怕沒有新資金可以繼續支撐上升趨勢。

吞噬型態類似長條圖分析的所謂「外側日」（outside day）。如同吞噬型態一樣，外側日第2支線形順著當時趨勢方向開盤，但逆著趨勢方向收盤，開、收盤價區間完全「吃掉」第1支線形的開、收盤價區間。

辨識法則

1. 當時存在明確趨勢。
2. 第2支線形實體完全吞噬第1支線形實體。請注意，兩支線形實體的某一端價格可以相同，但不可以兩端都相同。
3. 第1支線形顏色反映既有趨勢：下降趨勢爲黑線，上升趨勢爲紅線。
4. 吞噬型態第2支線形的顏色與第1支線形相反。

型態蘊含的發展情節／心理狀態

空頭吞噬型態

上升趨勢發展過程，先出現一支小紅線，成交量不特別大。隔天，開盤創新高價，然後價格很快就開始下跌。賣壓持續湧出，成交量放大，收盤價低於前一天開盤。這種盤勢會明顯傷害市場的多頭氣勢。又隔一天（第3天），如果價格持續走低，代表趨勢已經向下反轉。

多頭吞噬型態可以由相反角度理解。

型態彈性

吞噬型態的第2支線形實體，如果吞噬整個第1支線形（換言之，包括影線在內），則所代表的多空意涵更強烈。

第1支線形的顏色必須反映當時趨勢。型態發生在上升趨勢，第1支線形必須是紅色，反之亦然。第2支線形的顏色，必須與第1支線形相反。

所謂吞噬，是指第1支線形實體的任何部分，都不可以超越到

第2支線形實體的外側。兩支線形的實體長度至少要相差30％以上，相差愈多，型態意涵愈明確。

型態簡化

多頭吞噬型態可以簡化為「紙傘」或「鎚子」，透露行情處於轉折點，參考圖3-9。空頭吞噬型態可以簡化為「流星」，甚至是「墓碑十字」（如果實體夠小的話），請參考圖3-10。多頭與空頭吞噬型態可以簡化為反映其多空意涵的單一線形。

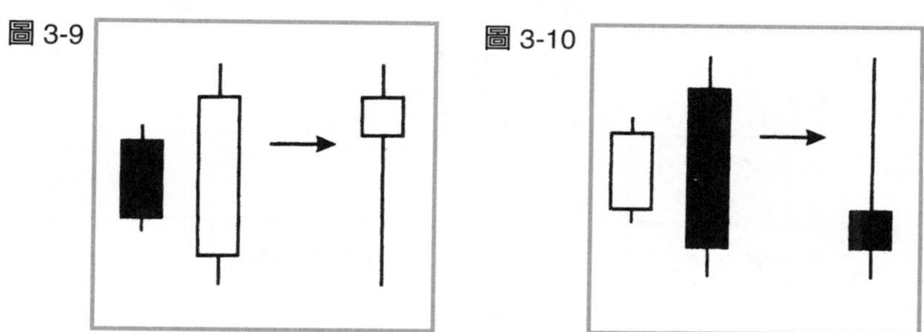

圖 3-9　圖 3-10

相關型態

吞噬型態是「三支外側」型態的前兩支線形。如果第三天價格走高，多頭吞噬將演變為「外側三日上升」型態。同理，如果第三天價格走低，空頭吞噬將演變為「外側三日下跌」型態。

吞噬型態也可能是由「貫穿線」或「烏雲罩頂」繼續發展而形成。所以，吞噬型態相當重要。

範例

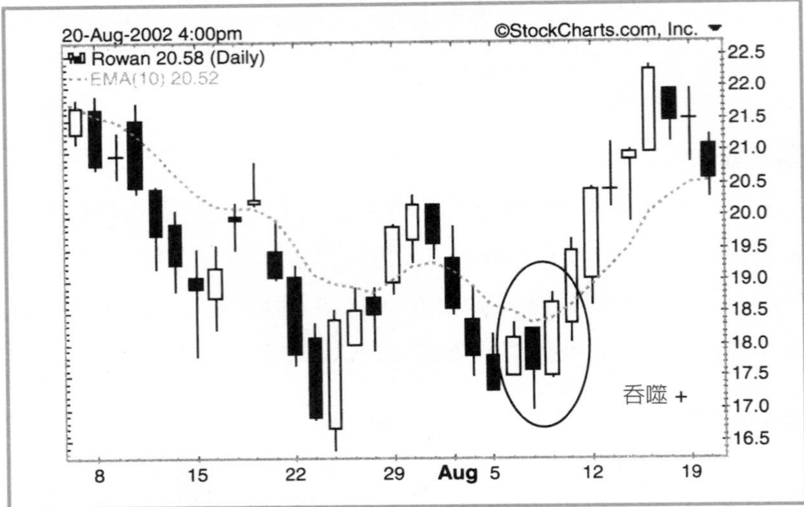
20-Aug-2002 4:00pm
©StockCharts.com, Inc.
Rowan 20.58 (Daily)
EMA(10) 20.52
吞噬 +
22.5
22.0
21.5
21.0
20.5
20.0
19.5
19.0
18.5
18.0
17.5
17.0
16.5
8
15
22
29
Aug
5
12
19

圖 3-11 A

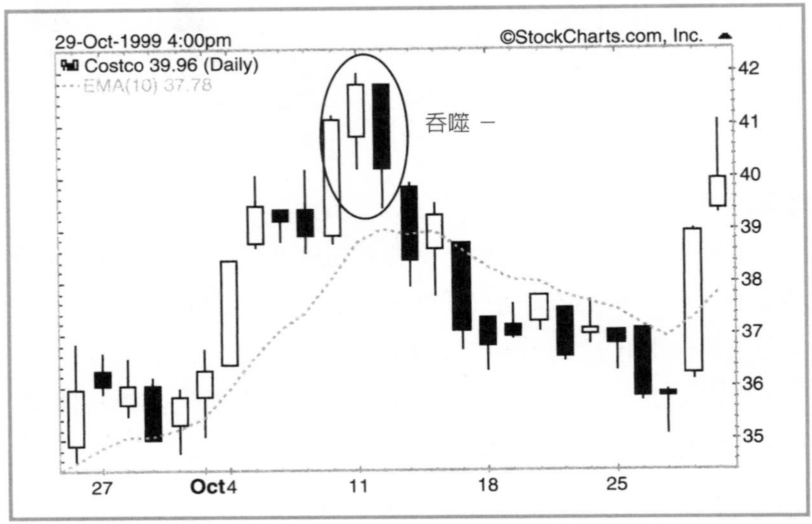
29-Oct-1999 4:00pm
©StockCharts.com, Inc.
Costco 39.96 (Daily)
EMA(10) 37.78
吞噬 －
42
41
40
39
38
37
36
35
27
Oct4
11
18
25

圖 3-11 B

母子（Harami）

型態名稱：母子 +					類別：R +	
日文名稱：harami							
趨勢條件：需要			確認：不需				
發生頻率（型態相隔平均天數）：69 頻繁							
型態統計數據取自7275支普通股，涵蓋1460萬天的資料							
期間（天數）	1	2	3	4	5	6	7
勝率%	49	50	50	51	51	51	52
平均獲利%	2.69	3.67	4.43	5.12	5.70	6.24	6.77
敗率%	51	50	50	49	49	49	48
平均虧損%	-2.46	-3.34	-4.01	-4.60	-5.11	-5.56	-6.00
淨盈虧：	0.07	0.12	0.23	0.35	0.44	0.50	0.58

型態名稱：母子 －					類別：R －	
日文名稱：harami							
趨勢條件：需要			確認：需要				
發生頻率（型態相隔平均天數）：59 頻繁							
型態統計數據取自7275支普通股，涵蓋1460萬天的資料							
期間（天數）	1	2	3	4	5	6	7
勝率%	50	49	49	49	49	49	49
平均獲利%	2.15	2.91	3.50	3.99	4.44	4.84	5.21
敗率%	50	51	51	51	51	51	51
平均虧損%	-2.28	-3.17	-3.91	-4.48	-4.99	-5.47	-5.89
淨盈虧：	-0.08	-0.17	-0.25	-0.28	-0.32	-0.36	-0.43

圖 3-12

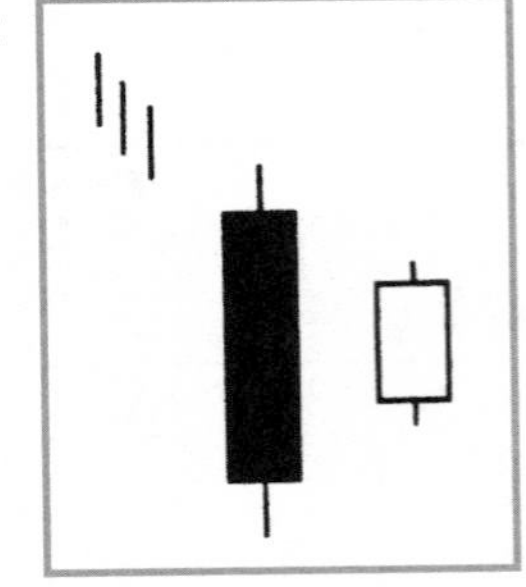

圖 3-13

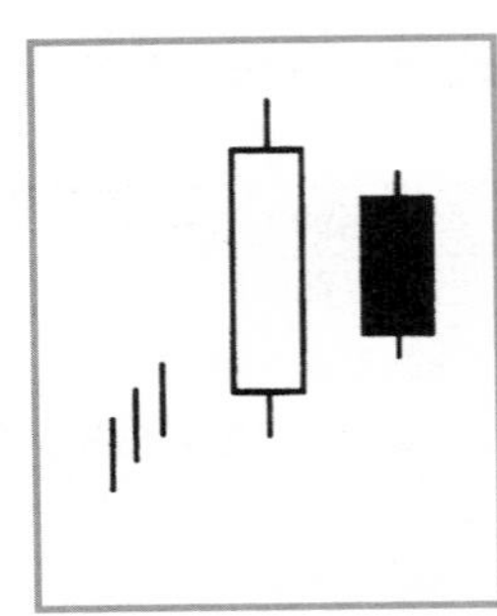

評論

母子型態與吞噬型態剛好相反，請參考圖3-12和圖3-13。日文Harami是懷孕的意思。一般的母子型態，兩支線形的顏色相反，就如同吞噬型態一樣。

各位或許察覺，母子型態和傳統長條圖的「內側日」很類似。可是，內側日考慮的是最高價和最低價，母子型態則是考慮實體（開盤價和收盤價）。日本陰陽線分析，經常是考慮開盤價和收盤價，最高價和最低價的重樣性相對較低。母子型態的第2支線形實體，完全包含在第1支線形的實體之內。

辨識法則

1. 長線形（第1支線形）出現之前，存在合理的趨勢。
2. 第一支線形的顏色不是很重要，但最好能夠反映既有趨勢。
3. 第一支長線形之後出現的短線形，其實體必須包含在第1支線形的實體內。如同吞噬型態一樣，兩支線形實體的某一端可以相等，但不可兩端同時相等。

4. 兩支線形的顏色相反。

型態蘊含的發展情節／心理狀態

多頭母子

下降趨勢已經發展一陣子，某天出現，順勢的較長黑線，成交量保持正常水準。隔天，價格開高，促使某些空頭回補，價格也進一步走高。可是，價格漲勢並沒有繼續延伸，因爲有些當初錯過下降趨勢的交易者，視此爲進場建立空頭部位的好機會。第二天的成交量顯著超過第一天。這種型態是否代表趨勢反轉，需要根據第三天走勢做確認。

空頭母子

上升趨勢已經發展一陣子，某天出現順勢的較長紅線，成交量放大。隔天，價格開低，在低檔盤旋，收盤價甚至更低，但沒有跌破前一天開盤價。由於趨勢發展突然發生變化，交易者擔心既有的上升趨勢是否能夠繼續發展，尤其是成交量縮小的話。這種型態似乎意味著趨勢將向下反轉。確認：第三天價格收低。

型態彈性

第一支長線形應該反映既有趨勢；換言之，上升趨勢的長線形應是紅線，下降趨勢的長線形應是黑線。第1支線形吃掉第2支線形的程度應該很顯著。兩支線形的實體長度至少要相差30%以上。請注意，所謂的「長」線形，是根據先前線形資料判斷。

型態簡化

多頭母子可以簡化爲「紙傘」或「鎚子」，顯示行情可能發生轉折（參考圖3-14）。空頭母子可以簡化爲偏空的「流星」，參考圖3-15。多頭與空頭母子型態可以簡化爲反映其多空意涵的單一線形。

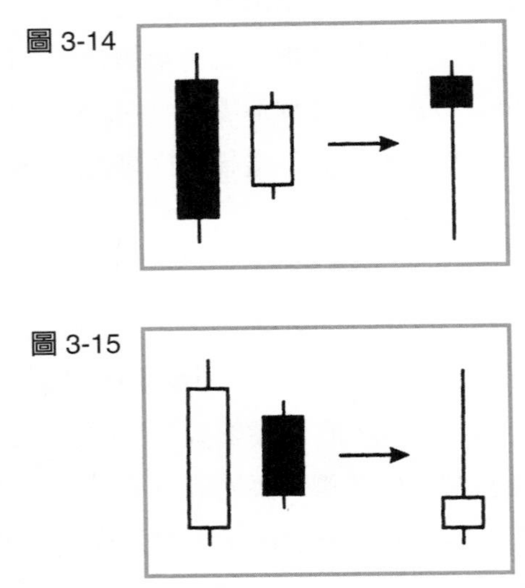

圖 3-14

圖 3-15

相關型態

母子型態是「內困三日翻紅」（Three Inside Up）和「內困三日翻黑」（Three Inside Down）的前兩支線形。多頭母子型態是「內困三日翻紅」的一部份，空頭母子型態是「內困三日翻黑」的一部份。

範例

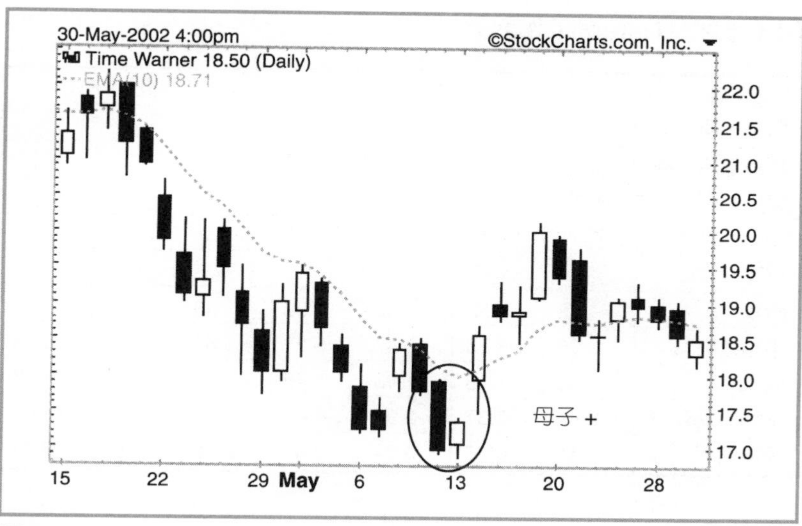
30-May-2002 4:00pm
©StockCharts.com, Inc.
Time Warner 18.50 (Daily)
EMA(10) 18.71
22.0
21.5
21.0
20.5
20.0
19.5
19.0
18.5
18.0
17.5
17.0
母子 +
15
22
29
May
6
13
20
28

圖 3-16 A

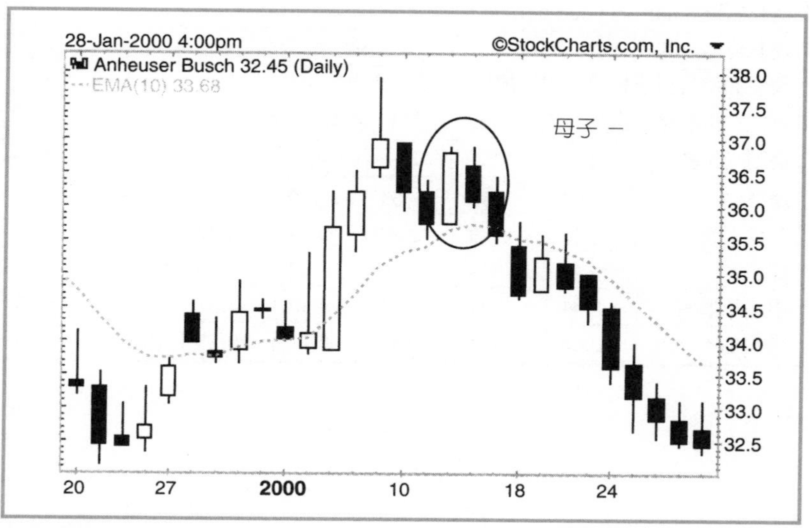
28-Jan-2000 4:00pm
©StockCharts.com, Inc.
Anheuser Busch 32.45 (Daily)
EMA(10) 33.68
38.0
37.5
37.0
36.5
36.0
35.5
35.0
34.5
34.0
33.5
33.0
32.5
母子 －
20
27
2000
10
18
24

圖 3-16 B

母子十字（Harami Cross）

型態名稱：母子十字 +					類別：R +		
日文名稱：harami yose sen							
趨勢條件：需要			確認：不需				
發生頻率（型態相隔平均天數）：355 頻繁							
型態統計數據取自7275支普通股，涵蓋1460萬天的資料							
期間（天數）	1	2	3	4	5	6	7
勝率%	52	52	52	52	53	53	53
平均獲利%	2.86	3.75	4.47	5.11	5.65	6.13	6.66
敗率%	48	48	48	48	47	47	47
平均虧損%	-2.65	-3.37	-3.94	-4.44	-4.92	-5.33	-5.64
淨盈虧：	0.17	0.25	0.34	0.47	0.56	0.63	0.74

型態名稱：母子十字 −					類別：R −		
日文名稱：harami yose sen							
趨勢條件：需要			確認：需要				
發生頻率（型態相隔平均天數）：299 頻繁							
型態統計數據取自7275支普通股，涵蓋1460萬天的資料							
期間（天數）	1	2	3	4	5	6	7
勝率%	51	51	51	50	50	50	50
平均獲利%	2.17	2.73	3.23	3.62	3.97	4.29	4.57
敗率%	49	49	49	50	50	50	50
平均虧損%	-2.41	-3.11	-3.72	-4.17	-4.62	-5.02	-5.43
淨盈虧：	-0.05	-0.11	-0.17	-0.21	-0.25	-0.32	-0.39

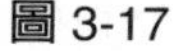

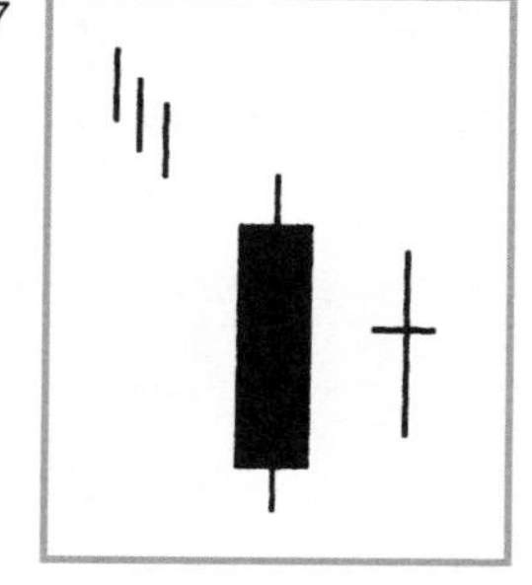

圖 3-18

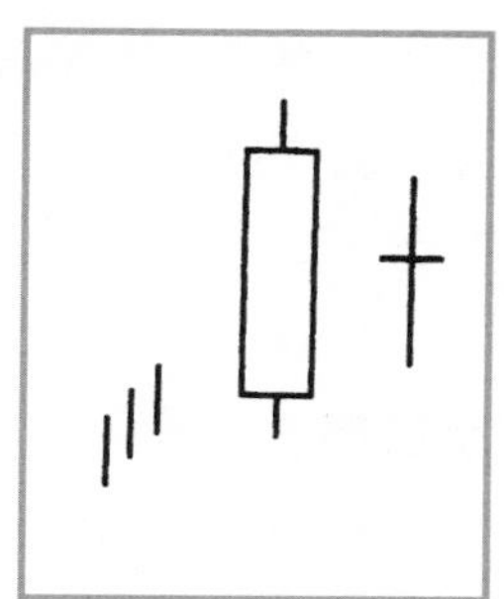

評論

母子型態是由一支長線形和一支短線形構成，型態強弱很大成分內取決於兩支線形的相對大小。請記住，十字線是開盤價等於收盤價的線形，代表盤勢不確定。所以，對於母子型態來說，長線形之後出現的小線形，也代表某種程度的不確定。不確定的程度愈高，趨勢反轉的可能性也愈高。母子型態的第2支線形如果是十字線，就成爲母子十字型態，請參考圖3-17和圖3-18。相較於一般的母子型態，母子十字的反轉可能性更高。

辨識法則

1. 趨勢明確的行情，出現一支長線形。
2. 第2天出現十字線（開盤價等於收盤價）。
3. 十字線落在第一支線形的實體內。

型態蘊含的發展情節／心理狀態

母子十字型態代表的心理狀態，基本上和母子型態相同。當時存在明確的趨勢，某天的價格突然大幅震盪，但沒有超過前一天線形實體。更糟者，第二天線形為十字線。十字線的成交量明顯萎縮，顯示交易者對於後續發展非常沒有把握。趨勢可能發生反轉。

型態彈性

長線形的顏色最好反映既有趨勢，十字線的開、收盤差距最好保持在2、3%範圍內，最近最好不要出現太多十字線。

型態簡化

多頭和空頭母子十字型態所簡化的單一線形，多數情況下可以支援型態意涵，請參考圖3-19和圖3-20。簡化單一線形的實體長度，可能顯著超過「紙傘」或「鎚子」的實體。母子十字型態和簡化單一線形，兩者的多空意涵並不衝突。

圖 3-19

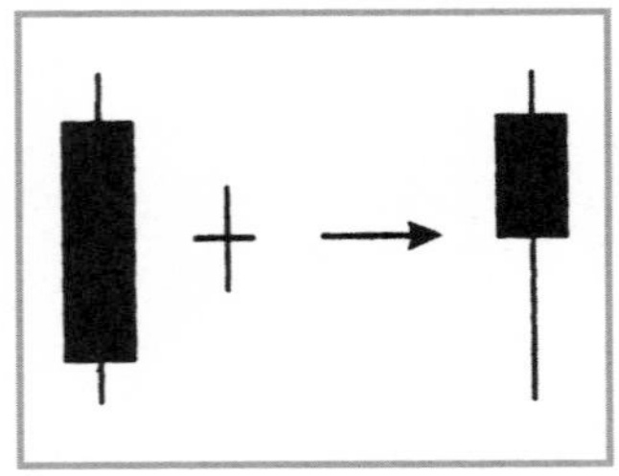

圖 3-20

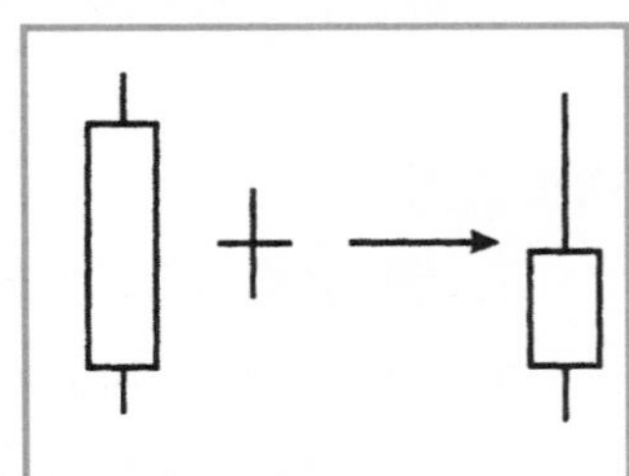

相關型態

母子十字可能是「上升三法」(Rising Three Methods)或「下跌三法」(Falling Three Methods)的開端階段(究竟是何者，則取決於隨後幾天的價格行爲)。「上升三法」和「下跌三法」屬於連續型態，顯然不符合母子十字的反轉意涵。

範例

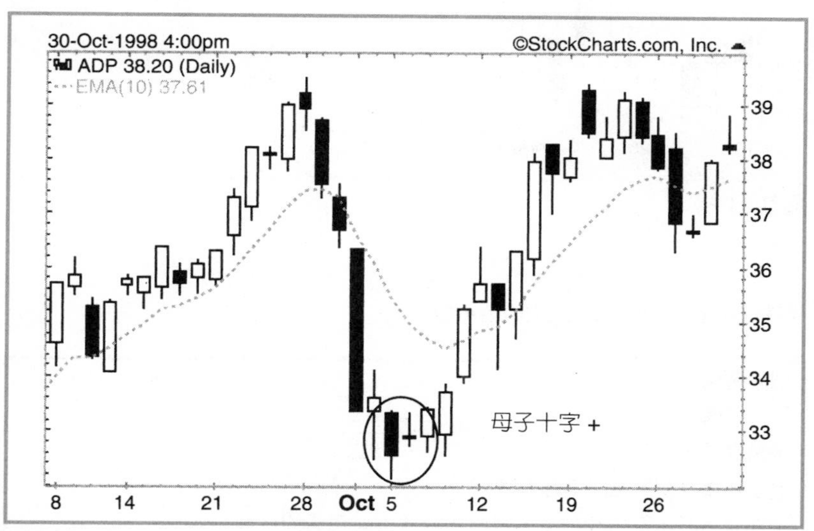

圖 3-21 A

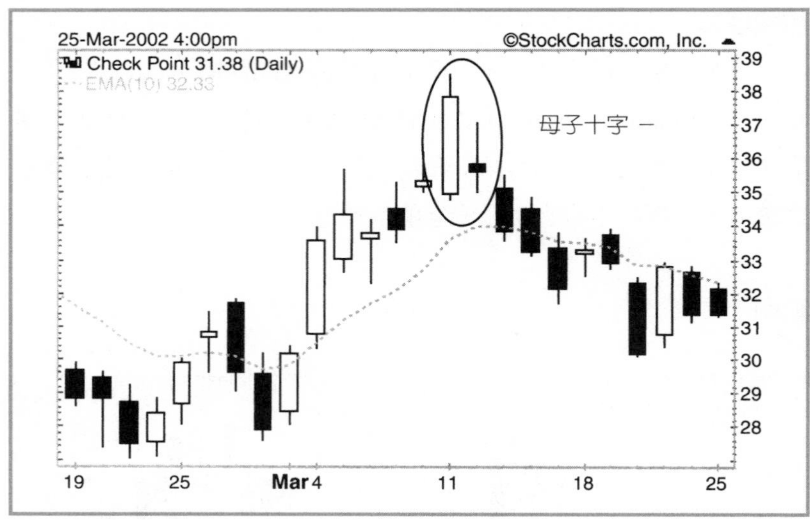

圖 3-21 B

倒狀鎚子（Inverted Hammer）

型態名稱：倒狀鎚子+						類別：R +	
日文名稱：tohba							
趨勢條件：需要			確認：不需				
發生頻率（型態相隔平均天數）：1,226　一般							
型態統計數據取自7275支普通股，涵蓋1460萬天的資料							
期間（天數）	1	2	3	4	5	6	7
勝率%	67.	64	61	61	60	60	59
平均獲利%	4.06	4.67	5.23	5.90	6.33	6.90	7.43
敗率%	33	36	39	39	40	40	41
平均虧損%	-2.74	-3.51	-4.05	-4.67	-5.15	-5.52	-5.99
淨盈虧：	1.44	1.46	1.42	1.55	1.59	1.74	1.81

流星（Shooting Star）

型態名稱：流星－					類別：R －		
日文名稱：nagare boshi							
趨勢條件：需要			確認：需要				
發生頻率（型態相隔平均天數）：3,418　一般							
型態統計數據取自7275支普通股，涵蓋1460萬天的資料							
期間（天數）	1	2	3	4	5	6	7
勝率%	46	47	48	49	49	49	49
平均獲利%	2.77	3.73	4.36	4.99	5.47	5.92	6.26
敗率%	54	53	52	51	51	51	51
平均虧損%	-3.28	-4.34	-5.03	-5.58	-6.19	-6.87	-7.22
淨盈虧：	-0.44	-0.54	-0.50	-0.43	-0.44	-0.62	-0.67

圖 3-22

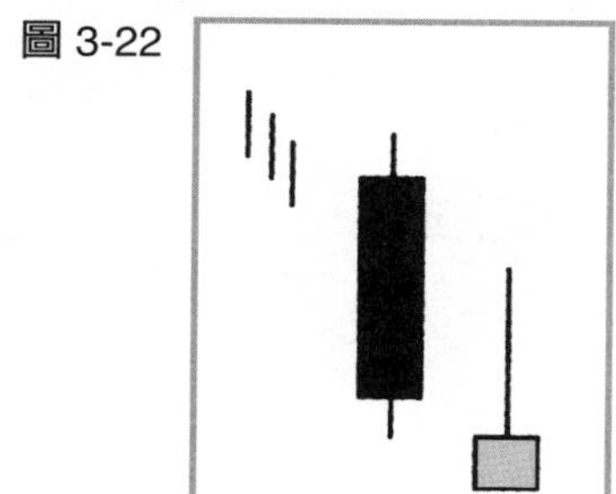

圖 3-23

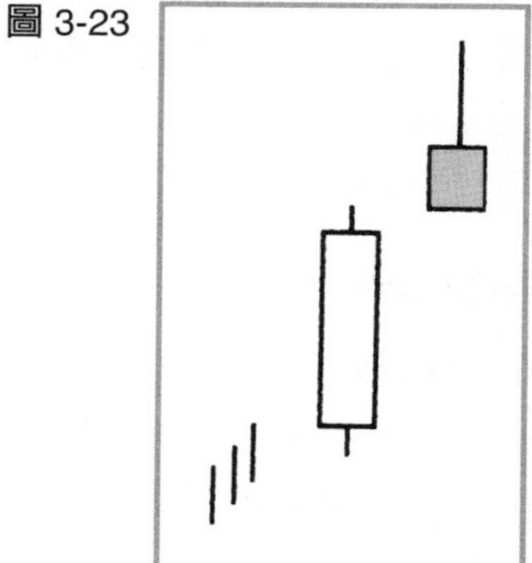

評論

倒狀鎚子

「倒狀鎚子」屬於底部反轉型態，請參考圖3-22，狀況類似「鎚子」，發生在下降趨勢過程，代表可能的趨勢反轉訊號。就如多數單一或兩支線形的型態一樣，倒狀鎚子需要經過確認。所謂確認，或許可以觀察隔天開盤價，開盤應該高於倒狀鎚子的實體。倒狀鎚子第2支線形收盤價位在最低價附近，盤中價格大多位在收盤價之上，所以需要經過確認。另外，日本文獻少有這種型態的資料。

流星

「流星」屬於單一線形的陰陽線型態，預示上升趨勢告一段落。這種排列並不屬於主要反轉型態。流星看起來如同倒狀鎚子，差別是前者發生在上升趨勢末端，後者發生在下降趨勢末端。流星收盤價落在最低價附近，凸顯漲勢明顯受挫。流星實體與前一支線形實體之間，應該存在跳空缺口。所以，由這個角度觀察，流星實際上是兩支線形構成的型態，因為前一天的實體也需要考慮在內。

辨識法則

倒狀鎚子

1. 小實體出現在價格區間的下端。
2. 型態只要發生在下降趨勢過程，型態實體與先前線形實體之間不需有缺口。
3. 上影線長度通常會超過實體的兩倍。
4. 下影線幾乎不存在。

流星

1. 發生在上升趨勢末端，實體必須跳空。

2. 小實體出現在價格區間的下端。
3. 上影線長度至少是實體三倍。
4. 下影線幾乎不存在。

型態蘊含的發展情節／心理狀態

倒狀鎚子

下降趨勢發展過程中，價格向下跳空開盤，盤中雖然出現反彈，但漲勢無法維持，收盤價最終還是落在最低價附近。這種型態是否代表趨勢反轉，也要經由隔天走勢的確認，就如同「鎚子」和「吊人」一樣。隔天價格如果開在倒狀鎚子實體之上，很可能就代表趨勢反轉，這種盤勢會引發空頭回補，更促使價格上漲。請注意，倒狀鎚子可能演變爲多頭氣勢更強的「晨星」排列。

流星

上升趨勢發展過程，價格跳空開高，盤中價格繼續上漲而創新高，但漲勢無法持續而價格最終收在最低價附近。這種盤勢明顯偏空，自然會引發多頭擔心而想獲利了結。

型態彈性

單一線形的型態，沒有什麼彈性可言。影線長度可能反映型態強度。上影線長度至少應該是實體的兩倍。最好不要有下影線；如果有的話，長度不可超過整個價格區間的5～10%。一般來說，實體顏色如果符合反轉方向，應該有助於型態效力。

型態簡化

倒狀鎚子與流星雖然是單一線形，但型態還是要考慮前一天的線形。倒狀鎚子可以簡化為顯然偏空的長黑線，請參考圖3-24。流星可以簡化為偏多的長紅線，請參考圖3-25。對於此兩者而言，型態與簡化線形之間的含意彼此衝突，這意味著型態效力需要經過確認。

圖 3-24

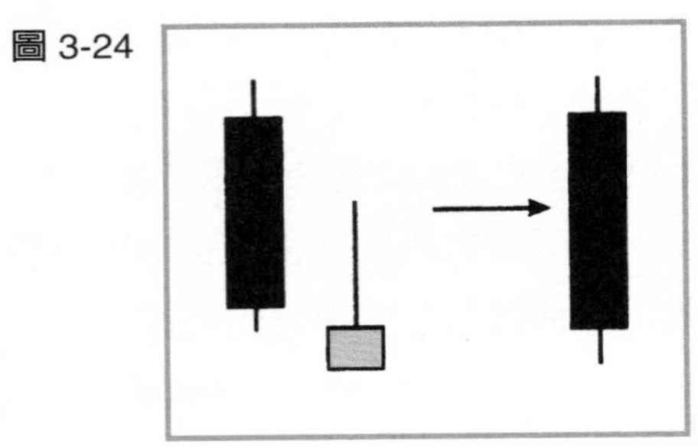

圖 3-25

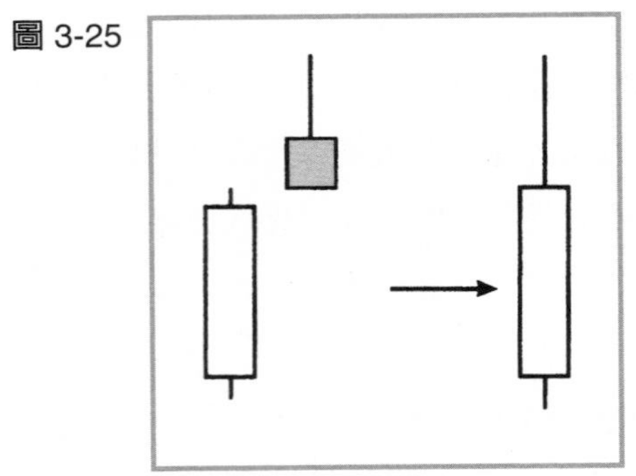

相關型態

就如同「鎚子」和「吊人」都與「蜻蜓十字」有關一樣，「流星」和「倒狀鎚子」也與「墓碑十字」有關。

範例

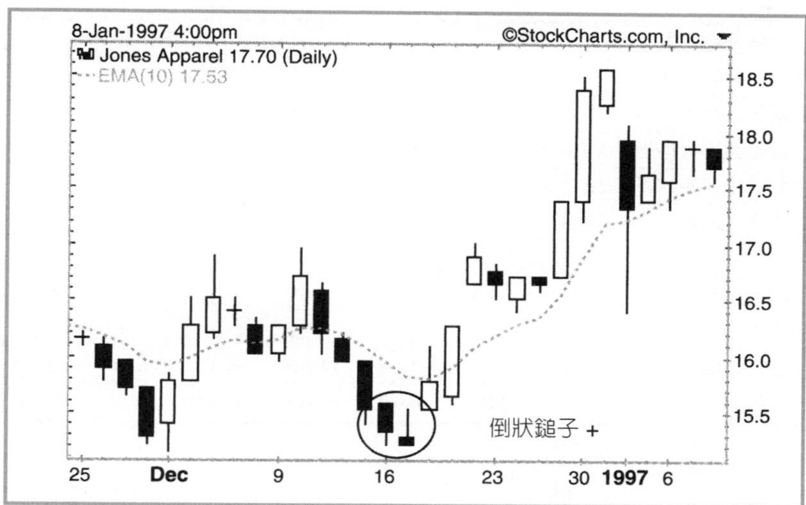

圖 3-26 A

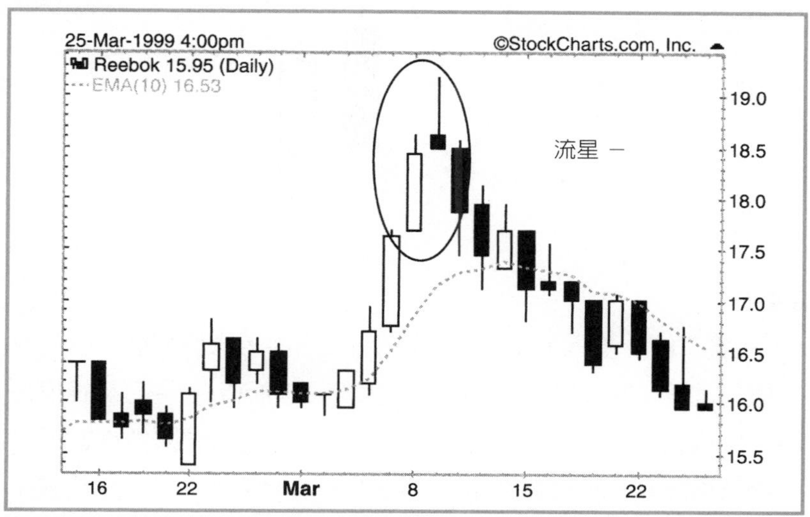

圖 3-26 B

貫穿線（Piercing Line）

型態名稱：貫穿線 +					類別：R +	
日文名稱：kirikomi						
趨勢條件：需要			確認：建議			
發生頻率（型態相隔平均天數）：1,212　一般						
型態統計數據取自7275支普通股，涵蓋1460萬天的資料						

期間（天數）	1	2	3	4	5	6	7
勝率%	47	46	48	49	49	51	50
平均獲利%	2.61	3.43	4.21	4.69	5.33	5.81	6.21
敗率%	53	54	52	51	51	49	50
平均虧損%	-2.54	-3.45	-4.03	-4.60	-5.11	-5.49	-5.89
淨盈虧：	-0.13	-0.26	-0.10	-0.03	0.04	0.21	0.19

圖 3-27

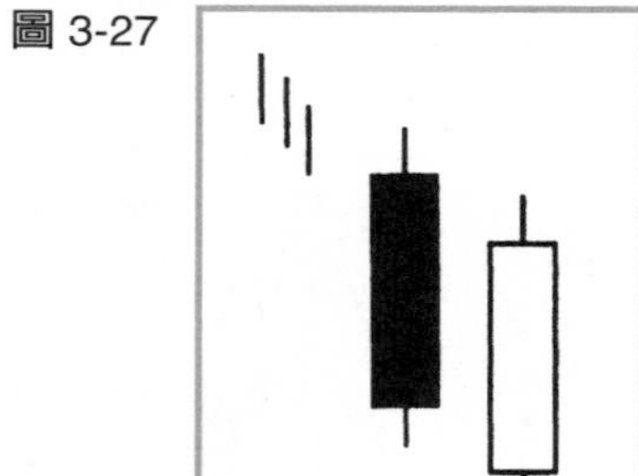

評論

「貫穿線」基本上是「烏雲罩頂」（請參考次個型態）的相反型態。這種型態發生在下降趨勢，由兩支線形構成。第1支線形保持下降趨勢的典型黑線，第2支線形是長紅線，開盤價創新低，然後價格回升，收盤價貫穿到第1支黑線的中點上方。請參考圖3-27。Kirikomi代表返回、折返的意思。

辨識法則

1. 第1支線形保持下降趨勢的典型黑線。
2. 第2支線形是長紅線，開盤價創新低。
3. 第2支線形收盤價貫穿到第1支黑線的中點上方。

型態蘊含的發展情節／心理狀態

下降趨勢出現長黑線，保持既有的空頭氣氛。隔天，開盤價向下跳空，似乎更強化了空頭氣勢。可是，沒過多久，行情開始反彈，收盤價顯著走高。事實上，收盤價貫穿到第1支黑線的中點上方。這種走勢使得空方開始緊張，潛在底部已經出現。陰陽線繪圖充分反映當時的狀況，如果採用標準長條圖，則難以感受這方面的多空變化。

型態彈性

長紅線的收盤價必須貫穿第1支黑線的中點。若非如此，或許應該等待進一步確認。關於貫穿線的這個法則，是完全沒有彈性的；換言之，長紅線收盤價必須貫穿前一支黑線的中點。類似貫穿線的型態還有幾種，包括：「頸上線」（On Neck Line）、「頸內線」（In Neck Line）和「戳入線」（Thrusting Line）（參考第4章）。這些型態屬於空頭連續排列，結構和貫穿線很類似，唯一差別只在於第2支線形的收盤價位置。所以，貫穿線有關第2支線形收盤價位置的規定必須很嚴格。收盤價貫穿前一支黑線的程度愈大，趨勢反轉的成功機會愈高。請注意，如果收盤價穿越前一支黑線實體上緣，那就不是貫穿線了，而是多頭「吞噬」型態。

型態簡化

貫穿線型態可以簡化爲「紙傘」或「鎚子」，仍舊反映行情反轉或轉折的意涵，請參考圖3-28。所簡化的單一線形充分反映貫穿線的多頭氣勢。

圖 3-28

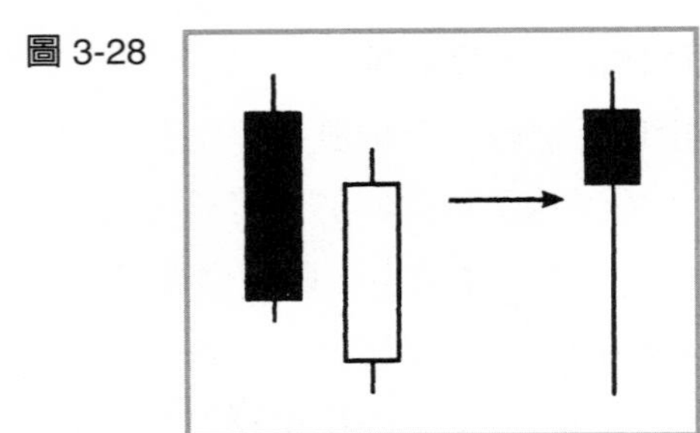

相關型態

有三種型態的發展，最初頗類似貫穿線，但不具備貫穿線的反轉意涵，它們都屬於連續型態。此三者分別爲「頸上線」、「頸內線」和「戳入線」（參考第4章）。另外，多頭「吞噬」型態也可以視爲貫穿線的延伸。

範例

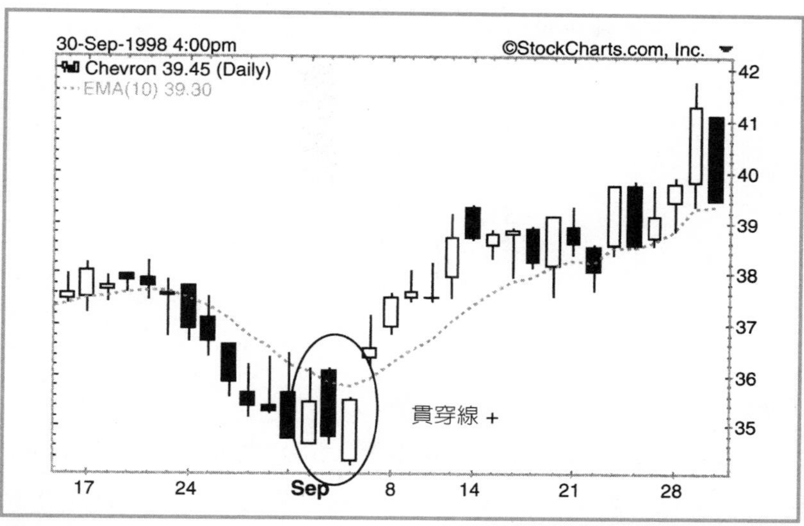

圖 3-29

烏雲罩頂（Dark Cloud Cover）

型態名稱：烏雲罩頂－				**類別**：R－			
日文名稱：kabuse							
趨勢條件：需要			**確認**：需要				
發生頻率（型態相隔平均天數）： 903 經常							
型態統計數據取自7275支普通股，涵蓋1460萬天的資料							
期間（天數）	1	2	3	4	5	6	7
勝率%	47	46	46	46	47	47	47
平均獲利%	2.25	3.03	3.69	4.22	4.69	5.16	5.54
敗率%	53	54	54	54	53	53	53
平均虧損%	-2.51	-3.33	-4.07	-4.78	-5.41	-5.90	-6.42
淨盈虧：	-0.25	-0.38	-0.47	-0.58	-0.65	-0.72	-0.81

圖 3-30

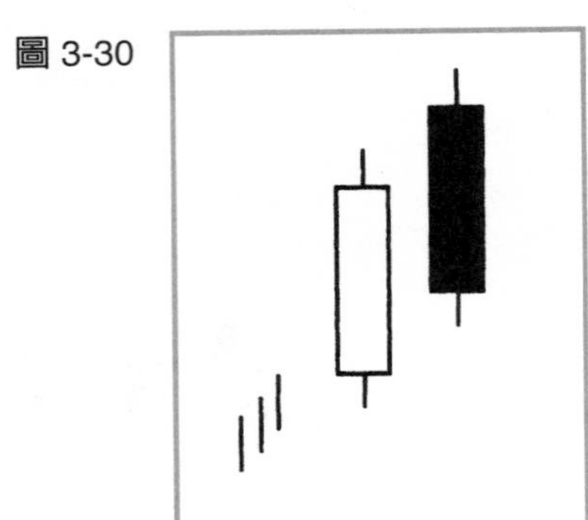

評論

「烏雲罩頂」屬於空頭反轉型態（請參考圖3-30），結構剛好與「貫穿線」對應（參考圖3-27）。這種型態發生在上升趨勢過程，第1支線形是長紅線。第2支線形開盤向上跳空，繼續維持多頭氣勢，但收盤價下滑而深入第1支紅線實體中點下方。請注意，第2支線形開盤向上跳空，價格必須高於第1支線形的最高價——而不是收盤價。陰陽線型態定義很少考慮最高價或最低價，烏雲罩頂是少數例外。

這種型態與「貫穿線」的作用相仿，只是方向相反：開盤價向上跳空，收盤價卻顯著下滑。這種型態沒有例外。Kabuse代表「遭到遮蔽」或「遮蓋」。

辨識法則

1. 第1支線形為長紅線，延續既有的上升趨勢。
2. 第2支線形的開盤價高於前一天最高價（不是收盤價）。
3. 第2支線形為黑線，收盤價位在前一支線形實體中點下方。

型態蘊含的發展情節／心理狀態

市場處於上升趨勢。然後，出現一支典型的長紅線。隔天，價格跳空開高，但整個多頭氣勢也就到此爲止。價格開始下滑，收盤價甚至跌到前一天長紅線實體中點之下。對於這種盤勢發展，多頭部位持有者當然會開始調整策略。這種型態與「貫穿線」具有類似的衝擊力道，強烈顯示趨勢即將反轉。

型態彈性

黑線收盤價愈深入前一支線形實體，所代表的反轉力道愈強。第1支線形爲長紅線，第2支線形開盤價向上跳空，這些強勢表現反而襯托出收盤價反轉的空頭意涵。

型態簡化

烏雲罩頂可以簡化爲「流星」，兩者都具有類似的空頭意涵，請參考圖3-31。第2支線形收盤價如果直逼第1支線形開盤價，簡化線形將是「墓碑十字」，也充分反映型態的空頭意涵。

圖 3-31

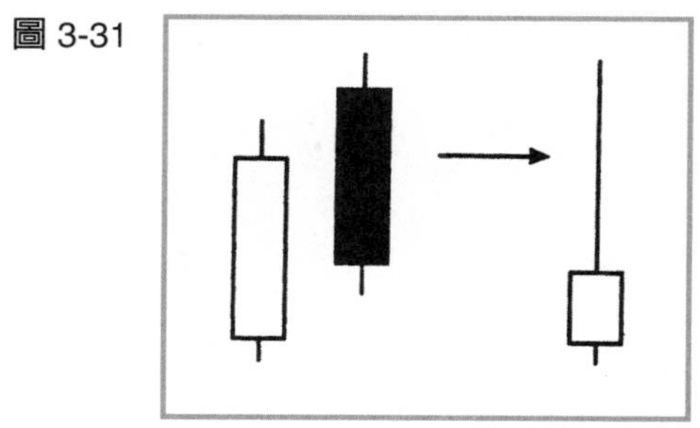

相關型態

烏雲罩頂第2支線形收盤價如果低於第1支線形開盤價，型態將演變爲空頭「吞噬」。所以，空頭吞噬代表的趨勢反轉強度，更甚於烏雲罩頂。

範例

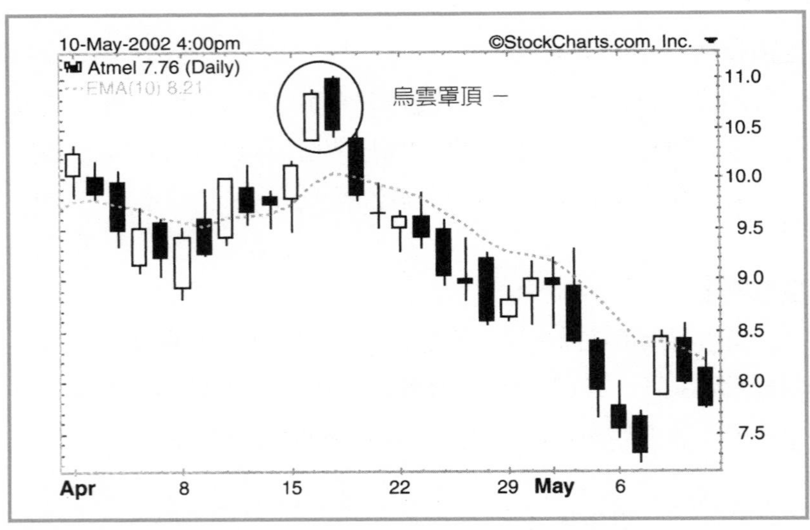

圖 3-32

星形十字（Doji Star）

<table>
<tr><td colspan="6">型態名稱：星形十字＋</td><td colspan="2">類別：R＋</td></tr>
<tr><td colspan="8">日文名稱：doji bike</td></tr>
<tr><td colspan="4">趨勢條件：需要</td><td colspan="4">確認：不需</td></tr>
<tr><td colspan="8">發生頻率（型態相隔平均天數）：539　經常</td></tr>
<tr><td colspan="8">型態統計數據取自7275支普通股，涵蓋1460萬天的資料</td></tr>
<tr><td>期間（天數）</td><td>1</td><td>2</td><td>3</td><td>4</td><td>5</td><td>6</td><td>7</td></tr>
<tr><td>勝率%</td><td>53</td><td>53</td><td>54</td><td>54</td><td>54</td><td>54</td><td>54</td></tr>
<tr><td>平均獲利%</td><td>2.98</td><td>4.03</td><td>4.75</td><td>5.47</td><td>6.11</td><td>6.65</td><td>7.17</td></tr>
<tr><td>敗率%</td><td>47</td><td>47</td><td>46</td><td>46</td><td>46</td><td>46</td><td>46</td></tr>
<tr><td>平均虧損%</td><td>-2.53</td><td>-3.58</td><td>-4.30</td><td>-4382</td><td>-5.30</td><td>-5.78</td><td>-6.28</td></tr>
<tr><td>淨盈虧：</td><td>0.36</td><td>0.46</td><td>0.54</td><td>0.69</td><td>0.82</td><td>0.93</td><td>1.00</td></tr>
</table>

<table>
<tr><td colspan="6">型態名稱：星形十字－</td><td colspan="2">類別：R －</td></tr>
<tr><td colspan="8">日文名稱：doji bike</td></tr>
<tr><td colspan="4">趨勢條件：需要</td><td colspan="4">確認：建議</td></tr>
<tr><td colspan="8">發生頻率（型態相隔平均天數）：416　頻繁</td></tr>
<tr><td colspan="8">型態統計數據取自7275支普通股，涵蓋1460萬天的資料</td></tr>
<tr><td>期間（天數）</td><td>1</td><td>2</td><td>3</td><td>4</td><td>5</td><td>6</td><td>7</td></tr>
<tr><td>勝率%</td><td>53</td><td>53</td><td>52</td><td>52</td><td>52</td><td>52</td><td>51</td></tr>
<tr><td>平均獲利%</td><td>2.27</td><td>3.13</td><td>3.78</td><td>4.35</td><td>4.81</td><td>5.22</td><td>5.62</td></tr>
<tr><td>敗率%</td><td>47</td><td>47</td><td>48</td><td>48</td><td>48</td><td>48</td><td>49</td></tr>
<tr><td>平均虧損%</td><td>-2.43</td><td>-3.45</td><td>-4.17</td><td>-4.77</td><td>-5.33</td><td>-5.78</td><td>-6.20</td></tr>
<tr><td>淨盈虧：</td><td>0.07</td><td>0.01</td><td>-0.02</td><td>-0.05</td><td>-0.07</td><td>-0.09</td><td>-0.16</td></tr>
</table>

圖 3-33

圖 3-34

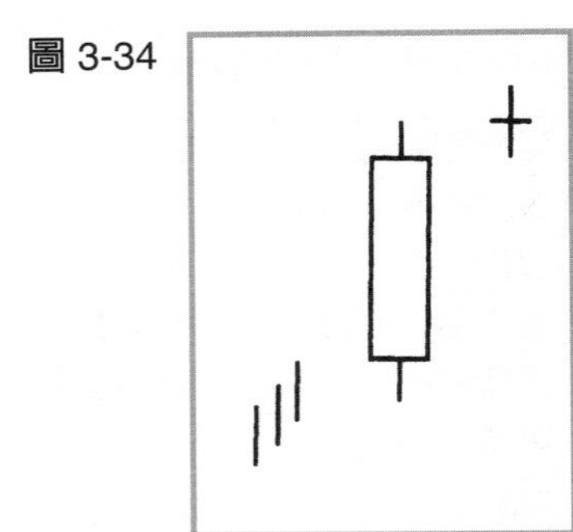

評論

「星形十字」代表趨勢即將發生變動的警訊。首先出現一支反映當時趨勢的長線形；換言之，上升趨勢的長紅線，或下降趨勢的長黑線，請參考圖3-33和圖3-34。隔天，價格順著趨勢方向跳空開盤，但收盤價等於開盤價。這種型態顯示既有趨勢沒有繼續延伸。對於這種市況發展，如果採用傳統長條圖，恐怕不能反映趨勢惡化的情形。所以，這個例子凸顯了陰陽線繪圖的功能，因爲兩支線形的實體之間存在缺口。

辨識法則

1. 第1支線形是順勢長線形。
2. 第2支線形開盤價朝既有趨勢方向跳空。
3. 第2支線形爲十字線。
4. 十字線的影線不可太長，尤其是多頭星形十字。

型態蘊含的發展情節／心理狀態

讓我們考慮空頭星形十字的情況。市場處在多頭趨勢，第1支長紅線反映既有上升趨勢。隔天，開盤價向上跳空，然後呈現狹幅交易，收盤價最終落在開盤價附近。上升趨勢沒有繼續延伸，顯然造成「停頓」的感覺，多方氣勢受挫。許多部位的立場發生變化，這也是造成十字線的原因。再隔天（第3天），如果價格開低，也就開啓了趨勢反轉的序幕。

型態彈性

型態的兩支構成線形之間，如果連影線也沒有重疊，反轉氣勢更強。第1支線形的顏色應該反映當時趨勢。

型態簡化

多頭星形十字可以簡化爲長黑線，兩者的多、空意涵彼此衝突，請參考圖3-35。同樣地，空頭星形十字可以簡化爲長紅線，兩者的多、空意涵也顯然不一致，請參考圖3-36。不可忽略這方面的矛盾。

相關型態

星形十字隨後可以演變爲「晨星十字」（Morning Doji Star）和「夜星十字」（Evening Doji Star）。

圖 3-35

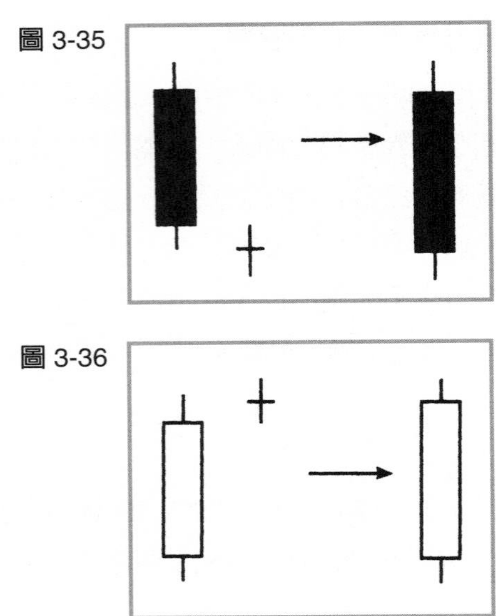

圖 3-36

範例

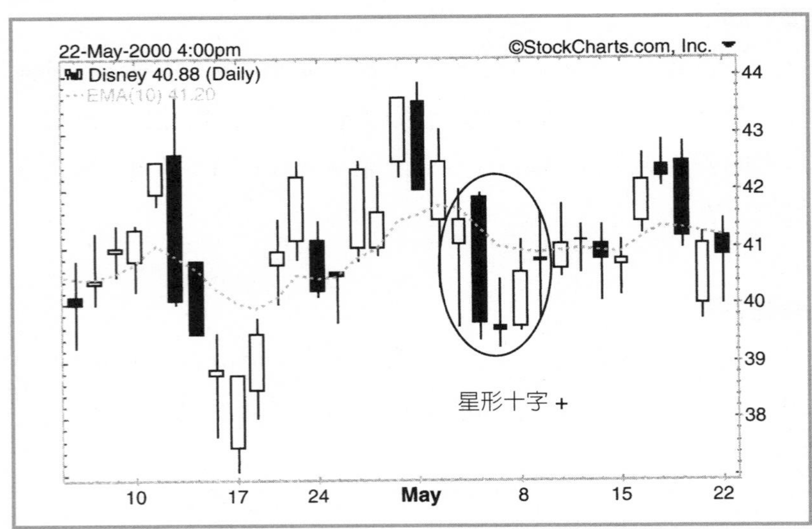

圖 3-37 A

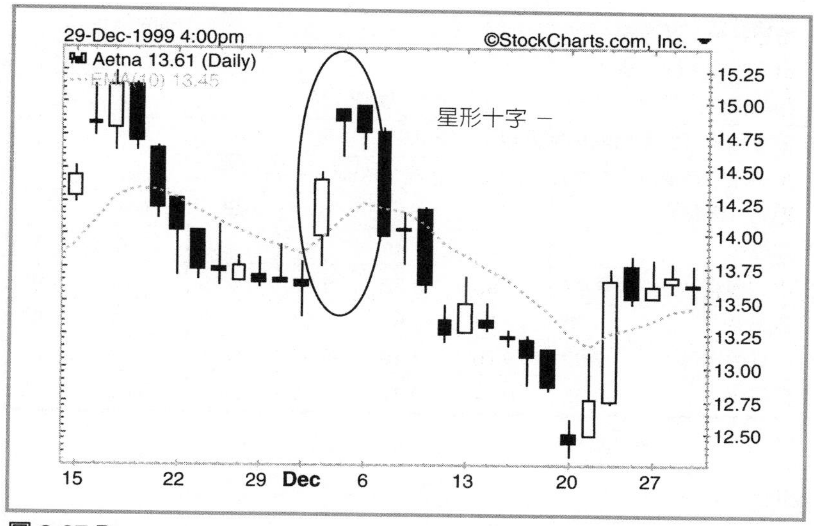

圖 3-37 B

遭遇線（Meeting Lines）

型態名稱：遭遇線 +				類別：R +			
日文名稱：deai sen							
趨勢條件：需要				確認：建議			
發生頻率（型態相隔平均天數）：3,132　一般							
型態統計數據取自7275支普通股，涵蓋1460萬天的資料							
期間（天數）	1	2	3	4	5	6	7
勝率%	45	48	48	48	50	50	51
平均獲利%	2.78	3.55	4.33	4.94	5.52	6.06	6.57
敗率%	55	52	52	52	50	50	49
平均虧損%	-2.61	-3.24	-3.95	-4.43	-4.86	-5.22	-5.58
淨盈虧：	-0.14	-0.01	0.03	0.06	0.27	0.43	0.53

型態名稱：遭遇線－					類別：R－		
日文名稱：deai sen							
趨勢條件：需要				確認：需要			
發生頻率（型態相隔平均天數）：2,732　一般							
型態統計數據取自7275支普通股，涵蓋1460萬天的資料							
期間（天數）	1	2	3	4	5	6	7
勝率%	47	49	48	49	50	49	49
平均獲利%	2.27	2.93	3.52	3.96	4.25	4.71	4.96
敗率%	53	51	52	51	50	51	51
平均虧損%	-2.83	-3.70	-4.28	-4.97	-5.51	-5.87	-6.27
淨盈虧：	-0.35	-0.41	-0.47	-0.53	-0.59	-0.62	-0.73

評論

「遭遇線」是指連續兩支線形的顏色相反，而且收盤價相同。某些文獻裡，遭遇線稱為「反攻線」（counterattack lines）。Deaisen是指「兩線會合」，gyakushusen是指「反攻線」的意思。

多頭遭遇線

這種型態通常出現在下降趨勢。第1支線形是順勢的長黑線，隔天開盤價大幅向下跳空，繼續反映當時的下降趨勢，但收盤價走高而與前一支線形收盤價相同，請參考圖3-38。多頭遭遇線有點像是多頭「貫穿線」，差別只在於第2支線形收盤價的反轉力道。遭遇線的收盤價只能挺進到前一支線形實體下緣（收盤價），貫穿線卻能貫入前一支線形實體的上半部。所以，多頭遭遇線的反轉勁道不如多頭貫穿線。另外，這種型態不要與第4章討論的「頸上線」發生混淆。

空頭遭遇線

空頭遭遇線的結構頗似「烏雲罩頂」。空頭遭遇線第1支線形是順勢的長紅線，隔天開盤價大幅向上跳空，但收盤價下跌而與前一支線形收盤價相同（烏雲罩頂的收盤價則貫穿到前一支線形實體下半部），請參考圖 3-39。

圖 3-38

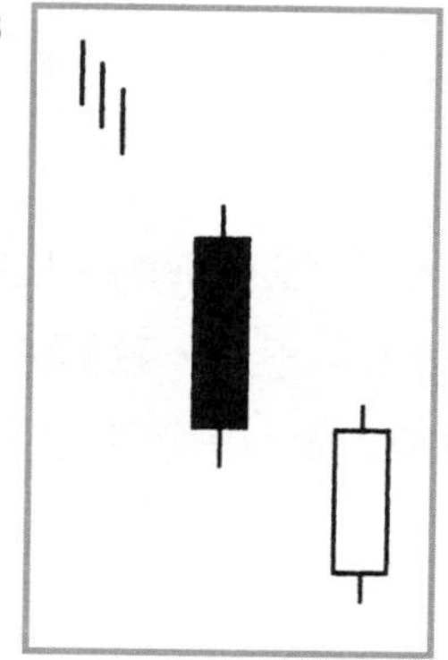

圖 3-39

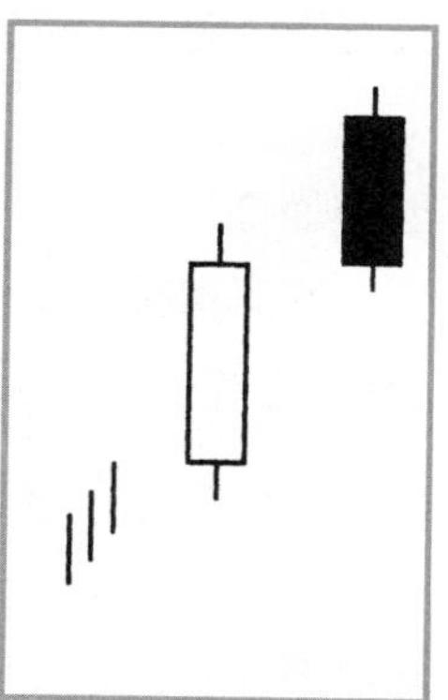

辨識法則

1. 兩支線形的實體都相當長。
2. 第1支線形必須反映既有趨勢：多頭遭遇線爲黑線，空頭遭遇線爲紅線。
3. 第2支線形顏色與第1支相反。
4. 兩支線形的收盤價相同。

型態蘊含的發展情節／心理狀態

多頭遭遇線

下降趨勢發展過程，首先出現一支長黑線，繼續延伸當時的空頭走勢。隔天，開盤價大幅向下跳空，但收盤價走高而與前一支線形收盤價相同。交易者非常重視收盤價，第二天價格雖然開低，但收盤價回升到前一天水準，意味著趨勢可能反轉。如果第三天價格開高，可以確認趨勢反轉。

型態彈性

遭遇線雖然是由兩支長線形構成，但第2支線形的長度通常不如第1支線形。這似乎不會影響型態的效力；不過，我們仍然建議進一步確認。如果兩支線形都是收盤實線，效力應該更強。

型態簡化

遭遇線所簡化的單一線形並不支持原有型態，請參考圖3-40和圖3-41。簡化線形與型態第1支線形相仿，只是影線朝既有趨勢方向延伸。總之，簡化線形並不支持原有型態，但也不衝突。

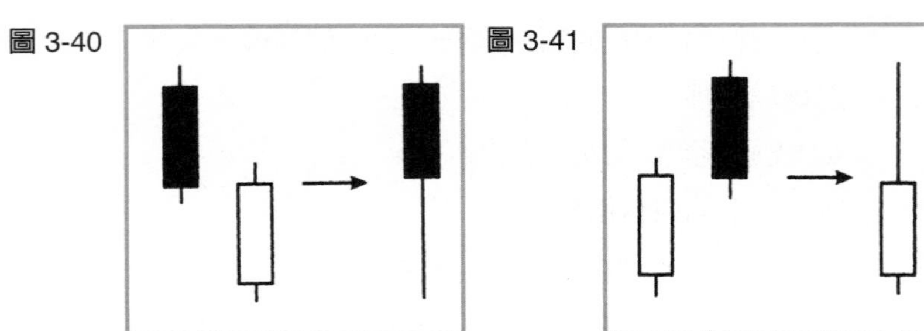

圖 3-40　圖 3-41

相關型態

結構與連續型態的「隔離線」（Separating Lines）相反。這種型態的最後收盤反轉力道如果更強一些，將成為「貫穿線」或「烏雲罩頂」。

範例

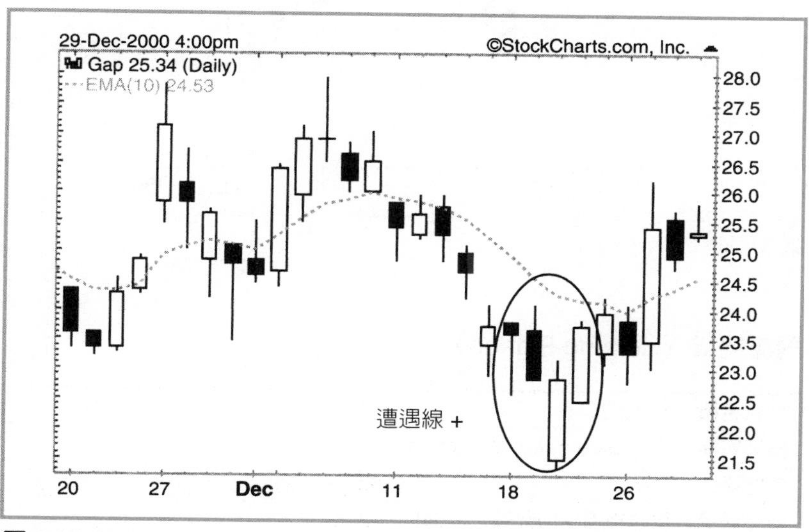

圖 3-42 A

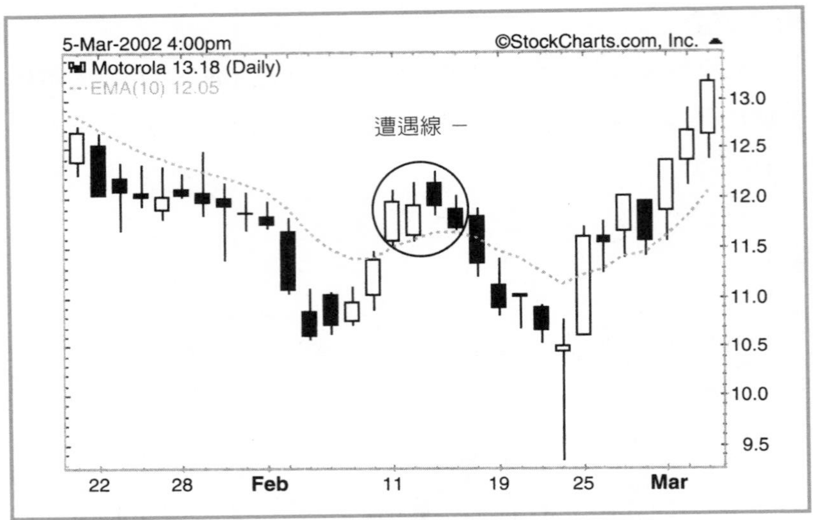

圖 3-42B

飛鴿歸巢（Homing Pigeon）

型態名稱：飛鴿歸巢＋						類別：R＋	
日文名稱：shita banare kobato gaeshi							
趨勢條件：需要				確認：不需			
發生頻率（型態相隔平均天數）：648　經常							
型態統計數據取自7275支普通股，涵蓋1460萬天的資料							
期間（天數）	1	2	3	4	5	6	7
勝率%	54	54	54	54	54	54	55
平均獲利%	3.20	4.25	5.09	5.81	6.55	7.02	7.64
敗率%	46	46	46	46	46	46	45
平均虧損%	-2.57	-3.54	-4.20	-4.81	-5.31	-5.88	-6.26
淨盈虧：	0.49	0.62	0.75	0.86	1.01	1.08	1.28

圖 3-43

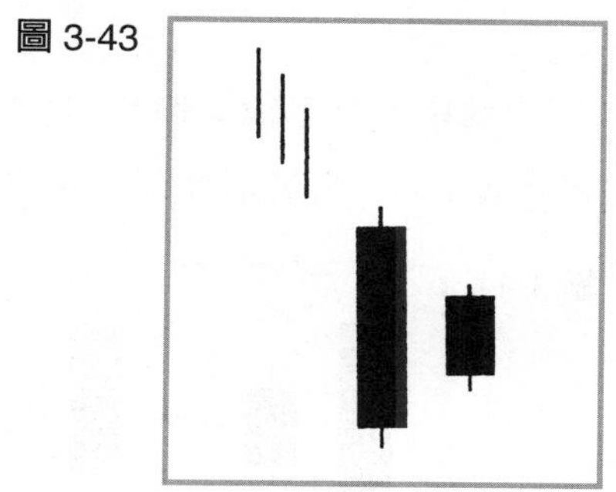

評論

「飛鴿歸巢」的結構與「母子」很相似，但兩支線形都是黑色（不是相反顏色）。

辨識法則

1. 既有下降趨勢出現長黑線。
2. 第2支線形爲小黑線，完全處在前一天線形實體內。

型態蘊含的發展情節／心理狀態

市場處於下降趨勢，首先出現一支順勢長黑線。隔天，價格開高，整天的交易都處在第一支線形實體內，收盤價稍微走低。這種型態顯示既有趨勢停頓，趨勢可能反轉，至於程度則取決於先前趨勢的強度。

型態彈性

兩支線形的型態沒有多少彈性。

型態簡化

飛鴿歸巢可以簡化爲單支長黑線，帶著明顯的下影線，不能視爲多頭線形，請參考圖3-44。型態需要經過確認。

圖 3-44

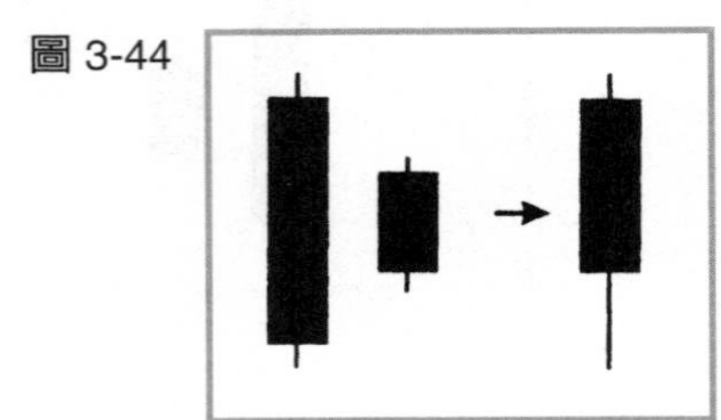

相關型態

母子型態頗爲相似，但飛鴿歸巢的兩支線形都是黑色。

範例

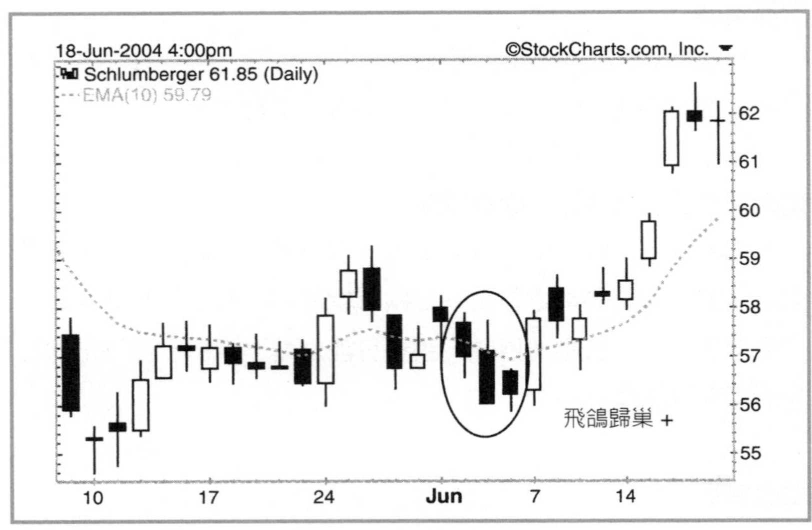

圖 3-45

鷹撲（Descending Hawk）

型態名稱：鷹撲－					類別：R－		
日文名稱：kakouchu no taka							
趨勢條件：需要				確認：建議			
發生頻率（型態相隔平均天數）：545　經常							
型態統計數據取自7275支普通股，涵蓋1460萬天的資料							
期間（天數）	1	2	3	4	5	6	7
勝率%	56	55	54	53	52	52	52
平均獲利%	2.39	3.00	3.57	3.98	4.38	4.70	5.05
敗率%	44	45	46	47	48	48	48
平均虧損%	-2.36	-3.28	-3.91	-4.59	-5.06	-5.56	-6.05
淨盈虧：	0.28	0.16	0.09	-0.01	-0.11	-0.19	-0.28

圖 3-46

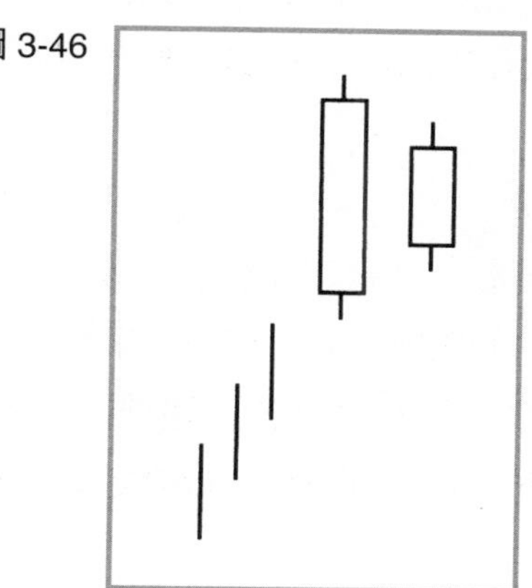

評論

「鷹撲」是由兩支線形構成的空頭反轉型態，對應著多頭型態「飛鴿歸巢」。

辨識法則

1. 多頭趨勢發展過程出現一支長紅線。
2. 兩支線形都是紅線。
3. 第2支線形實體完全被第1支線形實體吃掉。
4. 兩支線形實體都相當長。

型態蘊含的發展情節／心理狀態

鷹撲的第1支線形是順勢長紅線。交易區間的中點大約落在10天移動平均稍上方。所以，當時是處在多頭趨勢。隔天，價格開低，整天交易大體上都受到前一天線形限制，價格最後收在最高價附近。爲了確認此空頭反轉型態，又隔一天（第3天），價格應該開低，收盤價落在第1支線形開盤價下方。

型態彈性

鷹撲的兩支線形，實體部分都必須相當長。線形實體是指開盤價和收盤價之間的距離。就目前情況來說，實體至少應該佔整個交易區間——最高價和最低價之距離——的50％。請注意，「實體很長」不同於「線形很常」。根據定義，鷹撲的兩支線形，影線都相對短。

型態簡化

鷹撲可以簡化爲實體很長的紅線，上影線較長，請參考圖3-47。型態的反轉效力需要經過確認。

圖 3-47

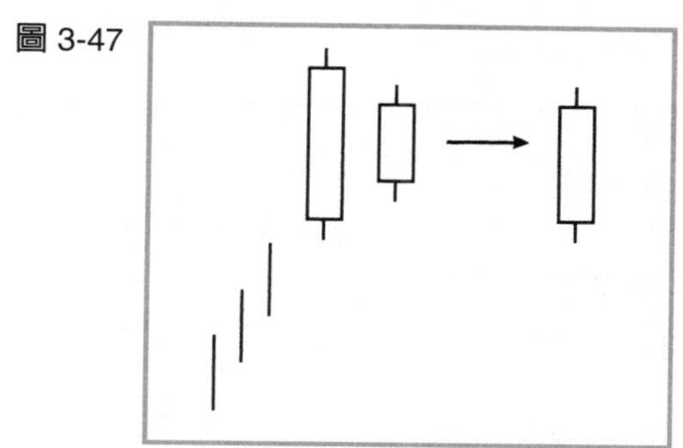

相關型態

鷹撲型態類似於空頭「母子」，但鷹撲第2支線形是紅線，空頭母子的第2支線形則是黑線。

範例

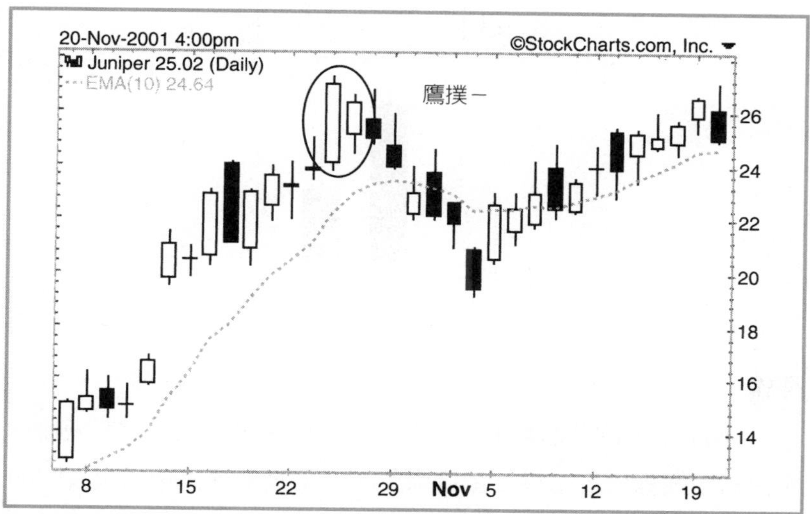

圖 3-48

低價配（Matching Low）

型態名稱：低價配＋					類別：R＋		
日文名稱：niten zoko/ kenuki							
趨勢條件：需要				確認：不需			
發生頻率（型態相隔平均天數）：590　經常							
型態統計數據取自7275支普通股，涵蓋1460萬天的資料							
期間（天數）	1	2	3	4	5	6	7
勝率%	69	64	62	61	60	59	59
平均獲利%	3.63	4.71	5.42	5.98	6.64	6.98	7.37
敗率%	31	36	38	39	40	41	41
平均虧損%	-2.60	-3.42	-3.92	-4.39	-4.75	-5.13	-5.48
淨盈虧：	1.23	1.43	1.55	1.65	1.77	1.79	1.82

圖 3-49

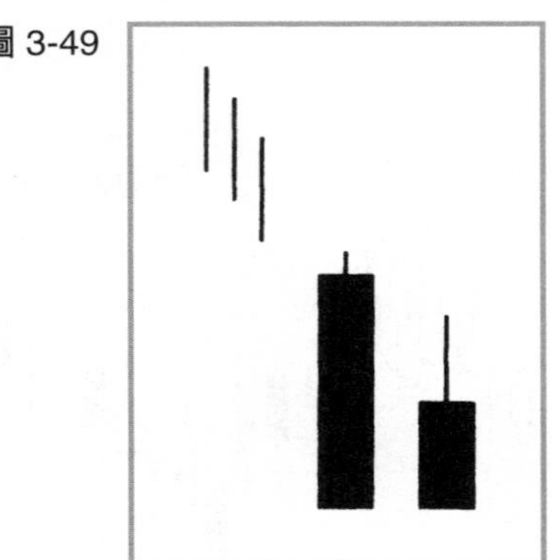

評論

「低價配」的概念類似「三明治」型態。事實上，只要去除三明治的中間線形，結果就是低價配。一支長黑線繼續反映當時的下降趨勢。隔天，價格稍微開高，但收盤價仍然下滑到前一天收

盤位置。結果，我們看到兩支黑線，實體下緣相等（換言之，兩支黑線的收盤價相等）。這種型態顯示底部浮現，因爲底部經過測試而沒有跌破，透露下檔有明顯支撐。

辨識法則

1. 一支長黑線。
2. 第2支線形也是黑線，而且收盤價與第1支線形相同。

型態蘊含的發展情節／心理狀態

行情走低，隨後一支長黑線也反映此趨勢。隔天，價格開高，盤中價格也一度上揚，但收盤價還是與前一天相同。這代表相當典型的短期支撐，足以令空頭部位持有緊張。

這個型態顯示一種有趣的概念。市場交易者的心理狀態，未必會隨著每天行情走勢起舞，但會受到連續兩天收盤價相同的影響。

型態彈性

兩支線形的實體可以更長或更短，但不會影響型態效力。

型態簡化

低價配可以簡化爲一支具有空頭意義的長黑線，請參考圖3-50。強烈建議加以確認。

圖 3-50

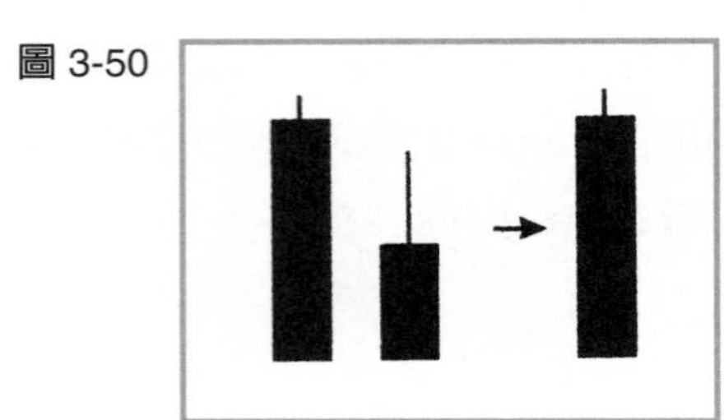

相關型態

低價配很類似「飛鴿歸巢」，但低價配的第2支線形實體不能說是被第1支線形實體吃掉，因爲兩支線形的收盤價相等。

範例

圖 3-51

高價配（Matching High）

型態名稱：高價配－					類別：R－		
日文名稱：niten tenjo							
趨勢條件：需要			確認：不需				
發生頻率（型態相隔平均天數）：499 頻繁							
型態統計數據取自7275支普通股，涵蓋1460萬天的資料							
期間（天數）	1	2	3	4	5	6	7
勝率%	70	66	64	62	61	60	59
平均獲利%	2.79	3.22	3.56	3.90	4.18	4.40	4.70
敗率%	30	34	36	38	39	40	41
平均虧損%	-2.22	-3.09	-3.76	-4.27	-4.70	-5.01	-5.38
淨盈虧：	0.99	0.90	0.78	0.68	0.61	0.54	0.48

圖 3-52

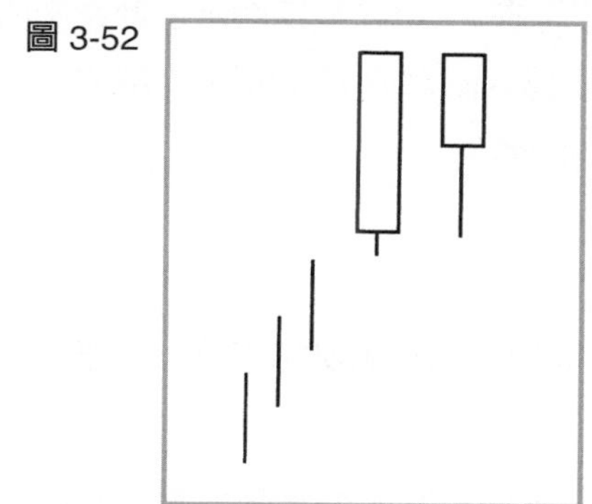

評論

「高價配」是由兩支線形構成的空頭反轉型態。這種排列與「低價配」對應。

辨識法則

1. 第1支線形是反映當時上升趨勢的長紅線。

2. 第2支線形是與第1支線形收盤價相同的紅線。

3. 兩支線形都沒有上影線，或上影線很短。

型態蘊含的發展情節／心理狀態

高價配的第1支線形是長紅線，線形中點位在10天期移動平均稍上方。這意味當時仍處於上升趨勢。第1支長紅線反映當時的上升趨勢。

隔天收盤價與第一天相同。兩支線形都沒有上影線，或上影線很短。這種型態的最大特色，就是兩支紅線的收盤價相同。所以，這種型態不考慮第二天的線形或實體有多長（唯一的條件是上影線很短或不存在）。這種型態顯示上升趨勢的頭部可能已經形成。高價配的反轉意涵需要經過確認：隨後一天價格開低，收盤價低於第一天的開盤價。

型態彈性

高價配第1支線形的實體必須很長，起碼要佔整個交易區間的50%。

注意：兩支線形的收盤價差距如果在1/1000之內，就視爲相同。譬如說，如果第一天收盤價爲20，第二天收盤價只要落在19.98～20.02之間，兩天收盤價就視爲相同。

型態簡化

高價配型態可以簡化爲偏多的長紅線（請參考3-53），兩者含意彼此不符，所以要經過確認。

圖 3-53

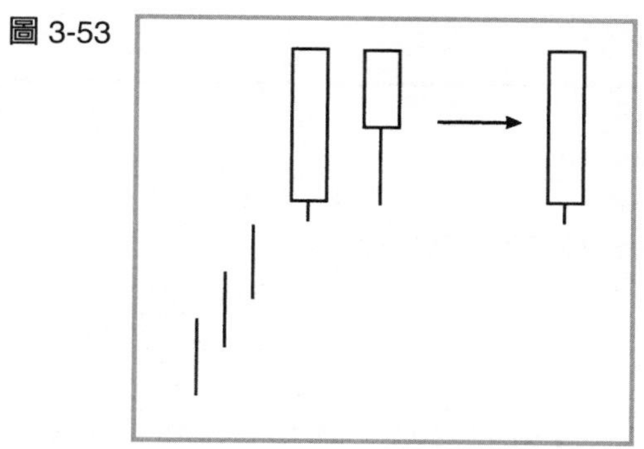

相關型態

高價配相當類似「鷹撲」。

範例

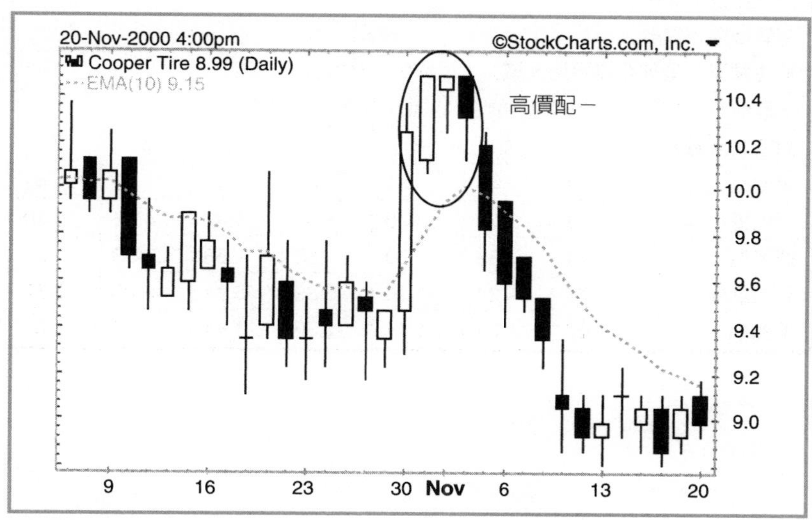

圖 3-54

反撲（Kicking）

型態名稱：反撲＋					類別：R＋		
日文名稱：keri ashi							
趨勢條件：需要				確認：需要			
發生頻率（型態相隔平均天數）：6,189　一般							
型態統計數據取自7275支普通股，涵蓋1460萬天的資料							
期間（天數）	1	2	3	4	5	6	7
勝率%	43	43	44	45	44	45	47
平均獲利%	2.91	3.74	4.47	4.75	5.09	5.41	5.80
敗率%	57	57	56	55	56	55	53
平均虧損%	-3.18	-3.73	-4.21	-4.77	-5.12	-5.60	-5.82
淨盈虧：	-0.49	-0.50	-0.37	-0.49	-0.56	-0.61	-0.39

型態名稱：反撲－					類別：R－		
日文名稱：keri ashi							
趨勢條件：需要				確認：需要			
發生頻率（型態相隔平均天數）：6,189　一般							
型態統計數據取自7275支普通股，涵蓋1460萬天的資料							
期間（天數）	1	2	3	4	5	6	7
勝率%	40	41	41	42	42	42	42
平均獲利%	2.39	3.22	3.70	3.97	4.42	4.83	5.40
敗率%	60	59	59	58	58	58	58
平均虧損%	-3.71	-4.24	-4.78	-5.39	-5.71	-6.03	-6.32
淨盈虧：	-1.07	-1.04	-1.17	-1.36	-1.41	-1.39	-1.37

圖 3-55

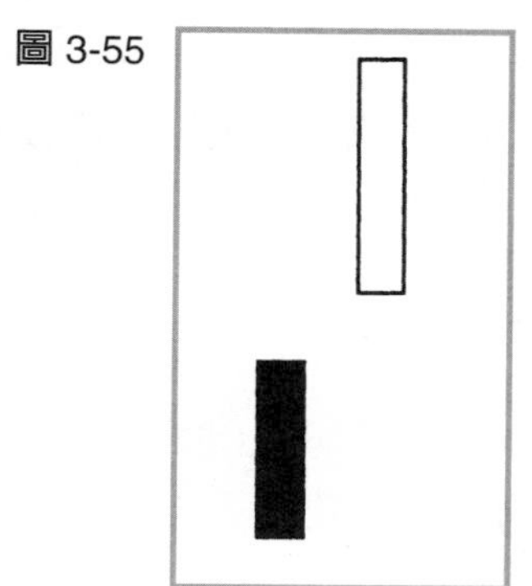

圖 3-56

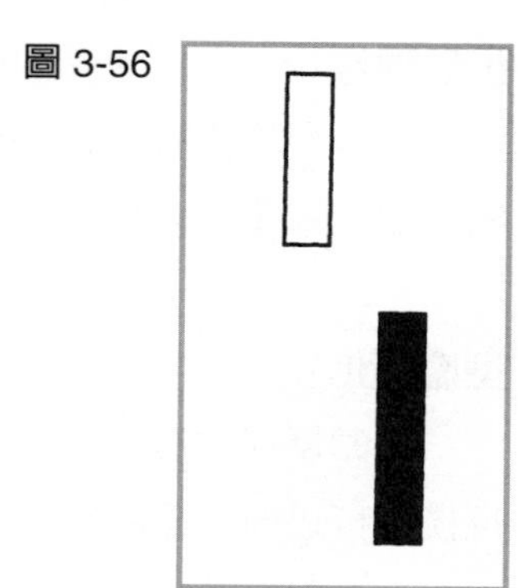

評論

「反撲」型態很像「隔離線」，但兩支線形之間存在跳空缺口，而不是開盤價相同。多頭反撲型態是由兩支實線構成，第1支爲黑線，第2支爲紅線（請參考圖3-55）。空頭反撲型態是先出現一支紅色實線，然後出現另一支黑色實線（請參考圖3-56）。根據某些日本理論認爲，這種型態的未來走向，取決於兩支線形的較長者，既有價格趨勢並不重要。相較於其他型態排列，反撲比較不強調既有趨勢。

辨識法則

1. 兩支實體線形，顏色相反。
2. 兩支線形之間存在跳空缺口。

型態蘊含的發展情節／心理狀態

行情發展呈現趨勢，隔天價格開盤順勢跳空，整個交易區間都與前一天沒有重疊。

型態彈性

這種型態沒有彈性。如果不存在缺口而兩支線形的開盤價相同，則成爲連續排列的「隔離線」。

型態簡化

多頭反撲型態可以簡化爲偏多的單支長紅線（圖3-57），空頭反撲則可以簡化爲偏空的單支長黑線（圖3-58）。

圖 3-57

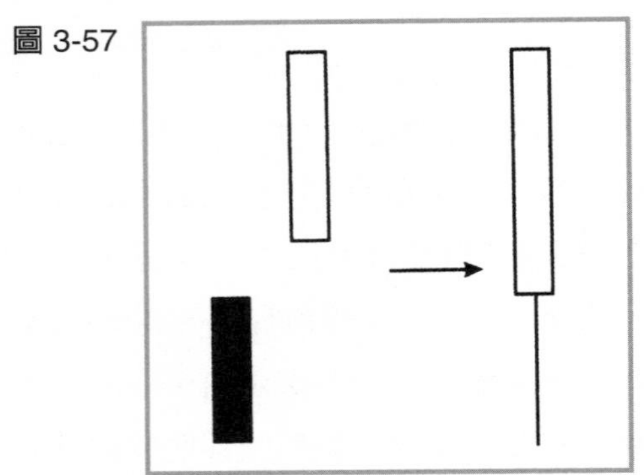

圖 3-58

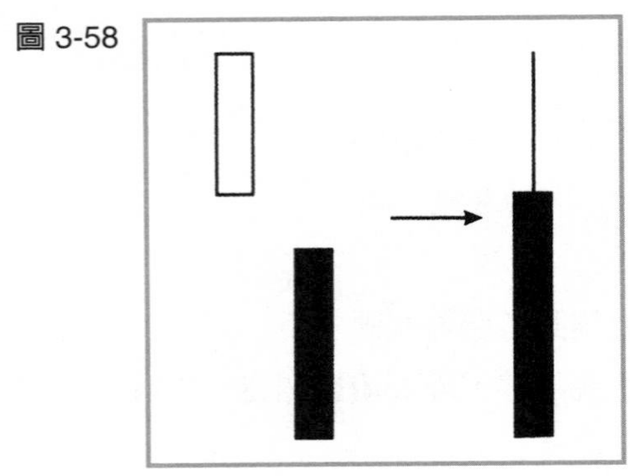

相關型態

「隔離線」的型態結構非常類似，差別只在於跳空缺口，但隔離線屬於連續型態。

範例

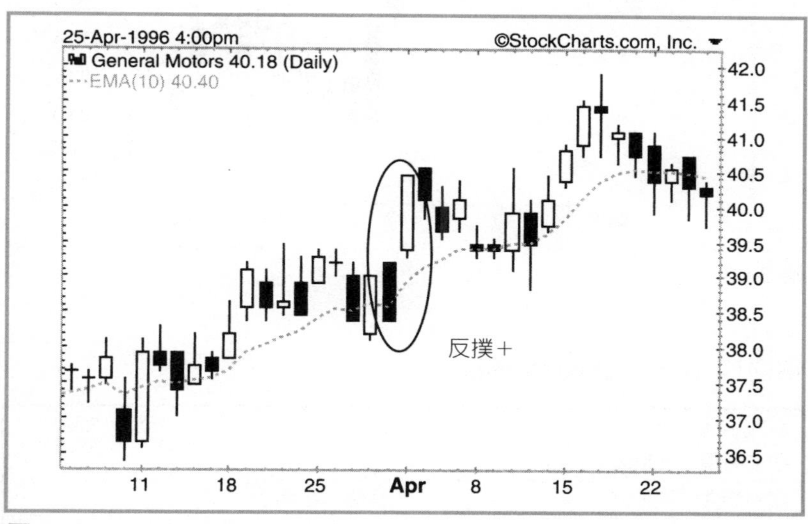

圖 3-59

圖 3-60

單白兵（One White Soldier）

型態名稱：單白兵 +						類別：R +	
日文名稱：shiroki heishi							
趨勢條件：需要				確認：建議			
發生頻率（型態相隔平均天數）：355　頻繁							
型態統計數據取自7275支普通股，涵蓋1460萬天的資料							
期間（天數）	1	2	3	4	5	6	7
勝率%	47	48	49	49	50	50	50
平均獲利%	2.76	3.75	4.47	5.05	5.64	6.18	6.59
敗率%	53	52	51	51	50	50	50
平均虧損%	-2.61	-3.50	-4.04	-4.52	-4.99	-5.44	-5.87
淨盈虧：	-0.09	-0.04	0.10	0.21	0.29	0.32	0.32

圖3-61A

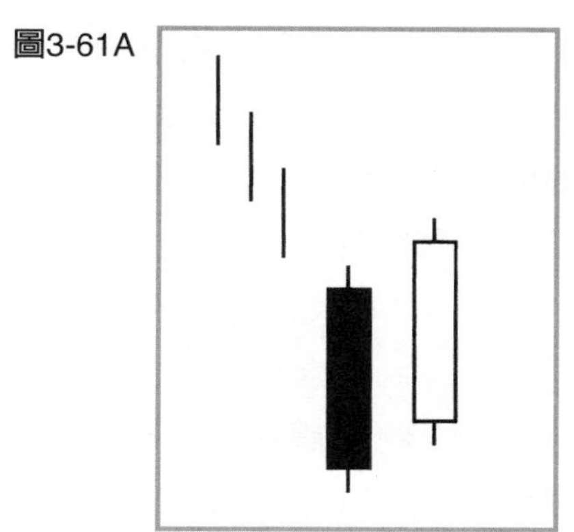

評論

「單白兵」是由兩支線形構成的多頭反轉型態。單白兵型態是根據「肩帶」線形（Tasuki line）而來。肩帶由兩支線形構成，第2支線形開盤價高於第1支線形收盤價，而且第2支線形收盤價高於第1支線形最高價。肩帶是避免兩袖妨礙活動的綁帶。

辨識法則

1. 單白兵的第1支線形是長黑線。
2. 第2支線形是長紅線，開盤價等於或高於前一天收盤價，幾乎是以最高價收盤，而且收盤價高於前一天最高價。

型態蘊含的發展情節／心理狀態

單白兵是由兩支線形構成，首先是一支長黑線，中點價格落在10日移動平均之下。這意味著市場當時處在下降趨勢。長黑線反映當時的空頭市況。

第2支線形爲長紅線，開盤價等於或高於前一天收盤價，第2天收盤價幾乎是最高價，而且高於前一天最高價。

這種型態顯然破壞了下降趨勢的心理狀態。如果次一天的價格繼續走高，意味著主要趨勢向上反轉。

型態彈性

兩支線形都屬於長線形。所謂長線形，是指當天價格區間超過（1）當天中心價的1.5％，或（2）最近5天價格區間平均值的0.75倍。

兩支線形的實體也很長；換言之，實體長度至少是價格區間的50％。

型態簡化

單白兵可以簡化爲實體很小、下影線很長的紅線，請參考圖3-61B。型態需要經過確認。

圖3-61B

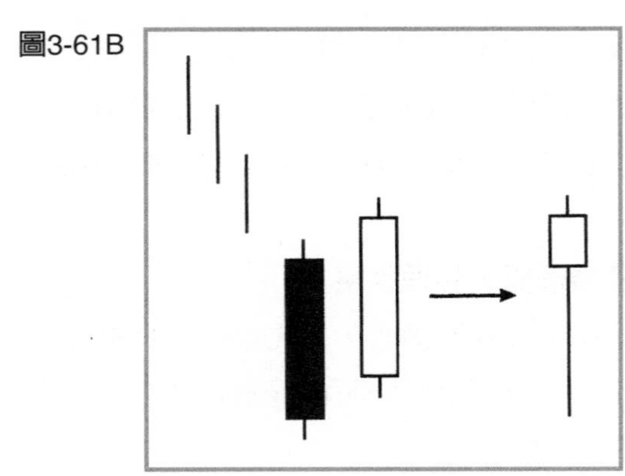

相關型態

單白兵型態相當類似「貫穿線」、「多頭吞噬」和「多頭母子」型態。

範例

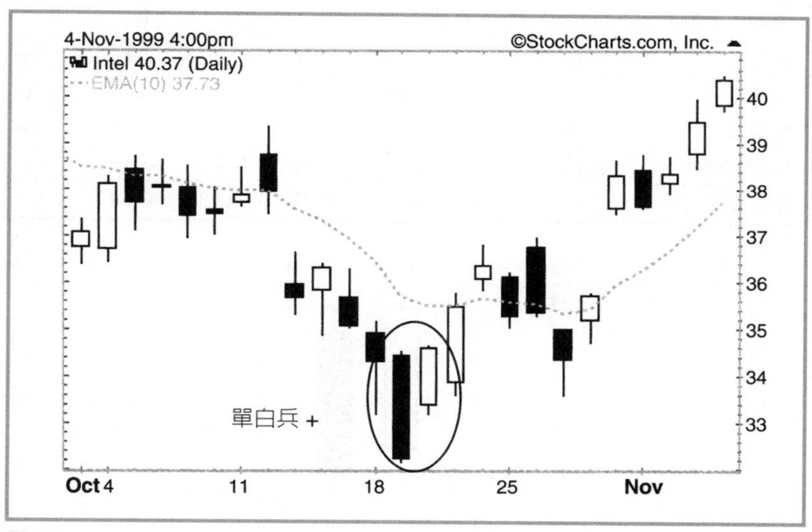

圖 3-62

單黑鴉（One Black Crow）

型態名稱：單黑鴉 －						類別：R －	
日文名稱：karasu							
趨勢條件：需要				確認：需要			
發生頻率（型態相隔平均天數）：451　頻繁							
型態統計數據取自7275支普通股，涵蓋1460萬天的資料							
期間（天數）	1	2	3	4	5	6	7
勝率%	45	45	46	46	46	46	46
平均獲利%	2.16	2.92	3.49	3.95	4.38	4.81	5.19
敗率%	55	55	54	54	54	54	54
平均虧損%	-2.50	-3.20	-3.87	-4.29	-4.75	-5.18	-5.59
淨盈虧：	-0.39	-0.43	-0.50	-0.49	-0.52	-0.54	-0.64

圖 3-63

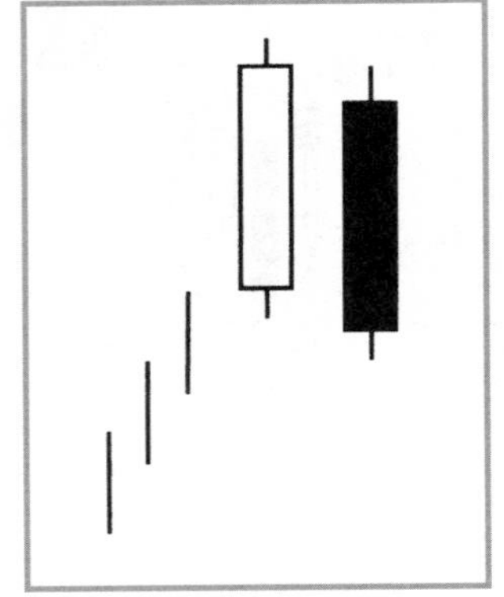

評論

「單黑鴉」是兩支線形構成的空頭反轉型態。單黑鴉型態是根據「肩帶」線形（Tasuki line）而來。肩帶由兩支線形構成，第2支線形開盤價低於第1支線形收盤價，而且第2支線形收盤價低於第1支線形最低價。肩帶是避免兩袖妨礙活動的綁帶。

辨識法則

1. 單黑鴉的第1支線形是長紅線。
2. 第2支線形是長黑線，開盤價等於或低於前一天收盤價，幾乎是以最低價收盤，而且收盤價低於前一天最低價。

型態蘊含的發展情節／心理狀態

單黑鴉是由兩支線形構成，首先是一支長紅線，中點價格落在10日移動平均之上。這意味著市場當時處在上升趨勢。長紅線反映當時的多頭市況。

第2支線形為長黑線，開盤價等於或低於前一天收盤價，第2天收盤價幾乎是最低價，而且低於前一天最低價。這種型態顯然破壞了上升趨勢的心理狀態。如果次一天的價格繼續走低，意味著主要趨勢向下反轉。

型態彈性

兩支線形都屬於長線形。所謂長線形，是指當天價格區間超過（1）當天中心價的1.5%，或（2）最近5天價格區間平均值的0.75倍。

兩支線形的實體也很長；換言之，實體長度至少是價格區間的50%。

型態簡化

單黑鴉可以簡化為實體很小、上影線很長的黑線，請參考圖3-64。型態需要經過確認。

圖 3-64

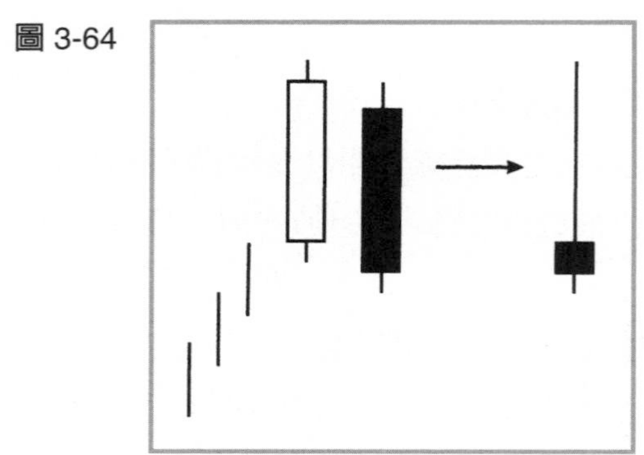

相關型態

單黑鴉型態類似「烏雲罩頂」、「空頭吞噬」和「空頭母子」。

範例

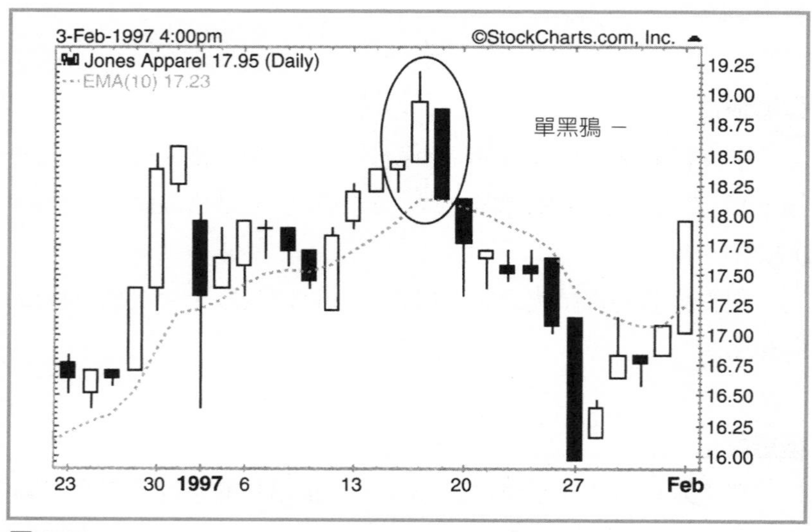

圖 3-65

三支線形構成的型態

晨星（Morning Star）和夜星（Evening Star）

型態名稱：晨星＋						類別：R＋	
日文名稱：sankawa ake no myojyo							
趨勢條件：需要				確認：需要			
發生頻率（型態相隔平均天數）：2,978　一般							
型態統計數據取自7275支普通股，涵蓋1460萬天的資料							
期間（天數）	1	2	3	4	5	6	7
勝率%	45	45	47	46	47	47	48
平均獲利%	2.74	3.61	4.41	5.11	5.68	6.21	6.53
敗率%	55	55	53	54	53	53	52
平均虧損%	-2.92	-3.70	-4.42	-4.96	-5.36	-5.82	-6.15
淨盈虧：	-0.33	-0.38	-0.29	-0.28	-0.21	-0.13	-0.08

型態名稱：夜星－						類別：R－	
日文名稱：sankawa yoi no myojyo							
趨勢條件：需要				確認：需要			
發生頻率（型態相隔平均天數）：3,146　一般							
型態統計數據取自7275支普通股，涵蓋1460萬天的資料							
期間（天數）	1	2	3	4	5	6	7
勝率%	44	45	46	46	46	45	46
平均獲利%	2.24	2.93	3.45	3.91	4.21	4.64	4.94
敗率%	56	55	54	54	54	55	54
平均虧損%	-2.75	-3.44	-4.17	-4.71	-5.33	-5.71	-6.16
淨盈虧：	-0.48	-0.55	-0.63	-0.74	-0.92	-1.02	-1.07

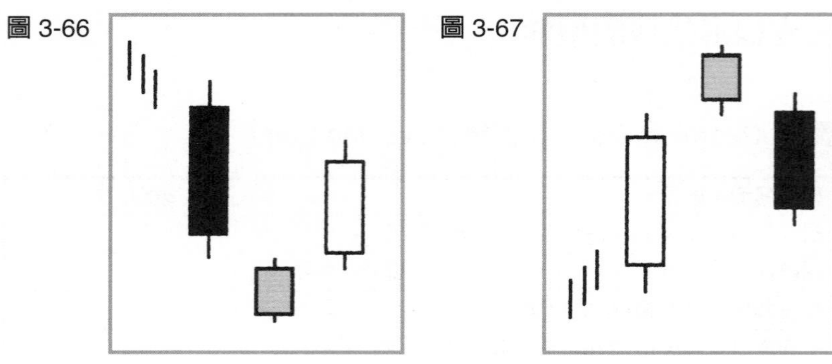
圖 3-66　圖 3-67

評論

晨星

「晨星」是三支線形構成的多頭反轉型態——顧名思義——預示價格即將走高。第1支線形是順勢長黑線，接著出現實體很小、向下跳空的線形，第3支線形爲紅線，穿入第1支黑線的實體內，請參考圖3-66。理想的晨星型態，第2支線形和其前、後線形的實體之間，都應該保持跳空缺口。

夜星

「夜星」是「晨星」的對應型態，屬於空頭反轉排列，所以出現在上升趨勢發展過程。第1支線形是順勢長紅線，接著出現星形線形。請注意，星形與前一支線形之間存在跳空缺口。星形實體很小，顯示行情走勢趨於不確定。第3支線形開盤向下跳空，收盤價更是走低。如同晨星一樣，夜星第2支線形和其前、後線形的實體之間，都應該保持跳空缺口。可是，某些文獻沒有提到第2個缺口。

辨識法則

1. 第1支線形的顏色反映當時趨勢。換言之，夜星所處的上升趨勢會出現長紅線，晨星所處的下降趨勢會出現長黑線。
2. 第2支線形是星形，星形與第1支線形的實體之間存在跳空缺口。
3. 第3支線形的顏色與第1支線形相反。
4. 第1支線形爲長線形，第3支很可能也是。

型態蘊含的發展情節／心理狀態

晨星

下降趨勢發展過程，首先出現一支順勢的長黑線。隔天，價格向下跳空開盤，最終呈現實體很小的星形，使得下降趨勢開始變得不確定。第三天，開盤向上跳空，收盤更是走高，清楚顯示行情向上反轉。

夜星

夜星蘊含的情節，剛好與晨星相反。

型態彈性

理想情況下，第2支線形和其前、後線形的實體之間，都應該保持跳空缺口。可是，這種型態還是允許某種程度的彈性，第2支和第3支線形之間的跳空缺口可以不存在。

第3支線形收盤價愈深入第1支線形的實體內，型態的反轉勁道愈強，尤其是配合大成交量的話。某些文獻規定，第3支線形收盤價必須超過第1支線形實體的50%。

型態簡化

晨星排列可以簡化爲同屬偏多的「紙傘」或「鎚子」，參考圖3-68。夜星則可以簡化爲同屬偏空的「流星」，參考圖3-69。

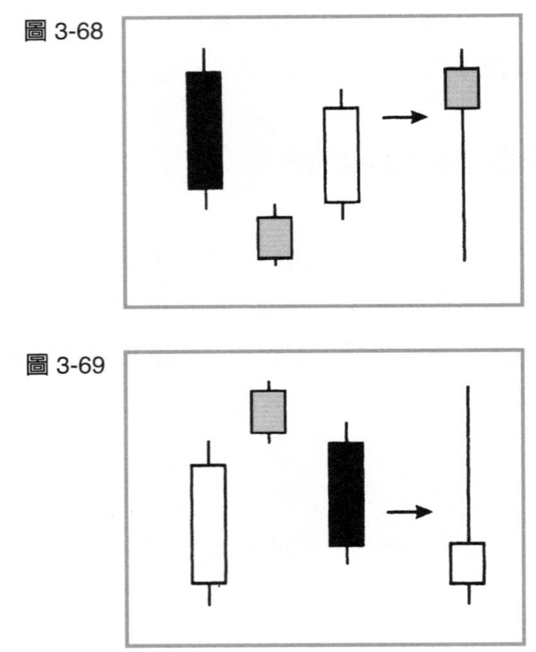

圖 3-68

圖 3-69

相關型態

隨後將討論的「晨星十字」、「夜星十字」、「棄嬰」、「三星」等排列，都屬於晨星／夜星的某種版本。

範例

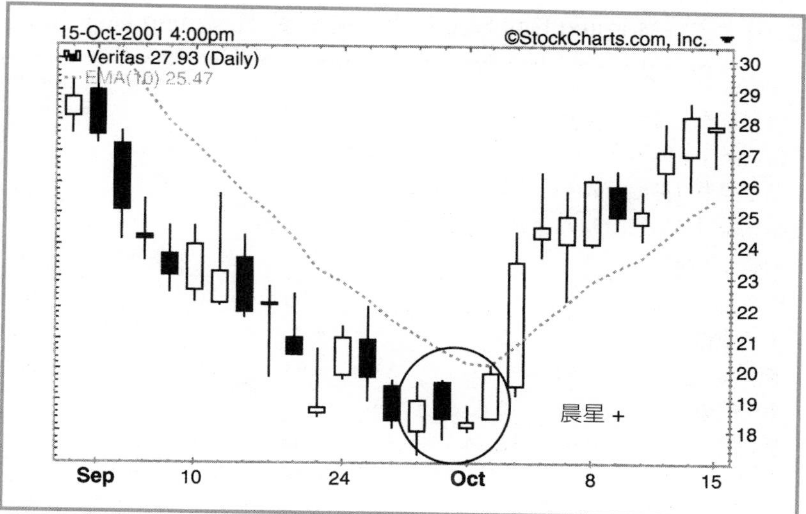

15-Oct-2001 4:00pm
©StockCharts.com, Inc.
Veritas 27.93 (Daily)
EMA(10) 25.47
晨星 +
30
29
28
27
26
25
24
23
22
21
20
19
18
Sep
10
24
Oct
8
15

圖 3-70A

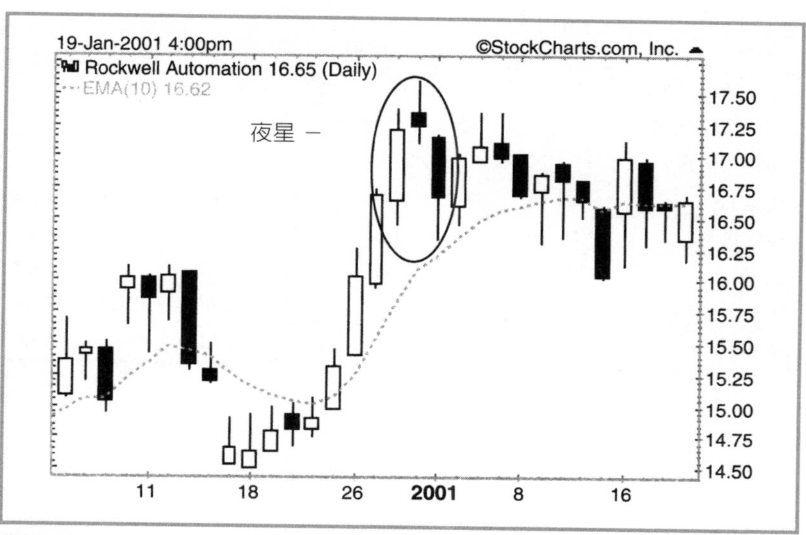

19-Jan-2001 4:00pm
©StockCharts.com, Inc.
Rockwell Automation 16.65 (Daily)
EMA(10) 16.62
夜星 －
17.50
17.25
17.00
16.75
16.50
16.25
16.00
15.75
15.50
15.25
15.00
14.75
14.50
11
18
26
2001
8
16

圖 3-70 B

晨星十字（Morning Doji Star）和夜星十字（Evening Doji Star）

型態名稱：晨星十字+						類別：R +	
日文名稱：ake no myojyo doji bike							
趨勢條件：需要				確認：建議			
發生頻率（型態相隔平均天數）：6,890　一般							
型態統計數據取自7275支普通股，涵蓋1460萬天的資料							
期間（天數）	1	2	3	4	5	6	7
勝率%	46	45	47	49	50	50	50
平均獲利%	2.78	3.56	4.35	4.90	5.39	6.10	6.59
敗率%	54	55	53	51	50	50	50
平均虧損%	-2.57	-3.43	-4.16	-4.71	-5.32	-5.79	-6.01
淨盈虧：	-0.09	-0.24	-0.14	-0.03	0.04	0.20	0.28

型態名稱：夜星十字 −						類別：R −	
日文名稱：yoi no myojyo doji bike minami jyuju sei							
趨勢條件：需要				確認：需要			
發生頻率（型態相隔平均天數）：6,772　一般							
型態統計數據取自7275支普通股，涵蓋1460萬天的資料							
期間（天數）	1	2	3	4	5	6	7
勝率%	47	48	50	50	51	50	48
平均獲利%	2.41	3.11	3.85	4.37	4.79	5.29	5.66
敗率%	53	52	50	50	49	50	52
平均虧損%	-2.42	-3.21	-3.89	-4.47	-4.96	-5.83	-6.39
淨盈虧：	-0.15	-0.14	0.01	-0.02	-0.03	-0.23	-0.59

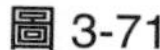
圖 3-71

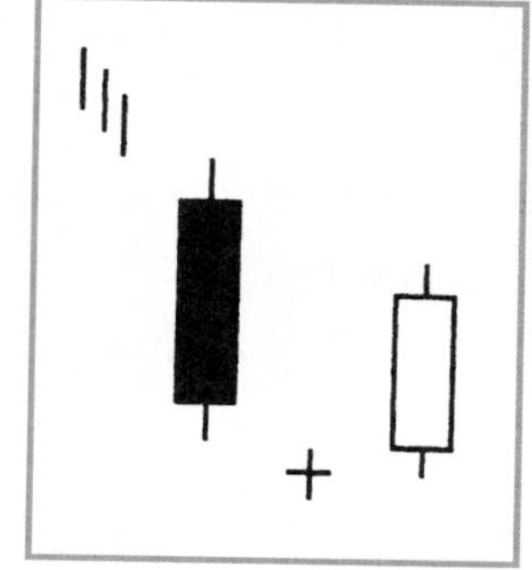

圖 3-72

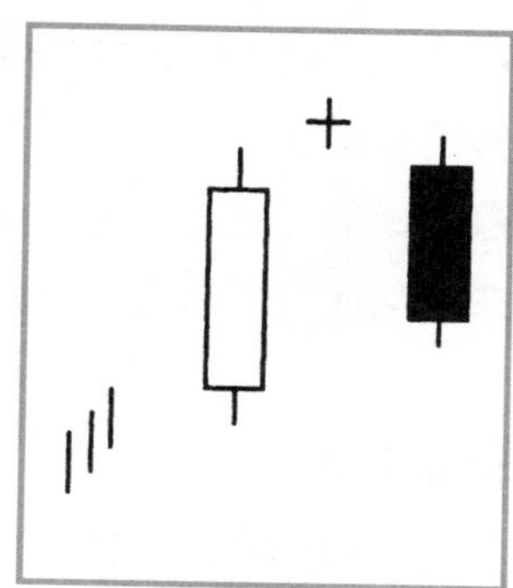

評論

星形十字代表既有趨勢可能發生反轉，或至少發生變化，因爲星形本身反映市場的不確定性。星形的隔天，盤勢應該確認趨勢即將反轉，「晨星十字」和「夜星十字」就是扮演這種角色。

晨星十字

下降趨勢發展過程，出現一支順勢的長黑線，緊跟著出現一支星形十字。就如同一般的晨星排列一樣，第3天的盤勢可以完全確認趨勢反轉。這種類型的晨星（換言之，晨星十字）通常代表重要的反轉訊號，請參考圖3-71。晨星十字的訊號強度，明顯超過普通的晨星型態。

夜星十字

上升趨勢發展過程，出現一支順勢的長紅線，緊跟著出現一支星形十字，然後又出現另一支長黑線，其收盤價深入第1支長紅線的實體內部，請參考圖3-72。第3支線形也可以視爲前兩支線形的確認訊號，代表趨勢即將向下反轉。正規的夜星型態，第2支線形是實體很小的星形；夜星十字的第2支線形是十字線。由於十字線的緣故，夜星十字代表的反轉強度超過普通夜星。夜星十字有時候又稱為「南方十字線」（Southern Cross）。

辨識法則

1. 如同許多反轉型態，排列的第1支線形應該反映既有趨勢。
2. 第2支線形是星形十字（換言之，跳空的星形）。
3. 第2支線形的顏色和第1支線形相反。

型態蘊含的發展情節／心理狀態

這種型態蘊含的發展情節，大體上與普通晨星／夜星相同，唯一差別是星形十字對於既有趨勢的衝擊更大，訊號也顯得更重要。

型態彈性

第3支線形穿入第1支線形的程度，可以有相當彈性；穿入程度如果超過50%，訊號成功的機會很大。

型態簡化

晨星十字可以簡化為「鎚子」，請參考圖3-73，甚至簡化為「蜻蜓十字」。夜星十字可以簡化為「流星」，請參考圖3-74，或甚至是「墓碑十字」。簡化線形愈接近十字線，反轉程度愈強烈，因為代表第3支線形穿入第1支線形的程度愈深。

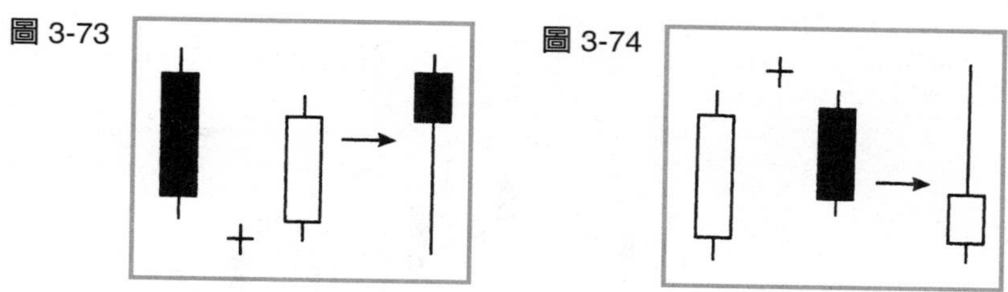

圖 3-73　圖 3-74

相關型態

這種型態首先出現星形十字。不可忽略星形十字所需要的確認。

範例

圖 3-75 A

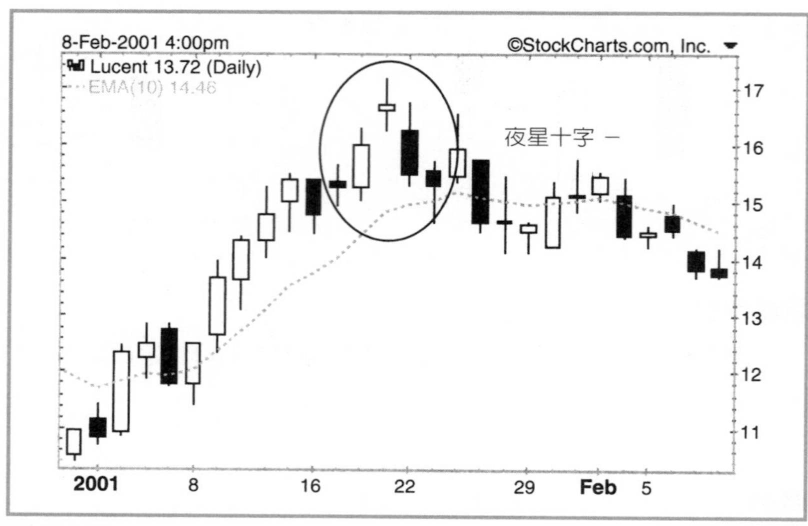

圖 3-75 B

棄嬰（Abandoned Baby）

型態名稱：棄嬰 +						類別：R +	
日文名稱：sute go							
趨勢條件：需要				確認：建議			
發生頻率（型態相隔平均天數）：81,952　罕見							
型態統計數據取自7275支普通股，涵蓋1460萬天的資料							
期間（天數）	1	2	3	4	5	6	7
勝率%	52	49	51	53	53	53	50
平均獲利%	2.11	3.08	3.14	3.82	4.71	5.32	6.16
敗率%	48	51	49	47	47	47	50
平均虧損%	-2.32	-3.64	-4.19	-5.15	-5.43	-5.89	-5.91
淨盈虧：	0.00	-0.30	-0.46	-0.42	-0.09	0.10	0.12

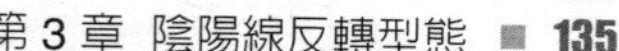

型態名稱：棄嬰－					類別：R－		
日文名稱：sute go							
趨勢條件：需要				確認：需要			
發生頻率（型態相隔平均天數）：89,571　罕見							
型態統計數據取自7275支普通股，涵蓋1460萬天的資料							
期間（天數）	1	2	3	4	5	6	7
勝率%	48	48	48	48	54	53	54
平均獲利%	2.27	2.84	3.67	3.39	3.53	3.74	3.91
敗率%	52	52	52	52	46	47	46
平均虧損%	-2.38	-3.66	-4.40	-4.62	-5.69	-6.37	-7.25
淨盈虧：	-0.14	-0.50	-0.51	-0.77	-0.71	-1.02	-1.16

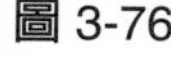
圖 3-76

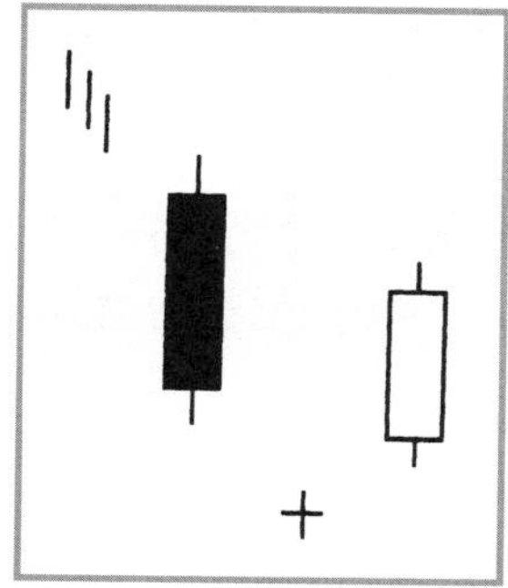

圖 3-77

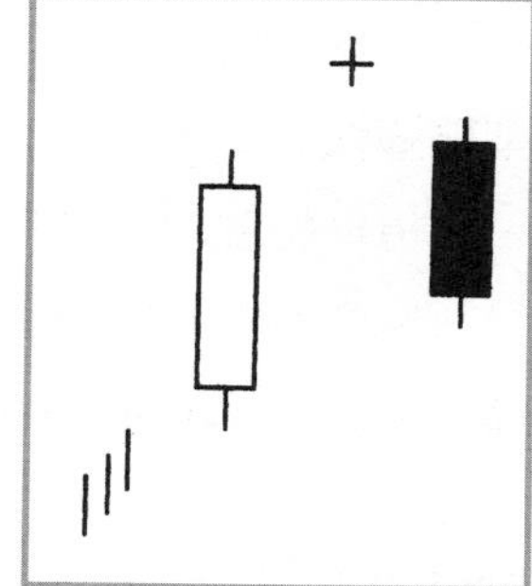

評論

「棄嬰」和晨星十字／夜星十字非常類似，唯一差別是排列第2支線形（十字線）和前、後線形的影線關係：影線之間也必須存在缺口，請參考圖3-76和圖3-77。

棄嬰型態相當罕見。

辨識法則

1. 第1支線形的顏色反映既有趨勢。
2. 第2支線形爲十字線，而且和第1、第3支線形的影線之間也存在跳空缺口。
3. 第3支線形的顏色和第1支線形相反。

型態蘊含的發展情節／心理狀態

型態蘊含的發展情節，基本上和晨星（十字）／夜星（十字）相同，唯一差別只在於程度，也就是型態的第2支線形：存在缺口的十字線衝擊力最大，其次是單純十字線。

型態彈性

這種型態的定義很嚴格，所以很難有彈性空間。棄嬰相當於是特殊版本的晨星十字／夜星十字，第2支線形類似傳統的島狀反轉（island reversal day）。

型態簡化

就這方面來說，棄嬰的情況和晨星十字／夜星十字相像，但下影線／上影線更長，多／空意涵也更強烈，請參考圖3-78和圖3-79。

另外，第3支線形穿入第1支線形的程度愈大，簡化線形愈接近蜻蜓十字／墓碑十字，反轉力道也愈強。

圖 3-78

圖 3-79

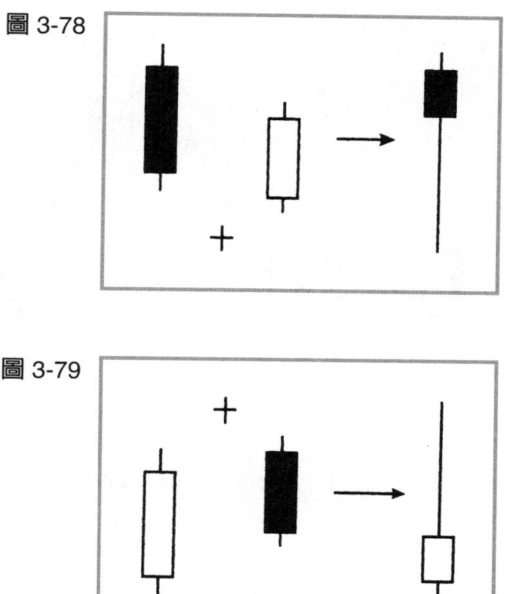

相關型態

這是星形十字的特殊版本，十字線與前、後線形之間，不只實體之間存在跳空缺口，甚至連影線也沒有重疊。

範例

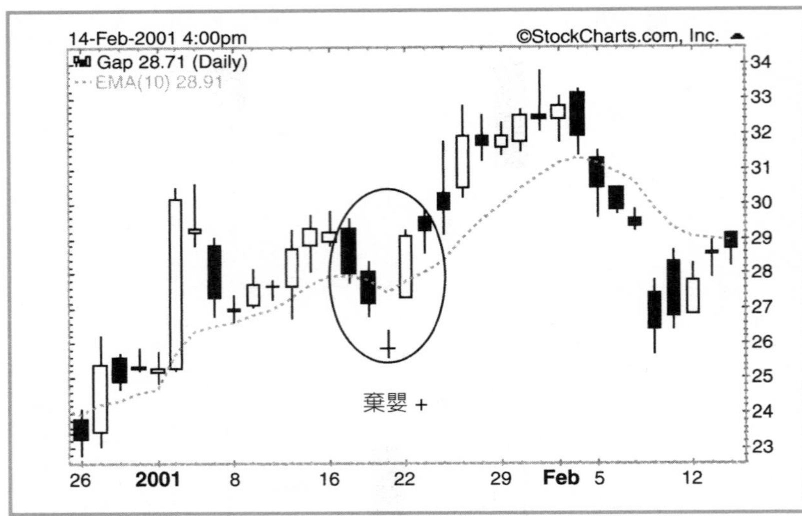
14-Feb-2001 4:00pm
©StockCharts.com, Inc.
Gap 28.71 (Daily)
EMA(10) 28.91
棄嬰 +
34
33
32
31
30
29
28
27
26
25
24
23
26
2001
8
16
22
29
Feb
5
12

圖 3-80 A

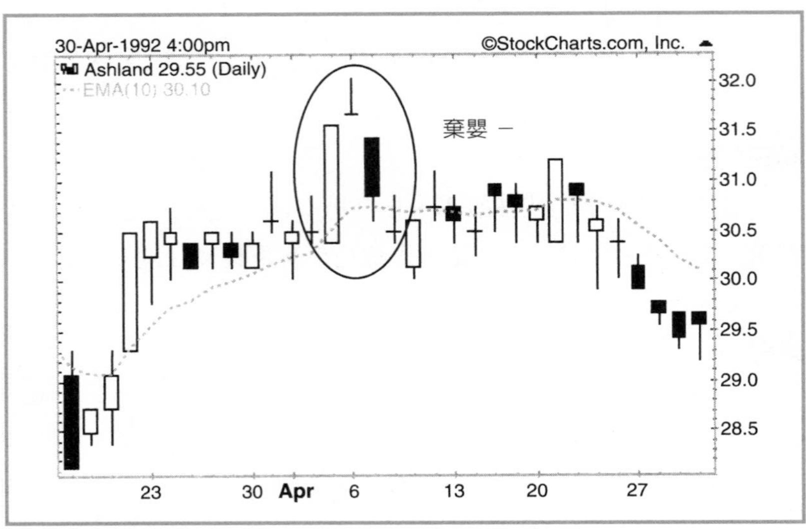
30-Apr-1992 4:00pm
©StockCharts.com, Inc.
Ashland 29.55 (Daily)
EMA(10) 30.10
棄嬰 －
32.0
31.5
31.0
30.5
30.0
29.5
29.0
28.5
23
30
Apr
6
13
20
27

圖 3-80 B

三星（Tri Star）

型態名稱：三星 +					類別：R +		
日文名稱：santen boshi							
趨勢條件：需要			確認：建議				
發生頻率（型態相隔平均天數）：4,993　一般							
型態統計數據取自7275支普通股，涵蓋1460萬天的資料							
期間（天數）	1	2	3	4	5	6	7
勝率%	43	45	47	47	48	48	48
平均獲利%	2.70	3.50	4.29	4.96	5.68	6.29	6.63
敗率%	57	55	53	53	52	52	52
平均虧損%	-2.61	-3.26	-3.78	-4.13	-4.61	-4.89	-5.24
淨盈虧：	-0.26	-0.16	-0.01	0.16	0.29	0.46	0.44

型態名稱：三星 －					類別：R －		
日文名稱：santen boshi							
趨勢條件：需要			確認：需要				
發生頻率（型態相隔平均天數）：5,014　一般							
型態統計數據取自7275支普通股，涵蓋1460萬天的資料							
期間（天數）	1	2	3	4	5	6	7
勝率%	44	45	47	46	47	47	47
平均獲利%	2.12	2.74	3.25	3.65	3.97	4.31	4.59
敗率%	56	55	53	54	53	53	53
平均虧損%	-2.15	-2.84	-3.52	-4.01	-4.39	-4.85	-5.14
淨盈虧：	-0.22	-0.25	-0.32	-0.40	-0.44	-0.45	-0.49

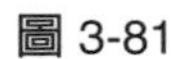

圖 3-81

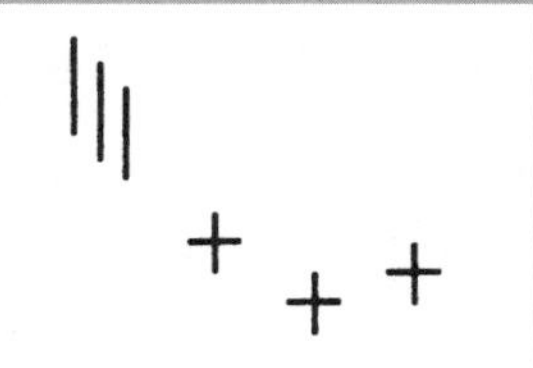

圖 3-82

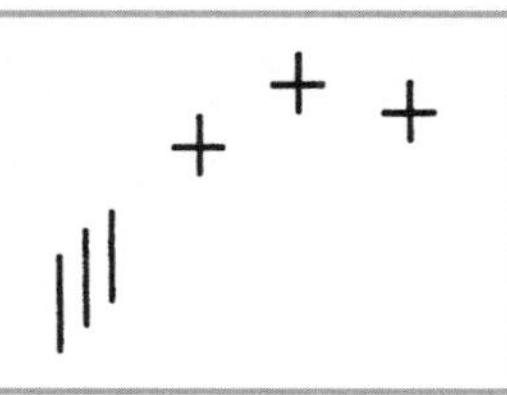

評論

三星型態是由史帝夫・尼森提出的，請參考圖3-81和圖3-82。三星是由3個十字線構成，中間十字線也是星形。這種型態非常罕；可是，一旦出現，千萬不要忽略。

辨識法則

1. 型態的3支構成線形都是十字線。
2. 第2支線形和前、後線形的實體之間存在缺口。

型態蘊含的發展情節／心理狀態

行情可能已經呈現相當長期的漲勢或跌勢，趨勢發展勁道慢慢鈍化，線形變得較短。首先出現一支十字線，引起相當關心。第2支十字線顯示市場已經沒有明顯方向。第3支十字線則是最後一擊。

型態彈性

三星排列非常罕見，首先或許應該查核資料是否錯誤。型態結構內的跳空缺口，如果連影線也沒有重疊，反轉意涵更強烈。

型態簡化

三星排列可以簡化爲「紡錘」，反映市場多、空相持的不確定，請參考圖3-83和圖3-89。簡化線形與型態本身代表的意義並不完全相符，多少顯示這種型態非常罕見，需要經過查核。

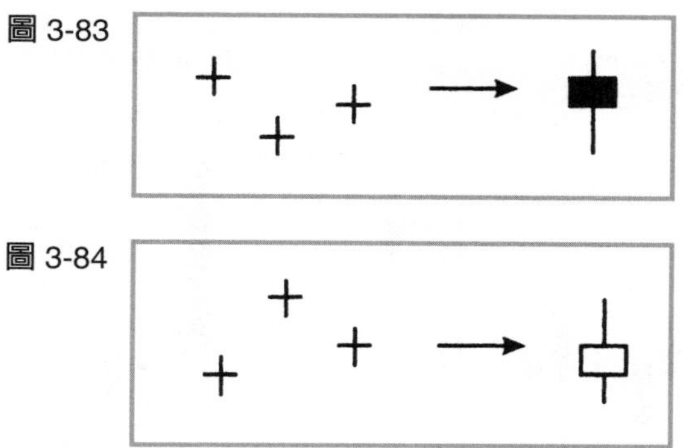

圖 3-83

圖 3-84

相關型態

根據前文討論，讀者不能看出這是多麼罕見的型態。

範例

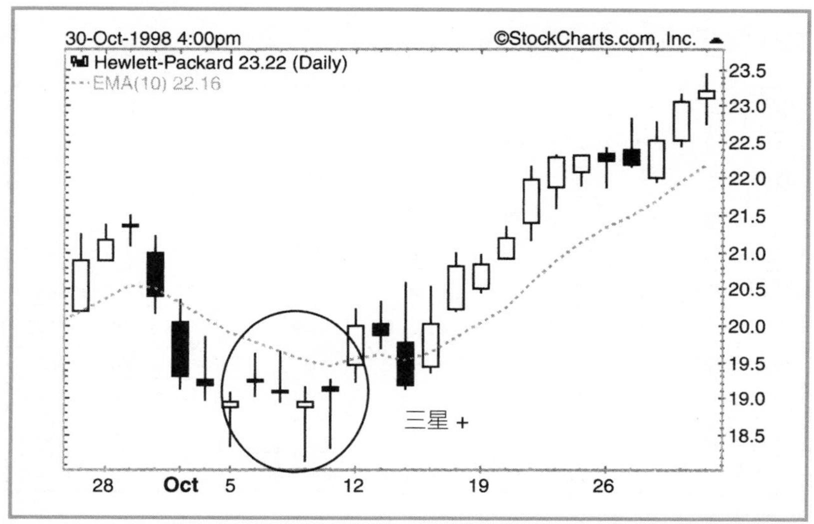

圖 3-85 A

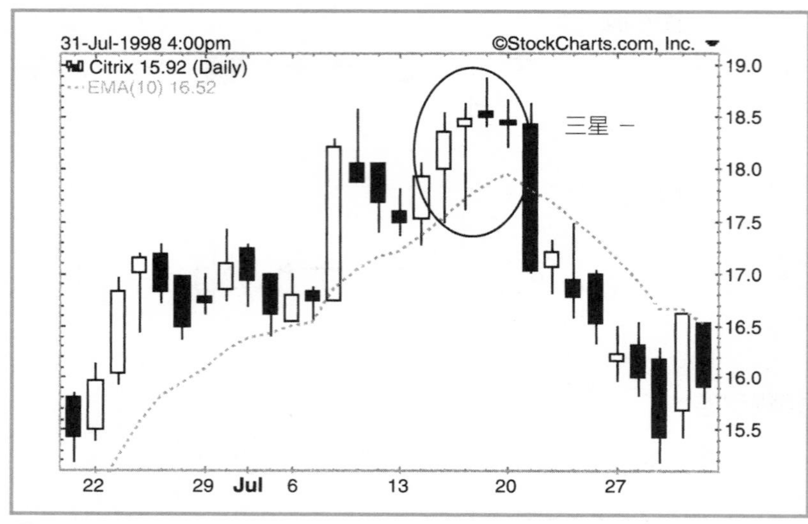

圖 3-85 B

雙鴉躍空（Upside Gap Two Crows）

型態名稱：雙鴉躍空–					類別：R –		
日文名稱：shita banare niwa garasu							
趨勢條件：需要				確認：需要			
發生頻率（型態相隔平均天數）：317,391　非常罕見							
型態統計數據取自7275支普通股，涵蓋1460萬天的資料							
期間（天數）	1	2	3	4	5	6	7
勝率%	44	45	46	42	43	44	48
平均獲利%	2.24	2.20	3.03	4.00	4.05	3.24	3.59
敗率%	56	55	54	58	57	56	52
平均虧損%	-1.73	-2.73	-3.53	-4.39	-4.61	-4.68	-6.39
淨盈虧：	0.03	-0.47	-0.53	-0.83	-0.85	-1.13	-1.62

圖 3-86

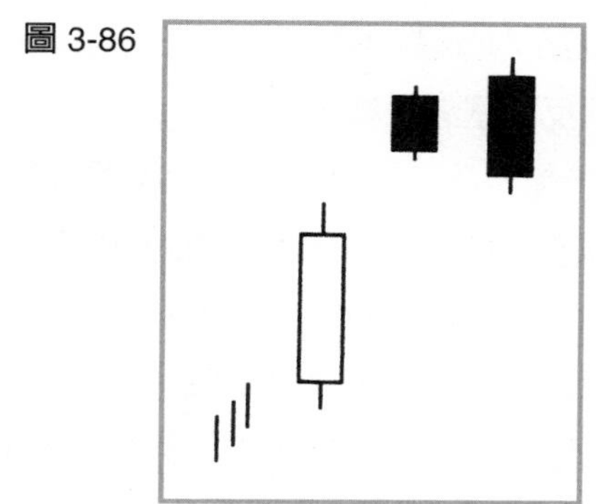

評論

這種型態只會發生在上升趨勢。如同多數空頭反轉型態一樣，首先是一支長紅線。所謂「躍空」，除了是指第1支線形和第2支線形之間存在跳空缺口外，甚至第1支線形和第3支線形之間也存在跳空缺口。第2、3支線形都是黑線。

第2支線形實體應該包含在第3支線形實體之內（換言之，第3支線形實體吃掉第2支線形實體）。第3支線形雖然較長（相較於第2支線形），但與第1支線形之間仍然保留跳空缺口。

辨識法則

1. 順著上升趨勢出現一支長紅線。
2. 第2支線形是向上跳空的黑線。
3. 第3支線形開盤高於第2支線形開盤，第3支線形收盤則低於第2支線形收盤。換言之，第3支線形實體吃掉第2支線形實體。
4. 第3支線形收盤高於第1支紅線收盤。

型態蘊含的發展情節／心理狀態

如同多數空頭反轉型態一樣，第1支線形是反映既有上升趨勢的長紅線。第2天，價格跳空開高，但沒能維繫漲勢，價格收黑。不過，情況還不需要太擔心，因爲第2天收盤價畢竟還高於第一天收盤。第3天，開盤仍然向上跳空，但最終仍然收黑，這個收盤價雖然高於第1天收盤，但低於第2天收盤。多頭氣勢顯然受到限制。連續兩天開高收低，還能視爲多頭氣勢強勁嗎？

型態彈性

雙鴉躍空型態沒有太大彈性。如果第3天收盤侵入第1天紅線實體，結果將演變爲稍後將討論的「雙鴉」（Two Crows）。

型態簡化

雙鴉躍空可以簡化爲一支長紅線，實體長度超過排列的第1支紅線，上影線頗長，請參考圖3-87。簡化的單一線形並沒有明顯的空頭意涵，所以這個型態需要經過確認。

圖 3-87

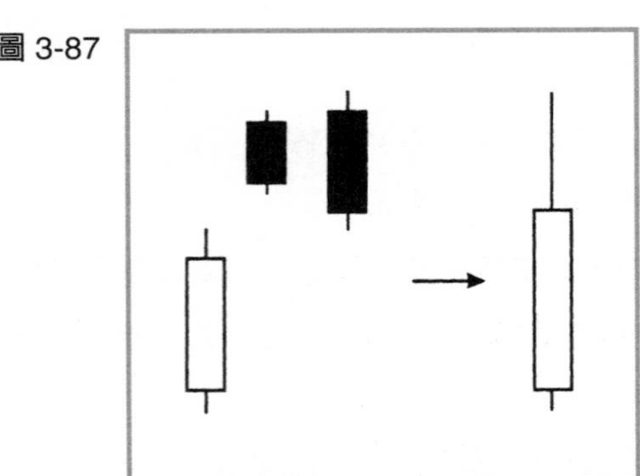

相關型態

第3天開盤價如果略低於第2天開盤，但仍然高於第1天收盤，這將是「執墊」（Mat Hold）連續排列。執墊是下一章將討論的多頭連續型態。另外，這個排列的前兩支線形可能演變爲「夜星」，取決於後續發展。

範例

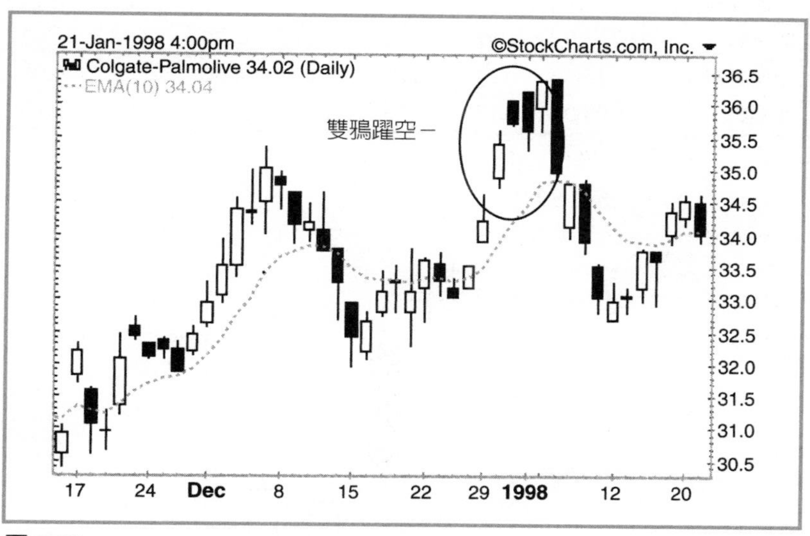

圖 3-88

雙兔跳空（Downside Gap Two Rabbits）

型態名稱：雙兔跳空　＋						類別：R ＋	
日文名稱：shita banare nihiki usagi							
趨勢條件：需要				確認：不需			
發生頻率（型態相隔平均天數）：442,424　非常罕見							
型態統計數據取自7275支普通股，涵蓋1460萬天的資料							
期間（天數）	1	2	3	4	5	6	7
勝率%	67	73	71	59	64	58	55
平均獲利%	2.31	3.43	3.21	3.86	4.38	5.86	6.56
敗率%	33	27	29	41	36	42	45
平均虧損%	-2.65	-2.71	-3.60	-4.75	-4.96	-5.42	-5.05
淨盈虧：	0.60	4.76	1.16	0.35	0.98	1.07	1.28

圖 3-89

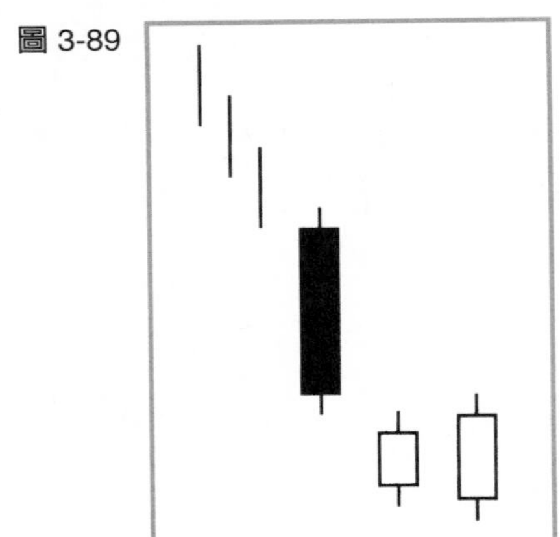

評論

「雙兔跳空」是3支線形構成的多頭反轉型態。所謂「跳空」，是指第2支紅線與第1支黑線的實體之間存在缺口。第2、3支線形都是紅色，就如同兩隻即將向上跳躍的兔子。

注意：雙兔跳空型態很罕見。

辨識法則

1. 第1支線形是反映既有下降趨勢的長黑線。
2. 第2支線形是向下跳空的紅線。
3. 第3支線形又向下跳空開盤，但價格收高，而且超過第2天收盤價。

型態蘊含的發展情節／心理狀態

雙兔跳空型態首先是一支順勢長黑線，中點價格位在10天移動平均之下，反映當時的下降趨勢。

隔天，價格向下跳空開盤。可是，價格隨後走高而收紅線；空頭並沒有退縮，仍然把第2天收盤價壓在第1天收盤之下。第3天，價格再度開低，但價格顯著走高，甚至高於第2天收盤價。連續兩支紅線顯示既有下降趨勢已經停頓。

型態彈性

第3支線形不只其實體必須完全吃掉第2支線形實體，而且整支線形也必須吃掉第2支線形（包括影線在內）。

型態構成的3支線形實體都相當長，起碼要超過價格區間的50％，尤其是第2支線形，其實體雖然可以稍短，但仍然要超過價格區間的50％。

對於這種型態來說，第3天收盤價最好不要超過第1天收盤，讓兩支紅線與第1天黑線的實體之間保持缺口。

注意：第1支線形和第2支線形實體之間的缺口，至少必須是第1天價格區間的10％或以上。

型態簡化

雙兔跳空可以簡化爲長黑線，簡化線形和型態排列的意涵顯然彼此衝突。型態絕對需要經過確認。

圖 3-90

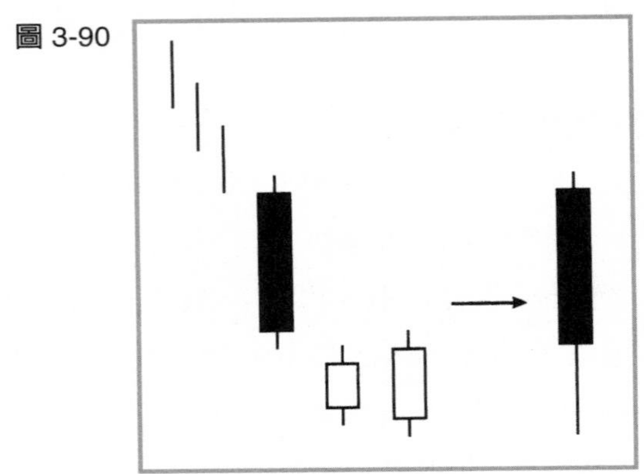

相關型態

雙兔跳空的排列類似「雙兔」（Two Rabbits）。

範例

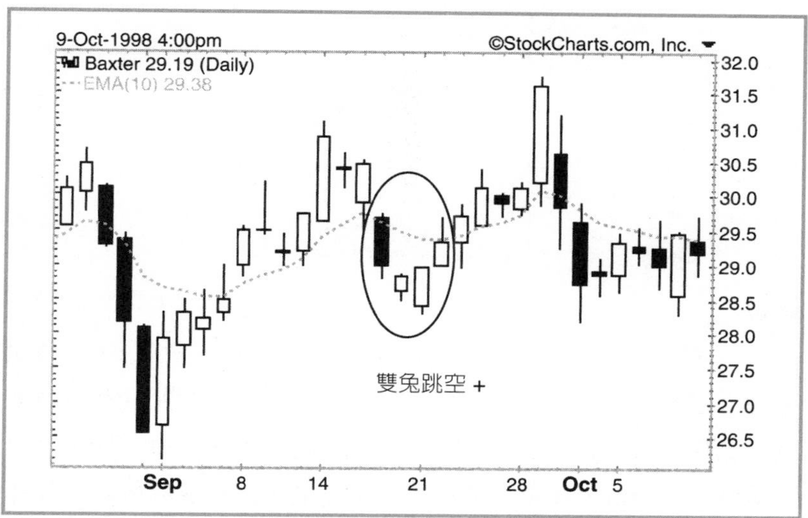

圖 3-91

獨特三河底（Unique Three River Bottom）

型態名稱：獨特三河底 +					類別：R +		
日文名稱：sankawa soko zukae							
趨勢條件：需要				確認：需要			
發生頻率（型態相隔平均天數）：405,556　非常罕見							
型態統計數據取自7275支普通股，涵蓋1460萬天的資料							
期間（天數）	1	2	3	4	5	6	7
勝率%	55	48	51	44	42	50	53
平均獲利%	1.77	3.11	3.50	5.41	7.92	5.52	5.77
敗率%	45	52	49	56	58	50	47
平均虧損%	-2.01	-3.10	-6.52	-5.96	-6.83	-7.01	-7.67
淨盈虧：	0.05	-0.08	-1.33	-0.91	-0.69	-0.75	-0.57

圖 3-92

評論

如同圖3-92顯示的，「獨特三河底」有點像「晨星」。下降趨勢發展過程出現一支長黑線。隔天，價格開高，盤中價格創新低，但價格最終收在最高價附近，線形是實體很小的黑線。第3天，價格又開低，但交易價格沒有創新低，價格最終收高而爲紅線，但收盤價還是低於第2天收盤。

附註：獨特三河底相當罕見。

辨識法則

1. 第1支線形爲長黑線。
2. 第2支線形是「母子」，不過是黑線。
3. 第2支線形盤中創新低。
4. 第3支線形是小紅線，收盤價低於第2支線形收盤。

型態蘊含的發展情節／心理狀態

下降趨勢發展過程出現一支長黑線。隔天，價格雖然開高，盤中創新低價，但收盤最終落在最高價附近，顯示空頭氣焰沒能

延伸。第2支線形呈現多空相持的不確定狀態。第3天，價格再度開低，但收小紅線。第4天價格如果創新高，就可以確認趨勢向上反轉。

型態彈性

這個型態的規定相當嚴格，沒有多少彈性。第2支線形的下影線愈長，反轉潛在力道也愈大。某些文獻規定，第2支線形類似「母子」。如同多數反轉型態的情況，成交量如果支持反轉，成功的可能性更高。

型態簡化

獨特三河底可以簡化爲頗類似「鎚子」的單一線形，請參考圖3-93。鎚子的下影線長度至少必須是實體的2倍，就獨特三河底的簡化線形來說，情況很可能是如此，因爲排列第2支線形的下影線很長。獨特三河底和鎚子都具有明確的多頭意涵。

圖 3-93

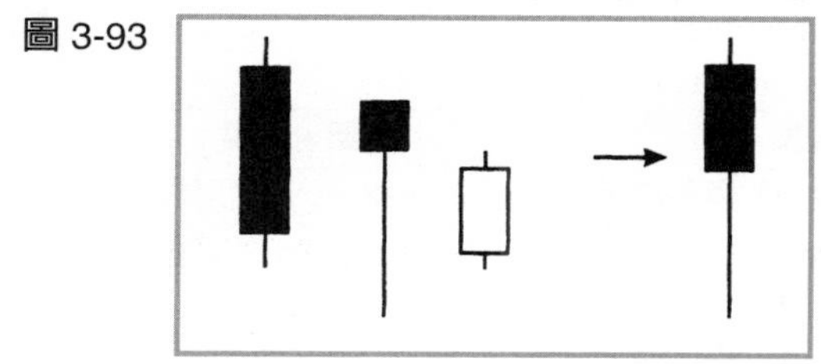

相關型態

這種型態具有「晨星」的排列，但不太像。日本文獻裡，這種型態屬於「阪田兵法」的一部份（請參考第5章）。

範例

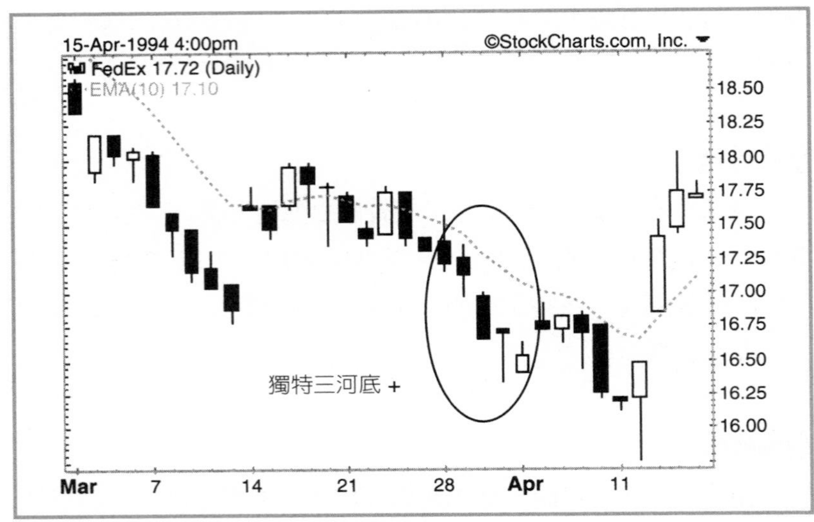

圖 3-94

獨特三峰頂（Unique Three Mountain Top）

型態名稱：獨特三峰頂－						類別：R －	
日文名稱：san yama no tenjo							
趨勢條件：需要				確認：需要			
發生頻率（型態相隔平均天數）：429,412　非常罕見							
型態統計數據取自7275支普通股，涵蓋1460萬天的資料							
期間（天數）	1	2	3	4	5	6	7
勝率%	41	47	38	45	45	45	38
平均獲利%	1.00	1.99	1.90	1.95	2.31	4.22	4.17
敗率%	59	53	62	55	55	55	62
平均虧損%	-2.58	-4.45	-4.06	-5.88	-6.47	-9.16	-8.81
淨盈虧：	-1.06	-1.35	-1.78	-2.25	-2.41	-2.99	-3.85

圖 3-95

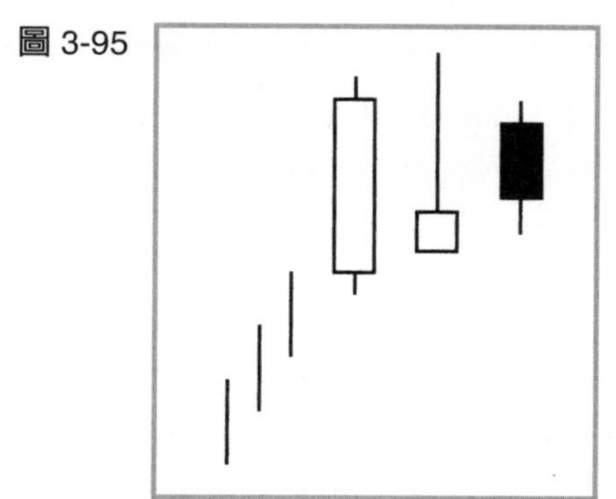

評論

「獨特三峰頂」屬於3支線形構成的空頭反轉型態，相當於是「獨特三河床」的對應型態。

注意：由於型態條件相當多，所以很罕見。

辨識法則

1. 第1支線形是反映當時上升趨勢的長紅線。
2. 隔天，價格開低，但盤中價格創新高，收盤最終落在最低價附近，結果是實體很小的紅線，上影線很長。
3. 第3天價格開高，但交易價格沒有超過第2天最高價。
4. 第3天收黑線，收盤價高於第2天收盤，實體長度較第1支紅線實體小。

型態蘊含的發展情節／心理狀態

獨特三峰頂首先出現一支長紅線，中點價格位在10天移動平均之上，反映當時的上升趨勢。

隔天，價格開低，盤中價格一度創新高，但收盤價大幅拉回，顯示多頭氣勢受挫。第3天價格雖然開高，結果卻收低。第4天價格如果創新低，就可以確認趨勢向下反轉。

型態彈性

第2支線形實體長度不得超過整個交易區間的27%，這個條件與「流星」相同。事實上，第2支線形相當類似「流星」。

第1支和第3支線形實體都較長，超過整個交易區間的50%。第3支線形實體雖然稍短，但還是超過整個交易區間的一半。

型態簡化

獨特三峰頂可以簡化爲上影線長、實體小的紅線。簡化線形蘊含的空頭意涵，明顯不如完整型態，反轉訊號需要經過確認。

圖 3-96

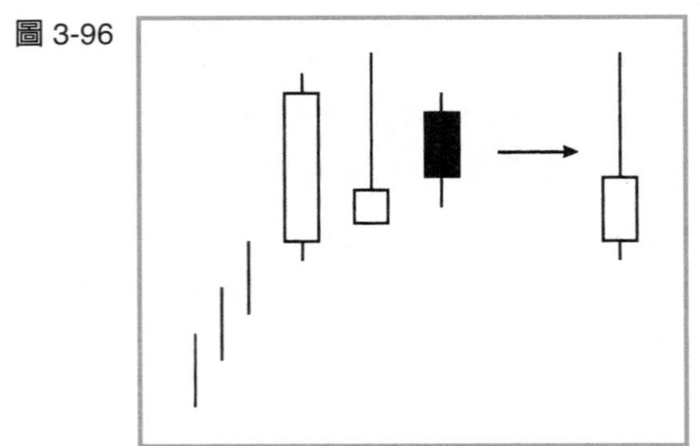

範例

圖 3-97

三白兵（Three White Soldiers）

型態名稱：三白兵 ＋							類別：R ＋
日文名稱：aka sanpei							
趨勢條件：需要				確認：不需			
發生頻率（型態相隔平均天數）：2,888　一般							
型態統計數據取自7275支普通股，涵蓋1460萬天的資料							
期間（天數）	1	2	3	4	5	6	7
勝率%	52	51	52	52	52	52	51
平均獲利%	2.42	3.38	4.05	4.63	5.14	5.54	5.95
敗率%	48	49	48	48	48	48	49
平均虧損%	-2.13	-3.00	-3.66	-4.27	-4.86	-5.35	-5.79
淨盈虧：	0.25	0.27	0.33	0.34	0.31	0.27	0.22

圖 3-98

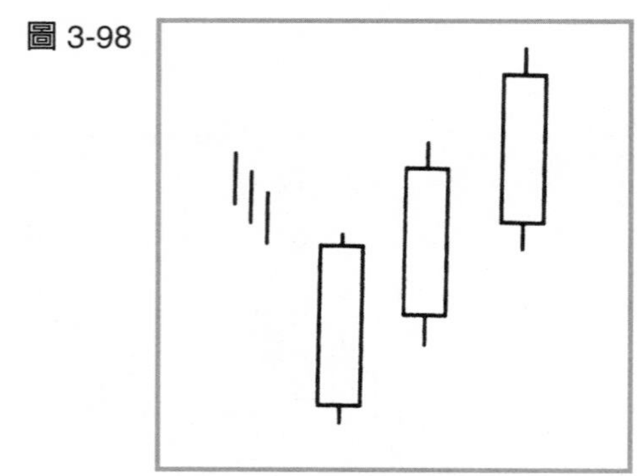

評論

「三白兵」是本書第5章討論「阪田兵法」的重要部分。型態由連續3支紅線構成，收盤價持續墊高。開盤價最好落在前一支線形實體中點附近。這種階梯狀走勢相當強勁，顯示既有下降趨勢告一段落。

辨識法則

1. 連續3支長紅線，收盤價持續墊高。
2. 每支線形開盤價都落在前一支線形實體內。
3. 每支線形的收盤價都落在最高價附近。

型態蘊含的發展情節／心理狀態

三白兵出現在下降趨勢，代表強烈的反轉訊號。每支線形都開低，但收長紅線，創短線高價。這是相當強勁的走勢，千萬不要忽略。

型態彈性

第2、3支線形的開盤價可以落在先前線形實體內的任何位置，但最好是落在中點附近。請注意，每天開盤都會遭逢一些賣壓，所以開盤價低於前一支線形收盤。這意味著相關漲勢都需要克服賣壓。

型態簡化

三白兵可以簡化爲相當強勁的長紅線，請參考圖3-99。型態與簡化線形的含意彼此一致，所以反轉訊號不需經過確認。

圖 3-99

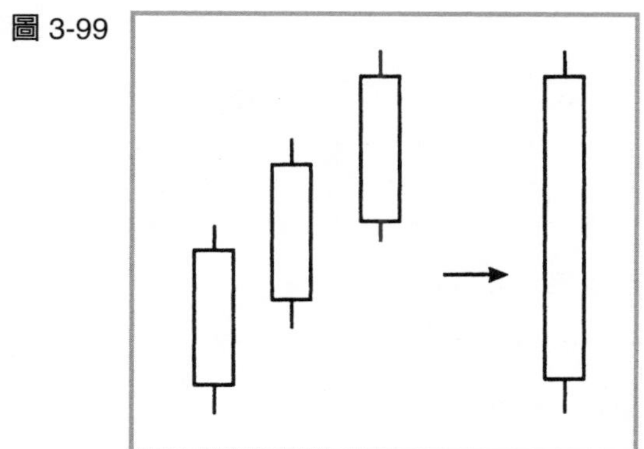

相關型態

請參考「大敵當前」（Advanced Block）和「步步爲營」（Deliberation）。

範例

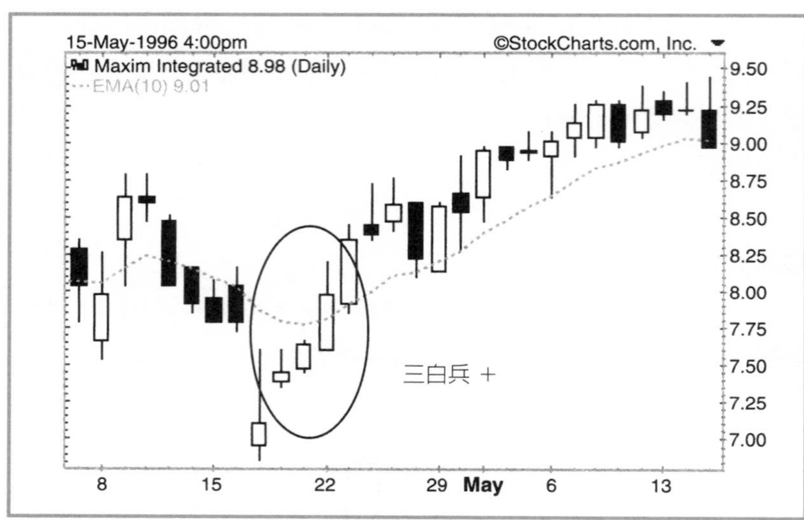

圖 3-100

三烏鴉（Three Black Crows）

型態名稱：三烏鴉 －						類別：R －	
日文名稱：samba garasu							
趨勢條件：需要				確認：需要			
發生頻率（型態相隔平均天數）：2,154　一般							
型態統計數據取自7275支普通股，涵蓋1460萬天的資料							
期間（天數）	1	2	3	4	5	6	7
勝率%	49	48	48	48	47	47	46
平均獲利%	2.33	3.09	3.78	4.36	4.91	5.19	5.64
敗率%	51	52	52	52	53	53	54
平均虧損%	-2.56	-3.67	-4.46	-5.14	-5.75	-6.22	-6.80
淨盈虧：	-0.17	-0.42	-0.51	-0.58	-0.72	-0.86	-1.04

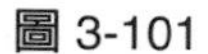

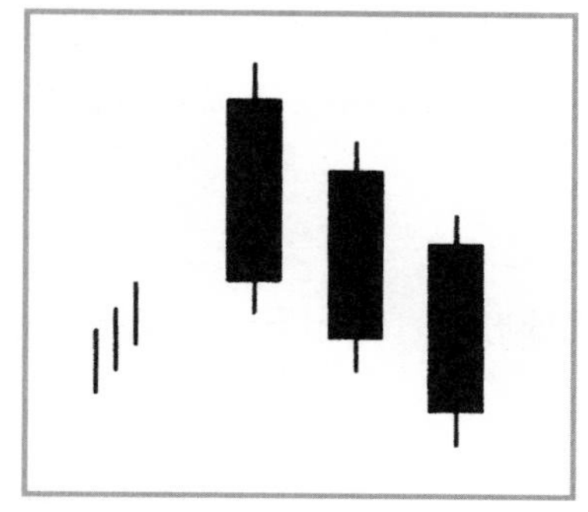

圖 3-101

評論

「三烏鴉」是「三白兵」的對應型態，發生在上升趨勢，連續3支長黑線呈現階梯狀下降走勢。日本諺語說，「壞消息總是結伴而來」，正是目前這種狀況的最佳寫照。每天開盤價都較前一天收盤稍高，但收盤價卻創新低。這種盤勢一旦連續發生三次，所傳遞的空頭訊息就相當明確了。請注意，這種跌勢並不十分嚴重，所以一定有不少人想低檔承接。

辨識法則

1. 連續3支長黑線。
2. 每天都創新低收盤價。
3. 每天開盤價都落在前一天線形實體之內。
4. 每天收盤都位在最低價附近。

型態蘊含的發展情節／心理狀態

行情已經逼近頭部或高檔。突然出現一支長黑線，顯示趨勢反轉的可能性。隨後兩天，價格都開高走低，顯示獲利了結的賣壓相當沈重。這種盤勢會顯著侵蝕多頭氣勢。

型態彈性

排列第1支線形的實體如果沒有超過前一支紅線的最高價，反轉氣勢更強。

型態簡化

三烏鴉可以簡化爲單一長黑線，兩者的空頭意涵彼此呼應，請參考圖3-102。

圖 3-102

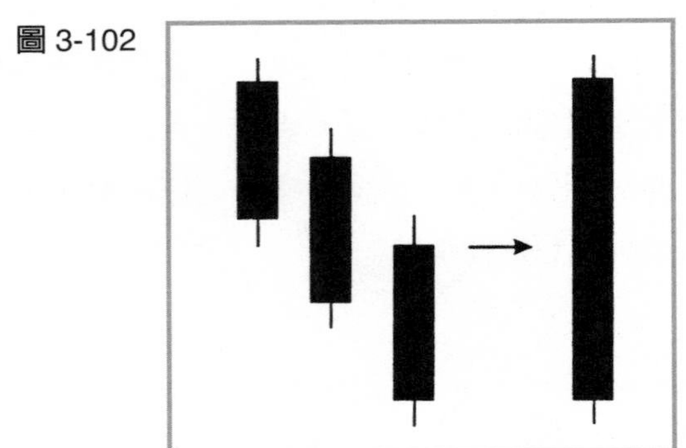

相關型態

這種排列還有更嚴格的版本「三胎鴉」（Identical Three Crows，請參考下文討論）。

範例

圖 3-103

三胎鴉（Identical Three Crows）

（doji samba garasu）

空頭反轉型態

不需確認

圖 3-104

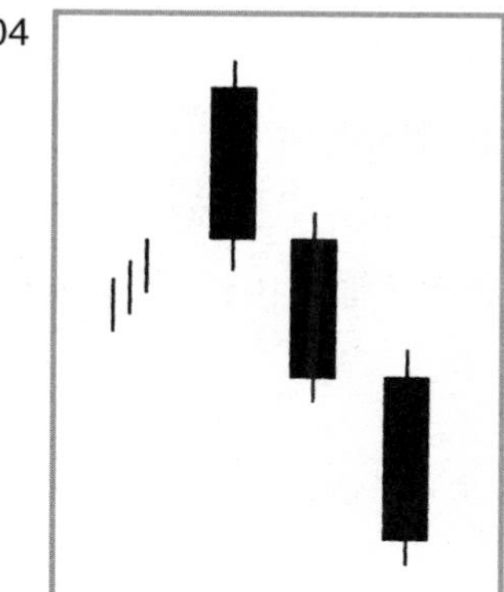

評論

這是先前討論「三烏鴉」型態的特殊版本。差別是第2、第3支黑線的開盤價，都等於或接近前一支線形的收盤價，請參考圖3-104。

辨識法則

1. 三支長黑線呈現階梯狀下降。
2. 每天開盤價大致都是前一天收盤價。

型態蘊含的發展情節／心理狀態

這種型態代表恐慌性賣出。每天收盤價都是隔天的開盤價，買盤幾乎全然不存在。

型態彈性

這是「三烏鴉」的特殊版本，所以幾乎沒有任何彈性。本書的統計檢定幾乎都不考慮這種型態。

型態簡化

如同「三烏鴉」型態一樣，三胎鴉可以簡化爲單支長黑線，請參考圖3-105，型態本身與簡化線形的含意彼此一致。

圖 3-105

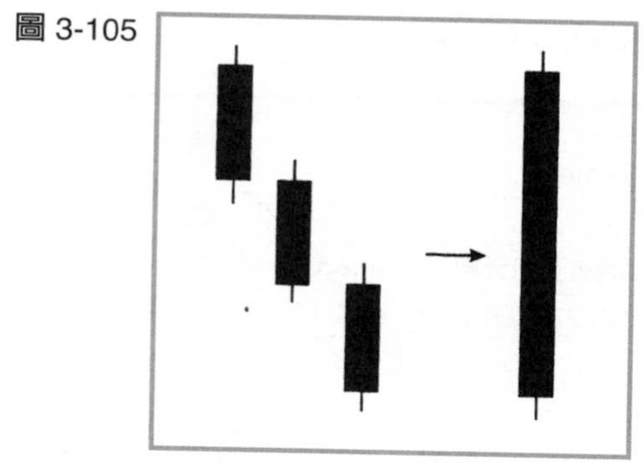

相關型態

屬於「三烏鴉」的特殊版本。

範例

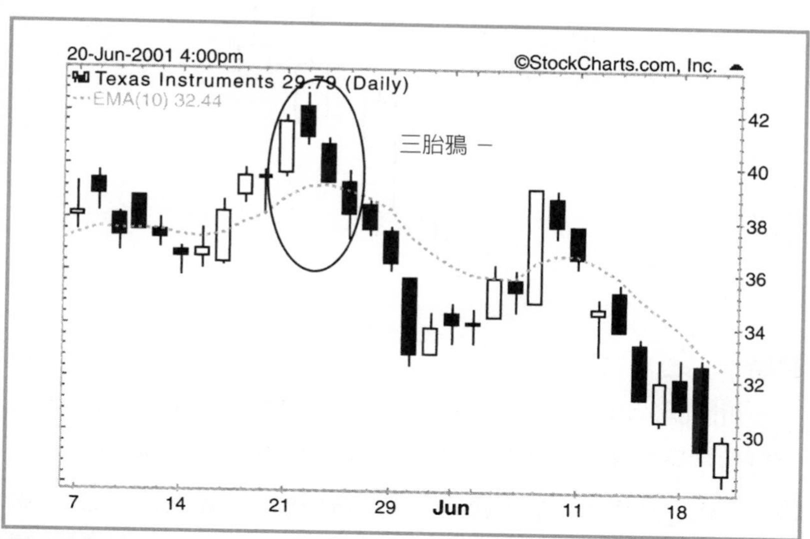

圖 3-106

大敵當前（Advance Block）

型態名稱：大敵當前－					類別：R －		
日文名稱：saki zumari							
趨勢條件：需要				確認：需要			
發生頻率（型態相隔平均天數）：60,833　罕見							
型態統計數據取自7275支普通股，涵蓋1460萬天的資料							
期間（天數）	1	2	3	4	5	6	7
勝率%	46	45	48	50	48	45	48
平均獲利%	1.95	2.94	3.33	3.65	4.15	4.89	4.81
敗率%	54	55	52	50	52	55	52
平均虧損%	-2.44	-3.11	-4.41	-4.99	-5.35	-5.53	-6.70
淨盈虧：	-0.38	-0.36	-0.71	-0.62	-0.75	-0.86	-1.16

圖 3-107

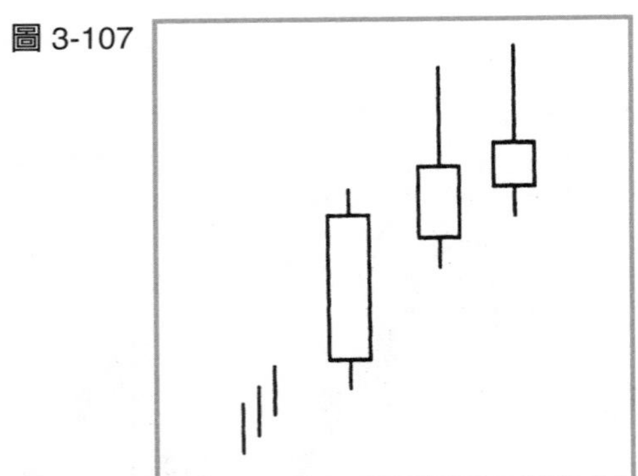

評論

如同圖3-107顯示，這個型態本身，雖然類似「三白兵」，但三白兵是發生在下降趨勢末端的多頭反轉型態，「大敵當前」則是發生在上升趨勢末端，屬於空頭反轉型態。大敵當前的第2、第3支線形呈現弱勢，這點與三白兵相反。上影線很長，顯示盤中價

格一度走高，不過漲勢無以爲繼。這種盤勢發生在上升趨勢，而且是連續兩天，會讓多頭覺得緊張，尤其是上升趨勢已經過度延伸的話。

請記住，這種型態是發生在上升趨勢。這類多線形的型態，通常都會先出現一支反映既有趨勢的長線形。隨後兩天的線形都留下很長的上影線，凸顯獲利回吐賣壓嚴重。

辨識法則

1. 三支持續墊高的紅線。
2. 每天開盤價都落在前一支線形實體內。
3. 第2、3支線形留下很長的上影線，顯示上升力道轉弱。

型態蘊含的發展情節／心理狀態

大敵當前的三支線形，很像三白兵，但發生的背景不一樣。目前這種型態沒有演變爲強勁漲勢。反之，第2、第3支線形的偏長上影線凸顯弱勢。

型態彈性

我們很難界定何謂趨勢惡化。目前這種型態雖然是以三白兵的架勢展開，但發生在不同背景，沒有呈現上升力道。每支線形的實體愈來愈小，上影線愈來愈長。第2、第3天的盤中交易價格大多高於收盤價。

型態簡化

大敵當前型態可以簡化爲單一長紅線，這支長紅線的長度或許不如「三白兵」的簡化線形，請參考圖3-108。這支長紅線的上影線相當長，意味著收盤價距離盤中高價有段距離。所以，大敵當前屬於空頭型態。一般來說，這種型態只顯示多頭部位應該特別留意。

圖 3-108

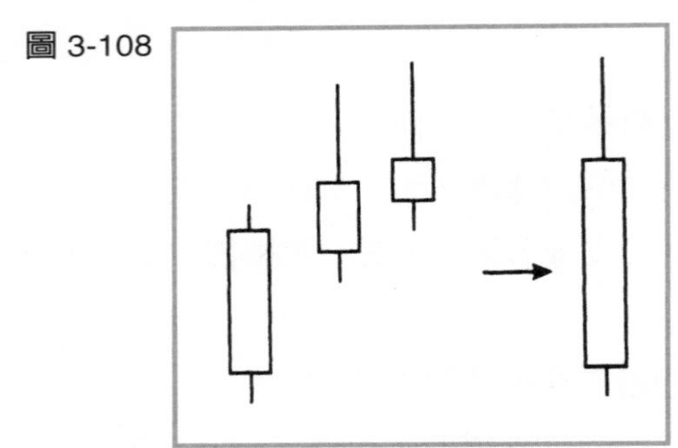

相關型態

這是先前討論之「三白兵」的變形，跟後文討論的「步步爲營」（Deliberation）也有關連。

範例

圖 3-109

峰迴路轉（Descent Block）

型態名稱：峰迴路轉 ＋						類別：R＋	
日文名稱：saki zumari kudari							
趨勢條件：需要				確認：不需			
發生頻率（型態相隔平均天數）：35,012 罕見							
型態統計數據取自7275支普通股，涵蓋1460萬天的資料							
期間（天數）	1	2	3	4	5	6	7
勝率%	52	52	51	53	53	50	53
平均獲利%	2.90	4.13	4.87	5.80	6.63	7.44	8.35
敗率%	48	48	49	47	47	50	47
平均虧損%	-2.79	-3.68	-4.35	-5.36	-6.31	-6.90	-8.03
淨盈虧：	0.14	0.39	0.33	0.57	0.56	0.34	0.67

圖 3-110

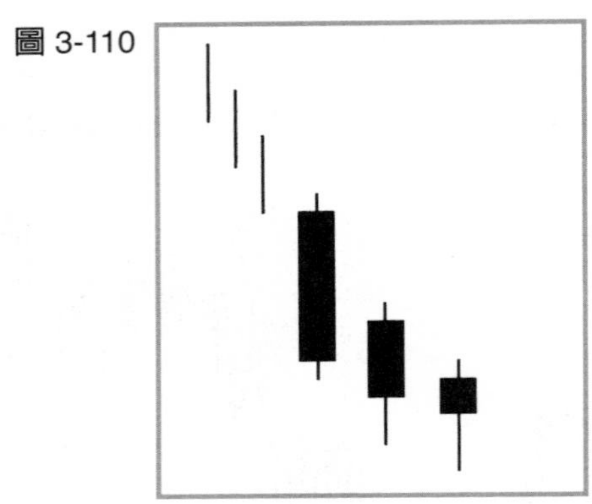

評論

「峰迴路轉」是由三支線形構成的多頭反轉型態，大體上與「大敵當前」對應。

辨識法則

1. 第1支線形是反映既有下降趨勢的長黑線。
2. 隨後兩支線形都是黑線，收盤價落在前一支線形實體內。
3. 第2、第3支線形留下很長的下影線。

型態蘊含的發展情節／心理狀態

第1支線形是順勢長黑線，線形中點落在10日移動平均的下方，反映當時的下降趨勢。第2支線形也是黑線，收盤低於第一支線形收盤。這兩支黑線似乎更加強當時的下降趨勢，使得空方更有把握。

連續兩支黑線，吸引更多賣盤，接著又出現第3支黑線，收盤

價低於前一天收盤。下降趨勢過程連續出現3支黑線，多數空頭覺得高枕無憂。可是，更進一步觀察，將發現峰迴路轉顯示下降趨勢正在減弱。首先，線形實體長度愈來愈短。第二，每天開盤都處在前一天實體範圍內（線形實體之間不存在缺口）。第三，第2、3支黑線的下影線很長（更明確來說，下影線至少必須佔整個交易區間的40%）。

另外，3支黑線的收盤價雖然持續下滑，但收盤價之間的差距愈來愈短，意味著下降趨勢的力道減弱，空方應該採取保護措施。

型態彈性

峰迴路轉的第1支線形必須是長黑線，實體長度至少必須佔整個交易區間的50%。

型態簡化

峰迴路轉可以簡化為單支長黑線，兩者的意涵不相配合，所以型態需要經過確認。

圖 3-111

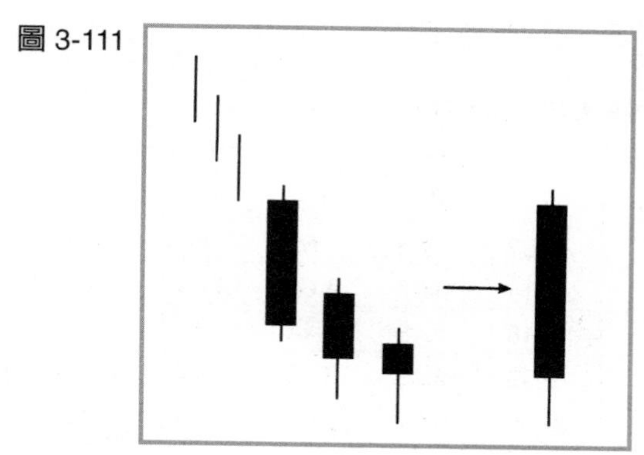

範例

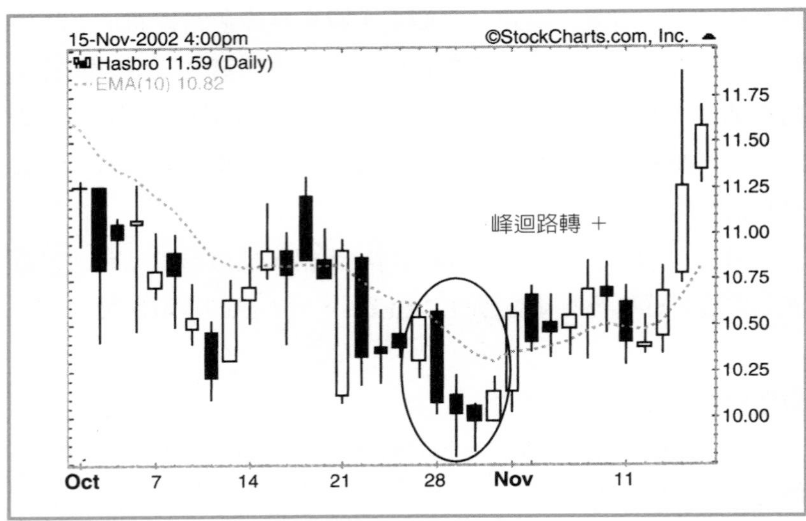

圖 3-112

步步為營（Delibration）

型態名稱： 步步為營 −						類別：R−	
日文名稱：aka sansei shian boshi							
趨勢條件：需要			確認：建議				
發生頻率（型態相隔平均天數）：1,291　一般							
型態統計數據取自7275支普通股，涵蓋1460萬天的資料							
期間（天數）	1	2	3	4	5	6	7
勝率%	52	52	52	52	53	52	52
平均獲利%	2.14	3.07	3.64	4.09	4.54	4.96	5.31
敗率%	48	48	48	48	47	48	48
平均虧損%	-2.32	-3.19	-3.85	-4.47	-4.92	-5.33	-5.70
淨盈虧：	0.00	0.04	0.01	0.00	0.05	0.01	-0.02

步步為營（Delibration）

型態名稱： 步步為營 ＋					類別：R＋		
日文名稱：aka sansei shian boshi							
趨勢條件：需要			確認：不需				
發生頻率（型態相隔平均天數）：1,796 一般							
型態統計數據取自7275支普通股，涵蓋1460萬天的資料							
期間（天數）	1	2	3	4	5	6	7
勝率%	53	52	54	54	54	55	55
平均獲利%	3.10	4.37	5.24	6.12	6.78	7.35	7.80
敗率%	47	48	46	46	46	45	45
平均虧損%	-2.83	-3.82	-4.63	-5.17	-5.67	-6.20	-6.66
淨盈虧：	0.27	0.46	0.68	0.94	1.06	1.19	1.31

圖 3-113

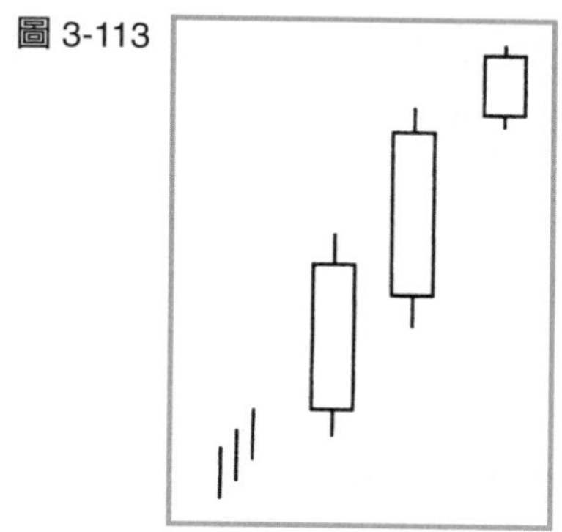

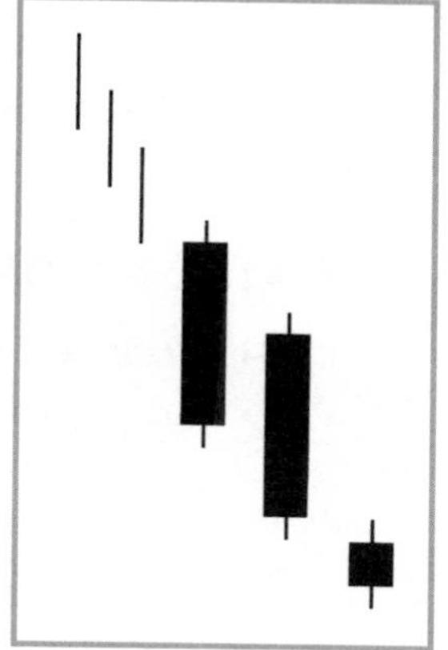

評論

步步爲營空頭型態

如同圖3-113顯示的，「步步爲營」空頭型態也是「三白兵」的衍生排列。最初兩支長紅線創新高，最後出現第3支小紅線或星形。某些文獻稱此排列爲「失速型態」（Stalled pattern）。第3支線

形與第2支線形之間，最好出現跳空缺口。第3支紅線的實體很小，顯示上升趨勢變得不確定，也就是交易者應該步步爲營的時候。進一步確認很容易讓目前型態演變爲「夜星」。

步步爲營多頭型態

「步步爲營」多頭型態是由3支線形構成的反轉型態。下降趨勢發展過程，出現兩支長黑線。最後出現一支小黑線。

辨識法則

步步爲營空頭型態

1. 首先出現兩支長紅線。
2. 第3支紅線開盤價接近第2支線形收盤。
3. 第3支線形是「紡錘線」，也很可能是星形。

步步爲營多頭型態

1. 第1支黑線發生在下降趨勢。
2. 第2支線形也是長黑線。
3. 第3支線形是星形，或實體相對小的黑線，跟前一支線形實體之間存在跳空缺口。

型態蘊含的發展情節／心理狀態

步步爲營空頭型態

這種型態展現的弱勢，類似「大敵當前」，盤勢在短時間內轉弱。差別在於弱勢突然出現在第3支線形。步步爲營是發生在延伸

性漲勢末端，顯示上升趨勢沒辦法維持。就如同「大敵當前」一樣，要界定趨勢惡化相當困難。

步步爲營多頭型態

連續出現兩支長黑線，既有下降趨勢似乎毫無疑問。這種盤勢吸引新的空頭介入，第3天開盤落在前一支線形收盤或附近，而且也是黑線。下降趨勢發展過程，連續出現三支黑線，空方覺得很滿意。

可是，更進一步觀察，將發現下降趨勢正在減弱。首先，第3支線形的交易區間明顯小於第2支線形。更明確來說，其長度還不到第2支線形整個交易區間的75％。其次，第3支線形實體明顯小於第2支線形。根據我們電腦程式的篩選規定，第3支線形實體長度不得超過第2支線形實體的50％。第三，第3支線形實體雖然與第2支線形實體之間存在跳空缺口，但缺口小於第2支線形價格區間的20％。

型態彈性

步步爲營空頭型態

第3支線形如果是星形，留意隨後是否會演變爲「夜星」型態。

步步爲營多頭型態

第2、3支線形收盤價雖然持續下滑，但下滑的程度應該會縮小，顯示下降力道轉弱。第3支線形如果是「星形」或「星形十字」，留意隨後是否會演變爲「晨星」或「晨星十字」排列。

型態簡化

步步爲營空頭型態

這種型態可以簡化爲單一長紅線（參考圖3-115），單一線形與整體型態的意涵明顯衝突，所以型態訊號最好經過確認。隨後如果出現向下跳空的走勢，排列將演變爲「夜星」，其空頭意涵與目前型態相符。

步步爲營多頭型態

這種型態可以簡化爲單一長黑線（參考圖3-116，實體長度超過整個交易區間的50％），單一線形與整體型態的意涵明顯衝突。

圖 3-115

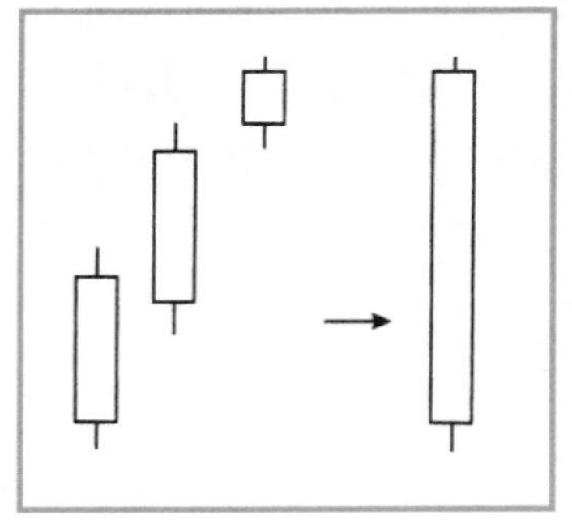

圖 3-116

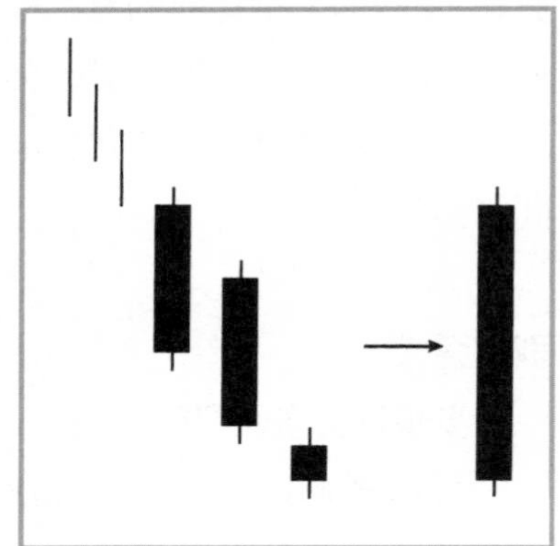

相關型態

請參考先前討論的「三白兵」與「大敵當前」。

範例

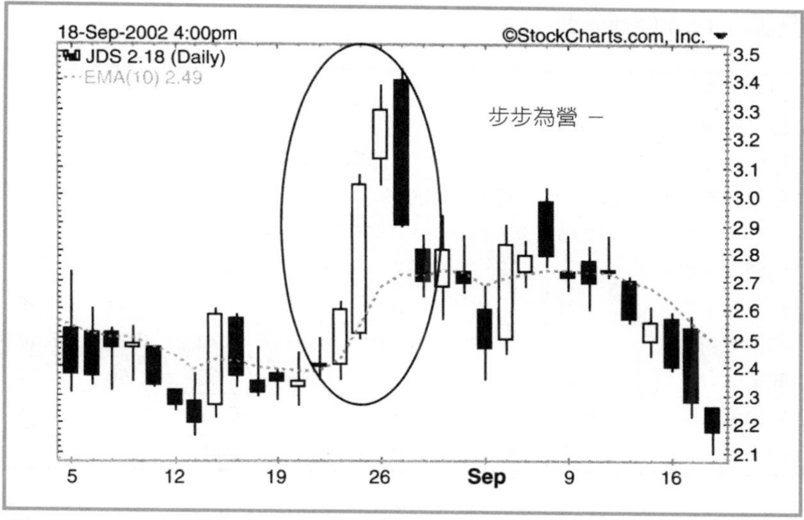
18-Sep-2002 4:00pm
©StockCharts.com, Inc.
JDS 2.18 (Daily)
EMA(10) 2.49
步步為營 –
3.5
3.4
3.3
3.2
3.1
3.0
2.9
2.8
2.7
2.6
2.5
2.4
2.3
2.2
2.1
5
12
19
26
Sep
9
16

圖 3-117

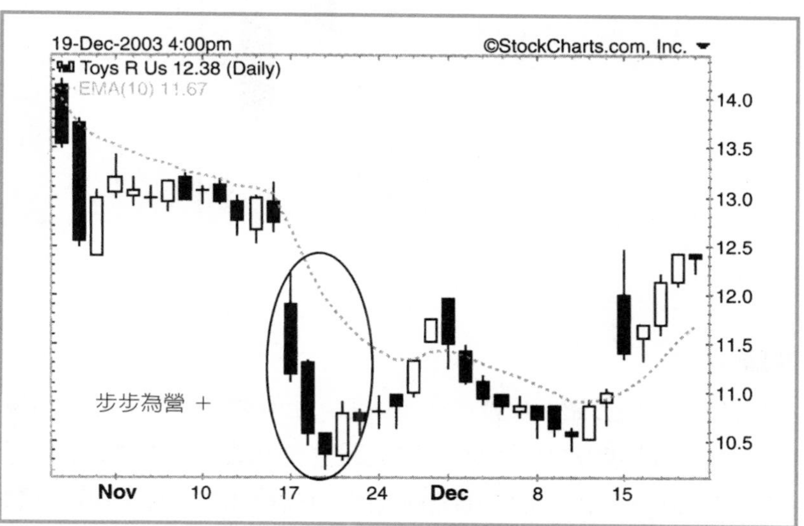
19-Dec-2003 4:00pm
©StockCharts.com, Inc.
Toys R Us 12.38 (Daily)
EMA(10) 11.67
步步為營 +
14.0
13.5
13.0
12.5
12.0
11.5
11.0
10.5
Nov
10
17
24
Dec
8
15

圖 3-118

雙鴉（Two Crows）

型態名稱： 雙鴉 −					類別：R−		
日文名稱：niwa garasu							
趨勢條件：需要			確認：需要				
發生頻率（型態相隔平均天數）：34,679 罕見							
型態統計數據取自7275支普通股，涵蓋1460萬天的資料							
期間（天數）	1	2	3	4	5	6	7
勝率%	50	47	44	44	44	44	46
平均獲利%	2.41	3.76	4.63	4.98	5.78	6.25	6.44
敗率%	50	53	56	56	56	56	54
平均虧損%	-2.71	-4.13	-4.61	-5.23	-5.99	-6.13	-6.55
淨盈虧：	-0.13	-0.44	-0.51	-0.73	-0.85	-0.65	-0.55

圖 3-119

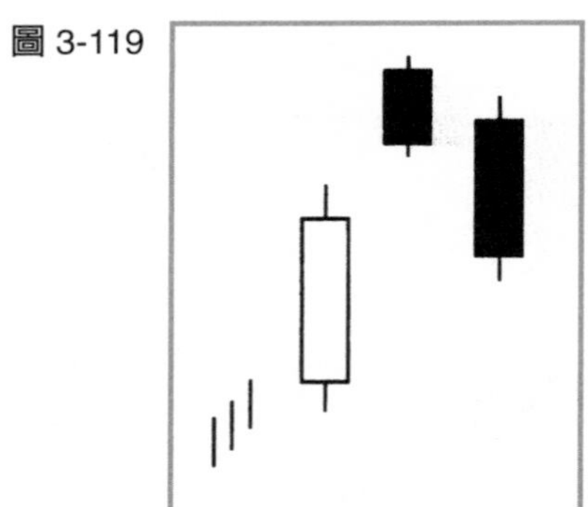

評論

「雙鴉」屬於頭部反轉或空頭型態。上升趨勢發展過程，出現一支反映當時趨勢的長紅線。第2天開盤向上跳空，收盤價卻接近最低價，但仍然高於第1天實體。第3天開盤價位在第2天線形實體之內，但收盤價跌到第1天線形實體內，填補了第2天和第1天之間

的跳空缺口。雙鴉型態最後兩天的線形如果合併爲單一長黑線，此型態將是「烏雲罩頂」。這種情況下，開盤跳空缺口在當天就被填補，也使得傳統分析認爲跳空缺口代表趨勢會持續發展的看法變得無效。

辨識法則

1. 上升趨勢出現一支長紅線。
2. 第2支線形收黑，但出現向上跳空缺口。
3. 第3支線形爲黑線。
4. 第3支線形開盤價位在第2支線形實體之內，收盤價則位在第1支線形實體之內。

型態蘊含的發展情節／心理狀態

行情處於上升趨勢，第2天價格開高走低，雖然出現向上跳空缺口，但漲勢已經轉弱。第3天開出高盤，但沒有超過第2天開盤價，賣壓隨後湧現，收盤價落到第1天線形實體內。先前的跳空缺口，很快就被填補了，顯示多頭氣勢快速消散。

型態彈性

相較於「雙鴉躍空」，目前這個雙鴉型態的空頭氣勢顯得更強。第3支長黑線收盤只要跌到第1支紅線的實體內，雙鴉排列就成立，但第3支黑線的實體愈長，進入第1支線形實體的程度愈深，空頭反轉氣勢愈強。

型態簡化

雙鴉排列可以簡化爲「流星」(請參考圖3-120)，兩者的空頭意涵彼此吻合。

圖 3-120

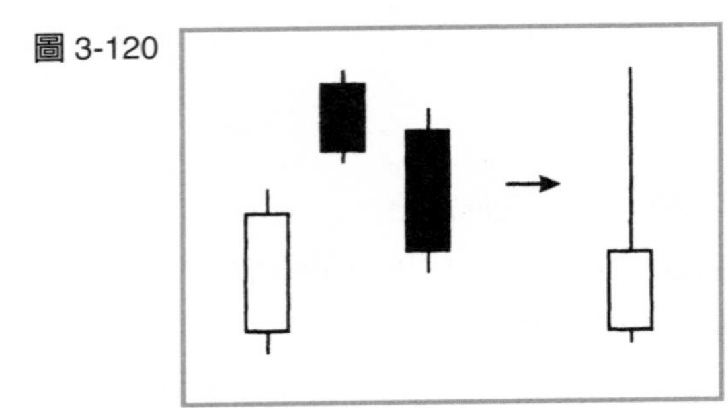

相關型態

雙鴉型態類似短期頭部形態「烏雲罩頂」。雙鴉的第2、3支線形如果合併爲單一線形，也就成爲烏雲罩頂。

「雙鴉躍空」的結構稍有不同，其第3支線形收盤價沒有進入第1支線形實體內。這也是「夜星」的弱勢版本，因爲第2、3支線形之間沒有跳空缺口。

範例

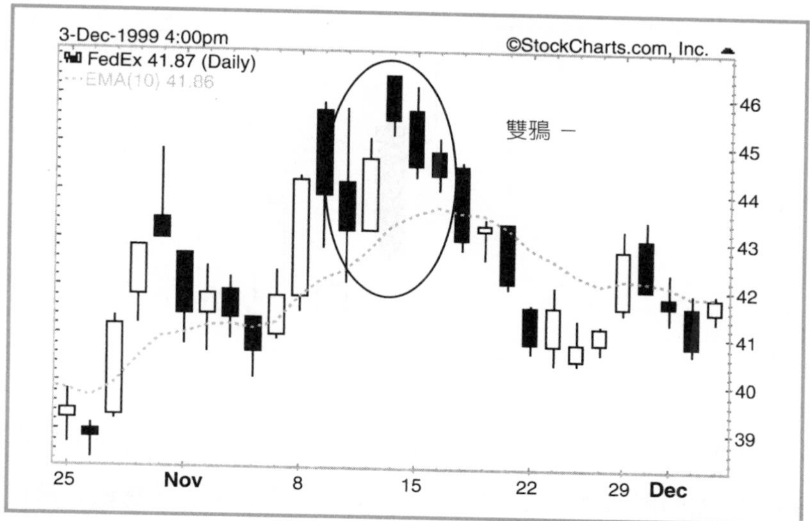

圖 3-121

雙兔（Two Rabbits）

型態名稱：雙兔 ＋							類別：R＋
日文名稱：nihiki no usagi							
趨勢條件：需要				確認：建議			
發生頻率（型態相隔平均天數）：48,026 罕見							
型態統計數據取自7275支普通股，涵蓋1460萬天的資料							
期間（天數）	1	2	3	4	5	6	7
勝率%	48	50	52	55	57	53	49
平均獲利%	2.30	3.39	4.35	4.67	4.85	5.55	6.24
敗率%	52	50	48	45	43	47	51
平均虧損%	-2.54	-3.57	-4.36	-5.45	-5.73	-5.89	-5.94
淨盈虧：	-0.21	-0.07	0.14	0.12	0.25	0.19	0.02

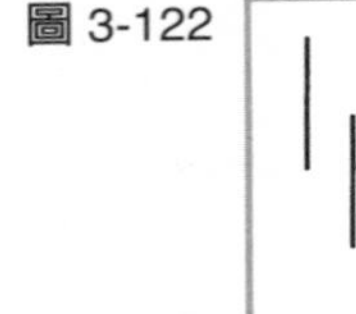

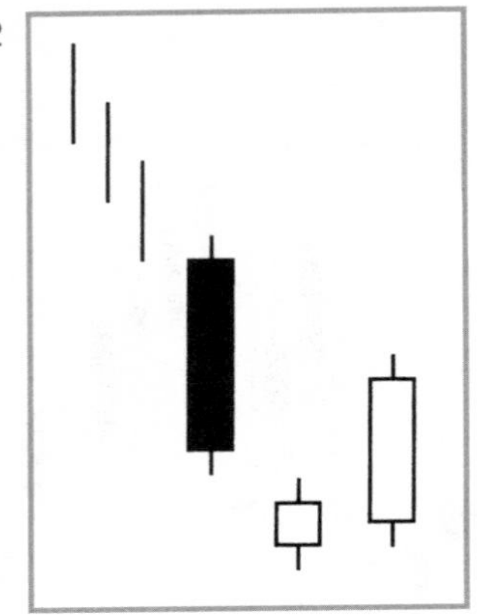

圖 3-122

評論

「雙兔」是由3支線形構成的多頭反轉型態。排列最後2天的紅線，就如同即將從窩裡躍出的兩隻兔子。雙兔是與「雙鴉」對應的多頭排列。

辨識法則

1. 首先是一支順勢長黑線，反映既有下降趨勢。
2. 第2天是向下跳空的紅線。
3. 第3天也是紅線，開盤價落在第2天線形實體之內，收盤則落在第1天黑線實體之內。

型態蘊含的發展情節／心理狀態

雙兔排列的第1支線形是長黑線，其中點位在10天移動平均之下，反映既有的下降趨勢。隔天（第2天），價格跳空開低，但價格稍後回升而收紅。對於空頭來說，由於這支紅線收盤價仍然位

在第1支黑線收盤價之下，所以不覺得特別緊張。

第3天，開盤價落在第2天線形實體之內，收盤則穿入第1天黑線實體之內。現在，第1、第2支線形之間的跳空缺口迅速被填補，顯示下降趨勢可能告一段落。

型態彈性

請注意：第1、第2支線形之間的跳空缺口大小，至少必須是第1支線形價格區間的10%。

所有構成線形的實體都必須很長，至少是價格區間的50%。

型態簡化

雙兔型態可以簡化爲「鎚子」，請參考圖3-123，兩者都呈現多頭意涵。

圖 3-123

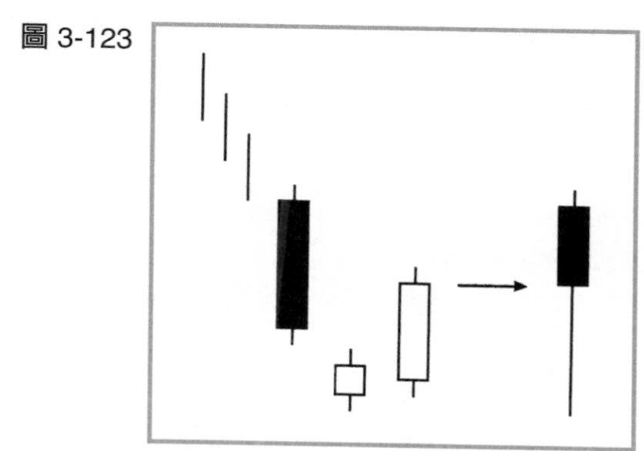

相關型態

雙兔型態類似於「雙兔躍空」。

範例

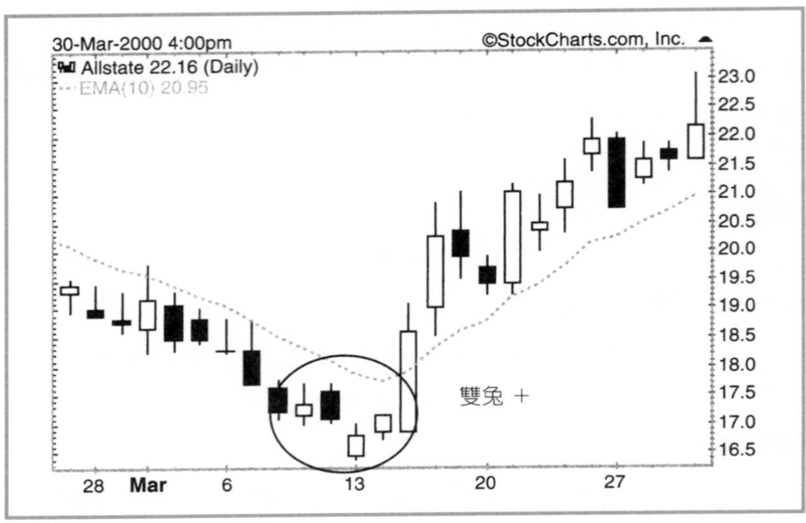

圖 3-124

內困三日翻紅（Three Inside Up）

型態名稱：內困三日翻紅＋						類別：R＋	
日文名稱：harami age							
趨勢條件：需要				確認：不需			
發生頻率（型態相隔平均天數）：530　經常							
型態統計數據取自7275支普通股，涵蓋1460萬天的資料							
期間（天數）	1	2	3	4	5	6	7
勝率%	49	49	50	50	50	50	50
平均獲利%	2.59	3.58	4.27	4.88	5.47	5.96	6.38
敗率%	51	51	50	50	50	50	50
平均虧損%	-2.33	-3.17	-3.82	-4.42	-4.94	-5.41	-5.85
淨盈虧：	0.06	0.10	0.20	0.22	0.21	0.26	0.25

內困三日翻黑（Three Inside Down）

型態名稱：內困三日翻黑 –					類別：R–		
日文名稱：harami sage							
趨勢條件：需要				確認：需要			
發生頻率（型態相隔平均天數）：493 頻繁							
型態統計數據取自7275支普通股，涵蓋1460萬天的資料							
期間（天數）	1	2	3	4	5	6	7
勝率%	48	47	48	48	47	47	47
平均獲利%	2.21	3.02	3.62	4.21	4.74	5.14	5.53
敗率%	52	53	52	52	53	53	53
平均虧損%	-2.43	-3.35	-3.98	-4.52	-5.11	-5.56	-5.94
淨盈虧：	-0.20	-0.32	-0.34	-0.35	-0.43	-0.50	-0.56

圖 3-125

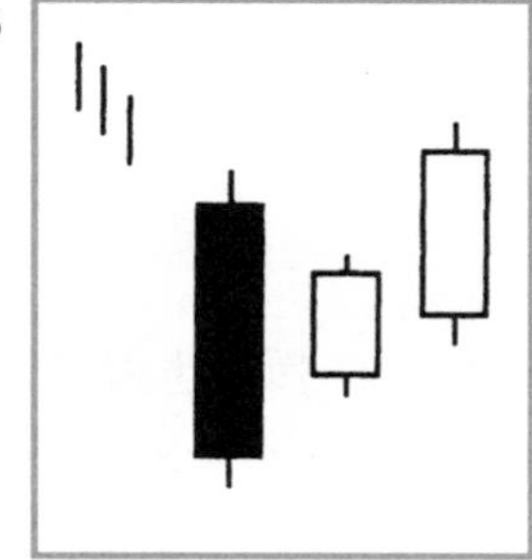

圖 3-126

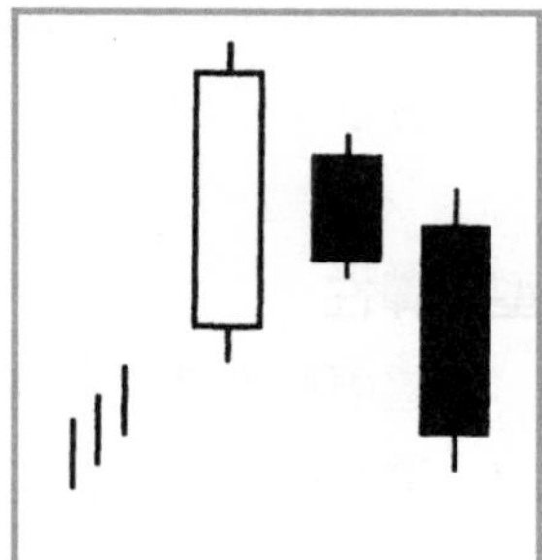

評論

「內困三日翻紅」和「內困三日翻黑」都是經過確認的「母子」型態。請參考圖3-125和圖3-126，型態最初的兩支線形也就是母子排列。第3支線形的收盤價確認型態的多、空意涵。多頭母子型態隨後出現的第3支線形，如果收盤價走高，多頭母子將演變爲內困三日翻紅；反之，空頭母子型態隨後出現的第3支線形，如果收盤價走低，空頭母子將演變爲內困三日翻黑。

日本文獻並沒有任何關於內困三日翻紅或翻黑的資料。這是我們特別添加的型態，用以提升「母子」型態的效果，幫助很大。

辨識法則

1. 首先出現「母子」型態（參考相關辨識法則）。
2. 第3天價格收高成爲內困三日翻紅，或價格收低成爲內困三日翻黑。

型態蘊含的發展情節／心理狀態

此兩者是經過確認的母子型態，如果第3天價格朝預期方向發展，也就是成功的母子型態。

型態彈性

這兩種型態是經過確認的母子型態，其彈性也跟母子型態相同。第2支線形被第1支線形吞噬的程度，可以反映型態的力道。

型態簡化

內困三日翻紅可以簡化爲多頭「鎚子」（參考圖3-127），內困三日翻黑可以簡化爲空頭「流星」（參考圖3-128），型態排列與單一線形的意涵彼此一致。

圖 3-127

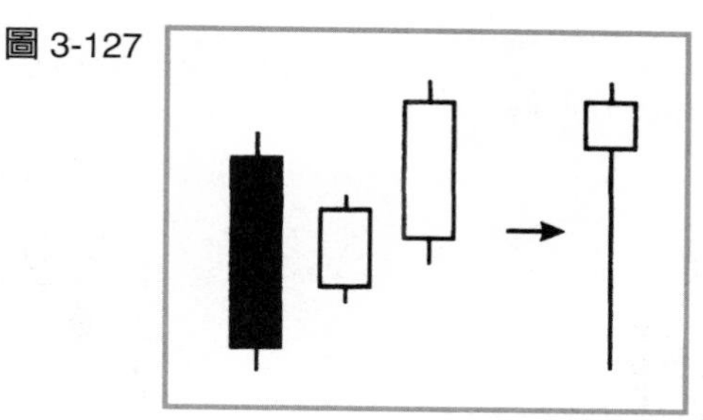

圖 3-128

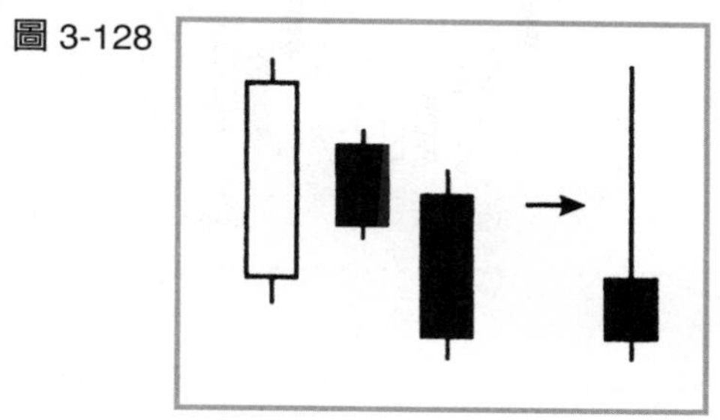

相關型態

型態的最初兩支線形可以是「母子」或「母子十字」型態。

範例

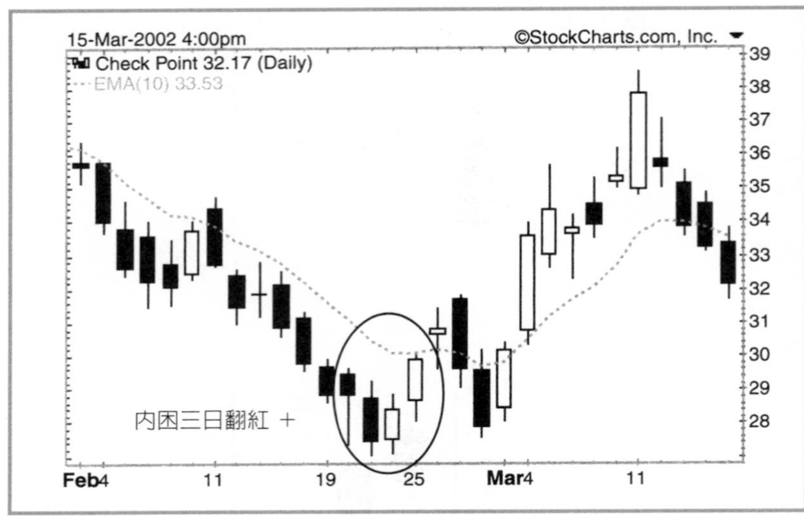

圖 3-129 A

圖 3-129B

外側三日上升（Three Outside Up）

型態名稱：外側三日上升 +					類別：R +	
日文名稱：tsutsumi aga							
趨勢條件：需要			確認：不需				
發生頻率（型態相隔平均天數）：454 頻繁							
型態統計數據取自7275支普通股，涵蓋1460萬天的資料							
期間（天數）	1	2	3	4	5	6	7
勝率%	48	49	49	49	49	49	49
平均獲利%	2.65	3.67	4.35	5.00	5.52	6.01	6.42
敗率%	52	51	51	51	51	51	51
平均虧損%	-2.41	-3.28	-3.92	-4.44	-4.90	-5.41	-5.86
淨盈虧：	0.00	0.10	0.15	0.21	0.22	0.20	0.19

外側三日下跌（Three Outside Down）

型態名稱：外側三日下跌 −						類別：R −	
日文名稱：tsutsumi sage							
趨勢條件：需要			確認：需要				
發生頻率（型態相隔平均天數）：469 頻繁							
型態統計數據取自7275支普通股，涵蓋1460萬天的資料							
期間（天數）	1	2	3	4	5	6	7
勝率%	47	46	47	46	46	46	45
平均獲利%	2.41	3.24	3.89	4.47	5.01	5.40	5.84
敗率%	53	54	53	54	54	54	55
平均虧損%	-2.64	-3.58	-4.20	-4.77	-5.37	-5.87	-6.29
淨盈虧：	-0.27	-0.40	-0.40	-0.46	-0.55	-0.72	-0.85

圖 3-130

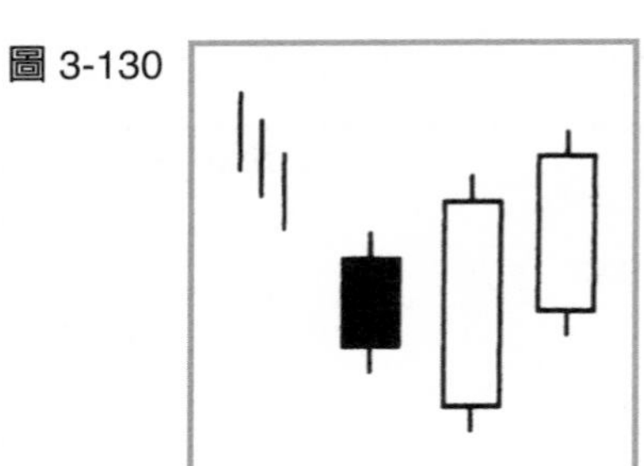

圖 3-131

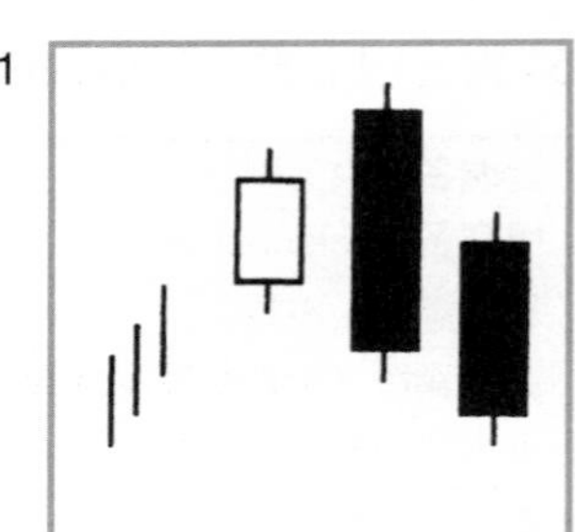

評論

「外側三日上升」和「外側三日下跌」是經過確認的「吞噬」型態。就概念上來說，這與先前討論的內困三日翻紅／內困三日翻黑和母子型態之間的關係一樣。吞噬型態發生之後，第3支線形收高或收低，將分別演變為外側三日上升和外側三日下跌。

日本文獻並沒有任何關於外側三日上升或下跌的資料。這是我們特別添加的型態，用以提升「吞噬」型態的效果，幫助很大。

辨識法則

1. 首先出現「吞噬」型態（參考相關辨識法則）。
2. 第3天價格收高成為外側三日上升，或價格收低成為外側三日下跌。

型態蘊含的發展情節／心理狀態

此兩者是經過確認的吞噬型態，如果第3天價格朝預期方向發展，也就是成功的吞噬型態。

型態彈性

這兩種型態是經過確認的吞噬型態，其彈性也跟吞噬型態相同。第3支線的確認程度，可以透露型態的力道。

型態簡化

外側三日上升可能簡化為「鎚子」（參考圖3-132），外側三日下跌可能簡化為「流星」（參考圖3-133）。此處說「可能」，是因為第1支線形開盤和第3支線形收盤之間的差距，可能影響鎚子和流星是否能夠成立。型態排列和簡化線形的意涵彼此一致。

圖 3-132

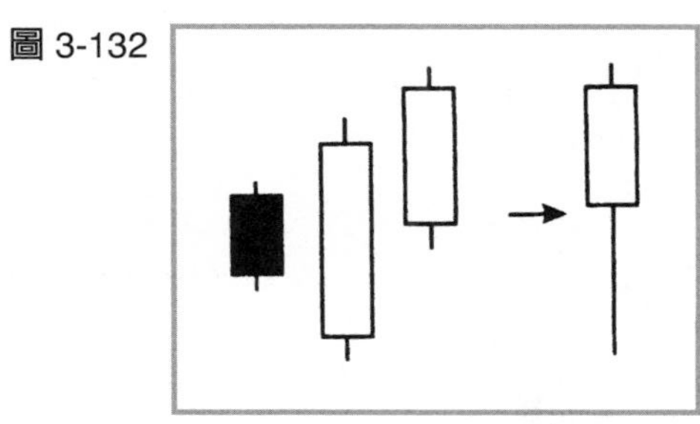

圖 3-133

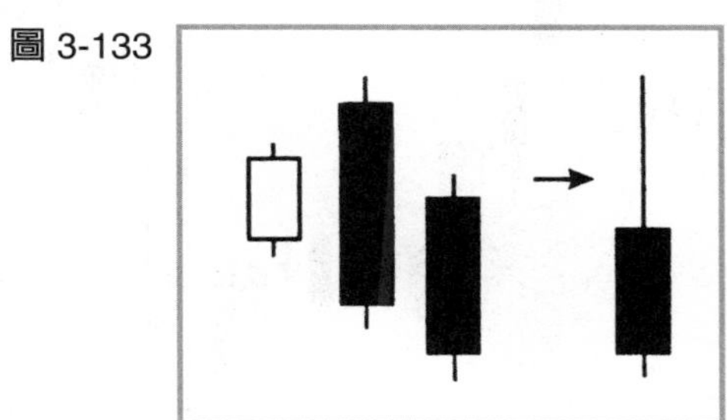

相關型態

這個型態包含「吞噬」。

範例

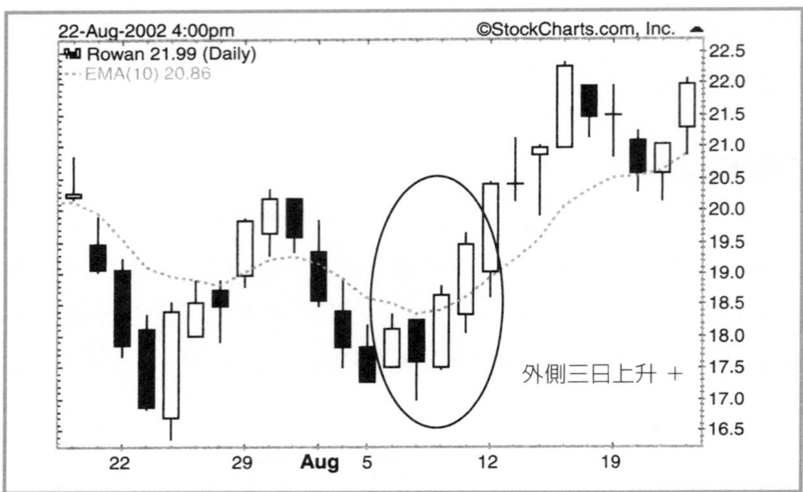

圖 3-134 A

圖 3-134 B

南方三星（Three Stars in The South）

型態名稱：南方三星 ＋						類別：R ＋	
日文名稱：kyoku no santen boshi							
趨勢條件：需要				確認：建議			
發生頻率（型態相隔平均天數）：417,143　非常罕見							
型態統計數據取自7275支普通股，涵蓋1460萬天的資料							
期間（天數）	1	2	3	4	5	6	7
勝率%	59	45	61	64	52	48	39
平均獲利%	2.39	3.43	2.44	2.52	3.83	4.76	5.79
敗率%	41	55	39	36	48	52	61
平均虧損%	-3.16	-3.36	-6.10	-6.65	-5.29	-3.92	-3.32
淨盈虧：	0.13	-0.26	-0.87	-0.77	-0.56	0.28	0.26

圖 3-135

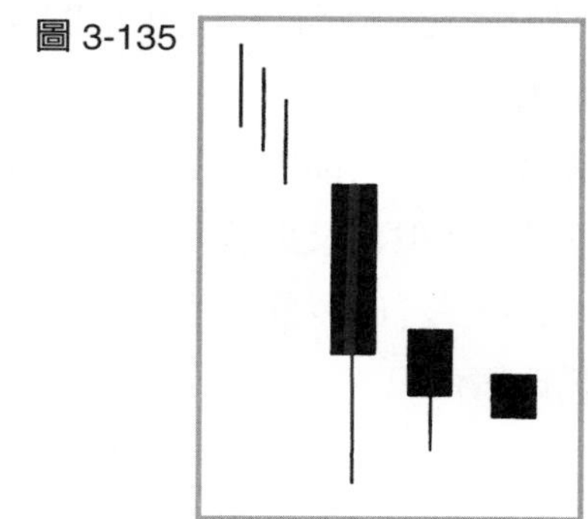

評論

這種型態顯示下降趨勢逐漸緩和，價格跌勢慢慢鈍化，每天的盤中低點也愈墊愈高。第1天線形的下影線長度極具關鍵性，首先透露了下檔買盤意願。隔天，價格稍微開高，盤中價格下跌，但最低價較前一天墊高，而且收盤價並沒有落在最低價附近。第3天是黑色實線，並且被前一天價格區間吃掉。

辨識法則

1. 第1天是下影線很長的長黑線（鎚子狀）。
2. 第2天線形結構與第1天相同，但規模小些，盤中最低價也明顯墊高。
3. 第3天是相對較小的黑色實線，整個線形落在前一天價格區間內。

型態蘊含的發展情節／心理狀態

下降趨勢發展過程，行情繼續下跌，在價格創新低之後，收盤價顯著回升。這種盤勢會讓空頭覺得緊張，因爲下檔已經出現明顯的買盤，這可能是過去所沒有的現象。第2天價格稍微開高，讓某些多頭部位得以出場。

可是，開盤價也是當天最高價，價格隨後走低，但最低價仍然高於前一天最低價，收盤價又顯著反彈。空頭開始擔心，因爲最低價已經墊高。第3天沒有多大的價格走勢；雖然沒有明顯的漲勢，但價格也跌不下去了。

型態彈性

最後一支線形如果稍有影線，想必不會造成太大影響。原則上，每支線形都被前一天價格區間吃掉。

型態簡化

這種型態可以簡化爲偏空的長黑線，請參考圖3-136。型態與簡化線形之間的意涵顯然衝突，所以訊號絕對應該經過確認。

圖 3-136

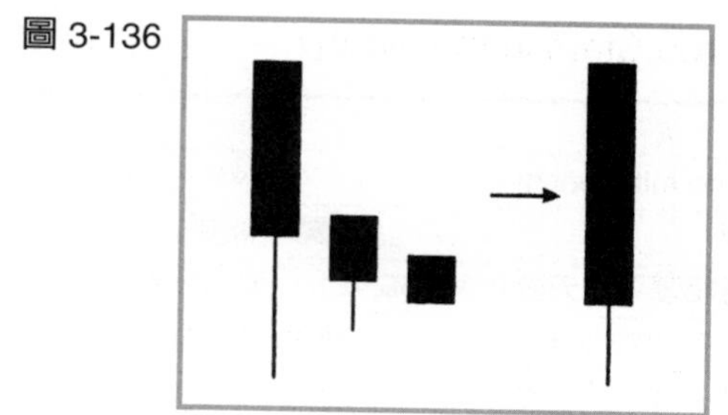

相關型態

這個型態有點像「三烏鴉」，但盤中最低點沒有持續下滑，最後一支線形也沒有很長的實體。另外，目前這個型態屬於多頭反轉排列，三烏鴉則是空頭型態。

範例

圖 3-137

北方三星（Three Stars in the North）

型態名稱：北方三星 －						類別：R－	
日文名稱：kita no mitsuboshi							
趨勢條件：需要				確認：需要			
發生頻率（型態相隔平均天數）：768,421　非常罕見							
型態統計數據取自7275支普通股，涵蓋1460萬天的資料							
期間（天數）	1	2	3	4	5	6	7
勝率%	53	63	47	42	44	47	21
平均獲利%	0.96	1.44	1.36	1.67	1.68	1.46	2.27
敗率%	47	37	53	58	56	53	79
平均虧損%	-2.65	-3.21	-3.23	-4.61	-8.93	-10.40	-6.68
淨盈虧：	-0.66	-0.27	-1.06	-1.97	-3.99	-4.77	-4.80

圖 3-138

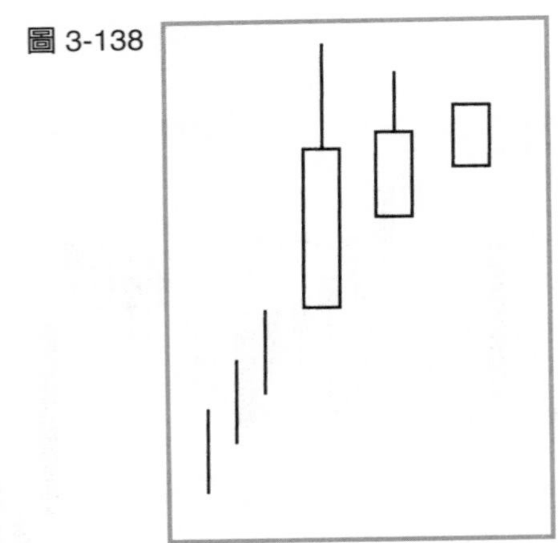

評論

「北方三星」是由3支線形構成的空頭反轉型態，顯然與「南方三星」彼此對應。

辨識法則

1. 型態由3支紅線構成，第2、3支線形的盤中最高價持續下滑，盤中最低價則持續墊高。
2. 首先是一支長紅線，中點價格位在10天移動平均之上，反映既有的上升趨勢。
3. 強烈建議：第1支線形的上影線至少必須佔當天價格區間的40％。第1天最好沒有下影線；如果有的話，下影線長度最好不要超過當天價格區間的7.5％。
4. 第2天開盤價低於第1天收盤價，盤中價格走高，當天收盤價高於第1天收盤。第2天最高價低於第1天最高價。第2天線形的上影線與下影線，結構條件與第1天相同。
5. 第3天是紅色實線，線形很小，完全處在前一天價格區間之內。

型態蘊含的發展情節／心理狀態

這種型態顯示上升趨勢逐漸緩和，價格漲勢慢慢鈍化，每天的盤中高點持續下滑，但盤中低點也愈墊愈高。第1天線形的上影線長度極具關鍵性，首先透露了上檔賣壓沈重。

型態彈性

這種型態的條件規定很嚴，所以很罕見。事實上，線形條件可能要稍微放鬆一些，否則恐怕很難看到案例。我們知道，實線很罕見，再加上第1、2支線形的影線條件，這種型態實在太難得一見了。前兩支線形的影線條件不適合放鬆，但第3天線形條件可

以稍微放寬：實體長度只要超過當天價格區間的50%即可（換言之，允許影線存在）。一般所謂的「實線」，實體長度應該要超過價格區間的90%。

型態簡化

這個型態可以簡化為偏多的單支長紅線（參考圖3-139），兩者意涵彼此衝突，型態訊號需要經過確認。

圖 3-139

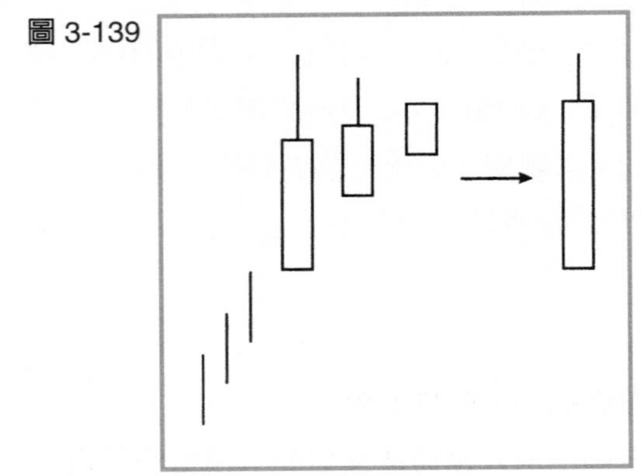

範例

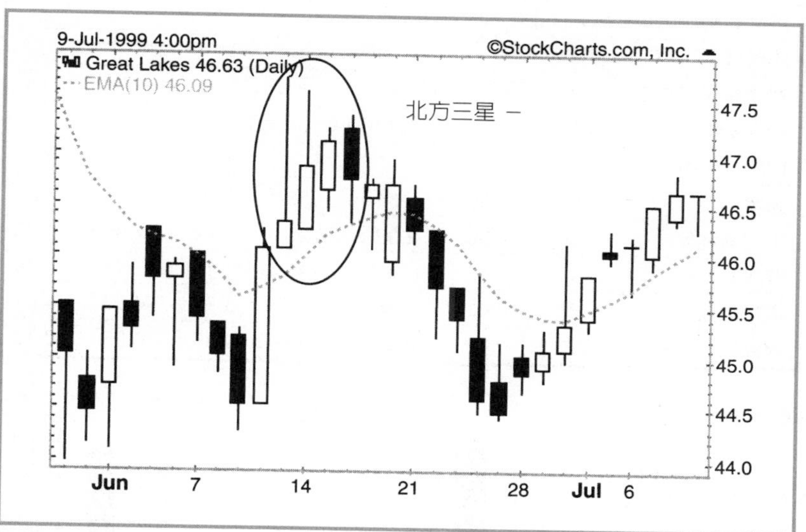

圖 3-140

三明治（Stick Sandwich）

型態名稱：三明治 ＋						類別：R＋	
日文名稱：gyakusashi niten zoko							
趨勢條件：需要				確認：不需			
發生頻率（型態相隔平均天數）：19,338　罕見							
型態統計數據取自7275支普通股，涵蓋1460萬天的資料							
期間（天數）	1	2	3	4	5	6	7
勝率%	59	56	57	60	59	58	57
平均獲利%	2.37	3.17	4.05	4.69	5.19	5.38	5.82
敗率%	41	44	43	40	41	42	43
平均虧損%	-2.26	-3.20	-3.74	-4.51	-4.87	-5.27	-5.79
淨盈虧：	0.44	0.35	0.66	0.98	1.00	0.89	0.80

型態名稱：三明治 －						類別：R－	
日文名稱：gyakusashi niten zoko							
趨勢條件：需要				確認：建議			
發生頻率（型態相隔平均天數）：18,025　罕見							
型態統計數據取自7275支普通股，涵蓋1460萬天的資料							
期間（天數）	1	2	3	4	5	6	7
勝率%	59	55	54	53	52	52	51
平均獲利%	1.86	2.58	2.93	3.25	3.62	4.06	4.33
敗率%	41	45	46	47	48	48	49
平均虧損%	-1.88	-2.41	-2.85	-3.31	-3.76	-4.33	-4.81
淨盈虧：	0.30	0.30	0.26	0.14	0.05	0.03	-0.15

圖 3-141

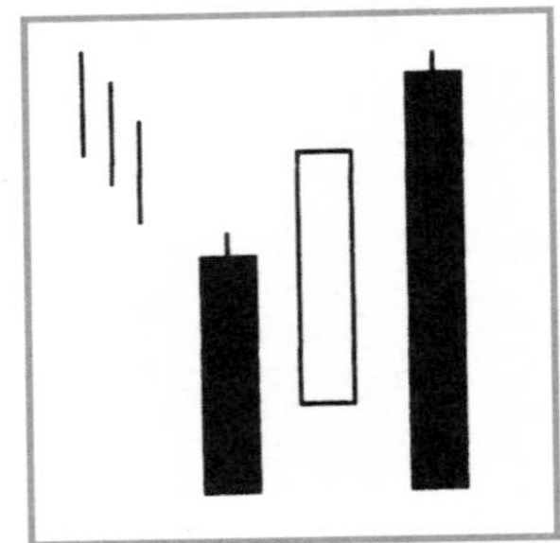

圖 3-142

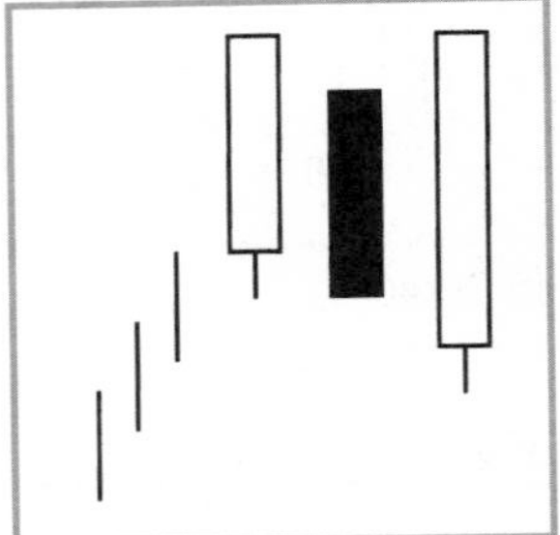

評論

多頭三明治

多頭「三明治」是兩支黑線夾著一支紅線，請參考圖3-141。兩支黑線的收盤價相同，代表底部支撐。

空頭三明治

空頭「三明治」是兩支紅線夾著一支黑線，請參考圖3-142。兩支紅線的收盤價相同，代表頭部壓力。

辨識法則

多頭三明治

1. 下降趨勢發展過程出現一支黑線，隔天（第2天）爲紅色實線，其交易價格完全位元在第1支黑線收盤價之上。
2. 第3天爲黑線，其收盤價與第1天相同。

空頭三明治

1. 上升趨勢發展過程出現一支紅線。
2. 第2天爲黑色實線，其開盤價低於前一天收盤，收盤價低於前一天開盤。
3. 第3天爲紅線，其實體呑噬第2天線形實體。

型態蘊含的發展情節／心理狀態

多頭三明治

下降趨勢發展過程中，第1天出現順勢黑線，第2天價格開高走高，收盤價位在最高價或其附近。這種盤勢顯示既有下降趨勢可能反轉，空頭即使不回補，也應該採行保護措施。第3天價格又開高，這會引發空頭回補，價格隨後走軟，收盤價與第1天相同。任何忽視此型態所蘊含下檔支撐價位的人，將承受極大風險。觀察次一天的交易狀況，即可判斷後續發展。

空頭三明治

這種型態的特色，是第1天和第3天的收盤價相同。空頭三明治是由三支線形構成。首先是一支紅線，其中點價格位在10天移動平均之上，反映當時的上升趨勢。第2天，價格開低走低，收盤價位在最低價或其附近。這種盤勢顯示既有上升趨勢可能反轉，多頭即使不獲利了結，也應該採行保護措施。

第3天價格又開低，這會引發賣壓，但價格隨後走高，收盤價與第1天相同。任何忽視此型態所蘊含上檔壓力價位的人，將承受極大風險。觀察次一天的交易狀況，即可判斷後續發展。

型態彈性

多頭三明治

關於這種型態，某些日本文獻採用兩支黑線的最低價做爲下檔支撐。可是，採用收盤價更具支撐力，反轉的機會也更高。

空頭三明治

注意：關於空頭三明治型態，對於三支線形或其實體的長度都沒有任何規定（除了第2支線形的實體必須很長，使得收盤價接近最低價）。第1支線形的實體可能很小，影線可能很長或很短。所以，空頭三明治可能簡化爲多種線形，包括：長紅線、吊人，或者是實體很長、上影線很長而下影線很短的紅線。

注意：由於採用十進位報價，型態條件必須允許一些彈性。收盤價差異只要不超過千分之一（1/1000），就視爲相同。舉例來說，假定第1天收盤價爲20，第3天收盤價只要介於19.98～20.02，就視爲相等。

型態簡化

多頭三明治

多頭三明治的第1天線形實體只要遠小於第3天價格區間，型態可以簡化為「倒狀鎚子」請參考圖3-143。如果第1天線形實體很小，第3天價格區間是第1天的2、3倍，這個排列可以簡化為倒狀鎚子。可是，如果不是這種情況，多頭三明治也可能簡化為偏空的長黑線。這種型態建議經過確認。

圖 3-143

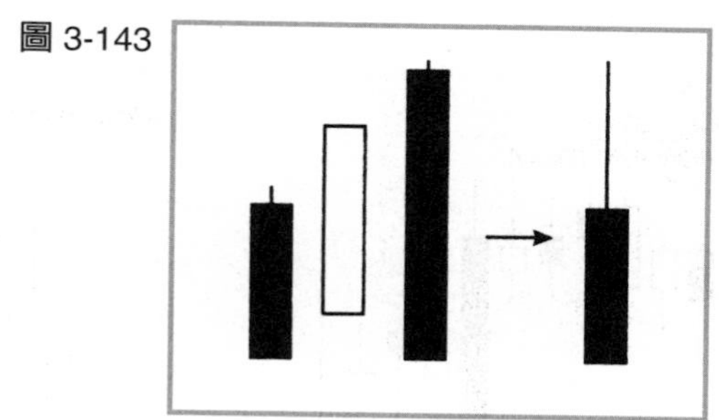

空頭三明治

型態訊號強烈經過確認，因為此排列可以簡化為上影線很長、下影線不存在的長紅線，請參考圖3-144。

圖 3-144

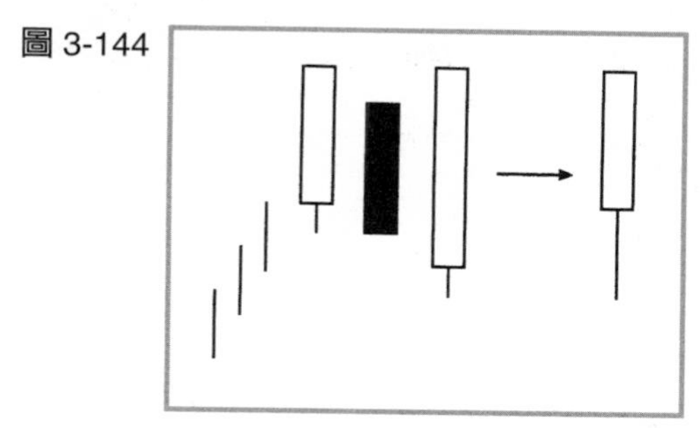

相關型態

多頭三明治

此型態最後兩天的線形，往往類似空頭「吞噬」型態。所以，如果不考慮既有趨勢狀況的話，第1天和第3天收盤價相同提供下檔支撐，但第2天和第3天的吞噬型態偏空，兩者意涵彼此衝突，我們必須評估何者的力道較強。

範例

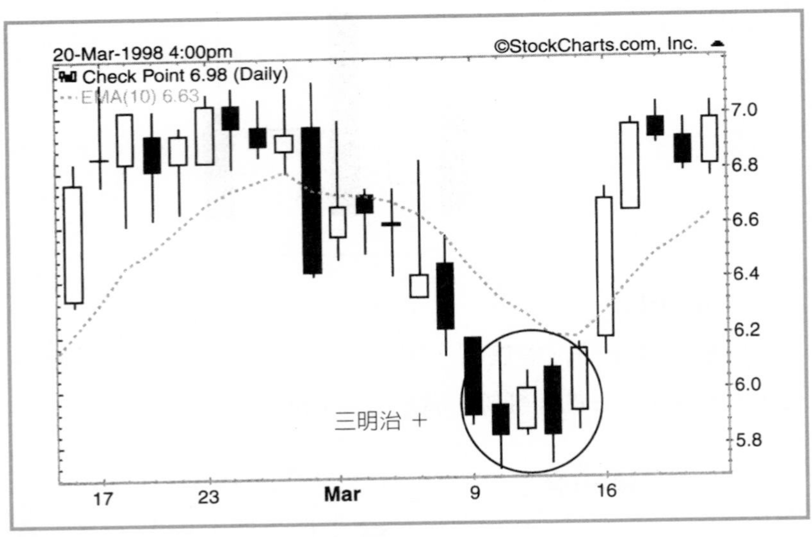

圖 3-145

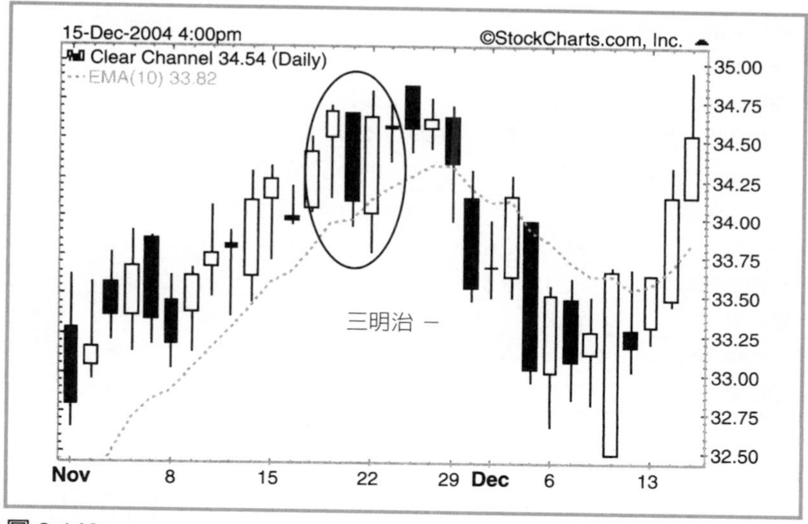

圖 3-146

物極而反（Squeeze Alert）

<table>
<tr><td colspan="6">型態名稱：物極而反 ＋</td><td colspan="2">類別：R＋</td></tr>
<tr><td colspan="8">日文名稱：tsukami</td></tr>
<tr><td colspan="4">趨勢條件：需要</td><td colspan="4">確認：不需</td></tr>
<tr><td colspan="8">發生頻率（型態相隔平均天數）：1,046 一般</td></tr>
<tr><td colspan="8">型態統計數據取自7275支普通股，涵蓋1460萬天的資料</td></tr>
<tr><td>期間（天數）</td><td>1</td><td>2</td><td>3</td><td>4</td><td>5</td><td>6</td><td>7</td></tr>
<tr><td>勝率%</td><td>50</td><td>51</td><td>51</td><td>52</td><td>53</td><td>53</td><td>53</td></tr>
<tr><td>平均獲利%</td><td>2.88</td><td>4.24</td><td>5.29</td><td>6.11</td><td>6.83</td><td>7.46</td><td>8.08</td></tr>
<tr><td>敗率%</td><td>50</td><td>49</td><td>49</td><td>48</td><td>47</td><td>47</td><td>47</td></tr>
<tr><td>平均虧損%</td><td>-2.52</td><td>-3.78</td><td>-4.64</td><td>-5.32</td><td>-5.93</td><td>-6.58</td><td>-7.05</td></tr>
<tr><td>淨盈虧：</td><td>0.15</td><td>0.29</td><td>0.45</td><td>0.62</td><td>0.78</td><td>0.85</td><td>1.02</td></tr>
</table>

型態名稱：物極而反 一						類別：R－	
日文名稱：tsukami							
趨勢條件：需要				確認：需要			
發生頻率（型態相隔平均天數）：930　經常							
型態統計數據取自7275支普通股，涵蓋1460萬天的資料							
期間（天數）	1	2	3	4	5	6	7
勝率%	52	52	52	52	51	51	51
平均獲利%	2.32	3.34	4.05	4.62	5.15	5.58	5.95
敗率%	48	48	48	48	49	49	49
平均虧損%	-2.46	-3.63	-4.54	-5.19	-5.86	-6.38	-6.88
淨盈虧：	0.00	-0.02	-0.09	-0.11	-0.19	-0.26	-0.36

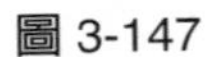
圖 3-147

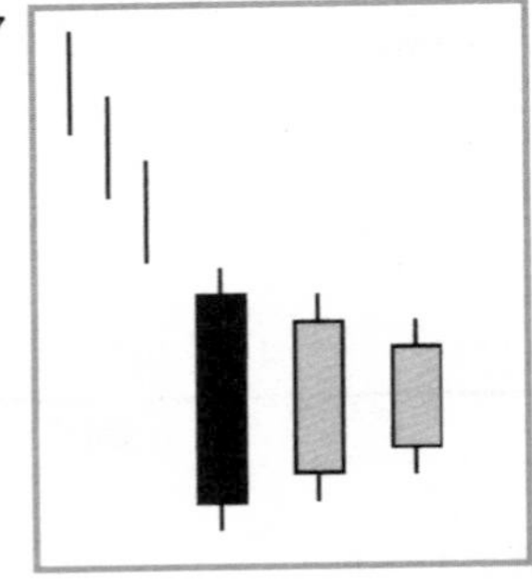

圖 3-148

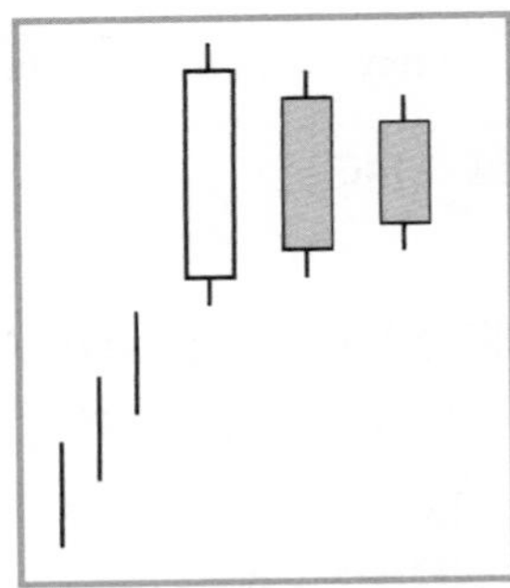

評論

多頭物極而反

多頭「物極而反」是由三支線形構成的多頭反轉型態。這種排列之所以值得特別提出，是因爲型態一旦構成，經常會突然向上或向下突破，尤其是先前曾經出現強勁跌勢的話。

空頭物極而反

空頭「物極而反」是由三支線形構成的空頭反轉型態。這種

排列之所以值得特別提出，是因爲型態一旦構成，經常會突然向下或向上突破，尤其是先前曾經出現強勁漲勢的話。

辨識法則

多頭物極而反

1. 型態發生在下降趨勢。
2. 第1支線形通常是長線形，因爲第2、3天的最高價會持續下滑，最低價則持續墊高。
3. 三支線形的實體長度不重要。

空頭物極而反

1. 型態發生在下降趨勢。
2. 第1支線形通常是長線形，因爲第2、3天的最高價會持續下滑，最低價則持續墊高。
3. 三支線形的實體長度不重要。

型態蘊含的發展情節／心理狀態

多頭物極而反

這個型態顯示下降趨勢已經停頓，甚至有走穩或打底的跡象。型態完成之後的第1、2天，價格如果走高，就是向上突破。反之，如果隨後第1、2天的價格下滑，就是向下突破。

空頭物極而反

這個型態顯示上升趨勢已經停頓，呈現做頭的跡象。型態完成之後的第1、2天，價格如果走高，就是向上突破。反之，如果隨後第1、2天的價格下滑，就是向下突破。

注意：這種排列比較像是「警訊」，而不是眞正的型態。實際採取行動之前，必須先觀察其後續發展。

型態彈性

多頭物極而反

爲了確保當時呈現明確的下降趨勢，型態的第1支線形必須是黑線，而且型態發生之前一支線形，加上型態本身，其合併的單一線形是一支黑線。

空頭物極而反

爲了確保當時呈現明確的上升趨勢，型態的第1支線形必須是紅線，而且型態發生之前一支線形，加上型態本身，其合併的單一線形是一支紅線。

型態簡化

圖 3-149

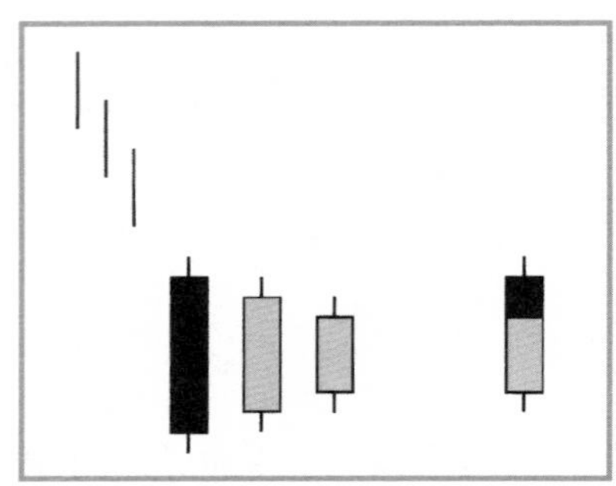

圖 3-150

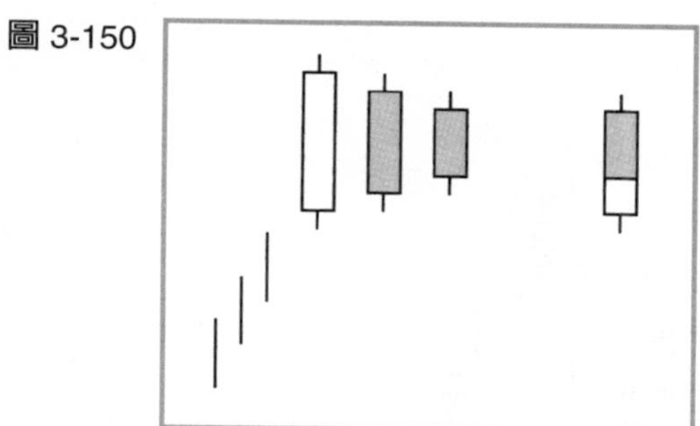

範例

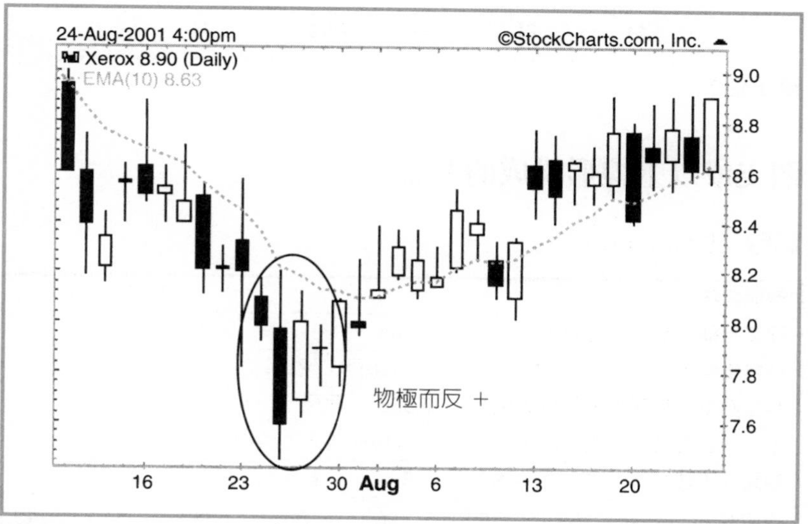

圖 3-151

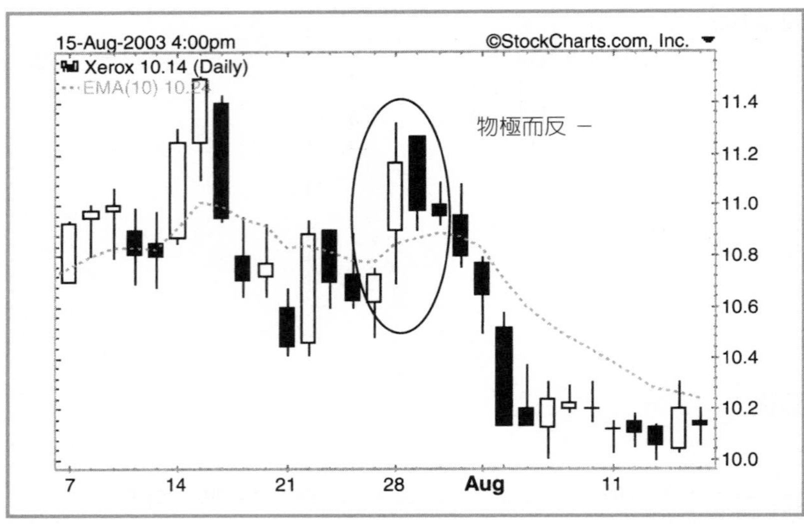

圖 3-152

四支或以上線形構成的型態

起跑（Breakaway）

型態名稱：起跑 ＋					類別：R＋		
日文名稱：hanare sante no shinte zukae							
趨勢條件：需要				確認：建議			
發生頻率（型態相隔平均天數）：97,333　罕見							
型態統計數據取自7275支普通股，涵蓋1460萬天的資料							
期間（天數）	1	2	3	4	5	6	7
勝率%	53	50	56	56	54	51	49
平均獲利%	2.32	3.85	5.14	5.26	6.39	6.39	7.17
敗率%	47	50	44	44	46	49	51
平均虧損%	-3.01	-4.28	-4.80	-4.85	-6.42	-6.14	-6.63
淨盈虧：	-0.16	-0.21	0.80	0.84	0.46	0.21	0.13

型態名稱：起跑一						類別：R－	
日文名稱：hanare sante no shinte zukae							
趨勢條件：需要				確認：建議			
發生頻率（型態相隔平均天數）：97,333 罕見							
型態統計數據取自7275支普通股，涵蓋1460萬天的資料							
期間（天數）	1	2	3	4	5	6	7
勝率%	49	50	44	52	56	55	56
平均獲利%	2.40	3.07	4.44	4.08	4.40	5.07	5.45
敗率%	51	50	56	48	44	45	44
平均虧損%	-2.75	-3.3.	-3.51	-3.84	-4.10	-4.52	-4.59
淨盈虧：	-0.20	-0.11	-0.02	0.30	0.69	0.75	0.99

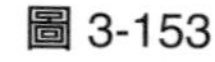

圖 3-153

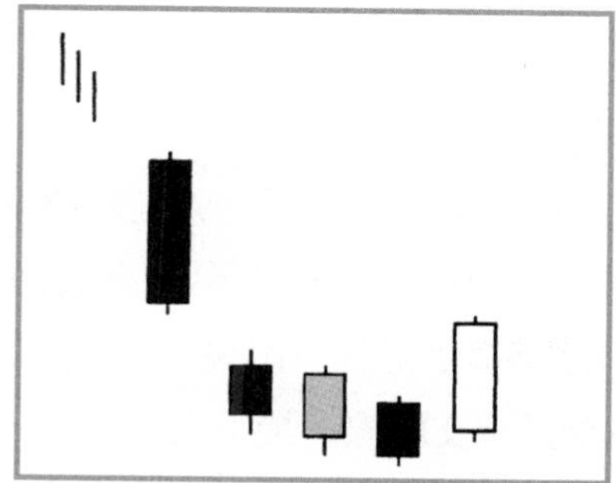

圖 3-154

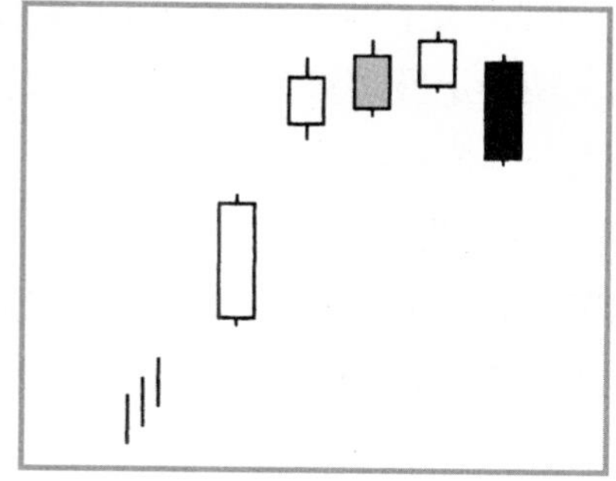

評論

多頭起跑

多頭「起跑」型態是由五支線形構成，發生在下降趨勢過程，呈現賣壓加速發展，甚至可能導致超賣狀況。首先是一支順勢長黑線，緊跟著是另一支黑線，其實體向下跳空，請參考圖3-153。價格跳空之後的三支線形，價格持續走低。這三支線形，除了中間線形可能是紅色或黑色之外，其他兩支線形都是黑色。這三支線形頗類似最高價和最低價持續下滑的「三烏鴉」。最後一支線形為紅線，收盤價向上回升而穿入第1、2支線形之間的跳空缺口。

空頭起跑

空頭「起跑」型態包含順勢方向的跳空缺口，然後出現價格持續走高的三支線形，最後出現一支反向的長黑線，請參考圖3-154。上升趨勢發展過程，出現一支順勢長紅線。隔天，價格向上跳空而出現另一支紅線。接下來的兩天，價格持續走高。截至目前為止的四支線形，只有第3天線形顏色可紅、可黑（但價格必須創新高），其他都是紅線。跳空缺口之後的三支線形，最低價必須持續走高，使得上升趨勢有加速發展的跡象，甚至可能導致超買狀況。最後一支線形為黑線，收盤價向下大幅反轉而穿入第1、2支線形之間的跳空缺口。

日本文獻沒有討論空頭版本的起跑型態。雖說如此，我還是決定測試這種型態，結果相當不錯。請參考第6章的結果。

辨識法則

1. 第1天是順勢長線形，顏色反映既有趨勢。
2. 第2支線形與第1支顏色相同，而且實體出現跳空缺口。
3. 第3、第4支線形繼續朝既有趨勢方向發展。第4支線形的顏色不拘，不過最好能夠反映既有趨勢（換言之，最初四支線形的顏色都相同）。
4. 第5天爲長線形，顏色與既有趨勢相反，收盤價穿入第1、2支線形之間的跳空缺口。

型態蘊含的發展情節／心理狀態

瞭解這個型態的含意很重要：價格跳空強化了既有趨勢，隨後走勢則顯得鈍化，不過仍然朝既有趨勢方向發展。最後，盤勢突然逆轉，反向走勢完全抹除了前幾天的價格行爲。可是，反轉的狀況並不明確，因爲先前的跳空缺口沒有被完全填補。短期趨勢可能反轉。

型態彈性

這個型態相當複雜，很難討論其彈性。只要基本架構存在，型態頗具彈性。跳空缺口發生之後，隨後的順勢線形數量可能不止三支，但最後必須出現反向線形而收盤穿入先前的跳空缺口。可是，跳空缺口發生之後，隨後至少必須出現兩支順勢線形。

型態簡化

多頭起跑型態可以簡化爲單一線形「鎚子」，請參考圖3-

155。鎚子的下影線長度至少必須是實體的兩倍或以上。如果第2天的跳空幅度夠大，再加上第3、4天價格走低，則鎚子影線長度的條件應該可以滿足。鎚子與本型態的意涵當然相符。

空頭起跑型態可以簡化爲單一紅線，實體發生在下端；由於價格向上跳空，以及隨後幾支順勢線形價格繼續走高，簡化線形呈現「流星」型態的機會很大，請參考圖3-156。做出實際賣出決策之前，空頭起跑型態似乎需要進一步確認。

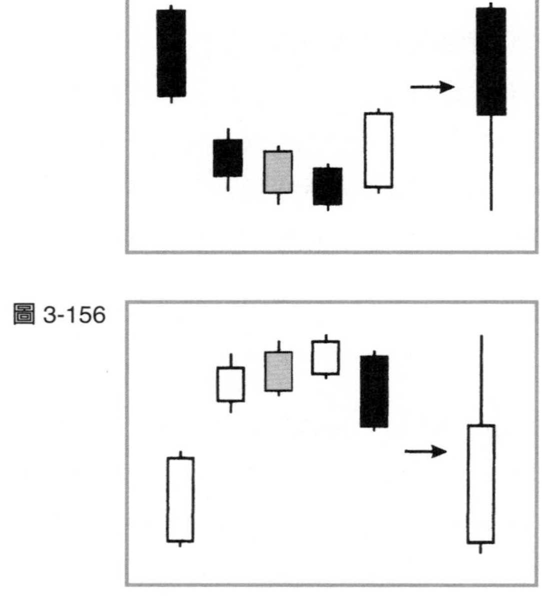

圖 3-155

圖 3-156

相關型態

型態結構相當複雜，沒有類似型態。

範例

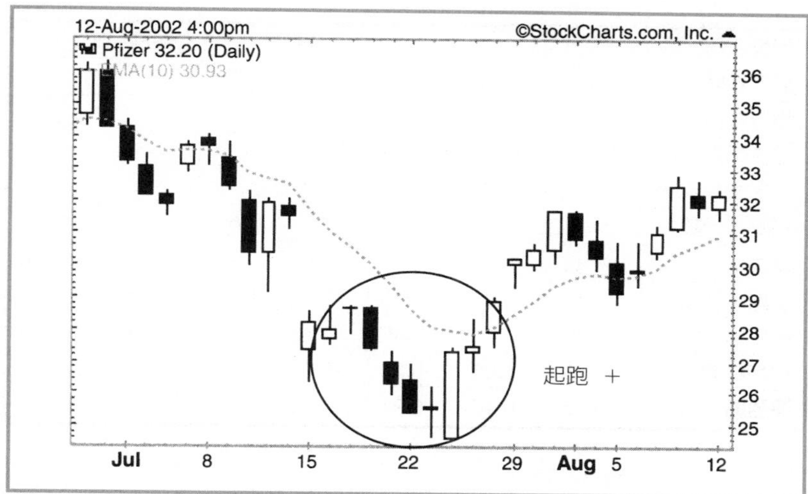

圖 3-157 A

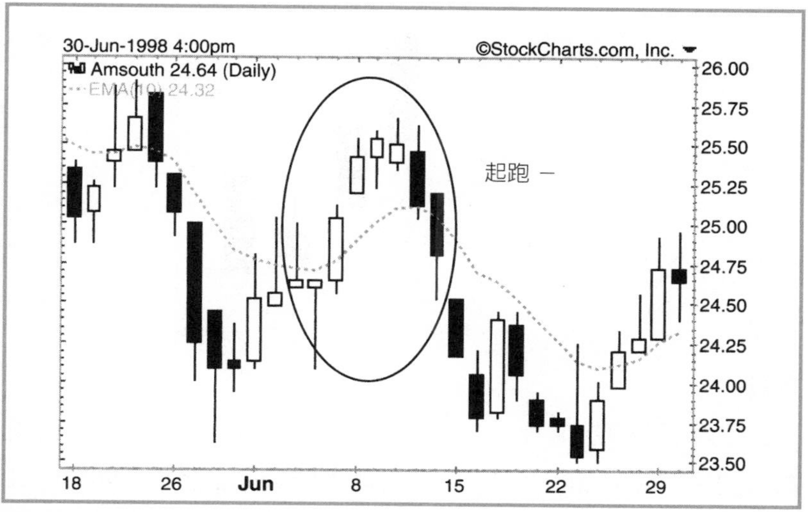

圖 3-157 B

閨中乳燕（Concealing Baby Swallow）

型態名稱：閨中乳燕 ＋						類別：R＋	
日文名稱：kotsubame tsutsumi							
趨勢條件：需要				確認：不需			
發生頻率（型態相隔平均天數）：59,109　罕見							
型態統計數據取自7275支普通股，涵蓋1460萬天的資料							
期間（天數）	1	2	3	4	5	6	7
勝率%	54	55	53	52	52	53	56
平均獲利%	3.13	4.63	6.43	7.47	8.525	8.55	8.63
敗率%	46	45	47	48	48	47	44
平均虧損%	-3.75	-5.33	-5.20	-5.73	-6.63	-6.76	-7.78
淨盈虧：	-0.05	0.10	0.91	1.08	1.17	1.42	1.32

圖 3-158

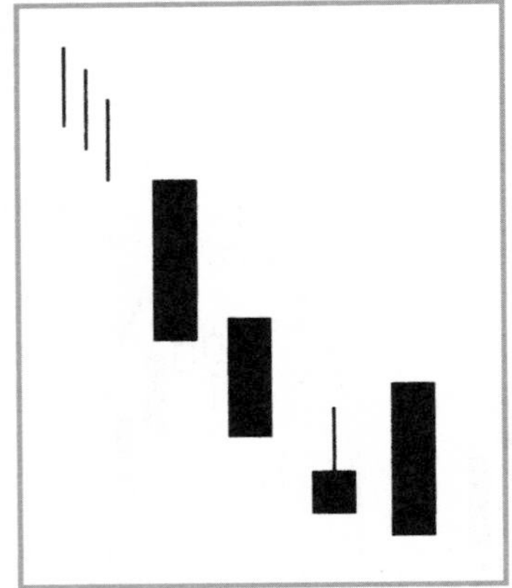

評論

下降趨勢發展過程，連續出現兩支黑色實線，更強化既有跌勢，請參考圖3-158。第3天，下降趨勢開始產生變化，開盤價雖然向下跳空，但盤中呈現反彈跡象。第4天線形完全吃掉第3天線

形，包括影線在內。雖然收盤價仍然創新低，不過價格下跌速度已經明顯走緩，空頭應該採取防範措施。

辨識法則

1. 型態最初兩天爲黑色實線。
2. 第3天開盤向下跳空，但盤中價格一度回升到先前線形實體內，留下相當長的上影線。
3. 第4天線形完全吃掉第3天線形，包括影線在內。

型態蘊含的發展情節／心理狀態

下降趨勢發展過程，連續出現兩支實體黑線，空頭勢必很興奮。接著，第3天開盤價又向下跳空，更助長空頭氣焰。可是，第3天盤中價格曾經反彈到前一天收盤價之上，雖然收盤價最終仍然落在最低價附近，不過這已經顯示下降力道有減弱的跡象。第4天，開盤價大幅向上跳空，不過隨後賣壓湧現，收盤價再創新低。最後一天的盤勢讓空頭有很好的回補機會。

型態彈性

這種型態的定義嚴格，所以沒有太大彈性。第2、3天之間的跳空缺口是必要的，第3天上影線必須穿入前一天實體。另外，第4天線形實體必須吞噬前一天所有交易價格。符合前述條件的情況下，允許線形的相對長度有些不同。

型態簡化

這個型態可以簡化爲明顯偏空的單支長黑線，請參考圖3-159。由於型態與簡化線形之間的意涵顯然衝突，訊號需要經過確認。

圖 3-159

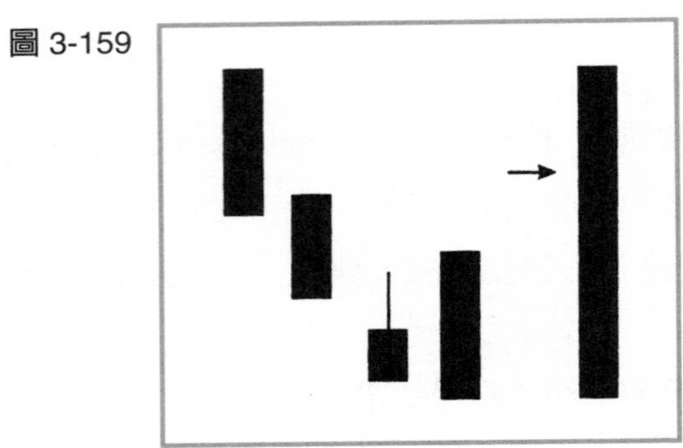

相關型態

如同「南方三星」的情況一樣，閨中乳燕的外觀頗類似「三烏鴉」。可是，三烏鴉屬於空頭排列，而且必須發生在上升趨勢才有效，目前型態則發生在下降趨勢，剛開始的排列很像「梯底」。

範例

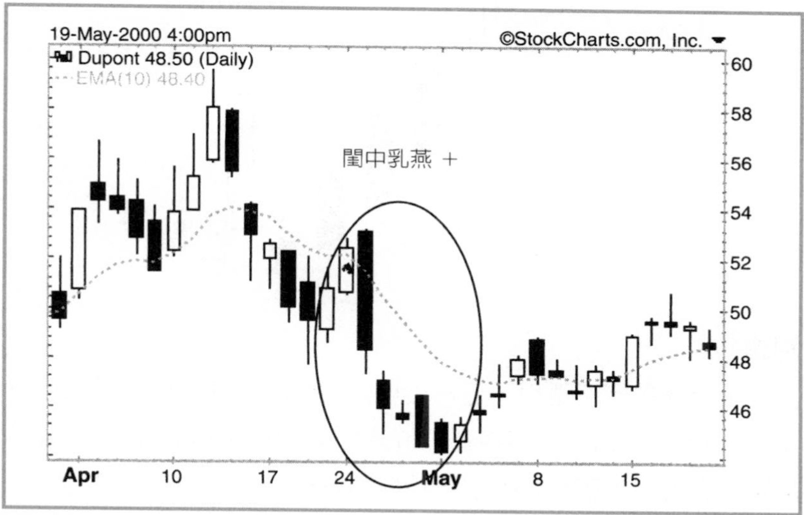

圖 3-160

梯底（Ladder Bottom）

型態名稱：梯底 +						類別：R+	
日文名稱：hashigo gaeshi							
趨勢條件：需要				確認：不需			
發生頻率（型態相隔平均天數）： 25,260 罕見							
型態統計數據取自7275支普通股，涵蓋1460萬天的資料							
期間（天數）	1	2	3	4	5	6	7
勝率%	47	52	56	54	53	55	55
平均獲利%	3.14	4.10	5.22	5.88	6.91	7.27	7.38
敗率%	53	48	44	46	47	45	45
平均虧損%	-2.72	-3.95	-4.55	-5.00	-6.19	-6.58	-6.67
淨盈虧：	0.02	0.26	0.95	0.82	0.72	1.05	1.07

圖 3-161

評論

下降趨勢發展過程，連續出現四支順勢黑線，收盤價不斷下滑，第4天盤中價格一度回升，請參考圖3-161。第4天收盤價雖然繼續創新低，但盤中首度透露積極的買盤。再隔一天（第5天），開盤價格向上跳空，漲勢不再回頭。第5天收盤價顯著超過前兩天收盤。

辨識法則

1. 下降趨勢發展過程，連續出現三支長黑線，開盤價與收盤價都持續下滑，結構如同「三烏鴉」。
2. 第4天仍然是黑線，但留下很長的上影線。
3. 最後一天（第5天）爲紅線，開盤價高於前一天實體。

型態蘊含的發展情節／心理狀態

下降趨勢已經持續一陣子，空方相當滿意。經過連續三支長黑線，第4天開盤之後，盤中價格一度顯著大漲，甚至逼近前一天

最高價，不過最終仍創新低收盤價。這種價格走勢當然會引起空頭注意，價格不可能永遠下跌。空頭會重新考慮所持有的部位，如果獲利狀況不錯，可能會在次個交易日回補。這種心理造成第5天開盤顯著向上跳空，收盤價更是大幅攀高。最後一天的成交量如果顯著放大，趨勢反轉可能已經產生。

型態彈性

梯底排列第4天黑線可長、可短，但收盤價必須繼續創新低。最後一天的紅線也是可長、可短，但收盤價須超過前一天最高價。

型態簡化

梯底排列可以簡化爲同樣偏多的「鎚子」，請參考圖3-162，兩者意涵相符。

圖 3-162

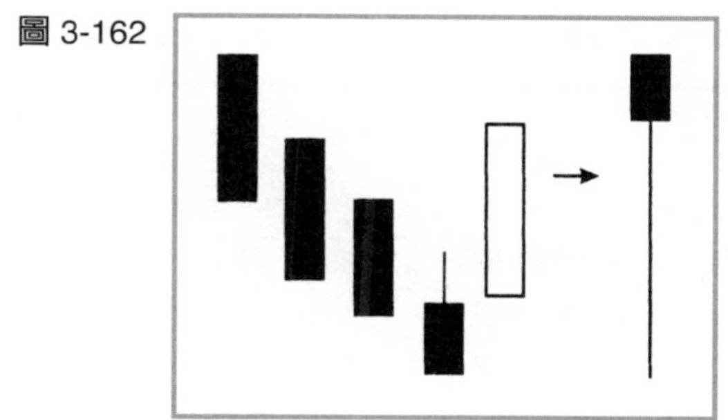

相關型態

梯底型態剛開始的時候，排列頗似「閨中乳燕」。最初三支黑線很像「三烏鴉」，但兩者發生的趨勢背景不同。

範例

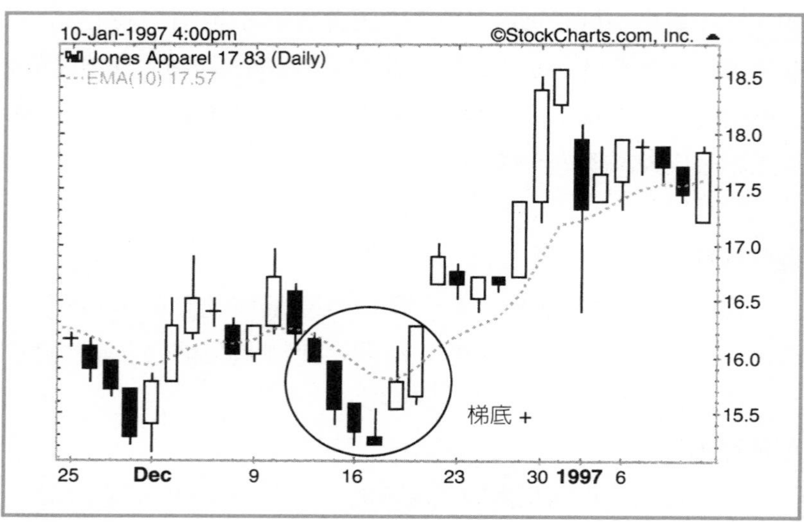

圖 3-163

梯頂（Ladder Top）

型態名稱：梯頂－						類別：R－	
日文名稱：hashigo teppen							
趨勢條件：需要				確認：建議			
發生頻率（型態相隔平均天數）：24,830　罕見							
型態統計數據取自7275支普通股，涵蓋1460萬天的資料							
期間（天數）	1	2	3	4	5	6	7
勝率%	50	48	49	51	51	50	49
平均獲利%	2.41	3.54	3.99	4.30	4.53	4.94	5.10
敗率%	50	52	51	49	49	50	51
平均虧損%	-2.14	-2.89	-3.68	-4.24	-4.91	-5.05	-5.33
淨盈虧：	0.14	0.20	0.09	0.12	-0.12	-0.08	-0.18

圖 3-164

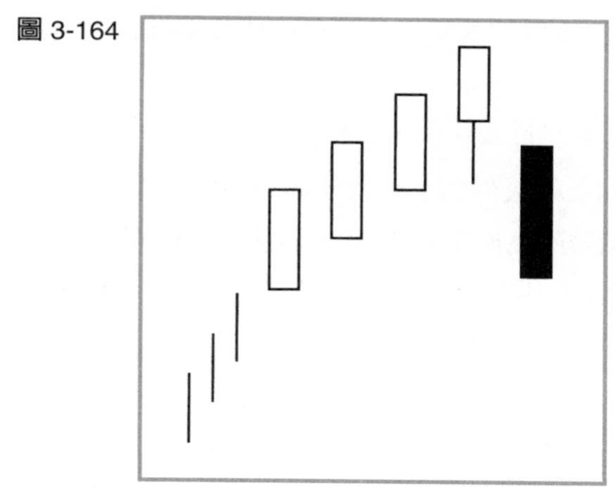

評論

「梯頂」是由5支線形構成的空頭反轉型態，與前文討論的「梯底」對稱。

辨識法則

1. 上升趨勢發展過程，連續出現三支紅線，開盤價與收盤價持續走高。
2. 第4天仍然是紅線，但下影線很長，深入第3天線形實體。
3. 第5天爲黑線，其實體與前一天線形實體之間存在跳空缺口，收盤價低於前一天最低價。

型態蘊含的發展情節／心理狀態

梯頂型態發生在上升趨勢發展過程，連續出現三支順勢紅線，每支線形的中點價格都位在10天移動平均之上，反映當時的多頭趨勢。三支紅線的高價和低價都持續墊高。截至目前爲止，漲勢不見轉弱。

第4天仍然是紅線，但下影線很長，深入前一天線形實體。更明確說，第4天的最低價必須低於第3天價格區間的中點。另外，第4天收盤價雖然高於第3天收盤，但漲勢已經轉弱。第4天的走勢當然會引起多頭注意。如果多頭部位獲利狀況不錯，隔天應該會有相當強大的獲利回吐賣壓。

型態彈性

注意：有關第4天，不論線形或實體長度都沒有嚴格規定，但下影線至少必須是整個價格區間的40％。所以，最初四天的線形，可能有著小實體，以及各種可能的影線。第4天線形實體如果很小，甚至也可能有上影線。可是，最初四天的開盤價和收盤價必須持續上升。

第5天是黑線，開盤價和前一天線形實體之間存在跳空缺口，收盤價低於前一天的最低價。注意，第5天線形或實體都沒有長度上的限制，所以第5天的實體不必很長。

關於梯頂型態，第5天的收盤價應該高於第1天最低價；換言之，第5天線形不該一口氣抹除前4天的所有價格漲勢。

型態簡化

梯頂排列可以簡化爲同樣偏空的單一線形「流星」，請參考圖3-165。

圖 3-165

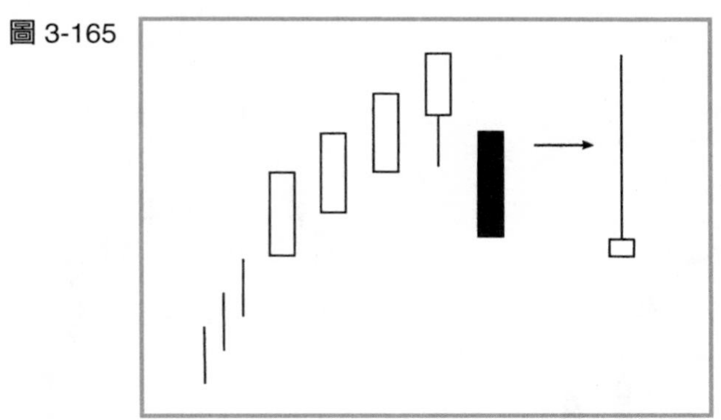

相關型態

梯頂型態很像「執帶」，兩者都發生在上升趨勢過程，最初都有4支紅線，第5天爲黑線。執帶的力量來自最後一天的黑線長度，以及第5天的開盤價也是最高價。梯頂的力量來自上升趨勢轉弱（第4天的上影線），以及第5天的向下跳空缺口。

範例

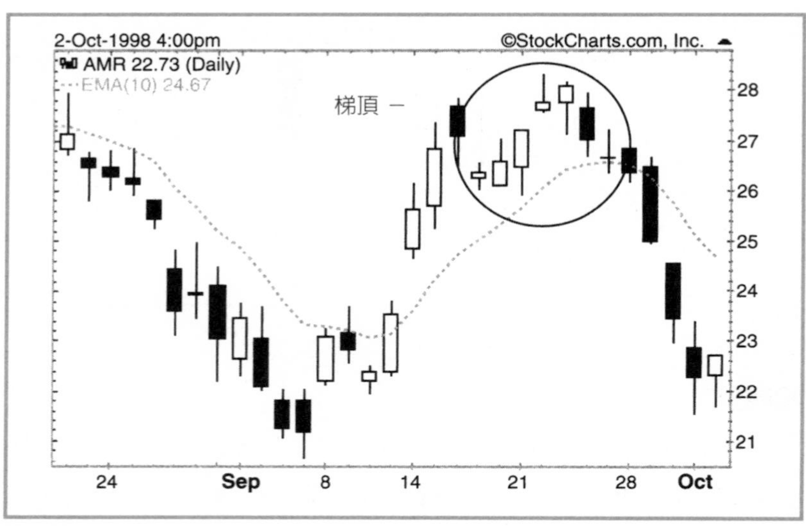

圖 3-166

見底向上跳空（After Bottom Gap Up）

型態名稱：見底向上跳空 +						類別：R+	
日文名稱：tanizoko agari							
趨勢條件：需要				確認：需要			
發生頻率（型態相隔平均天數）：148,980　非常罕見							
型態統計數據取自7275支普通股，涵蓋1460萬天的資料							
期間（天數）	1	2	3	4	5	6	7
勝率%	52	51	58	51	51	50	50
平均獲利%	3.06	3.04	3.47	4.01	4.24	5.06	5.58
敗率%	48	49	42	49	49	50	50
平均虧損%	-2.45	-4.04	-4.81	-4.84	-5.81	-6.66	-7.89
淨盈虧：	0.41	-0.40	-0.04	-0.35	-0.67	-0.78	-1.09

圖 3-167

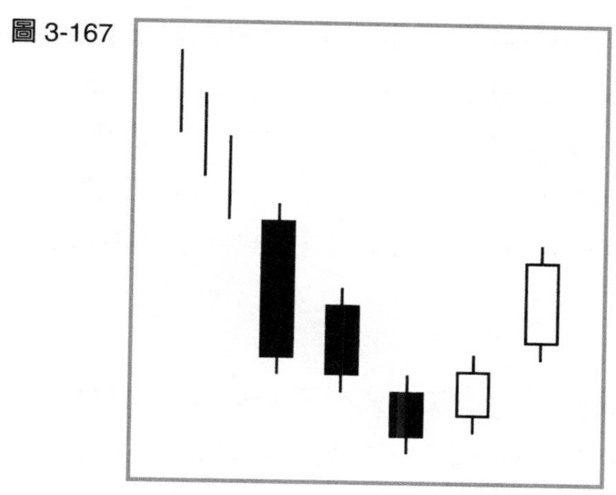

評論

「見底向上跳空」是由5支線形構成的多頭反轉型態。

辨識法則

1. 下降趨勢發展過程，首先出現一支順勢長黑線。
2. 隨後兩天也是黑線，收盤價持續下滑。
3. 第3天開盤價向下跳空，低於第2天收盤價。
4. 第4天是紅線，實體很長。
5. 第5天也是紅線，實體也很長，而且開盤價向上跳空（高於前一天收盤）。

型態蘊含的發展情節／心理狀態

這個排列的所有構成線形，實體都很長（超過價格區間的50%）。下降趨勢發展過程，首先出現一支長黑線。隨後兩天也是黑線，收盤價都低於前一天收盤。前三支線形顯示下降趨勢持續延伸。事實上，第3天開盤向下跳空，更凸顯跌勢欲罷不能。第4天收紅線，終於透露跌勢趨緩的徵兆。第5天又出現另一支紅線，而且開盤向上跳空，價格收在最高價附近，實體相當長。現在，整個盤勢顯示下降趨勢已經過度延伸，反轉跡象已經顯露。

型態彈性

關於這個排列，第5天的收盤價不應該超過第1天最高價，因爲最後兩支紅線不該一舉收復整個型態最初3天的跌勢。

根據「阪田兵法」的建議，行情底部出現之後，多頭部位應該在第三個向上跳空缺口獲利了結。到了那個時候，阪田兵法之所以建議賣出，主要是因爲買賣雙方衝突轉劇，市場可能進入超買狀況。

這個型態的缺口，是第一個跳空缺口。如果再出現兩個缺口，根據阪田兵法的建議，就應該結束多頭部位。

注意：兩個線形實體之間的任何向上或向下跳空缺口，其寬度都至少必須是第1支線形價格區間的10％。

型態簡化

五支線形構成的型態，可以簡化爲偏多的單一線形「鎚子」，請參考圖3-168，兩者具有相同的多頭意涵。

圖 3-168

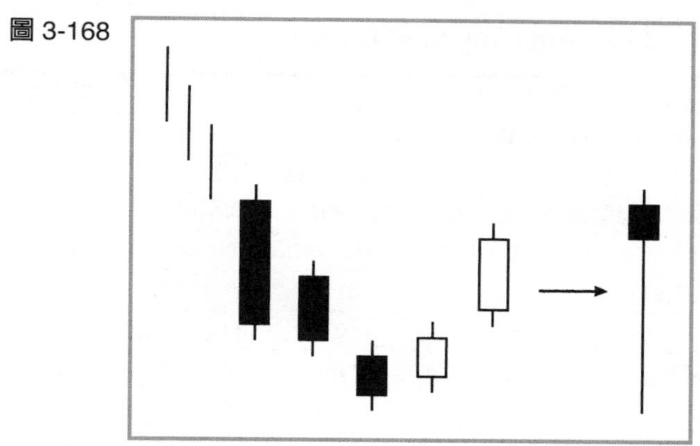

範例

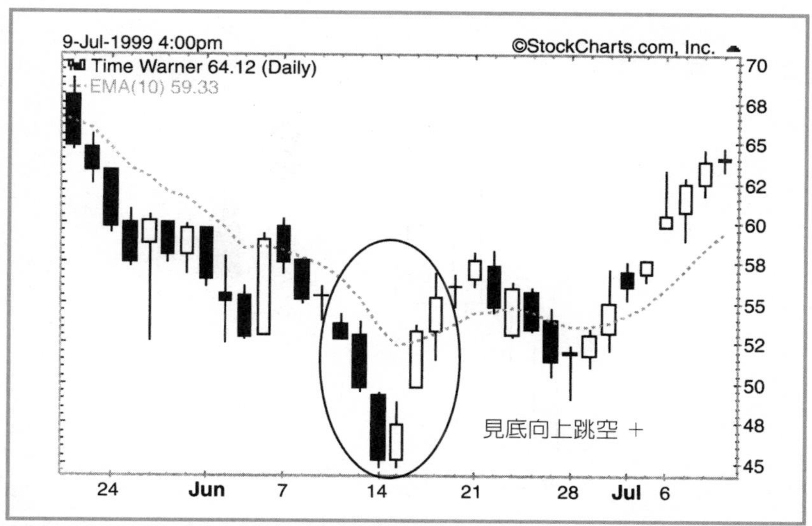

圖 3-169

做頭向下跳空 (After Top Gap Down)

型態名稱：做頭向下跳空 －						類別：R－	
日文名稱：yama nobotta ato ochiru							
趨勢條件：需要			確認：需要				
發生頻率（型態相隔平均天數）：165,909　非常罕見							
型態統計數據取自7275支普通股，涵蓋1460萬天的資料							
期間（天數）	1	2	3	4	5	6	7
勝率%	38	37	41	41	40	43	49
平均獲利%	2.97	3.30	2.82	4.76	5.02	5.08	4.33
敗率%	62	63	59	59	60	57	51
平均虧損%	-3.32	-4.69	-4.01	-4.01	-4.33	-5.05	-7.04
淨盈虧：	-0.84	-1.73	-1.20	-0.42	-0.62	-0.68	-1.45

圖 3-170

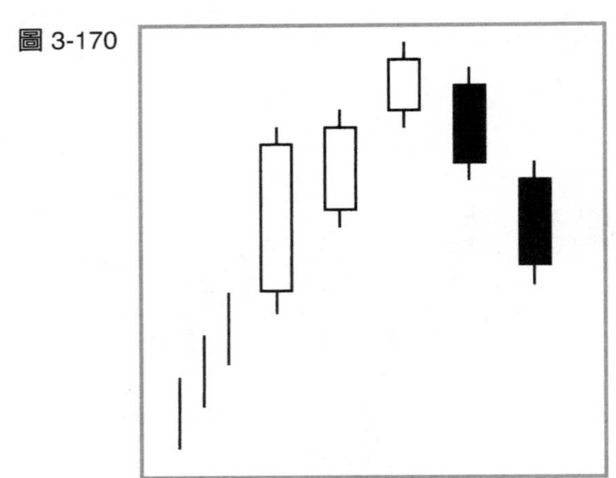

評論

「做頭向下跳空」是由五支線形構成的空頭反轉型態。

辨識法則

1. 上升趨勢發展過程，首先出現一支順勢長紅線。
2. 隨後兩天也是紅線，收盤價持續上升。
3. 第3天開盤價向上跳空，高於第2天收盤價。
4. 第4天是黑線，實體很長。
5. 第5天也是黑線，實體也很長，而且開盤價向下跳空（低於前一天收盤）。

型態蘊含的發展情節／心理狀態

這個排列的所有構成線形，實體都很長（超過價格區間的50％）。上升趨勢發展過程，首先出現一支長紅線。隨後兩天也是紅線，收盤價都高於前一天收盤。前三支線形顯示上升趨勢持續延伸。事實上，第3天開盤向上跳空，更凸顯漲勢欲罷不能。第4天收黑線，終於透露漲勢趨緩的徵兆。第5天又出現另一支黑線，而且開盤向下跳空，價格收在最低價附近，實體相當長。現在，整個盤勢顯示上升趨勢已經過度延伸，反轉跡象已經顯露。

型態彈性

關於這個排列，第5天的收盤價不應該超過第1天最低價，因爲最後兩支黑線不該一舉抹除整個型態最初3天的漲勢。

根據「阪田兵法」的建議，行情頭部出現之後，空頭部位應該在第三個向下跳空缺口獲利了結。到了那個時候，阪田兵法之所以建議回補，主要是因爲買賣雙方衝突轉劇，市場可能進入超賣狀況。

這個型態的缺口，是第一個跳空缺口。如果再出現兩個缺口，根據阪田兵法的建議，就應該結束空頭部位。

注意：兩個線形實體之間的任何向上或向下跳空缺口，其寬度都至少必須是第1支線形價格區間的10%。

型態簡化

五支線形構成的型態，可以簡化爲偏多的單一線形「流星」，請參考圖3-171，兩者具有相同的空頭意涵。

圖 3-171

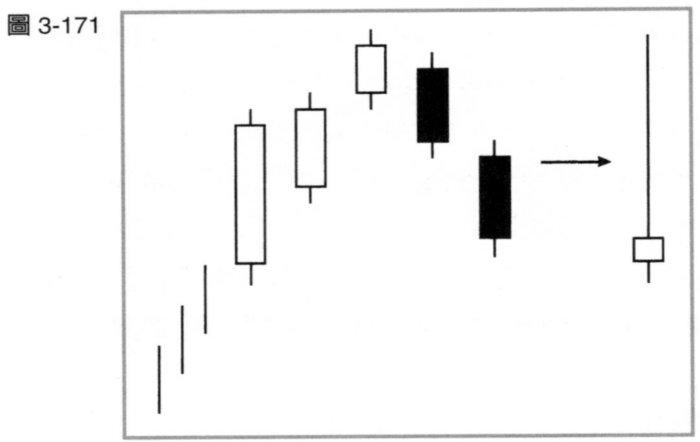

範例

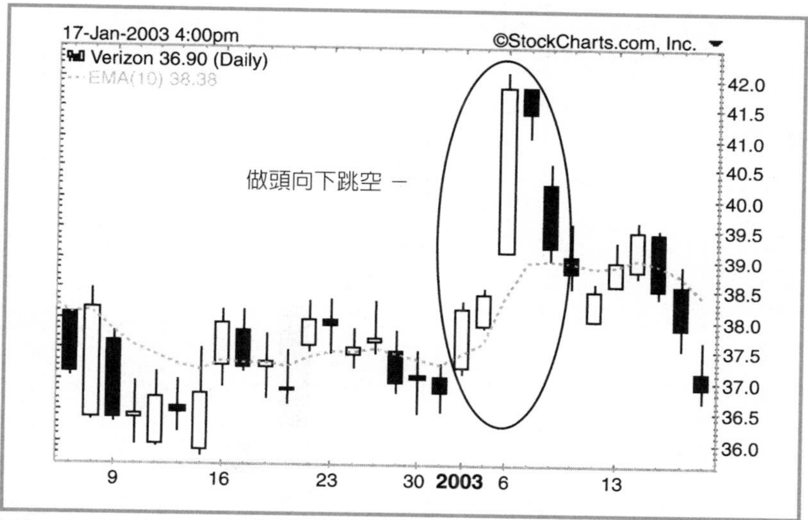

圖 3-172

連續向下三跳空 (Three Gap Downs)

型態名稱：連續向下三跳空 ＋				類別：R＋			
日文名稱：mittsu no aki kudari							
趨勢條件：需要			確認：不需				
發生頻率（型態相隔平均天數）：3,606　一般							
型態統計數據取自7275支普通股，涵蓋1460萬天的資料							
期間（天數）	1	2	3	4	5	6	7
勝率%	50	50	51	50	50	51	52
平均獲利%	3.13	4.39	5.01	5.78	6.47	6.87	7.28
敗率%	50	50	49	50	50	49	48
平均虧損%	-2.81	-3.72	-4.53	-5.08	-5.42	-5.98	-6.42
淨盈虧：	0.13	0.29	0.31	0.36	0.51	0.61	0.75

圖 3-173

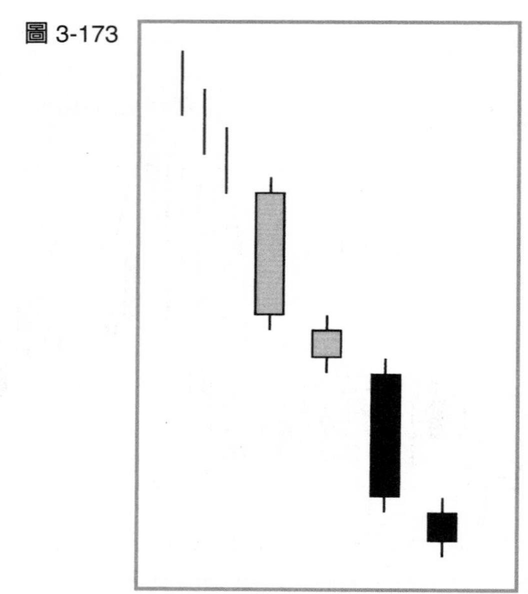

評論

「連續向下三跳空」是由四支線形構成的多頭反轉型態。顧名思義，這四支線形夾著連續三個開盤向下跳空。正常情況下，價格向下跳空意味著行情將走低，但連續三個向下跳空，則顯示行情在短期之內有超賣現象，跌勢應該會暫時停頓，甚至向上反轉。

辨識法則

1. 該型態的第1支線形可以是任何顏色。事實上，這支線形只是下一支線形向下跳空的基準。
2. 第2支線形也可以是任何顏色，只要與前一支線形的實體之間保持跳空缺口。

3. 最後兩支線形的實體必須很長。
4. 最後兩支線形必須是黑線。
5. 最後兩支線形都分別與前一支線形的實體之間，保持跳空缺口。

型態蘊含的發展情節／心理狀態

第3支線形開盤向下跳空，整天的價格走勢大體上都趨於下跌，最後收盤在最低價附近。隔天（第4天），開盤再向下跳空，這是連續第3個向下跳空缺口。根據「阪田兵法」的建議，空頭部位應該在第三個向下跳空缺口回補，因爲買賣雙方衝突轉劇，市場可能進入超賣狀況。

型態彈性

關於這個型態的發展，到了第2天的時候，應該要求當時呈現下降趨勢。所以，第2支線形的中點價格應該低於10天移動平均。

注意：任何兩個線形實體之間的跳空缺口，其寬度都至少必須是第1支線形價格區間的10%。

型態簡化

由於型態彈性太大，所以沒有明確的簡化線形，請參考圖3-174。

圖 3-174

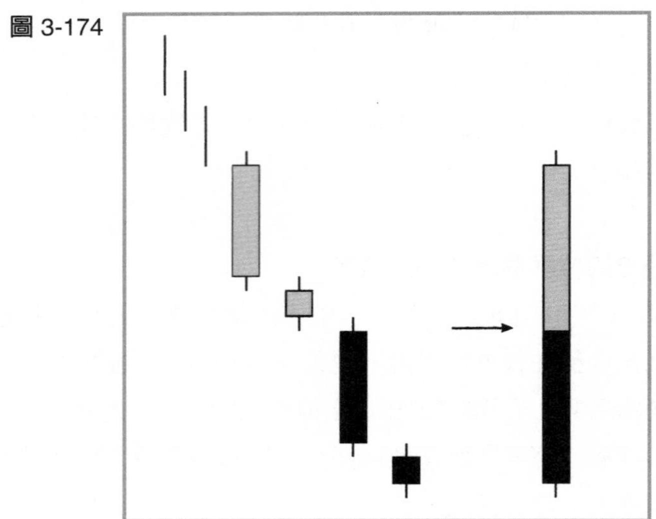

範例

圖 3-175

連續向上三跳空 (Three Gap Ups)

型態名稱：連續向上三跳空 －							類別：R－
日文名稱：mittsu no aki agari							
趨勢條件：需要				確認：建議			
發生頻率（型態相隔平均天數）：2,425　一般							
型態統計數據取自7275支普通股，涵蓋1460萬天的資料							
期間（天數）	1	2	3	4	5	6	7
勝率%	50	51	52	52	53	52	52
平均獲利%	2.76	3.81	4.48	5.01	5.49	5.99	6.38
敗率%	50	49	48	48	47	48	48
平均虧損%	-2.95	-3.87	-4.48	-5.06	-5.69	-6.11	-6.60
淨盈虧：	-0.11	0.06	0.19	0.18	0.18	0.18	0.09

圖 3-176

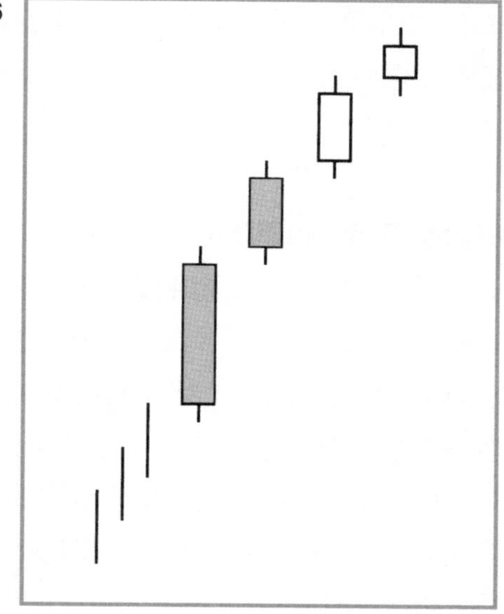

評論

「連續向上三跳空」是由4支線形構成的空頭反轉型態。顧名思義，這4支線形夾著連續3個開盤向上跳空。正常情況下，價格向上跳空意味著行情將走高，但連續3個向上跳空，則顯示行情在短期之內有超買現象，漲勢應該會暫時停頓，甚至向下反轉。

辨識法則

1. 該型態的第1支線形可以是任何顏色。事實上，這支線形只是下一支線形向上跳空的基準。
2. 第2支線形也可以是任何顏色，只要與前一支線形的實體之間保持跳空缺口。
3. 最後兩支線形的實體必須很長，而且必須都是紅線。
4. 最後兩支線形都分別與前一支線形的實體之間，保持跳空缺口。

型態蘊含的發展情節／心理狀態

關於這個型態的發展，到了第2天的時候，應該要求當時呈現上升趨勢。所以，第2支線形的中點價格應該高於10天移動平均。

第3支線形開盤向上跳空，整天的價格走勢大體上都趨於上漲，最後收盤在最高價附近。隔天（第4天），開盤再向上跳空，這是連續第3個向上跳空缺口。根據「阪田兵法」的建議，多頭部位應該在第3個向上跳空缺口獲利了結，因爲買賣雙方衝突轉劇，市場可能進入超買狀況。

型態彈性

注意：任何兩個線形實體之間的跳空缺口，其寬度都至少必須是第1支線形價格區間的10%。

型態簡化

由於型態彈性太大，所以沒有明確的簡化線形，請參考圖3-177。

圖 3-177

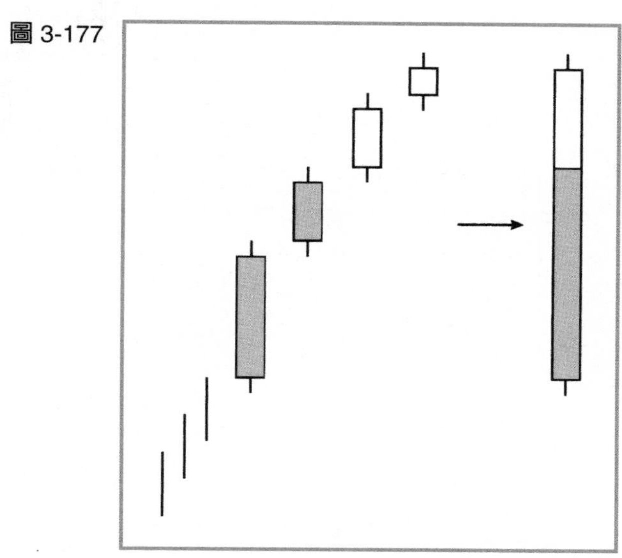

範例

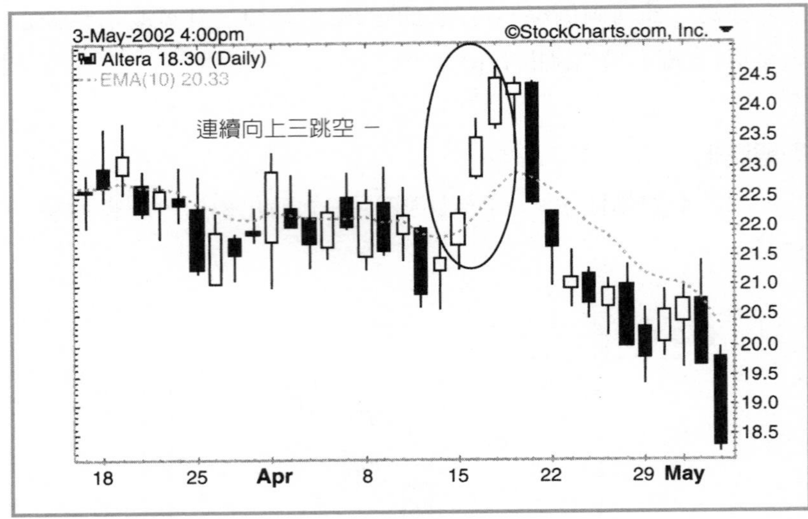
3-May-2002 4:00pm
©StockCharts.com, Inc.
Altera 18.30 (Daily)
EMA(10) 20.33
連續向上三跳空 一
24.5
24.0
23.5
23.0
22.5
22.0
21.5
21.0
20.5
20.0
19.5
19.0
18.5
18
25
Apr
8
15
22
29
May

圖 3-178

第4章

陰陽線連續型態

此處另闢一章處理連續型態，目的只是爲了將來查閱方便。請記住，某型態一旦判定之後，將顯示價格未來最可能的發展方向。換言之，我們的操作，只需要知道價格未來發展方向，至於該方向究竟是和先前趨勢相同或相反，實際上並不重要。根據「阪田兵法」，連續型態代表既有趨勢處於休息狀態。不論某型態如何，我們都必須對於當時的投資部位做成決策，即使決定不採取任何行動，那也是決策。

本章討論的格式，和先前第3章的反轉型態完全相同。我們採用的格式如下：

- 型態資訊摘要
- 評論
- 型態標準圖例
- 辨識法則
- 型態蘊含的發展情節／心理層面
- 型態彈性

・型態簡化
・相關型態
・案例

連續型態索引

兩支線形構成的型態

隔離線（Separating Lines）

型態名稱：隔離線＋						類別：C＋	
日文名稱：iki chigai sen							
趨勢條件：需要				確認：不需			
發生頻率（型態相隔平均天數）：6,158　一般							
型態統計數據取自7275支普通股，涵蓋1460萬天的資料							
期間（天數）	1	2	3	4	5	6	7
勝率%	44	44	45	47	47	47	46
平均獲利%	3.78	4.85	5.52	5.87	6.62	7.09	7.60
敗率%	56	56	55	53	53	53	54
平均虧損%	-2.87	-3.30	-3.89	-4.42	-4.71	-4.86	-5.22
淨盈虧：	0.04	0.27	0.31	0.36	0.58	0.72	0.63

型態名稱：隔離線－						類別：C－	
日文名稱：iki chigai sen							
趨勢條件：需要				確認：需要			
發生頻率（型態相隔平均天數）：5,185　一般							
型態統計數據取自7275支普通股，涵蓋1460萬天的資料							
期間（天數）	1	2	3	4	5	6	7
勝率%	40	42	43	43	44	45	43
平均獲利%	2.81	3.57	4.10	4.66	5.11	5.31	5.59
敗率%	60	58	57	57	56	55	57
平均虧損%	-4.36	-5.20	-5.59	-6.12	-6.31	-6.59	-7.34
淨盈虧：	-1.20	-1.31	-1.27	-1.28	-1.13	-1.31	-1.59

圖 4-1

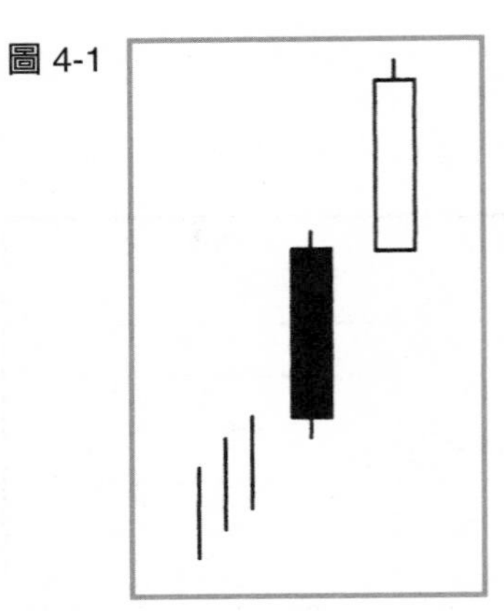

圖 4-2

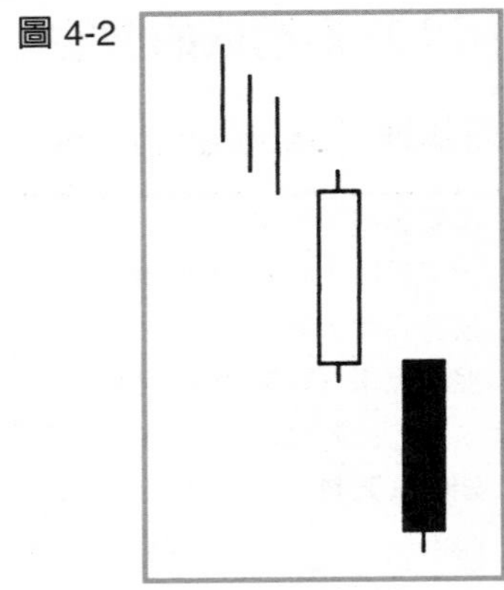

評論

「隔離線」是由兩支顏色相反而開盤價相同的線形構成。這種型態跟「遭遇線」很類似，但排列剛好相反。隔離線的第2支線形爲「執帶」。多頭型態具有多頭執帶紅線（參考圖4-1），空頭型態具有空頭執帶黑線（參考圖4-2）。日文ikichigaisen代表「走勢方向相反的線形」。隔離線有時候又稱爲「分割線」（Dividing Line，furiwakesen）。

辨識法則

1. 第1天線形顏色與既有趨勢相反。
2. 第2支線形與第1支線形顏色相反。
3. 兩支線形的開盤價相同。

型態蘊含的發展情節／心理狀態

上升趨勢發展過程，突然出現一支長黑線。強勁的上升趨勢

顯然不該出現長黑線，所以會造成疑惑。可是，隔天價格開高；事實上，隔天開盤價與前一天開盤價相同。然後，整天的交易價格持續走高，最後也收高，意味著既有上升趨勢將繼續發展。這段描述是就多頭隔離線而言；空頭型態的情況也很類似，只是方向相反。

型態彈性

隔離線的線形通常很長，但並非必要條件。強勁的「分割線」是由兩個實體很長的線形構成，而且彼此接觸端沒有影線。

型態簡化

多頭隔離線可以簡化爲下影線頗長的紅線（參考圖4-3）。簡化線形偏多，符合多頭型態的意涵。反之，空頭隔離線可以簡化爲上影線頗長的黑線（參考圖4-4）。簡化線形偏空，符合空頭型態的意涵。

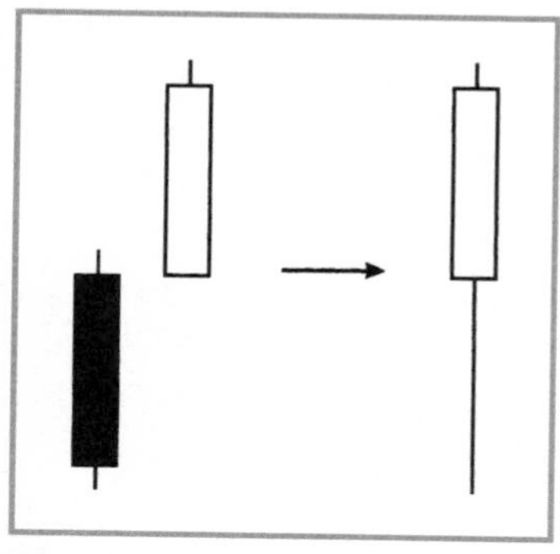

圖 4-3

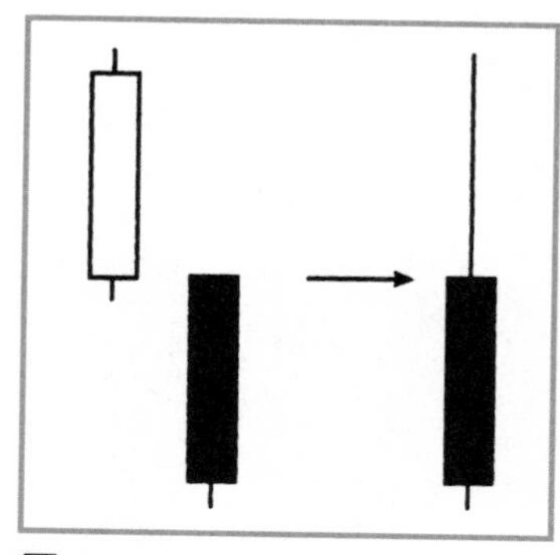

圖 4-4

相關型態

「遭遇線」的概念很類似，不過屬於反轉型態，不是連續型態。

範例

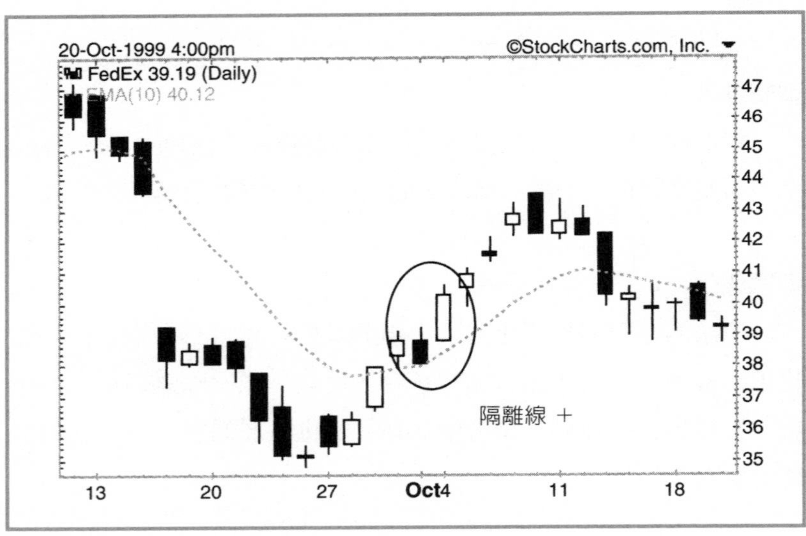

圖 4-5 A

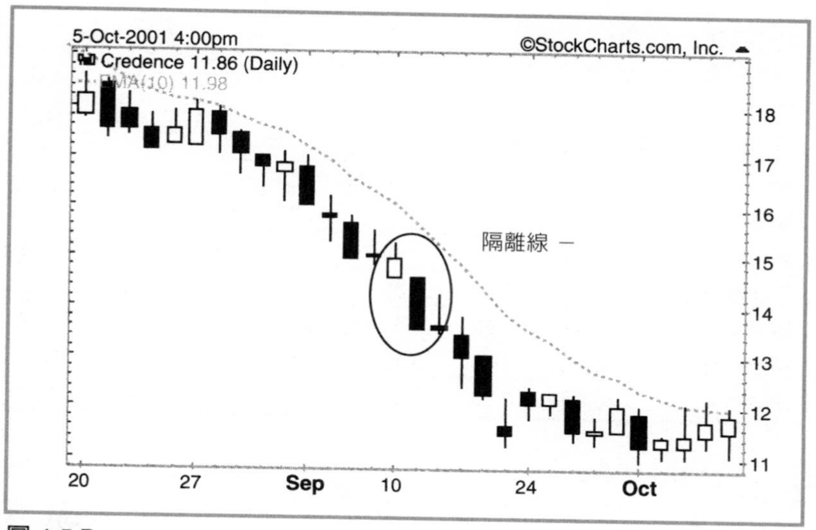

圖 4-5 B

頸上線（On Neck Line）

型態名稱：頸上線 －					類別：C－		
日文名稱：ate kubi							
趨勢條件：需要			確認：需要				
發生頻率（型態相隔平均天數）：6,910 一般							
型態統計數據取自7275支普通股，涵蓋1460萬天的資料							
期間（天數）	1	2	3	4	5	6	7
勝率%	55	52	50	50	49	49	49
平均獲利%	2.20	2.89	3.56	4.01	4.62	4.91	5.18
敗率%	45	48	50	50	51	51	51
平均虧損%	-2.79	-3.58	-4.22	-4.66	-4.92	-5.34	-6.04
淨盈虧：	-0.05	-0.21	-0.27	-0.37	-0.27	-0.34	-0.51

型態名稱：頸上線 +						類別：C+	
日文名稱：ate kubi							
趨勢條件：需要				確認：不需			
發生頻率（型態相隔平均天數）：6,615　一般							
型態統計數據取自7275支普通股，涵蓋1460萬天的資料							
期間（天數）	1	2	3	4	5	6	7
勝率%	52	48	49	49	47	49	48
平均獲利%	2.12	2.99	3.66	4.13	4.63	5.20	5.70
敗率%	48	52	51	51	53	51	52
平均虧損%	-2.10	-2.64	-3.10	-3.59	-3.84	-4.12	-4.53
淨盈虧：	0.06	0.07	0.19	0.21	0.17	0.37	0.38

圖 4-6

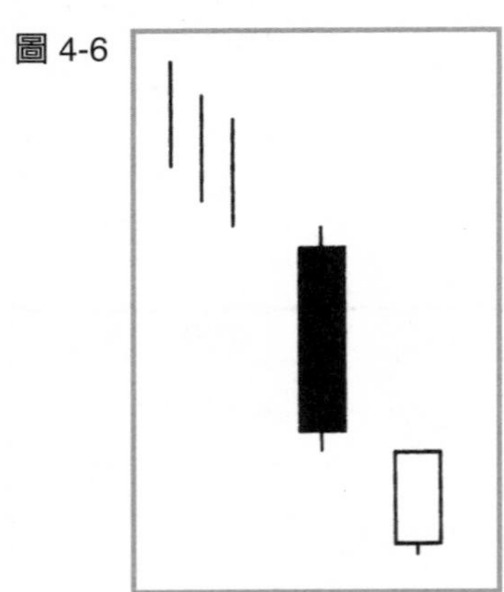

圖 4-7

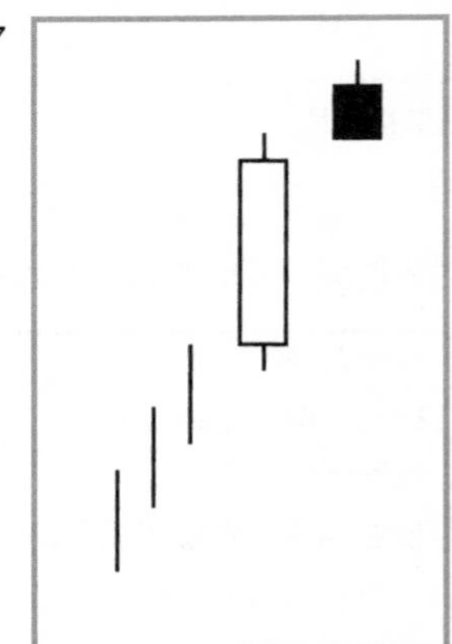

評論

空頭「頸上線」看起來像是發展不全的「貫穿線」。兩者的結構大致相同，但第2天線形實體只接觸到前一天的最低價（請參考圖4-6）關於這種型態，千萬不要與第3章的「遭遇線」混淆。

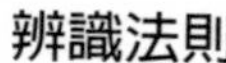

辨識法則

空頭頸上線

1. 下降趨勢發展過程，出現一支長黑線。
2. 第2支線形爲紅線，開盤價低於前一天的最低價。第2天不必是長線形，否則可能很類似遭遇線。
3. 第2支線形收盤價等於前一天的最低價。

多頭頸上線

1. 上升趨勢發展過程，出現一支長紅線。
2. 第2支線形爲黑線，開盤價高於前一天的最高價，收盤價等於前一天的最高價。

型態蘊含的發展情節／心理狀態

空頭頸上線

空頭頸上線通常出現在跌勢過程。首先一支長黑線，更強化當時的跌勢。隔天，開盤向下跳空，但沒有辦法維繫跌勢；價格向上回升，價格收在前一天最低價。

對於當天低價承接的人來說，恐怕會覺得很難過。下降趨勢在短期內應該會持續發展。

多頭頸上線

多頭頸上線首先是一支長紅線，其中點價格應該位在10天期移動平均之上，反映當時的上升趨勢。隔天，開盤向上跳空，但沒有辦法維繫漲勢；價格回挫而收在前一天最高價。

對於當天高價放空的人來說，恐怕會覺得很難過。上升趨勢在短期內應該會持續發展。

型態彈性

空頭頸上線

第2天的成交量如果顯著放大，下降趨勢持續發展的機會更高。

多頭頸上線

第2支線形是沒有或幾乎沒有下影線的黑線，也就是所謂的黑色收盤實線。所以，第2支線形的長度（價格區間）應該小於第1支線形。如果第2支線形的長度沒有做限制，而且第2支線形最低價允許穿入第1支線形實體內，那麼多頭頸上線將很像空頭遭遇線反轉型態。

多頭頸上線的兩支構成線形，實體都很長，至少應該佔價格區間的50％。

請注意，實體很長不同於線形很長。第2支線形的實體很長，但線形相對短。

型態簡化

空頭頸上線

空頭頸上線可以簡化爲下影線很長的偏空黑線，請參考圖4-7，簡化線形與型態都具有空頭意涵。

圖 4-8

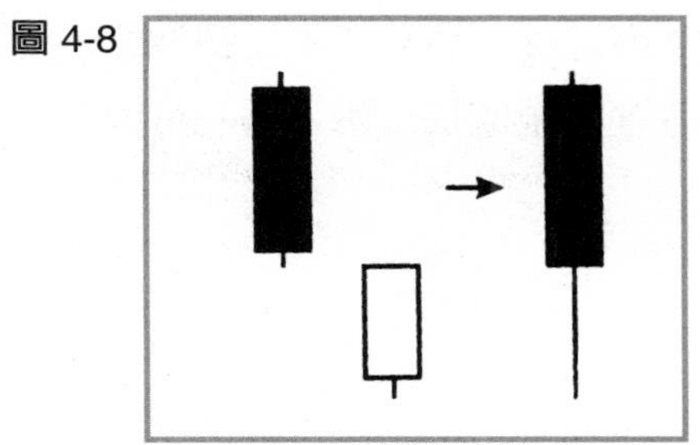

多頭頸上線

多頭頸上線可以簡化爲上影線很長的偏多紅線，請參考圖4-9。由於型態出現在上升趨勢發展過程，簡化線形顯然偏多，與型態同樣具有多頭意涵。

圖 4-9

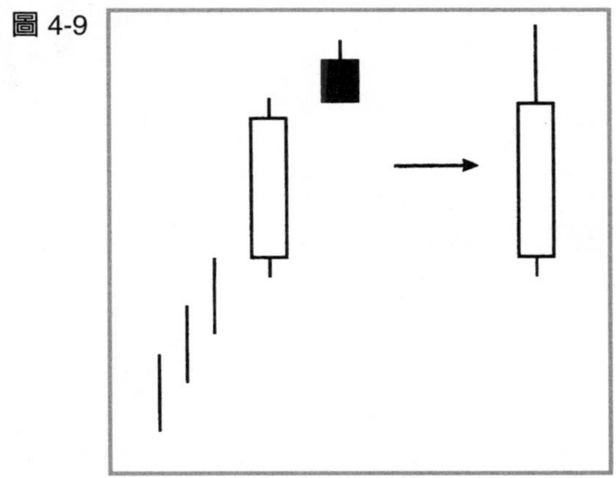

相關型態

空頭頸上線代表「貫穿線」的弱勢開端。另外，請參考空頭「頸內線」和空頭「戳入線」。

請注意，空頭「遭遇線」屬於空頭反轉型態，不要與多頭頸上線或多頭頸內線等連續型態搞混淆。這三種型態的外觀看起來很相似。

範例

圖 4-10

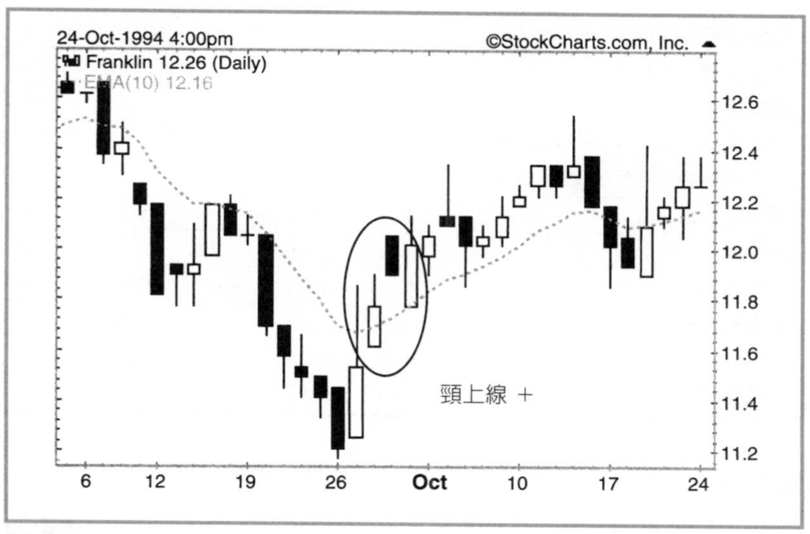

圖 4-11

頸內線（In Neck Line）

型態名稱：頸內線 －					類別：C－		
日文名稱：iri kubi							
趨勢條件：需要			確認：需要				
發生頻率（型態相隔平均天數）：239,344 非常罕見							
型態統計數據取自7275支普通股，涵蓋1460萬天的資料							
期間（天數）	1	2	3	4	5	6	7
勝率%	47	51	49	44	51	39	44
平均獲利%	2.18	2.49	4.89	5.96	5.85	6.70	6.22
敗率%	53	49	51	56	49	61	56
平均虧損%	-2.35	-3.75	-4.77	-5.04	-5.55	-5.34	-5.86
淨盈虧：	-0.19	-0.56	-0.02	-0.17	0.25	-0.63	-0.52

型態名稱：頸內線 ＋					類別：C＋		
日文名稱：iri kubi							
趨勢條件：需要			確認：需要				
發生頻率（型態相隔平均天數）：175,904 非常罕見							
型態統計數據取自7275支普通股，涵蓋1460萬天的資料							
期間（天數）	1	2	3	4	5	6	7
勝率%	47	47	38	41	43	46	43
平均獲利%	2.00	2.84	4.11	4.63	6.61	9.50	9.35
敗率%	53	53	62	59	57	54	57
平均虧損%	-2.81	-3.41	-4.35	-5.10	-5.02	-5.70	-5.79
淨盈虧：	-0.54	-0.46	-1.09	-1.12	0.01	1.17	0.67

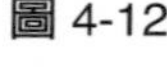
圖 4-12

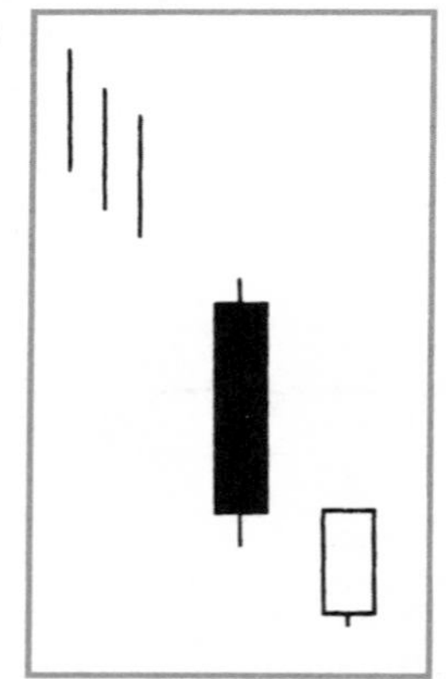

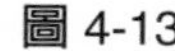
圖 4-13

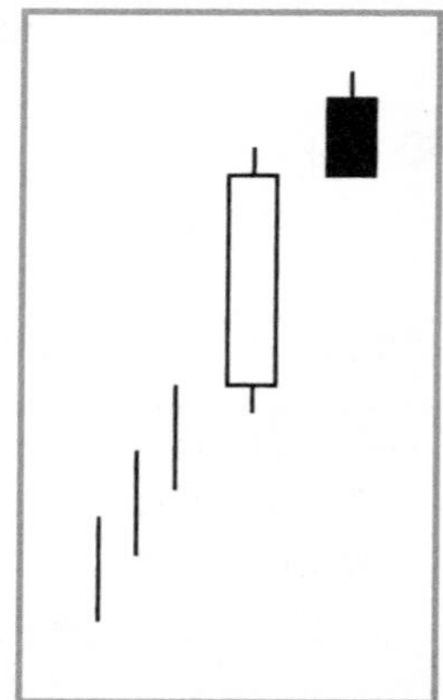

評論

空頭「頸內線」也是發展不全的「貫穿線」。第2天紅線收盤很接近前一天黑線收盤，請參考圖4-12。嚴格來說，空頭頸內線的第2天收盤價，應該稍微穿入第1支黑線的實體，也就是稍高於第1支黑線的收盤價。相較於先前討論的「頸上線」，頸內線第2支

線形的收盤價稍高，但也不能太高。如果第1支線形收盤價也是最低價（黑色收盤實線），那麼空頭頸內線和空頭頸上線，應該沒有區別。多頭頸內線是由兩支線形構成的多頭連續排列，與空頭頸內線對應。

辨識法則

空頭頸內線

1. 下降趨勢發展過程，出現一支黑線。
2. 第2天爲紅線，開盤價低於第1天最低價。
3. 第2天收盤價稍微進入第1天線形實體。實際運用上，可以把兩天收盤價視爲相同。

多頭頸內線

1. 上升趨勢發展過程，出現一支紅線。
2. 第2天爲黑線，開盤價高於第1天最高價，收盤價稍微進入第1天線形實體。

型態蘊含的發展情節／心理狀態

空頭頸內線

發展情節幾乎完全與空頭「頸上線」相同，但因爲收盤價稍高，既有下降趨勢恢復的過程比較緩和。

多頭頸內線

首先出現一支長紅線，中點價格高於10天期移動平均，反映當時的上升趨勢，長紅線更凸顯強勢。第2天，價格向上跳空開盤，但沒有辦法維繫漲勢，收盤價稍微進入前一天線形實體。這種發展情節很像多頭「頸上線」，但既有上升趨勢恢復過程比較緩和，因爲多頭頸內線收盤價較低。

型態彈性

空頭頸內線

第2天紅線的成交量如果顯著放大，下降趨勢持續發展的可能性更高。

多頭頸內線

第2支構成線形是黑線，而且幾乎沒有下影線，也就是所謂的黑色收盤實線。所以，第2支線形的長度（價格區間）應該小於第1支線形。如果第2支線形的長度沒有做限制，而且第2支線形最低價允許穿入第1支線形實體內，那麼多頭頸內線將很像空頭遭遇線反轉型態。

多頭頸內線的兩支構成線形，實體都很長，至少應該佔價格區間的50%。

請注意，實體很長不同於線形很長。第2支線形的實體很長，但線形相對短。

型態簡化

空頭頸內線可以簡化爲下影線很長的偏空黑線，請參考圖4-14，簡化線形與型態都具有空頭意涵。

圖 4-14

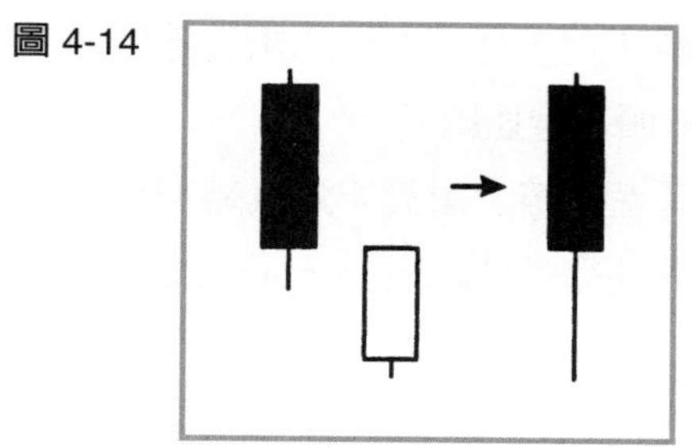

多頭頸內線

多頭頸內線可以簡化為上影線很長的偏多紅線，請參考圖4-15。由於型態出現在上升趨勢發展過程，簡化線形顯然偏多，與型態同樣具有多頭意涵。

圖 4-15

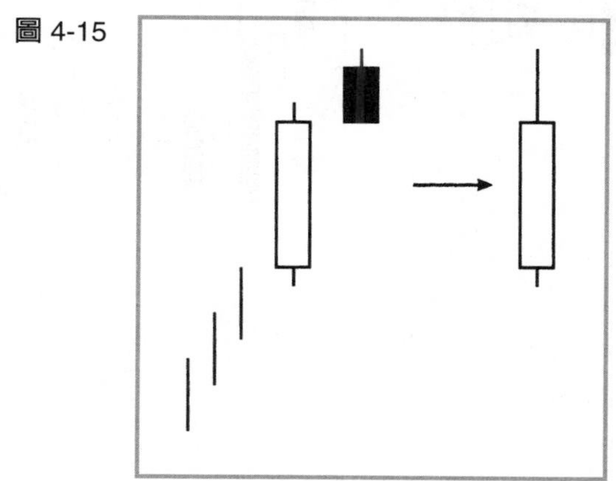

相關型態

空頭頸內線就如同空頭頸上線一樣，代表「貫穿線」的弱勢開端。空頭頸內線的價格回升力道勝過空頭頸上線，但仍然不足以造成趨勢反轉。請注意，這種型態的兩支線形如果都幾乎是實線，看起來就很像多頭「遭遇線」。

請注意，空頭「遭遇線」屬於空頭反轉型態，不要與多頭頸上線或多頭頸內線等連續型態搞混淆。這三種型態的外觀看起來很相似。

範例

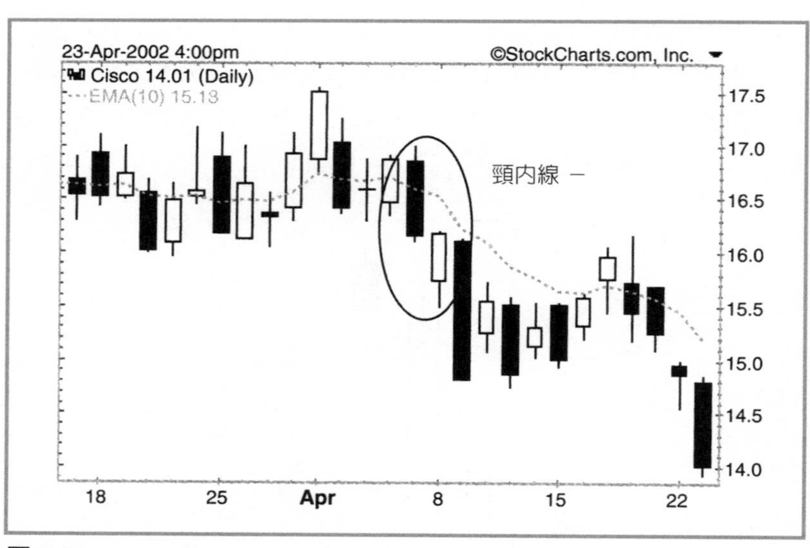

圖 4-16

圖 4-17

戳入線（Thrusting）

型態名稱：戳入線 －						類別：C－	
日文名稱：sashikomi							
趨勢條件：需要				確認：建議			
發生頻率（型態相隔平均天數）：5,628　一般							
型態統計數據取自7275支普通股，涵蓋1460萬天的資料							
期間（天數）	1	2	3	4	5	6	7
勝率%	56	55	52	52	51	50	51
平均獲利%	2.46	3.37	3.99	4.49	4.86	5.27	5.50
敗率%	44	45	48	48	49	50	49
平均虧損%	-2.49	-3.36	-4.07	-4.67	-5.12	-5.40	-5.77
淨盈虧：	0.25	0.30	0.15	0.06	-0.02	-0.10	-0.05

型態名稱：戳入線 ＋						類別：C＋	
日文名稱：sashikomi							
趨勢條件：需要				確認：不需			
發生頻率（型態相隔平均天數）：5,240 一般							
型態統計數據取自7275支普通股，涵蓋1460萬天的資料							
期間（天數）	1	2	3	4	5	6	7
勝率%	54	53	54	52	51	51	53
平均獲利%	2.53	3.31	3.91	4.53	5.19	5.53	6.00
敗率%	46	47	46	48	49	49	47
平均虧損%	-2.27	-2.84	-3.33	-3.80	-4.17	-4.59	-4.82
淨盈虧：	0.27	0.42	0.54	0.52	0.54	0.55	0.83

圖 4-18

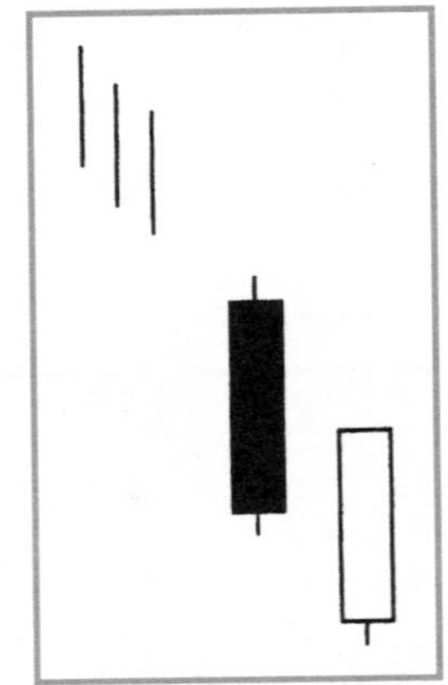

圖 4-19

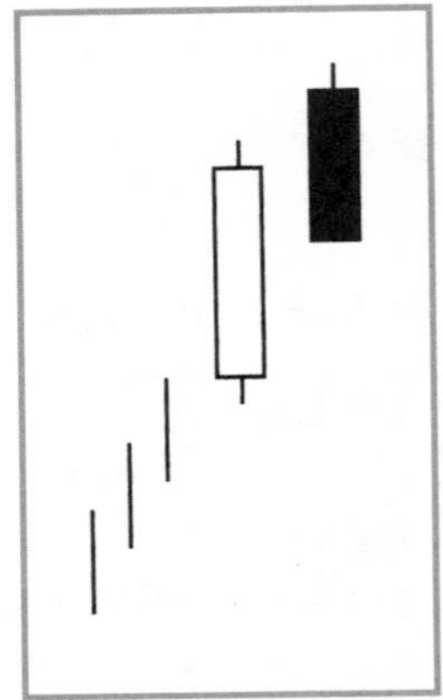

評論

空頭「戳入線」是「貫穿線」的第三種衍生型態。空頭戳入線的盤勢強勁程度（就上漲力道而言）勝過對應的頸上線和頸內線，但收盤價穿入前一天線形實體的程度沒有超過一半，請參考圖4-18。第2天開盤的向下跳空程度，應該超過對應的頸內線和頸

上線。所以，第2天的線形是長紅線，連續型態的訊號絕對需要經過確認。

多頭戳入線是由兩支線形構成的多頭連續型態，與空頭戳入線彼此對應。

辨識法則

空頭戳入線

1. 下降趨勢發展過程出現一支黑線。
2. 第2天是紅線，開盤價顯著低於第1天最低價。
3. 第2天收盤價深入第1天線形實體，但沒有穿入實體上半部。

多頭戳入線

1. 上升趨勢發展過程出現一支長紅線。
2. 第2天是黑線，開盤價遠高於第一天最高價，收盤則跌到第1天線形實體內，但沒有穿入實體下半部。

型態蘊含的發展情節／心理狀態

空頭戳入線

空頭戳入線很類似對應的空頭頸上線和頸內線，代表既有下降趨勢內的反彈失敗。由於價格反彈失敗，多方覺得失望，缺乏買盤而讓下降趨勢得以繼續發展。

多頭戳入線

首先出現一支長紅線，中點價格高於10天期移動平均，反映當時的上升趨勢，長紅線更凸顯強勢。第2天，價格向上跳空開盤，顯著超過前一天最高價，但漲勢沒有辦法維繫，收盤價稍微深入前一天線形實體，但沒有穿入實體下半部。第2天的盤勢應該視爲漲勢的暫時停頓，上升趨勢稍後應該會繼續發展。

型態彈性

空頭戳入線

相較於空頭頸上線，空頭戳入線更接近多頭貫穿線，所以隨後繼續發展的下降趨勢應該會稍微緩和一些。型態彈性不大。

多頭戳入線

第2支構成線形是黑線，而且幾乎沒有下影線，也就是所謂的黑色收盤實線。多頭戳入線的兩支構成線形，實體都很長，至少應該佔價格區間的50％。

型態簡化

空頭戳入線

空頭戳入型態可以簡化爲線形偏多的「鎚子」，兩者的意涵彼此衝突，請參考圖4-20。由於空頭戳入線非常類似貫穿線，由於空頭戳入線非常類似貫穿線，型態呈現的下檔支撐不跌破的可能性也很大。

圖 4-20

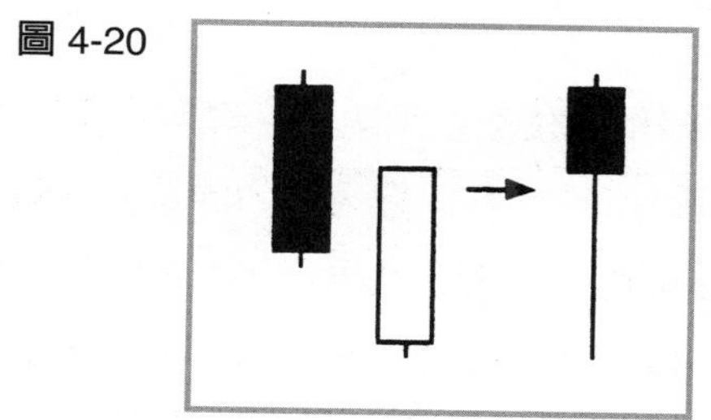

多頭戳入線

多頭戳入線可以簡化為線形明顯偏空的「流星」，兩者的意涵彼此衝突，請參考圖4-21。

圖 4-21

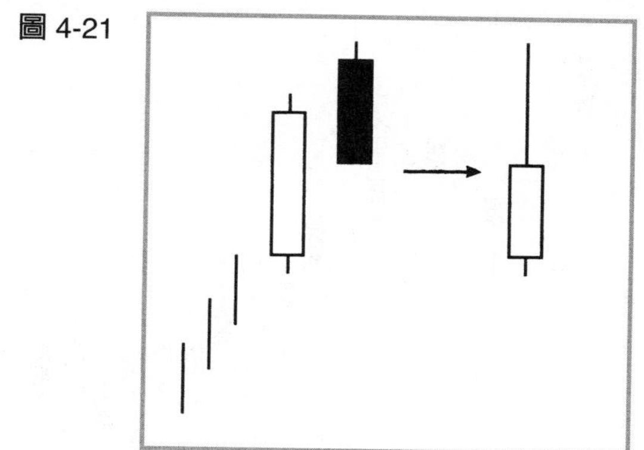

相關型態

空頭戳入線

在貫穿線未能完成而產生的三種連續型態中，空頭戳入線是勁道最強者。換言之，相較於空頭頸上線和頸內線，當走勢恢復下降趨勢時，空頭戳入線的價格跌勢應該最緩和，但還不足以讓趨勢向上反轉。

多頭戳入線

多頭戳入線連續型態雖然很像空頭反轉型態「烏雲罩頂」，但兩者之間有三方面的差異。多頭戳入線的的第2支線形：（1）開盤遠高於前一天最高價（根據本書規定，第2天開盤超過第1天最高價的程度，至少必須是第1天整個價格區間的30％）；（2）收盤價穿入第1天線形實體的上半部；（3）收盤價很接近最低價。

範例

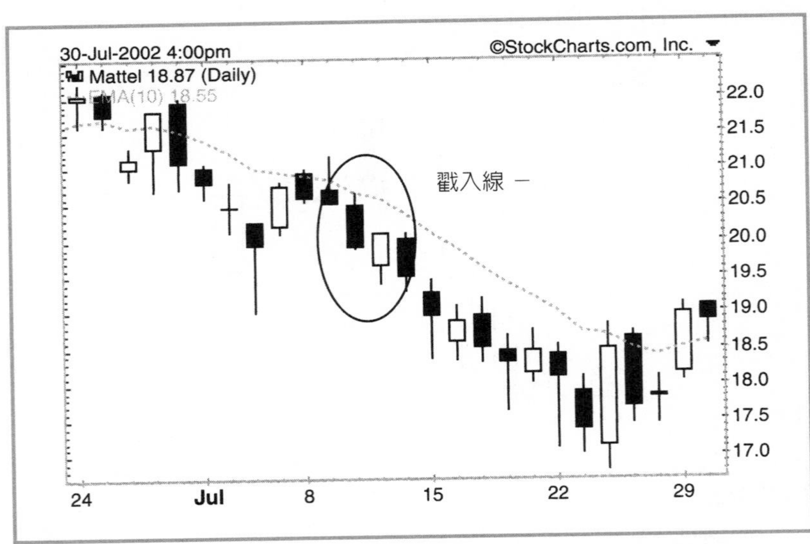

圖 4-22

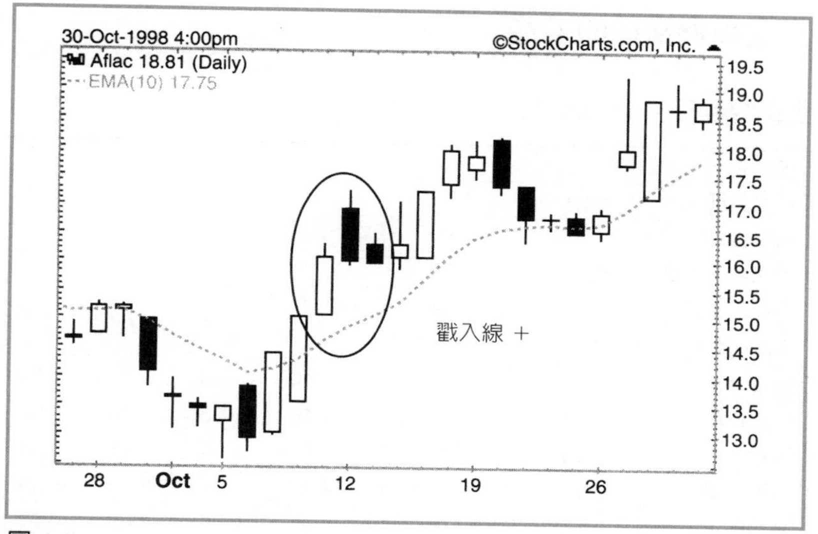

圖 4-23

關於頸上線／頸內線／戳入線的注意事項

多頭反轉型態「貫穿線」未能完成而產生三種下降趨勢連續型態：空頭頸上線、空頭頸內線和空頭戳入線。同樣地，空頭反轉型態「烏雲罩頂」未能完成而產生三種上升趨勢連續型態。

本書為了敘述完整起見，同時討論上升與下降版本的連續型態，但日本文獻沒有提到這些上升趨勢版本的連續型態。為什麼？市場玩家大概都知道這個問題的答案：市場底部經常會突然完成而趨勢快速向上反轉，盤頭過程則比較緩慢、拖延比較久，因此也比較不容易辨識。

三支線形構成的型態

上肩帶缺口（Upside Tasuki Gap）

型態名稱：上肩帶缺口 ＋						類別：C＋	
日文名稱：uwa banare tasuki							
趨勢條件：需要				確認：建議			
發生頻率（型態相隔平均天數）：18,839　罕見							
型態統計數據取自7275支普通股，涵蓋1460萬天的資料							
期間（天數）	1	2	3	4	5	6	7
勝率%	52	50	50	49	49	49	50
平均獲利%	2.36	3.43	4.09	4.46	5.05	5.36	6.06
敗率%	48	50	50	51	51	51	50
平均虧損%	-2.17	-2.94	-3.59	-4.23	-4.94	-5.13	-5.45
淨盈虧：	0.16	0.25	0.24	0.06	0.00	-0.03	0.35

下肩帶缺口（Downside Tasuki Gap）

型態名稱：下肩帶缺口－						類別：C－	
日文名稱：shita banare tasuki							
趨勢條件：需要				確認：需要			
發生頻率（型態相隔平均天數）：20,278　罕見							
型態統計數據取自7275支普通股，涵蓋1460萬天的資料							
期間（天數）	1	2	3	4	5	6	7
勝率%	52	51	50	52	50	50	49
平均獲利%	2.53	3.56	4.28	4.44	5.02	5.33	5.81
敗率%	48	49	50	48	50	50	51
平均虧損%	-2.80	-3.52	-4.31	-5.28	-5.37	-5.79	-6.22
淨盈虧：	-0.02	0.10	-0.03	-0.21	-0.19	-0.24	-0.28

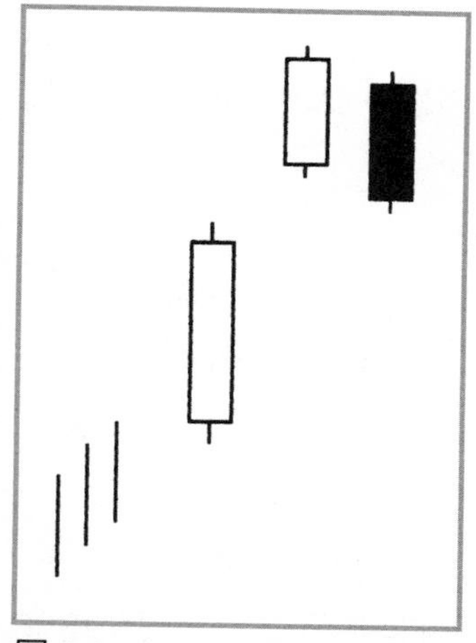

圖 4-24

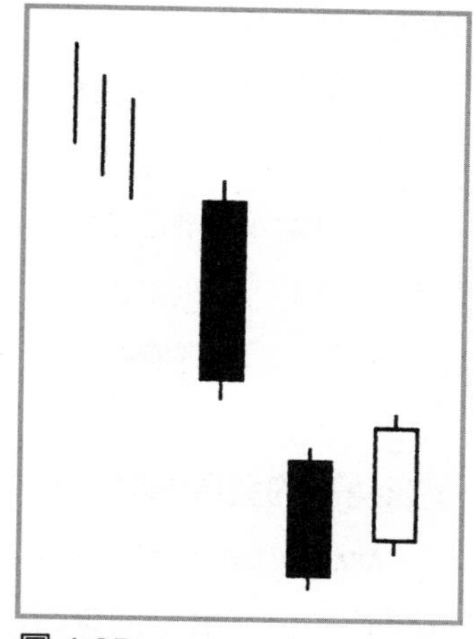

圖 4-25

評論

典型的「肩帶」是在一支紅線發生之後，第2天價格開低，收盤價低於前一天最低價；或者是在一支黑線發生之後，第2天開盤價高於第1天收盤價，而且第2天收盤價高於第1天最高價。雖然有很多日本文獻都提到「肩帶」，但其份量還不足以被視之爲型態。肩帶是用來綁住袖子的布條。「肩帶缺口」是順著既有趨勢方向出現跳空缺口，然後出現「肩帶」。

「上肩帶缺口」首先是在上升趨勢發展過程出現一支紅線，隔天出現另一支向上跳空的紅線，第3天爲黑線，其收盤價進入先前的跳空缺口，請參考圖4-24。第3天黑線開盤價必須處在第2天紅線實體內，而且其收盤價不得完全塡補第1天和第2天之間的缺口。上肩帶缺口代表既有的上升趨勢將繼續發展。至於「下肩帶缺口」，概念也完全相同，請參考圖4-25。

辨識法則

1. 趨勢發展過程中，出現兩支顏色相同的線形，中間夾著跳空缺口。
2. 這兩支線形的顏色反映既有趨勢方向。
3. 第3天線形顏色相反，其開盤價處在第2支線形實體之內。
4. 第3天收盤價進入前述跳空缺口，但沒有完全填補缺口。

型態蘊含的發展情節／心理狀態

肩帶缺口的含意很簡單：第3天的修正走勢沒有填補缺口，所以順著缺口發展方向進行交易，因爲既有趨勢將繼續發展。換言之，第3天盤勢只代表獲利了結的暫時性賣壓或回補。日本人相當重視跳空缺口；所以，跳空缺口一旦沒有被填補，就代表既有趨勢將繼續發展。

關於缺口的論述，文獻資料往往彼此矛盾。正常情況下，缺口代表支撐或壓力。可是，缺口如果很快就遭到測試，意味著該缺口的力量值得懷疑。

型態彈性

整個型態是由三支線形構成，第1支線形的顏色不是頂重要，但最好與第2支線形的顏色相同，充分反映既有趨勢。

型態簡化

上肩帶缺口可以簡化爲長紅線，上影線很長，實體落在線形下端，請參考圖4-26。長紅線雖然偏多而支持型態含意，但上影線太長則有空頭含意。下肩帶缺口可以簡化爲偏空的長黑線，但下影線很長，請參考圖4-27。型態與簡化線形的含意並不完全一致，建議經過確認。

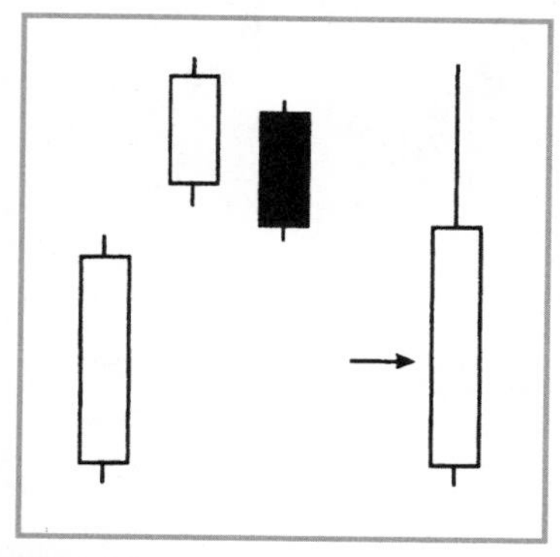

圖 4-26

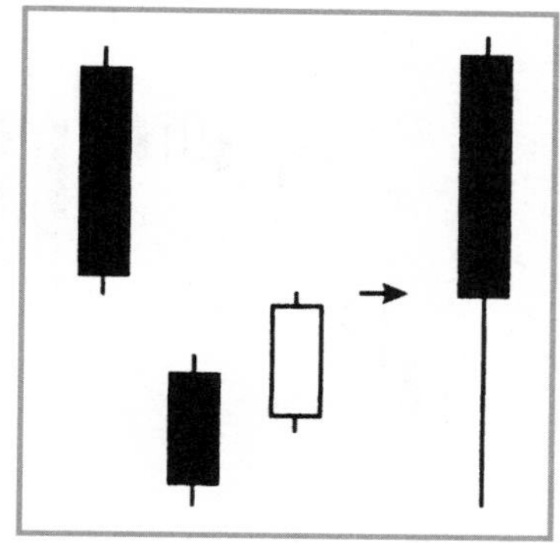

圖 4-27

相關型態

肩帶本身是反轉型態「貫穿線」和「烏雲罩頂」的相反情況。肩帶缺口則與本章稍後討論的向上／向下跳空三法很類似。各位將發現，這些型態似乎彼此衝突，所以最好還是參考相關的統計檢定結果。

範例

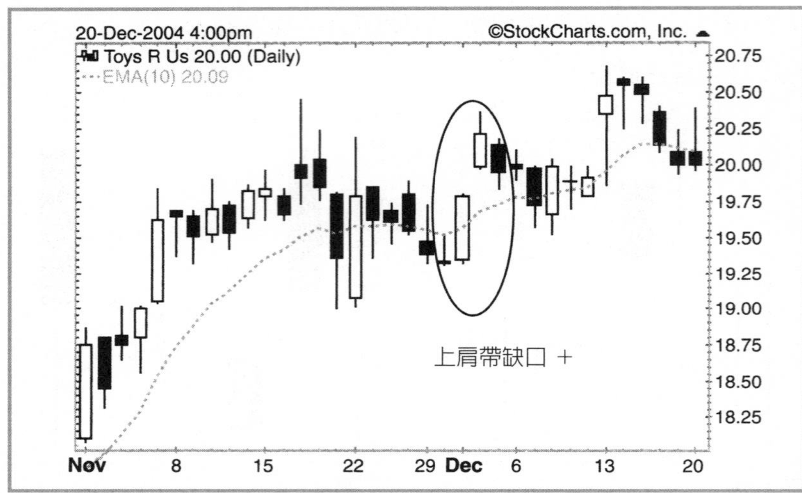

圖 4-28 A

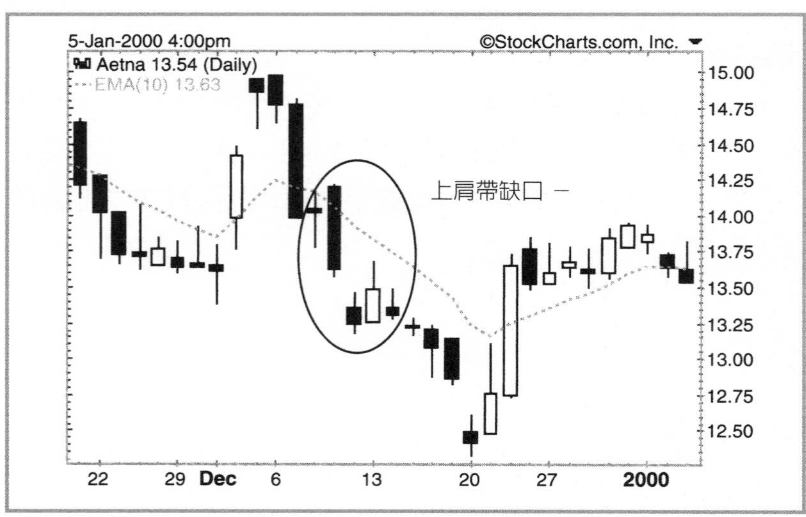

圖 4-28 B

並肩白線（Side-by-Side White Lines）

型態名稱：並肩白線＋					類別：C＋		
日文名稱：narabi aka							
趨勢條件：需要				確認：建議			
發生頻率（型態相隔平均天數）：16,295 罕見							
型態統計數據取自7275支普通股，涵蓋1460萬天的資料							
期間（天數）	1	2	3	4	5	6	7
勝率%	50	45	48	48	48	48	50
平均獲利%	2.57	3.35	3.71	4.27	4.67	5.58	5.66
敗率%	50	55	52	52	52	52	50
平均虧損%	-2.30	-3.05	-3.68	-4.40	-4.60	-4.90	-5.40
淨盈虧：	0.10	-0.14	-0.13	-0.20	-0.15	0.14	0.10

型態名稱：並肩白線－					類別：C－		
日文名稱：narabi aka							
趨勢條件：需要				確認：需要			
發生頻率（型態相隔平均天數）：47,557 罕見							
型態統計數據取自7275支普通股，涵蓋1460萬天的資料							
期間（天數）	1	2	3	4	5	6	7
勝率%	50	46	43	47	45	44	45
平均獲利%	2.23	2.80	3.89	4.29	4.88	5.48	5.93
敗率%	50	54	57	53	55	56	55
平均虧損%	-3.21	-4.32	-4.69	-5.61	-6.35	-6.72	-6.74
淨盈虧：	-0.45	-0.99	-0.92	-0.91	-1.22	-1.39	-1.02

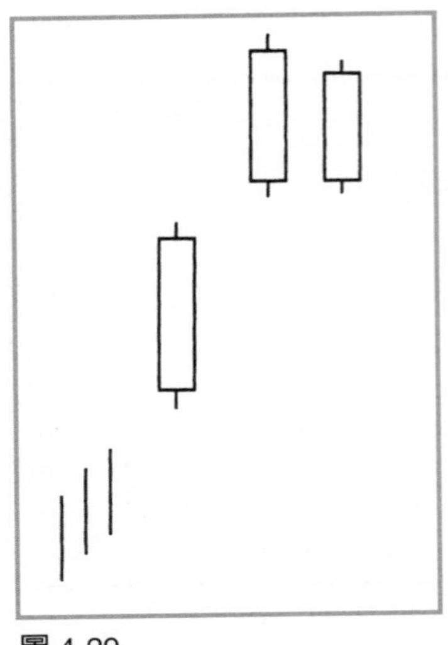

圖 4-29

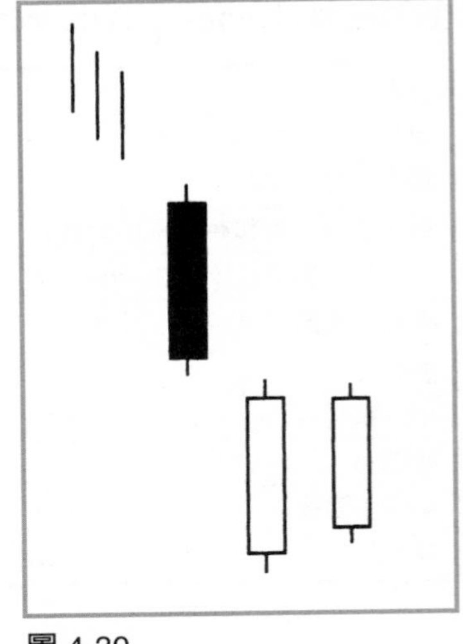

圖 4-30

評論

Narabi是「連續出現」的意思，narabiaka是「連續出現白線」的意思，此處翻譯為「並肩白線」。日本文獻上的「並肩白線」，包括黑線和白線在內，這種型態只代表趨勢「暫停」或「陷入僵局」。此處討論的這種型態，其重要性在於順勢跳空缺口之後出現兩支白線（紅線）。

多頭並肩白線

在一支順勢紅線之後，出現向上跳空缺口，然後連續出現兩支長度相當的紅線，甚至連開盤價都幾乎相同，請參考圖4-29。多頭「並肩白線」又稱為「向上缺口並肩白線」（unwappanare narabiaka）。

空頭並肩白線

向下跳空的空頭並肩白線相當罕見，又稱爲「向下缺口並肩白線」，請參考圖4-30。這兩支紅線代表的是空頭回補，下降趨勢暫時停頓。

對於這種下降趨勢，正常情況應該預期出現兩支並肩黑線。價格向下跳空之後，如果出現兩支並肩黑線，當然代表下降趨勢將持續發展，但正因爲太「當然」，所以這種型態沒有什麼用途。另一種可能的變形，是沒有跳空缺口的並肩白線，但發生在上升趨勢過程。這種型態稱爲「僵持並肩白線」（Side-by-Side White Lines in Stalemate，ikizumari narabiaka），顯示上升趨勢已經接近頭部，支撐相對有限。

辨識法則

1. 順著趨勢發展方向出現跳空缺口。
2. 第2天出現紅線。
3. 第3天又出現一支類似長度的紅線，而且兩支紅線的開盤價大致相同。

型態蘊含的發展情節／心理狀態

多頭並肩白線

上升趨勢發展過程，首先出現一支長紅線，更凸顯既有的上升氣勢。隔天，價格向上跳空開盤，收盤價繼續走高。第3天，市場開出低盤，水準大概與第2天開盤價相同。可是，導致行情開低的賣壓很快就消散，價格最終收高。

這種盤勢意味著後繼買盤頗爲積極，既有上升趨勢應該持續發展。

空頭並肩白線

下降趨勢發展過程，首先出現一支長黑線。隔天，價格向下跳空開盤，但整天交易基本上處於漲勢，不過還是不能塡補開盤的跳空缺口。第3天，價格又開低，開盤價大約與第2天開盤相同。由於價格沒有繼續下跌，引發空頭回補，最後價格收高，不過還是不能塡補先前的缺口。如果漲勢主要來自於空頭回補，力道恐怕不足，下降趨勢應該會繼續發展。

型態彈性

並肩白線型態只能出現在跳空缺口之後，所以沒有太大的彈性。兩支白線（紅線）的實體長度必須大致相當，但長度條件的重要性不如順勢方向的跳空缺口。兩支紅線的開盤價必須大致相等。

型態簡化

向上缺口並肩白線可以簡化爲一支偏多的長紅線（請參考圖4-31），簡化線形支持型態所顯示的上升趨勢持續發展。向下缺口並肩白線可以簡化爲下影線很長的黑線（請參考圖4-32），這種線形並不完全支持下降趨勢持續發展（因爲下影線太長），型態訊號需要經過確認。

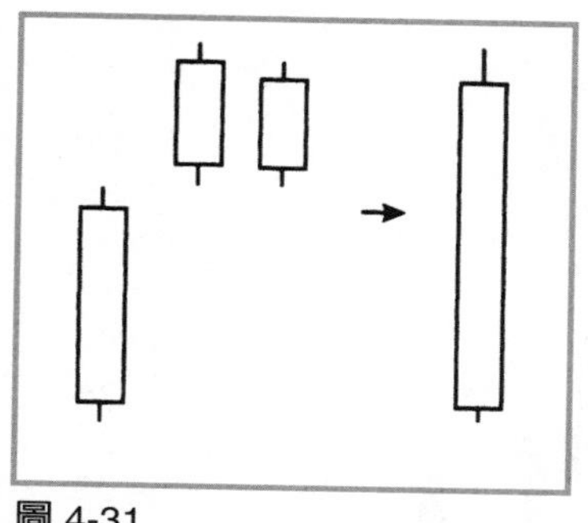

圖 4-31

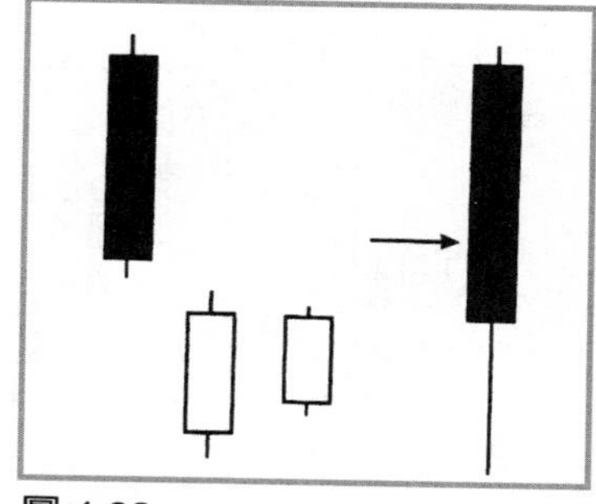

圖 4-32

相關型態

沒有任何型態與並肩白線有明顯的關連。「起跑」出現在第1天和第2天之間的順勢跳空缺口，看起來有點類似。

範例

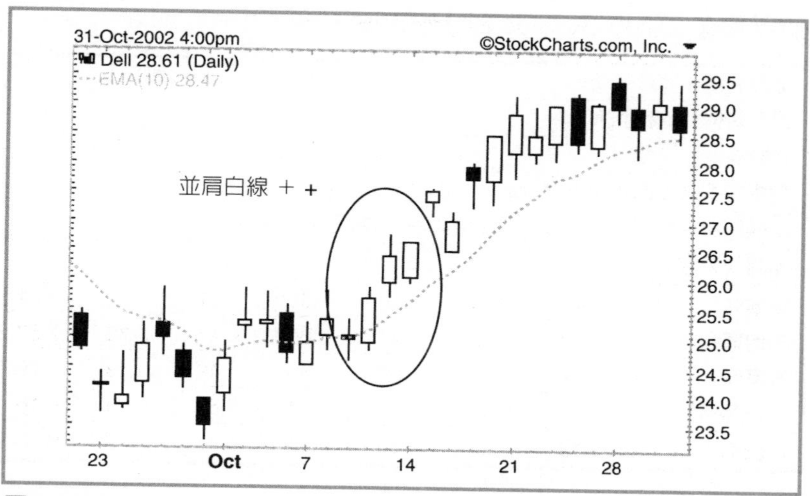

圖 4-33 A

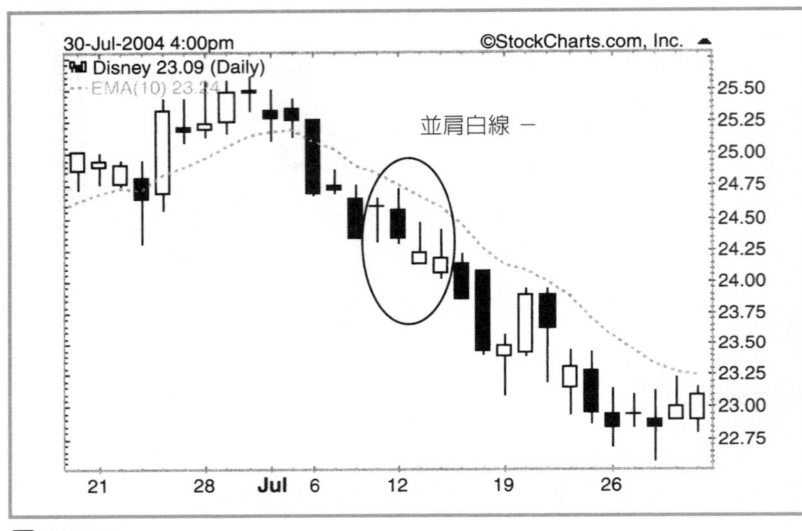

圖 4-33 B

並肩黑線（Side-By-Side Black Lines）

型態名稱：並肩黑線＋						類別：C＋	
日文名稱： narabi kuro							
趨勢條件：需要				確認：建議			
發生頻率（型態相隔平均天數）：28,131　罕見							
型態統計數據取自7275支普通股，涵蓋1460萬天的資料							
期間（天數）	1	2	3	4	5	6	7
勝率%	48	50	50	50	51	51	51
平均獲利%	2.50	4.03	5.47	5.66	6.47	6.72	7.67
敗率%	52	50	50	50	49	49	49
平均虧損%	-2.59	-3.48	-4.09	-4.71	-5.60	-5.75	-6.16
淨盈虧：	-0.12	0.25	0.65	0.48	0.47	0.58	0.87

型態名稱：並肩黑線－							類別：C－
日文名稱：narabi kuro							
趨勢條件：需要				確認：需要			
發生頻率（型態相隔平均天數）：25,569　罕見							
型態統計數據取自7275支普通股，涵蓋1460萬天的資料							
期間（天數）	1	2	3	4	5	6	7
勝率%	46	48	46	46	46	46	47
平均獲利%	2.78	3.72	4.49	4.78	5.62	6.34	6.82
敗率%	54	52	54	54	54	54	53
平均虧損%	-2.96	-4.98	-5.51	-6.15	-6.82	-7.24	-7.55
淨盈虧：	-0.32	-0.77	-0.92	-1.10	-1.04	-0.92	-0.78

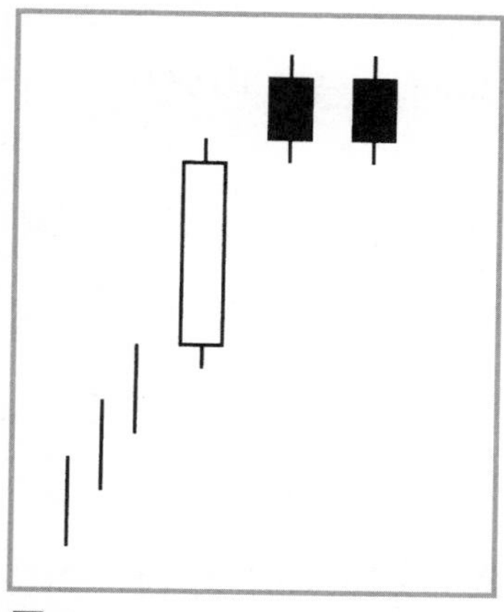

圖 4-34

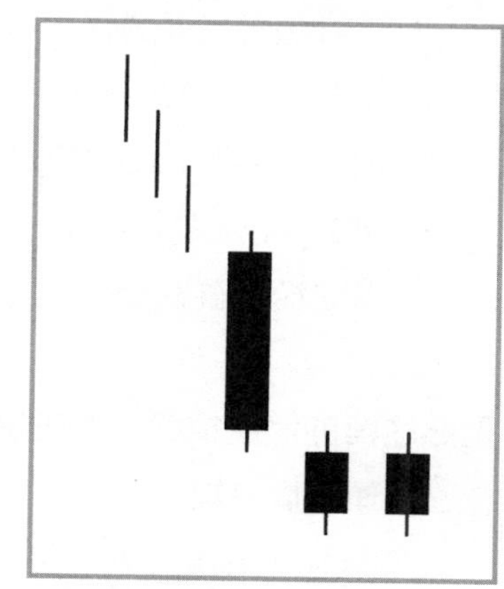

圖 4-35

評論

多頭「並肩黑線」是三支線形構成的多頭連續型態。同理，空頭「並肩黑線」是三支線形構成的空頭連續型態。

辨識法則

多頭並肩黑線

1. 上升趨勢發展過程，出現一支長紅線。
2. 第2支線形為黑線，開盤價高於前一支線形收盤價。
3. 第2支線形開高走低，但沒有填補當天的開盤跳空缺口。
4. 第3支線形開高，開盤價高於第2之線形中點價格，價格收低，但沒有填補前述跳空缺口。

空頭並肩黑線

1. 下降趨勢發展過程，出現一支黑紅線。
2. 第2支線形也是長黑線，開盤價低於前一支線形收盤價，與前一支線形之間保持跳空缺口。
3. 第3天開盤顯著較高，但沒有填補前述跳空缺口。可是，開盤之後，買盤後繼乏力，最終收低。

型態蘊含的發展情節／心理狀態

多頭並肩黑線

多頭並肩黑線首先出現一支長紅線，中點價格位在10天移動平均之上，除了反映當時的多頭走勢之外，長紅線更強化既有的上升趨勢。

隔天，價格開高走低，不過收盤價沒有填補開盤的跳空缺口。第3天，價格又開高，高於前一天的中點價格。可是，就如同第2天的情況一樣，價格又開高走低，收盤價同樣沒有填補前述跳空缺口。第2天和第3天的收盤價大致相同。這個型態的兩支黑

線，主要反映獲利回吐賣壓；獲利回吐一旦結束，上升趨勢將持續發展。

空頭並肩黑線

空頭並肩黑線首先出現一支黑紅線，中點價格位在10天移動平均之下，除了反映當時的空頭走勢之外，長黑線更強化既有的下降趨勢。

隔天，價格跳空，開低走低。可是，第3天價格開高，開盤價大約與第2天開盤相當。導致價格開高的買盤很快就消失，價格下滑收低。這種型態顯示盤勢仍然由賣方主導，下降趨勢將持續發展。

型態彈性

多頭並肩黑線

型態的第1支構成線形，其價格區間必須超過型態發生之前五支線形的平均價格區間。第1支線形的實體很長，必須佔當天價格區間的50%以上。第2、第3支構成線形不可以是十字線。

第2、第3支構成線形的價格區間和實體長度必須大致相當。更明確來說，對於這兩支線形的價格區間長度來說，較短者必須是較長者的50%以上。換言之，某支線形價格區間長度，不可以是另一支線形價格區間長度的兩倍或以上。另外，對於這兩支線形的實體長度來說，較短者也必須是較長者的50%以上。換言之，某支線形實體長度，不可以是另一支線形實體長度的兩倍或以上。

空頭並肩黑線

前兩段對於價格區間和實體長度的規定，主要是避免型態第2、3支構成線形出現十字線或星形十字線與星形通常發生在反轉型態。

第2、第3支構成線形的價格區間和實體長度必須大致相當。更明確來說，對於這兩支線形的價格區間長度來說，較短者必須是較長者的50％以上。換言之，某支線形價格區間長度，不可以是另一支線形價格區間長度的兩倍或以上。另外，對於這兩支線形的實體長度來說，較短者也必須是較長者的50％以上。換言之，某支線形實體長度，不可以是另一支線形實體長度的兩倍或以上。

我們必須確定，（1）這種型態的第1支構成線形，其價格區間必須超過型態發生之前5支線形的平均價格區間；（2）第2、3支構成線形的價格區間，必須超過型態發生之前5支線形平均價格區間的65％。

第1支線形的實體很長，必須佔當天價格區間的50％以上。第2、3支構成線形的實體長度，必須佔當天價格區間的30％以上。

型態簡化

多頭並肩黑線可以簡化爲偏多的長紅線，實體很長，位在價格區間的下端，請參考圖4-36。型態與簡化線形的含意彼此符合。

圖 4-36

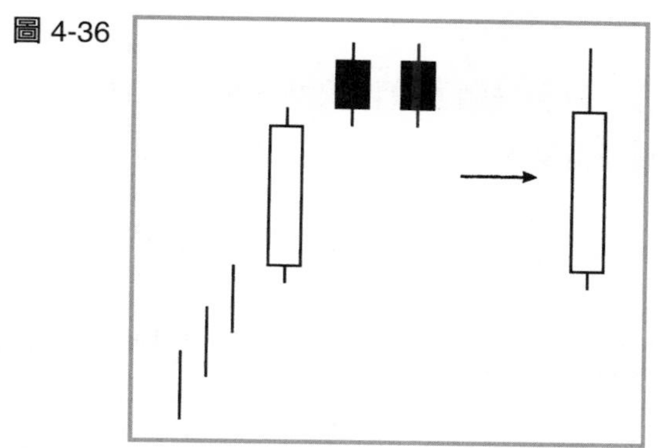

空頭並肩黑線可以簡化爲偏空的長黑線，請參考圖4-37。型態與簡化線形的含意彼此符合。

圖 4-37

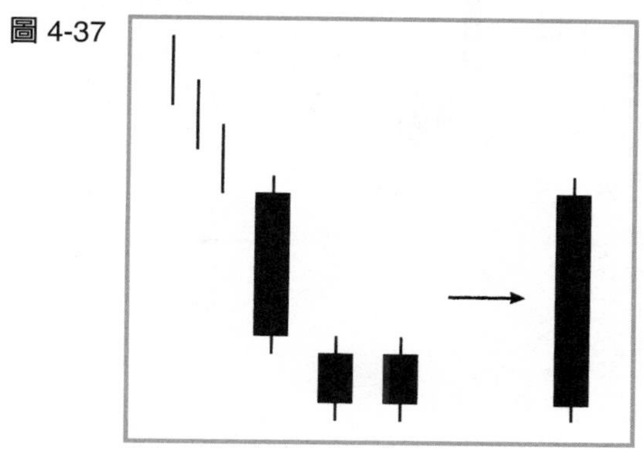

注意：不論多頭或空頭並肩黑線，第1支線形和第2支線形的實體之間存在跳空缺口，缺口長度至少必須是第1支線形價格區間長度的10%。

相關型態

多頭並肩黑線和空頭並肩白線剛好相反。空頭並肩黑線和多頭並肩白線剛好相反。

範例

圖 4-38

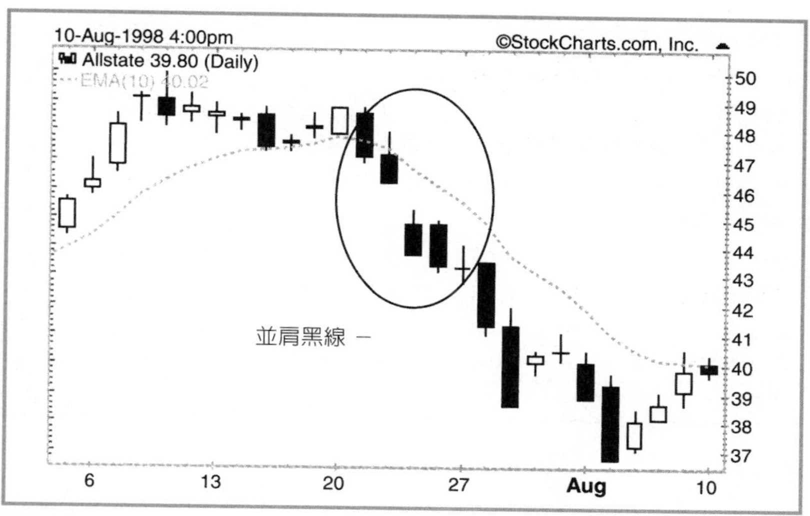

圖 4-39

向上跳空三法（Upside Gap Three Methods）和向下跳空三法（Downside Gap Three Methods）

型態名稱：向上跳空三法＋						類別：C＋	
日文名稱：uwa banare sanpoo hatsu oshi							
趨勢條件：需要			確認：不需				
發生頻率（型態相隔平均天數）：21,598　罕見							
型態統計數據取自7275支普通股，涵蓋1460萬天的資料							
期間（天數）	1	2	3	4	5	6	7
勝率%	57	57	54	54	53	55	54
平均獲利%	2.54	3.27	4.06	4.35	4.77	4.77	5.36
敗率%	43	43	46	46	47	45	46
平均虧損%	-2.08	-2.66	-3.14	-3.73	-4.18	-4.71	-5.24
淨盈虧：	0.54	0.67	0.75	0.63	0.51	0.47	0.48

型態名稱：向下跳空三法一					類別：C－		
日文名稱：shita banare sanpoo ippon dachi							
趨勢條件：需要				確認：需要			
發生頻率（型態相隔平均天數）：18,365　罕見							
型態統計數據取自7275支普通股，涵蓋1460萬天的資料							
期間（天數）	1	2	3	4	5	6	7
勝率%	51	52	48	48	49	49	49
平均獲利%	2.87	3.44	3.97	4.31	4.96	5.26	5.44
敗率%	49	48	52	52	51	51	51
平均虧損%	-2.76	-3.54	-4.04	-5.06	-5.58	-6.10	-6.64
淨盈虧：	0.11	0.06	-0.22	-0.58	-0.37	-0.50	-0.71

圖 4-40

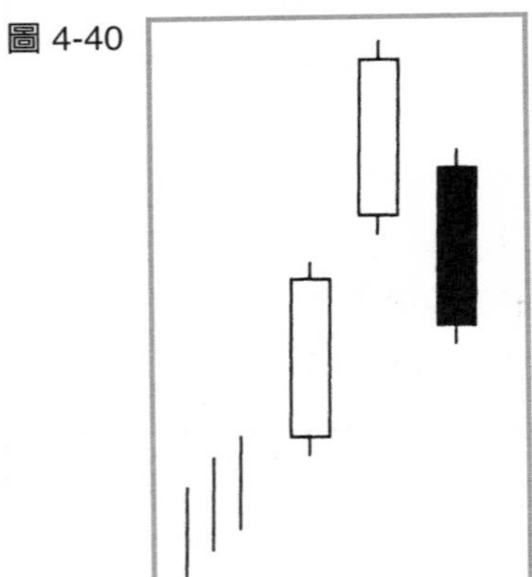

圖 4-41

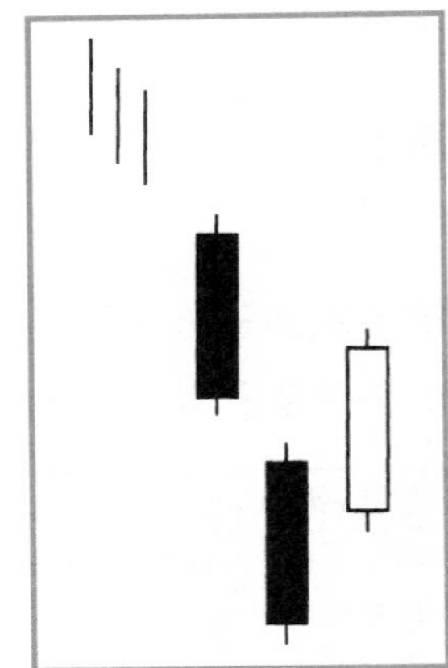

評論

這是一種過份簡化的型態，發生在趨勢明確的市場，結構頗類似「上肩帶缺口」和「下肩帶缺口」。首先是兩支顏色相同的線形，彼此之間存在缺口，線形顏色反映當時的趨勢，請參考圖4-40和圖4-41。第3支線形開盤價位在第2支線形實體內，收盤則位

在第1支線形實體內（所以，第3支線形銜接了第1、第2支線形，也填補跳空缺口）。第3支線形的顏色與前兩支線形相反。

辨識法則

1. 既有趨勢繼續發展，兩支順勢長線形之間存在跳空缺口。
2. 第3支線形顏色相反而填補缺口。

型態蘊含的發展情節／心理狀態

市場朝某個方向強勁發展。順勢跳空缺口更進一步強化既有趨勢。第3天開盤價格深入第2天線形實體之內，然後完全填補跳空缺口。填補缺口的走勢，應該視爲支持既有趨勢繼續發展。跳空缺口發生一段期間之後，才能發揮支撐／壓力的功能。目前這個缺口，在隔天就被填補了，所以應該另做考量。如果這個缺口是整段走勢的第1個缺口，則第3天的逆勢發展，應該視爲獲利回吐。

型態彈性

這是很單純的概念和型態，沒有太多彈性。第1天的線形顏色可能與第2天相反，型態解釋並不會因此有顯著改變。

型態簡化

多頭向上跳空三法可以簡化爲「流星」（圖4-42），空頭向下跳空三法可以簡化爲「鎚子」（圖4-43）。這兩種型態與簡化線形之間的含意彼此衝突。

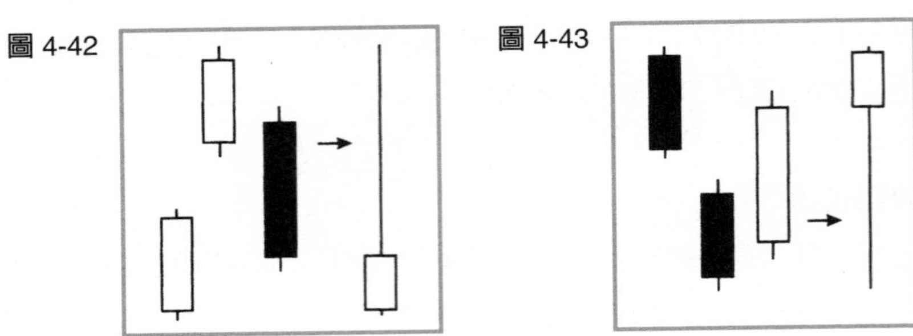

圖 4-42　　圖 4-43

相關型態

這種型態頗類似「肩帶跳空」，但向上／向下跳空三法會封閉跳空缺口。由於這兩組連續型態之間存在矛盾，應該參考本書第7章的型態統計資料。

範例

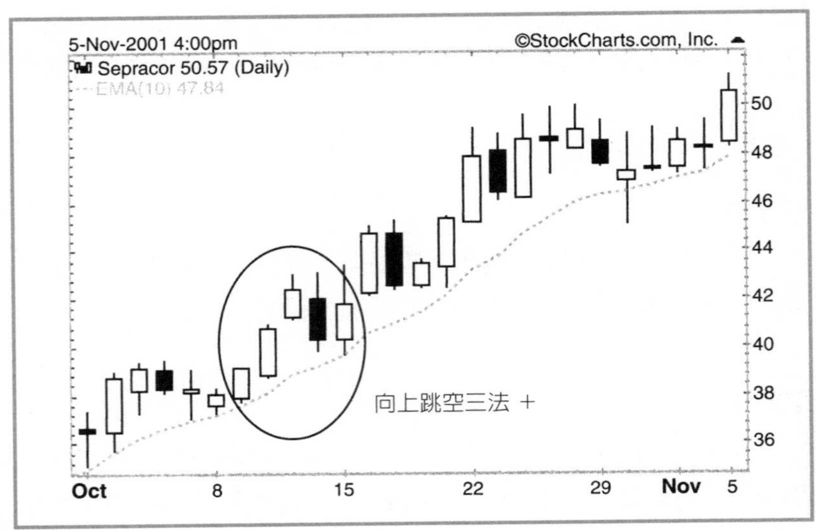

圖 4-44 A

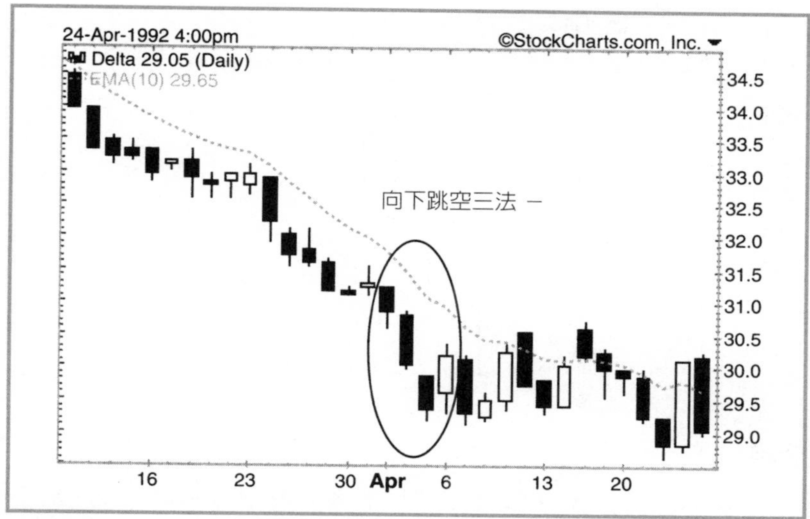

圖 4-44 B

偃鼓息兵（Rest After Battle）

型態名稱：偃鼓息兵 ＋						**類別**：C＋	
日文名稱：tatakai no akatsuki							
趨勢條件：需要				**確認**：不需			
發生頻率（型態相隔平均天數）：1,294　一般							
型態統計數據取自7275支普通股，涵蓋1460萬天的資料							
期間（天數）	1	2	3	4	5	6	7
勝率%	50	52	51	51	51	51	51
平均獲利%	2.37	3.44	4.29	4.96	5.52	5.96	6.36
敗率%	50	48	49	49	49	49	49
平均虧損%	-2.13	-3.03	-3.73	-4.24	-4.74	-5.17	-5.52
淨盈虧：	0.11	0.31	0.37	0.40	.45	0.47	0.55

圖 4-45

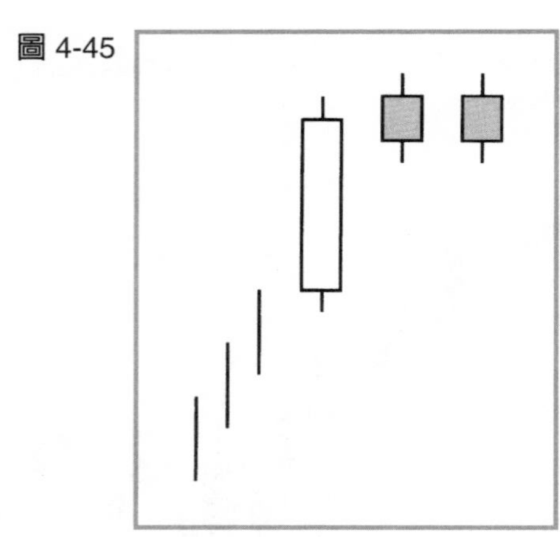

評論

「偃鼓息兵」是由3支線形構成的多頭連續型態。上升趨勢發展過程，首先出現一支長紅線，然後出現幾天橫向走勢，接著又出現另一支長紅線，緊跟著又出現幾天橫向走勢。這種「階梯狀」上升趨勢可能持續3～8星期。到了某個時候，上升動能轉強，可能出現連續的紅線，開盤向上跳空缺口，很少出現連續黑線，直到上升趨勢過度延伸爲止。

偃鼓息兵沒有相反或互補型態。

辨識法則

1. 首先是一支長紅線，中點價格位在10期移動平均之上，反映當時的上升趨勢。
2. 第1支線形的價格區間長度，應該超過型態發生前5支線形的平均價格區間。
3. 第1支線形實體很長。

型態蘊含的發展情節／心理狀態

第1支長紅線代表積極買進。我們不希望先前曾經出現很強的買氣，所以稍早的紅線長度不能超過第1支線形。另外，這種型態如果發生在延伸性漲勢之後，就要特別小心。

型態彈性

第2、3支橫向線形，代表第1天強勁漲勢之後的休息。第2、3支線形的價格區間和實體都不太長。更明確來說，第2、3支線形的價格區間長度不能超過第1支線形價格區間的75%，兩者的實體長度不能超過第1支線形實體的50%。

第2、3支線形代表休息，既不能顯示弱勢，也不能顯示強勢。所以，第2、3支線形收盤價都位在第1支線形價格區間的上半部。另外，第3支線形最低價必須高於第1支線形價格區間中點（這個條件使得價格在第1天之後不至於下跌太多）。

爲了確保第1支線形之後，走勢不至於太強或太弱，第2支線形實體上端必須高於第1支線形收盤價。由於第2天可能是黑線或紅線，所以實體上端可能是其開盤價或收盤價。第2天開盤如果向上跳空，將顯示相當程度的買氣。爲了確保第2天盤勢不至於太強，當天最低價必須低於第1天最高價。

如同第2天的情況，第3天可能是紅線或黑線，而且盤勢也必須不強不弱。第3天開盤和收盤都必須位在第2天價格區間之內；換言之，第3天開盤和收盤必須低於第2天最高價、高於第2天最低價。

型態簡化

偃鼓息兵可以簡化為長紅線，實體很長，位在下端。長紅線發生在上升趨勢，代表強勢；所以，簡化線形支持型態含意。

圖 4-46

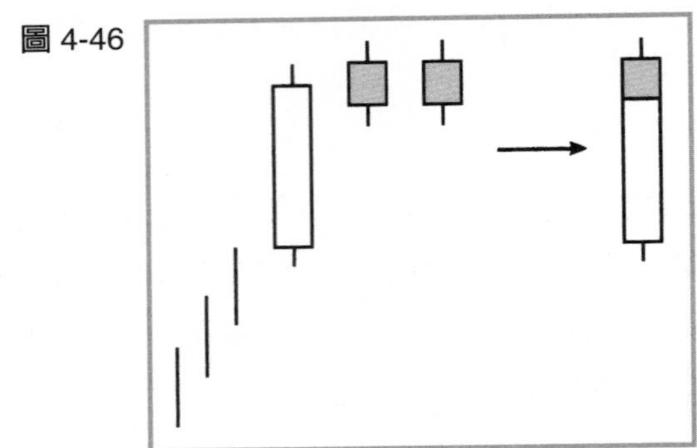

範例

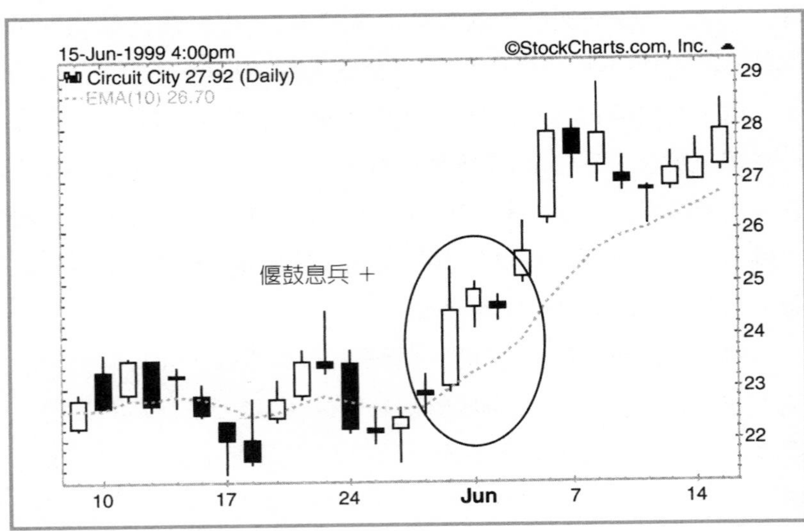

圖 4-47

四支或以上線形構成的型態

上升三法（Rising Three Method）和
下降三法（Falling Three Method）

型態名稱：上升三法＋						類別：C＋	
日文名稱：uwa banare sanpoo ohdatekomi							
趨勢條件：需要				確認：不需			
發生頻率（型態相隔平均天數）：5,332　一般							
型態統計數據取自7275支普通股，涵蓋1460萬天的資料							
期間（天數）	1	2	3	4	5	6	7
勝率%	50	50	49	49	50	49	50
平均獲利%	2.88	3.96	4.62	5.19	5.79	6.44	6.75
敗率%	50	50	51	51	50	51	50
平均虧損%	-2.33	-3.12	-3.52	-4.07	-4.63	-4.92	-5.23
淨盈虧：	0.26	0.44	0.50	0.47	0.58	0.67	0.70

型態名稱：下降三法－						類別：C－	
日文名稱：shita banare sanpoo ohdatekomi							
趨勢條件：需要				確認：建議			
發生頻率（型態相隔平均天數）：8,075　一般							
型態統計數據取自7275支普通股，涵蓋1460萬天的資料							
期間（天數）	1	2	3	4	5	6	7
勝率%	51	53	52	49	48	48	48
平均獲利%	2.89	3.85	4.78	5.39	5.99	6.63	6.98
敗率%	49	47	48	51	52	52	52
平均虧損%	-2.69	-3.80	-4.55	-5.07	-5.50	-6.31	-6.67
淨盈虧：	0.15	0.22	0.29	0.04	0.02	-0.07	-0.06

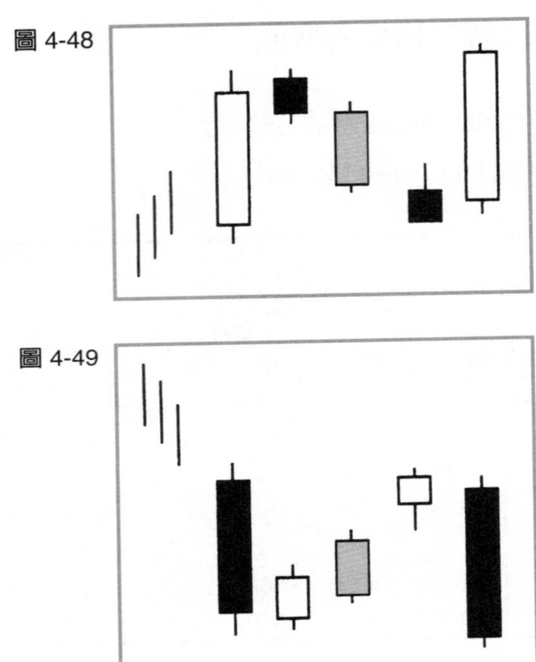
圖 4-48

圖 4-49

評論

本書第5章將討論的「三法」，包括多頭的「上升三法」和空頭的「下降三法」。兩者都代表連續型態：既有趨勢暫時停頓，但不至於反轉。換言之，這類排列代表既有趨勢暫時休息，投資人可以藉此機會追加部位。

上升三法

上升趨勢發展過程，出現一支長紅線。隨後，出現一群實體相對小的線形，反映既有上升趨勢遭逢上檔壓力。這些整理線形

可能以黑線居多，但實體都必須位在第1支線形價格區間內。整個型態最後一支線形（通常是第5支），開盤價高於前一天收盤，其收盤則創新高價。

下降三法

下降三法是上升三法的對應型態。下降趨勢發展過程，出現一支長黑線。隨後幾天出現一群實體相對小的線形，呈現逆向上升整理走勢。這些整理線形最好以紅線居多。請注意，這些整理線形的實體都必須位在第1支線形價格區間內。整個型態最後一支線形，開盤價應該位在前一天收盤附近，其收盤則創新低價。這個型態完成之後，既有下降趨勢將繼續發展。

辨識法則

1. 一支長線形反映既有趨勢。
2. 隨後出現一群實體相對小的線形，顏色最好與第1支線形相反。
3. 這群整理線形呈現逆向整理，實體都位在第1支線形價格區間內。
4. 型態完成的最後一支線形，其收盤價朝既有趨勢方向，超越第1支線形的收盤價。

型態蘊含的發展情節／心理狀態

上升三法的概念，來自於日本早期的期貨交易，代表「阪田兵法」的核心部分。三法型態代表休戰或休息。套用現代術語，市場只是暫時停頓。這種走勢反映市場參與者懷疑既有趨勢是否能夠持續發展，所以在順勢長線形之後，會出現一系列實體很小的逆向整理線形。可是，多頭（空頭）一旦發現逆向盤整沒辦法突破第1支線形最低價（最高價），既有趨勢就會恢復而創新高（低）收盤價。

型態彈性

這整型態通常包含五支線形，所以不容易看到典型的排列。一系列盤整線形的結構，應該有些彈性；盤整期間的價格區間最好完全涵蓋第1支線形的價格區間，但可以稍微超越。如果整理走勢明顯在順勢方向超越第1支線形的價格區間，則變成「執墊」型態。

型態簡化

上升三法可以簡化爲偏多的長紅線，簡化線形支持型態含意，請參考圖4-50。同樣地，下降三法可以簡化爲偏空的長黑線，簡化線形支持型態含意，請參考圖4-51。

圖 4-50

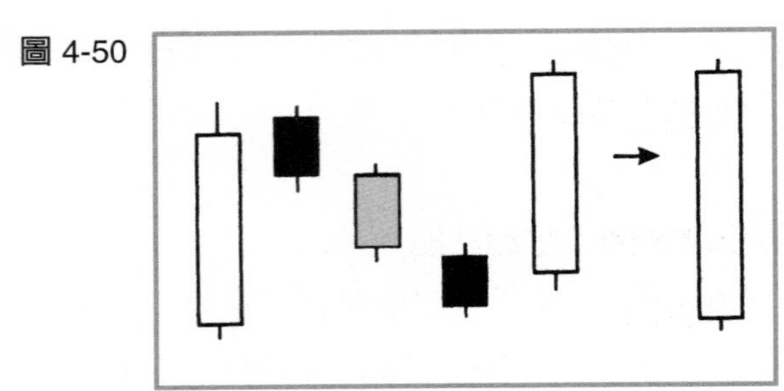

圖 4-51

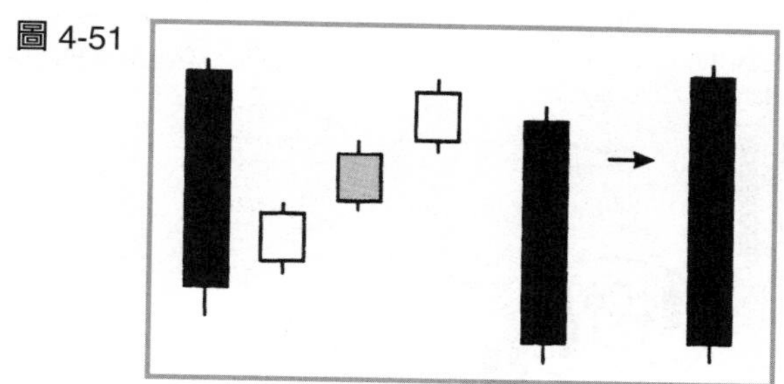

相關型態

上升三法很像多頭「執墊」，兩者都是多頭連續型態，但執墊的整理線形部分，結構上允許較大的彈性。整理線形是指兩支長線形所夾的一系列小線形，線形整體發展方向與既有趨勢相反。一般來說，執墊的上漲力道勝過對應的上升三法。

範例

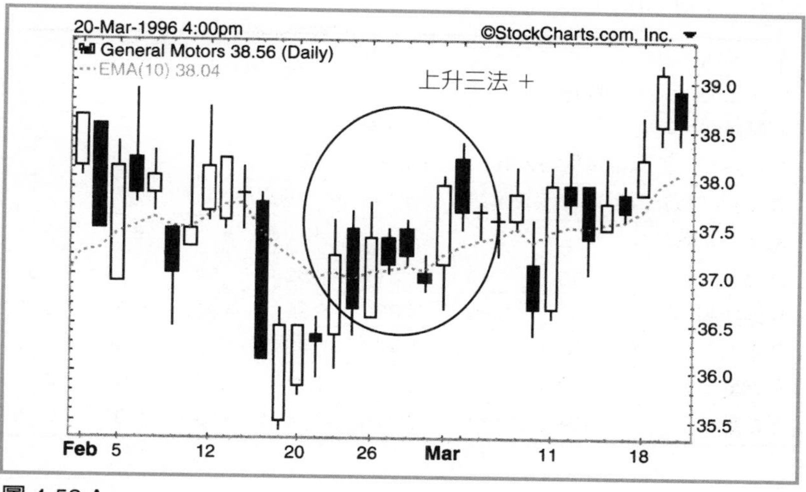

圖 4-52 A

圖 4-52 B

執墊（Mat Hold）

型態名稱：執墊＋					類別：C＋		
日文名稱：uwa banare sante oshi							
趨勢條件：需要			確認：不需				
發生頻率（型態相隔平均天數）：55,303 罕見							
型態統計數據取自7275支普通股，涵蓋1460萬天的資料							
期間（天數）	1	2	3	4	5	6	7
勝率%	45	49	51	52	54	54	53
平均獲利%	2.50	3.86	4.88	5.36	5.96	5.91	6.13
敗率%	55	51	49	48	46	46	47
平均虧損%	-1.99	-3.04	-3.13	-4.21	-4.69	-4.60	-4.84
淨盈虧：	0.04	0.33	0.91	0.75	1.03	1.05	0.95

型態名稱：執墊－					類別：C－		
日文名稱：uwa banare sante oshi							
趨勢條件：需要				確認：建議			
發生頻率（型態相隔平均天數）：96,689 罕見							
型態統計數據取自7275支普通股，涵蓋1460萬天的資料							
期間（天數）	1	2	3	4	5	6	7
勝率%	50	46	45	52	48	49	48
平均獲利%	3.07	4.30	5.20	5.14	5.69	6.65	7.03
敗率%	50	54	55	48	52	51	52
平均虧損%	-2.54	-3.73	-4.46	-5.08	-5.74	-6.54	-7.61
淨盈虧：	0.24	-0.04	-0.12	0.27	-0.29	-0.12	-0.57

圖 4-53

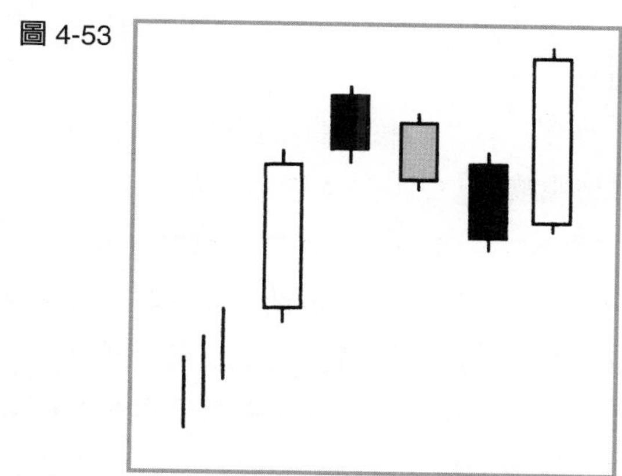

圖 4-54

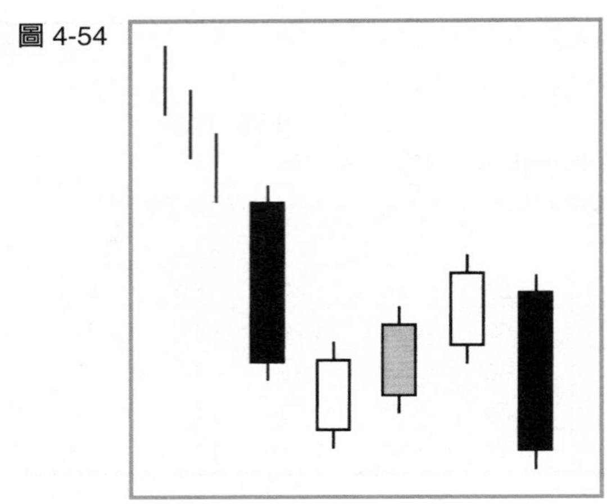

評論

多頭執墊

多頭「執墊」是「上升三法」的變形。型態的最初三支線形，排列像是「雙鴉躍空」，但第3支線形進入第1支線形實體內，請參考圖4-53。隨後的第4支線形（黑線）收盤更低，但仍然在第1支線形實體內。第5支線形開盤高於前一天收盤，而且收盤價高於先前3支盤整小線形的最高價。型態完成之後，既有上升趨勢應該持續發展。相較於「上升三法」，多頭執墊恢復的上升趨勢更強勁。盤整期間的小線形價位，大體上高於對應的上升三法。換言之，多頭執墊不像上升三法，並沒有出現趨勢中斷或休息的現象。

空頭執墊

空頭「執墊」是由五支線形構成的空頭連續型態，代表既有下降趨勢的休息或停頓。

辨識法則

多頭執墊

1. 上升趨勢發展過程出現一支長紅線。
2. 第2天價格向上跳空，但最終收黑線，有點像「星形」。
3. 隨後兩天呈現逆向整理走勢，類似上升三法的整理線形。
4. 第5天是長紅線，創新高收盤價。

空頭執墊

1. 下降趨勢發展過程出現一支長黑線。
2. 第2天收紅線，與前一天實體之間存在缺口。
3. 隨後兩天呈現逆向整理走勢，線形實體兩端持續墊高。
4. 第5天是長黑線，開盤低於第4支線形收盤，收盤價則低於第2支線形開盤價。

型態蘊含的發展情節／心理狀態

多頭執墊

行情持續攀升，一支長紅線反映當時的上升趨勢。隔天，價格向上跳空開盤，小幅整理，最後稍微收低；當天雖然收黑線，但仍然創新高收盤價。這支線形只顯示多頭稍做休息，雖然也引出一些空頭。隨後一、兩天的盤勢，透露人們對於既有上升趨勢的疑惑，開盤價都在前一天收盤附近，收盤則稍微走低。可是，雖然逆向盤整了三天，價格仍然沒有跌破第1天開盤價（第1支長紅線開盤）。由於盤整走勢沒有向下突破，多頭攻勢再起，並創新高收盤價。整個型態顯示：既有上升趨勢只是暫時休息。

空頭執墊

第2、3、4支線形代表既有下降趨勢暫時停頓，每支線形的收盤價從來沒有向上穿越第1天開盤價。所以，到了第4天交易結束之後，盤勢似乎顯示趨勢無法向上反轉。一旦第5天收盤價跌破第2天開盤價，空頭相信前三天的走勢只是既有趨勢的暫時休息，價格將繼續下跌。

型態彈性

排列內的第2、3、4支線形，實體長度沒有任何規定，但經常會出現十字線。另外，第2、3支線形可以是紅線或黑線，雖然最好都是與既有趨勢相反的顏色，第4支線形通常是逆勢顏色。

型態最初和最末線形（第1支和第5支）的實體很長，必須佔整個價格區間的50％以上。至於這兩支線形所夾的三支小線形，應該呈現逆向整理，就如同「上升三法」和「下降三法」一樣，但上升或下降的氣勢更甚。

型態簡化

多頭執墊型態可以簡化爲偏多的長紅線（請參考圖4-55），型態與簡化線形的意涵一致。

圖 4-55

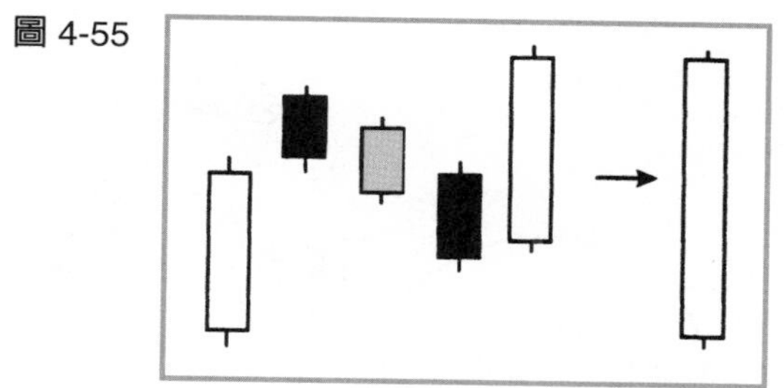

空頭執墊型態可以簡化爲偏空的長黑線（請參考圖4-56），型態與簡化線形的意涵一致。

圖 4-56

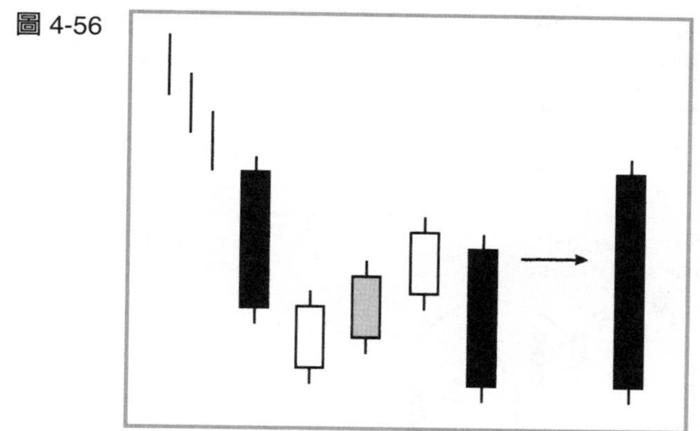

相關型態

「上升三法」是比較缺乏彈性的型態。排列最初很像「雙鴉躍空」，但第3支線形收盤價進入第1支線形實體內，這個時候已經排除雙鴉躍空的可能性。第2支線形出現時，必須防範「三烏鴉」反轉型態，尤其是線形實體很長的話。

空頭執墊型態很像「下降三法」。

範例

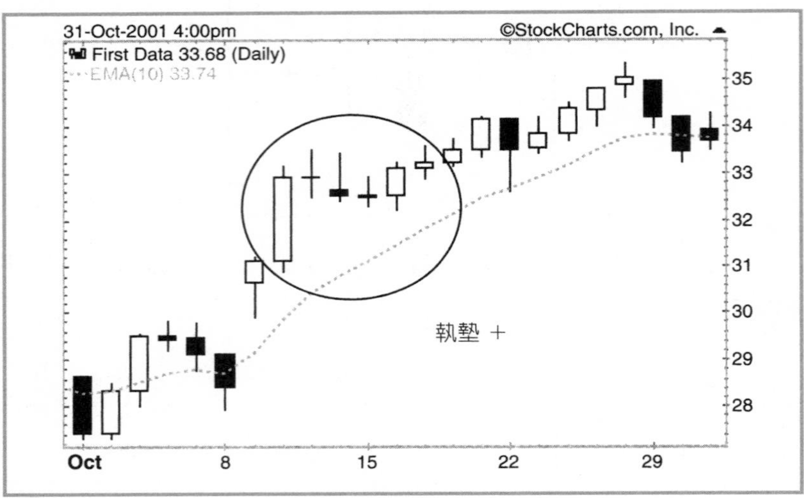
31-Oct-2001 4:00pm
©StockCharts.com, Inc.
First Data 33.68 (Daily)
EMA(10) 33.74
執墊 +
35
34
33
32
31
30
29
28
Oct
8
15
22
29

圖 4-57

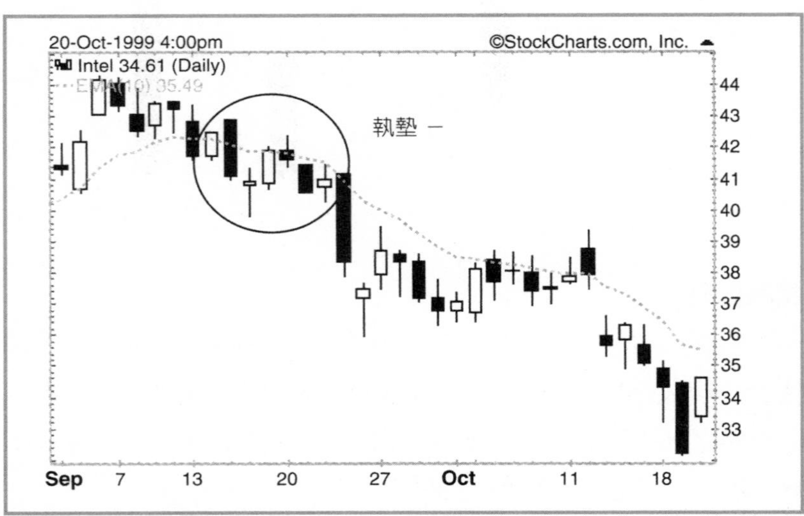
20-Oct-1999 4:00pm
©StockCharts.com, Inc.
Intel 34.61 (Daily)
EMA(10) 35.49
執墊 −
44
43
42
41
40
39
38
37
36
35
34
33
Sep
7
13
20
27
Oct
11
18

圖 4-58

三線反擊（Three-Line Strike）

型態名稱：三線反擊 +					類別：C+		
日文名稱：sante uchi karasu no bake sen							
趨勢條件：需要				確認：不需			
發生頻率（型態相隔平均天數）：20,506 罕見							
型態統計數據取自7275支普通股，涵蓋1460萬天的資料							
期間（天數）	1	2	3	4	5	6	7
勝率%	53	54	53	57	56	57	57
平均獲利%	2.46	3.09	3.82	4.20	4.59	5.05	5.61
敗率%	47	46	47	43	44	43	43
平均虧損%	-2.37	-3.02	-3.60	-4.37	-5.00	-5.54	-5.94
淨盈虧：	0.18	0.28	0.33	0.49	0.35	0.53	0.66

型態名稱：三線反擊－					類別：C－		
日文名稱：sante uchi karasu no bake sen							
趨勢條件：需要				確認：建議			
發生頻率（型態相隔平均天數）：17,402 罕見							
型態統計數據取自7275支普通股，涵蓋1460萬天的資料							
期間（天數）	1	2	3	4	5	6	7
勝率%	53	51	52	51	51	52	53
平均獲利%	2.79	3.98	4.57	5.37	5.93	6.39	6.87
敗率%	47	49	48	49	49	48	47
平均虧損%	-3.02	-4.03	-5.13	-5.45	-5.74	-6.94	-7.07
淨盈虧：	0.03	0.08	-0.05	0.09	0.16	-0.03	0.29

評論

這是由四支線形構成的型態，發生在明確的趨勢中。這種型態可以被視爲「三烏鴉」（Three Black Crows）或「三白兵」（Three White Soldiers）的延伸。這種型態代表休息或暫時停頓：休息是在一天之內就完成。對於趨勢發展來說，休息總是有助於走更長遠的路。某些日本文獻稱此爲「三鴉騙線」（Fooling Three Crows）或「三兵騙線」（Fooling Three Soldiers）。

多頭三線反擊

首先出現連續三支紅線，最高價不斷墊高，然後出現一支長黑線，開盤價創新高，但價格隨後下滑，創整個型態的盤中新低價（請參考圖4-59）。換言之，最後一支黑線完全勾消先前三天的漲勢。先前的上升趨勢如果很強勁，最後一支黑線可以被視爲暫時性的獲利回吐。換言之，最後一支黑線完全勾消先前三天的漲勢。先前的上升趨勢如果很強勁，最後一支黑線代表暫時性的獲利了結；這種盤勢有利於既有上升趨勢繼續發展。

空頭三線反擊

首先出現連續三支黑線，最低價不斷下滑，更強化既有的下降趨勢。接著，出現一支紅線，開盤價創新低，然後開始向上反彈，創整個型態的盤中新高價（請參考圖4-60）。最後這支紅線完全勾消先前三天的跌勢。最後一天的盤勢，是由空頭回補的買盤造成；等到獲利了結的空頭停止買進，下降趨勢將持續發展。

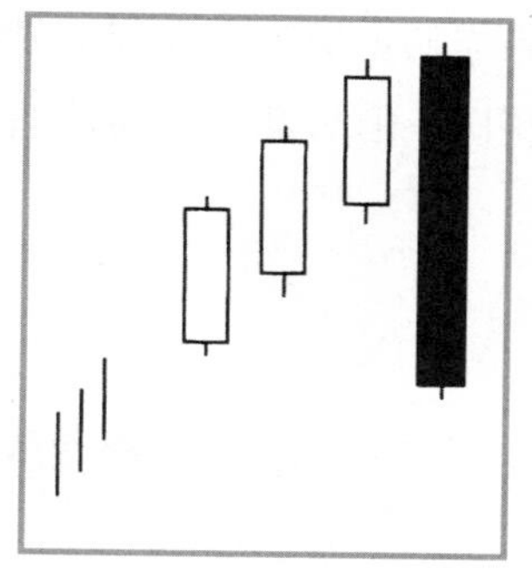

圖 4-60

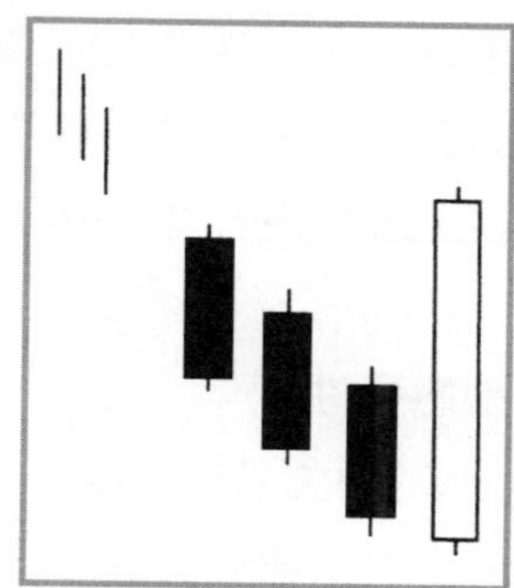

辨識法則

多頭三線反擊

1. 上升趨勢發展過程出現連續三天的漲勢，排列很類似「三白兵」。
2. 第4天開盤創新高，價格隨後走低，收盤價低於第1支紅線開盤。

空頭三線反擊

1. 下降趨勢發展過程出現連續三天的跌勢，排列很類似「三烏鴉」。
2. 第4天開盤創新低，價格隨後反彈，收盤價高於第1支黑線開盤。

型態蘊含的發展情節／心理狀態

既有趨勢持續發展，連續出現三支紅線（三白兵）或黑線（三烏鴉），更強化當時的趨勢。第4天，價格順勢跳空，但獲利了結或空頭回補導致價格呈現逆向的強勁走勢，完全勾消先前三天的價格發展。這種盤勢引起嚴重關切，但短期的反轉情緒沈澱之後，既有趨勢將持續發展。

型態彈性

第4天最初的順向跳空程度，以及隨後的反向走勢程度，會明確影響這種型態是否能夠成功。

型態簡化

多頭三線反擊可以簡化爲偏空「流星」，請參考圖4-61，型態和簡化線形的含意明顯衝突。同樣地，空頭三線反擊可以簡化爲偏多的「鎚子」，請參考圖4-62，型態和簡化線形的含意也彼此矛盾。

圖 4-61

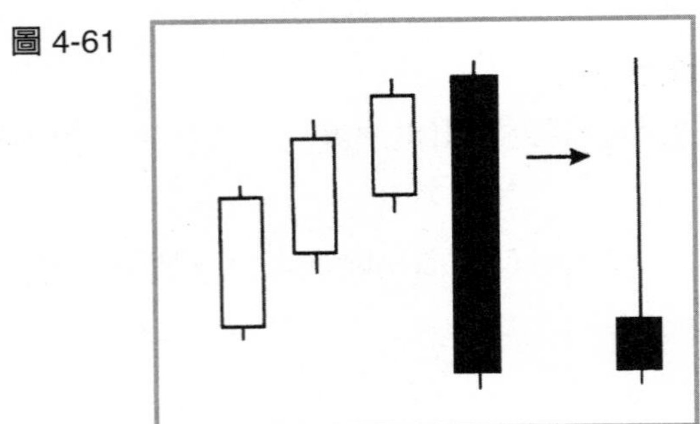

圖 4-62

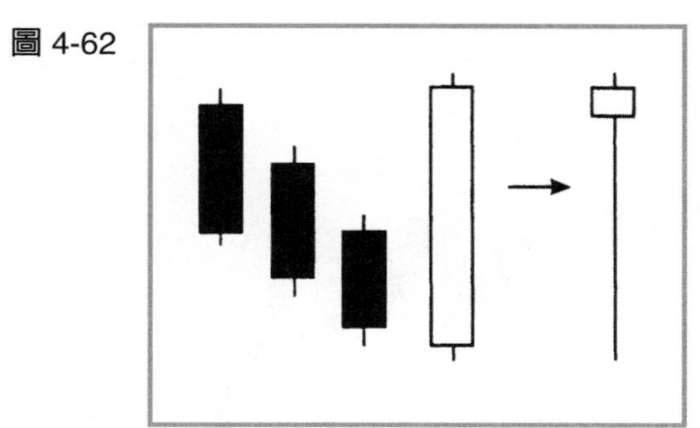

相關型態

這種型態原本有「三白兵」或「三烏鴉」的跡象，但其影響力很快就被隨後的強勁整理線形否決了。

範例

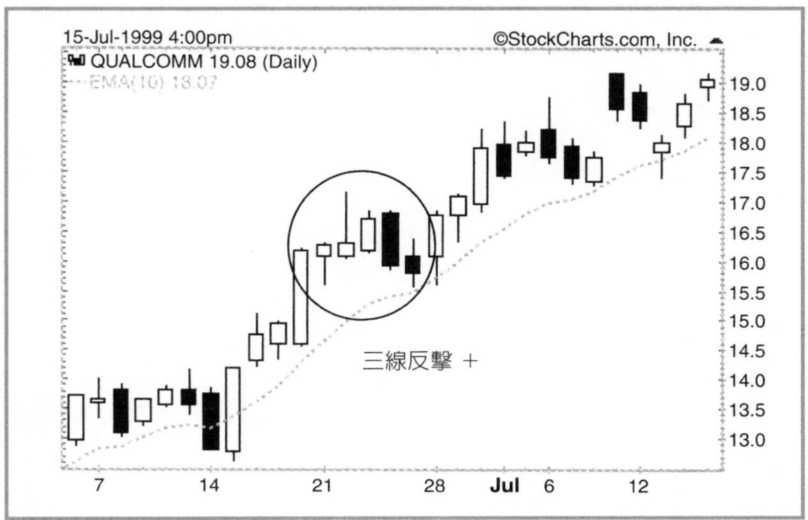

圖 4-63 A

31-Dec-1999 4:00pm
©StockCharts.com, Inc.
Anheuser Busch 34.45 (Daily)
EMA(10) 33.89
三線反擊 一
37.5
37.0
36.5
36.0
35.5
35.0
34.5
34.0
33.5
33.0
32.5
22
29
Dec
6
13
20
27

圖 4-63 B

第5章

阪田兵法和陰陽線排列

日本歷史充滿了成功的案例，尤其是金融交易歷史，經常是由少數個人主導時代的發展。本間宗久（Munehisa [Sohkyu] Honma）就是這種成功的典範。

本間大概在18世紀中期踏入日本期貨界。1750年左右，本間掌管其富有的家族事業，開始在「出羽國」（現在的山形縣）港都阪田（Sakata）的稻米交易所從事交易。阪田位在北本州的西海岸（大約在東京北方220英里處），目前仍然是稻米集散地，也是日本海最重要港口之一。

據說，本間建立了私人通訊網路，在大阪和阪田之間，每隔4公里便有一人站在屋頂上打訊號做聯絡。大阪與阪田之間相距380英里，所以需要100多人打訊號。藉由這個通訊網路，本間掌握了交易需要的資訊優勢，因此，很快就在稻米交易上累積了可觀財富。本間保留了很多紀錄，用以研究投資人的心理。這方面的研究讓他瞭解，稻米交易絕對需要謀定而後動，不可倉促或草率行事。

根據本間的說法，如果你覺得自己輸不起而迫切想要進行交易，不妨等待三天，看看是否還有相同的感覺。如果到時候還是如此認爲，那就進行交易，結果可能相當成功。

本間家族在阪田附近擁有大片的農地，被公認爲日本最富有的家族之一。事實是如此，甚至還有歌謠傳誦：沒有人可以像本間家族一樣富有；普通人只能期待自己像大名（daimyo，日本早期的封建領主）一樣富有。

本間死於1803年。他曾經在1755年出版一本書《三圓金錢之解》（San-en Kinsen Horoku，闡述以小搏大的賺錢方法），書中提到：「如果大家都看好後市，那就當個傻瓜，把稻米賣掉。」這本書出版於1755年，至今仍然被視爲日本市場哲學的根基。本間家族在阪田的一處宅院，現在已經被改建爲「本間藝術博物館」（Honma Museum of Art）。

根據「阪田兵法」建立的所有型態和排列，皆源自於本間在51歲時編寫的160條法則。「阪田兵法」被視爲陰陽線型態辨識的起源。陰陽線繪圖方法並非本間所發明，他所貢獻的是陰陽線型態的哲學。本間的方法被推崇爲現代陰陽線分析的濫觴。

由於本間來自阪田，所以我們可以看到很多類似的名稱，譬如：阪田法則、阪田兵法、阪田五法、本間法令…等。名稱雖然有異，分析技術則相同，本書將以「阪田兵法」稱之。

阪田兵法

阪田兵法是本間宗久創立的，運用於基本圖形分析，用以處

理陰線、陽線和兩條影線。整個概念圍繞在數字3。數字3經常出現在傳統分析和日本圖形技術。「阪田兵法」屬於圖形分析技術，在各種不同市況時點引用數字 3。阪田兵法可以摘要如下：

三山-三座山巒（San-Zan；Three Mountains）

三川-三條河川（San-sen；Three Rivers）

山窟-三道缺口（San-ku；Three Gaps）

三兵-三名士兵（San-pei；Three Soldiers）

三法-三種方法（San-poh；Three Methods）

所以，「三」是指無所不在的數字 3。

三山

「三山」排列代表市場頭部形態。這種排列類似西方傳統型態分析的「三重頂」(價格漲跌三次而形成三個峰位的頭部)。此排列也類似「三尊頭」(Three Buddha Tops，san-son)，相當於傳統型態分析的「頭肩頂」。這種排列源自於西方三聖的排列，中間佛較大，兩邊佛較小。三山包含西方傳統分析的三重頂，三段上升走勢伴隨著三段修正走勢。三重頂的三個峰位，高度可能相同，也可能向某個方向傾斜，通常是向下傾斜。

三川

「三川」是「三山」的相反情況，我們通常將此視為西方傳統分析的「三重底」或「頭肩底」，但這種看法未必正確。原則上，三川是運用三支線形來預測市場轉折點的理論。不少陰陽線多頭型態是由三支線形構成，譬如：「晨星」或「三白兵」。在日本文

Candlestick
910604 [1]
BMY (82.375)
911014 [93]
87.875
85.000
80.000
77.375
三尊頭
Jun
Jul
Aug
Sep
Oct

圖 5-1 A

Candlestick
910628 [1]
HAL (34.75)
911107 [93]
41.750
41.000
40.000
39.000
38.000
37.000
36.000
35.000
34.000
33.000
32.625
頭肩頂
Jun
Aug
Sep
Oct
Nov

圖 5-1 B

獻裡，晨星經常又稱爲「三川晨星」，這可以反映「阪田兵法」的精神。

阪田兵法內的三川，究竟是用來辨識底部排列的方法，或是利用三支線形來辨識頭部／底部，這當中有些混淆。日本文獻中，時常出現「三川夜星」（空頭型態）與「三川雙鴉躍空」（空頭型態）等名詞。可是，本書第3章也提到「獨特三河（川）底」的多頭反轉型態。

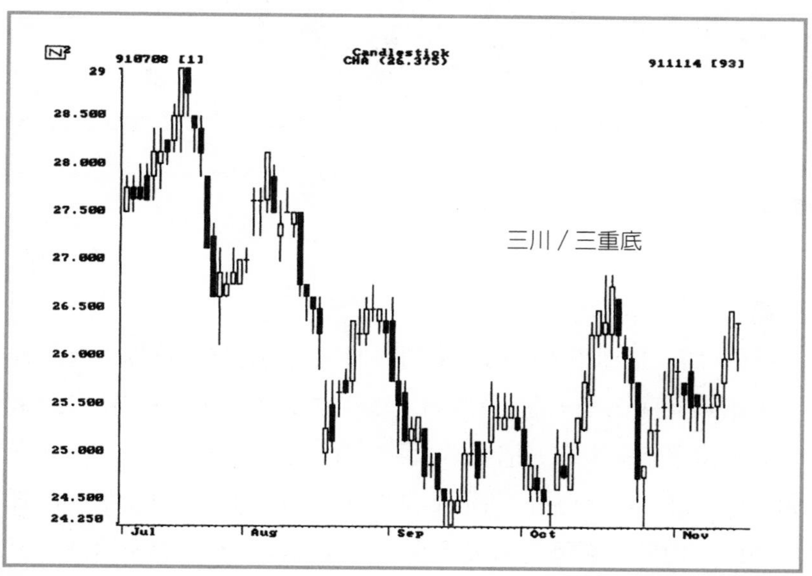

圖 5-2 A

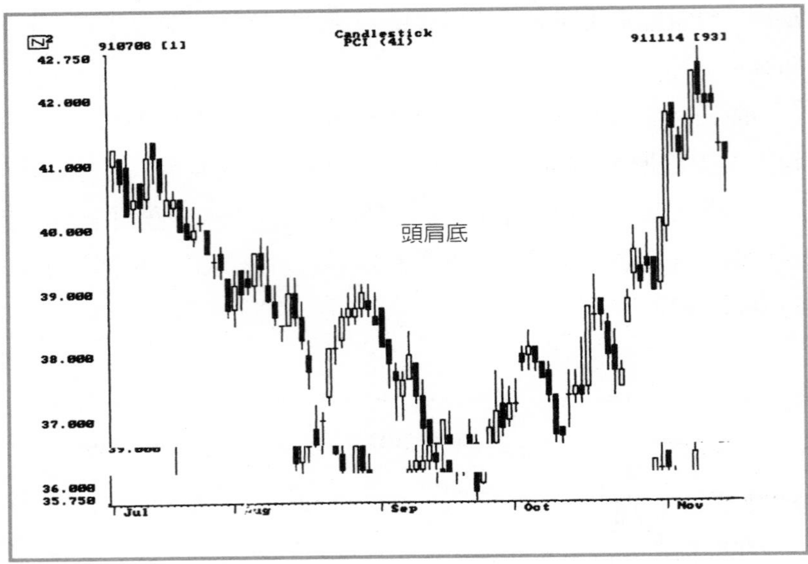

圖 5-2 B

三窟

「三窟」是運用價格缺口來判斷進、出場時機。根據古老的說法，市場見底之後，在第3個向上跳空缺口賣出。第1個缺口顯示新的買盤聚集強大的力道。第2個缺口代表追加買盤，以及保守空頭積極回補。第3個缺口則是頑固的空頭開始回補，以及落後買盤所造成。由於買賣雙方衝突轉劇，以及超買市況可能快速發生，阪田兵法建議在第3個跳空缺口賣出。

同理，當行情由頭部反轉而下，相同的方法也適用於向下的跳空缺口。日文稱填補缺口為anaume。缺口的日文又稱為「窗口」（mado）。

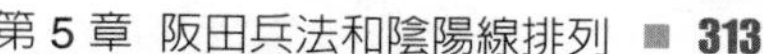

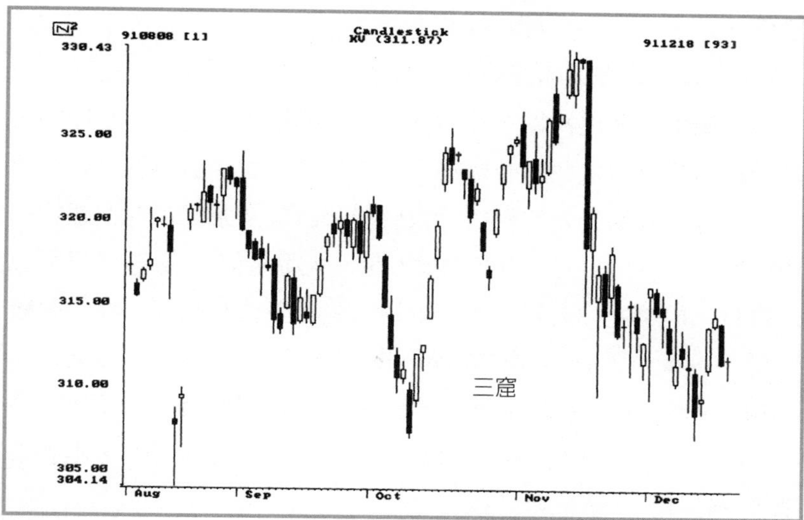
910808 [1]
Candlestick
XU (311.87)
911218 [93]
330.43
325.00
320.00
315.00
310.00
305.00
304.14
Aug
Sep
Oct
Nov
Dec
三窟

圖 5-3

910808 [1]
Candlestick
HG (97.91)
911218 [93]
106.59
100.00
96.500
Aug
Sep
Oct
Nov
Dec
三窟

圖 5-4

三兵

「三兵」代表「朝相同方向前進的三個士兵」。「三白兵」是典型的範例，展現持續上升的行情。這種價格穩定上升的性質，顯示行情將呈現主要上升趨勢。阪田兵法也說明這種型態如何惡化，解釋上升趨勢如何轉弱。我們接著討論多頭三白兵型態的空頭變形。三白兵的第一種空頭變形是「大敵當前」，其結構很類似三白兵，但第2、3支紅線的上影線很長。三白兵的第二種空頭變形是「步步爲營」，其第2支線形也有很長的上影線，第3天則是「紡錘」，而且很可能是星形。這意味著上升趨勢即將向下反轉。

「三兵」的其他型態還包括「三烏鴉」和「三胎鴉」，兩者都屬於空頭排列（請參考第3章）。

圖 5-5

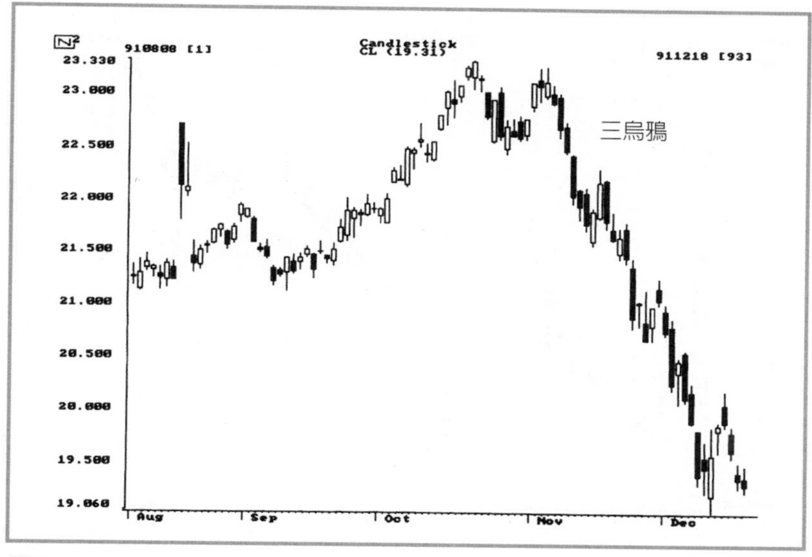

圖 5-6

三法

「三法」是指休息或停火。日本俗話說，「買進、賣出，然後休息。」有關市場心理的傳統交易書籍，多數建議投資人每隔一陣子要退場休息。所以提出這種建議的理由很多，其中最重要者是：在「旁觀者清」的情況下，判斷行情的未來發展。

三法包含「上升三法」和「下降三法」等連續型態。某些文獻還提到「向上跳空三法」和「向下跳空三法」(請參考第4章)。

上升三法和下降三法連續型態，都屬於休息的排列。市場的既有趨勢沒有終止，只是稍做停頓，隨後將繼續發展。

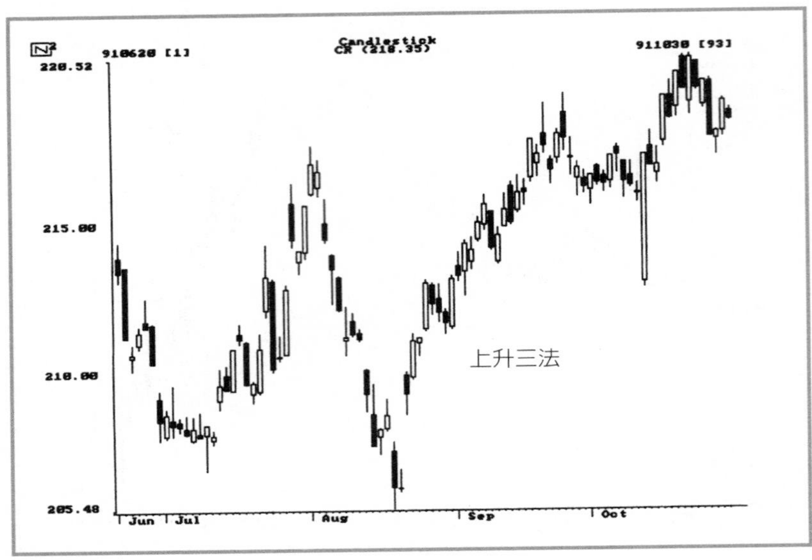

圖 5-7

阪田兵法嘗試以清晰、果斷的方式判讀走勢圖。阪田兵法經常蘊含著下列簡單哲學：

1. 上升或下降趨勢進行過程，價格會朝既有趨勢方向發展。這個事實有助於運用電腦判定陰陽線型態。
2. 相較於價格下跌，推動價格上漲需要更大的力量。整個概念和下列說法有直接關連：價格可以因爲其本身的重量而下跌。
3. 價格不會永遠上漲，也不會永遠下跌。1991年9月份的《富比士雜誌》刊載一篇文章，其中提到：處在空頭市場，應該隨時提醒自己，這並不是世界末日；處在多頭市場，則要提醒自己，樹木不會長到九霄雲外。用比較通俗的話來

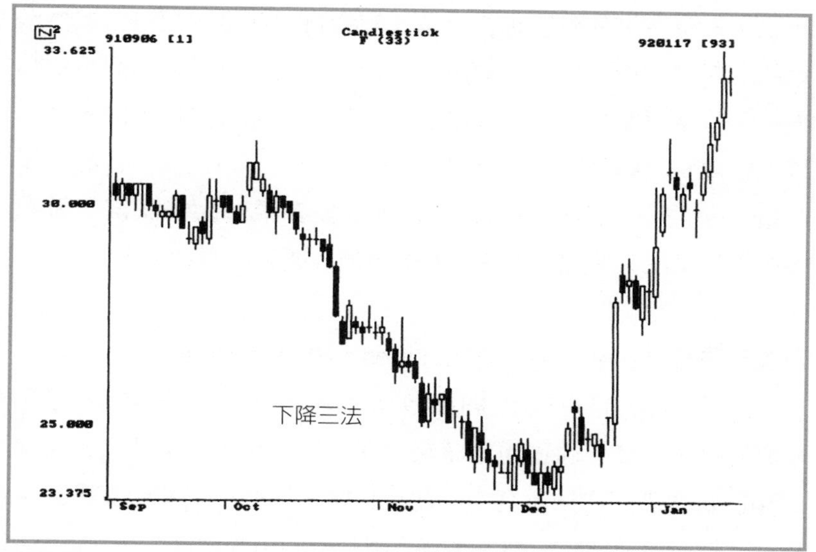

圖 5-8

說：天下沒有不散的宴席。

4. 市場有時候會完全沒有明確的方向走勢。換言之，價格呈現橫向盤整。碰到這種市況，除非是手腳最靈敏的交易者，多數人都會退場觀望。

除了強調數字3之外，阪田兵法也採用更廣泛的排列，包括許多陰陽線型態在內。

陰陽線排列

日本陰陽線排列，很多都類似於西方傳統技術分析使用的型態。我們現在使用的陰陽線名稱和型態，大多都出自史帝夫・尼森之手。這些排列可能包含很多天的資料。價格排列可以做爲市場的一般性指標，但通常缺少投資人／交易者可供運用的精確時效。一旦察覺某特定排列，應該參考其他有關價格反轉的徵兆，譬如陰陽線反轉型態。價格排列形成的過程如果很長，可能出現干擾。請記住，陰陽線型態多數都要擺在既有趨勢狀況下做判斷，尤其是反轉型態。下述陰陽線排列會顯著影響趨勢發展。

八支新高線（Eight New Price Lines，Shinne Hatte）

這是有關行情持續上漲的排列。市場一旦連續創8個新高價，就應該獲利了結，否則也應該設定保護性停止單。某些文獻還提到10個新高價、12個新高價，甚至13個新高價，但此處並不建議採用。採用這種技巧之前，應該考慮當時的市況環境。

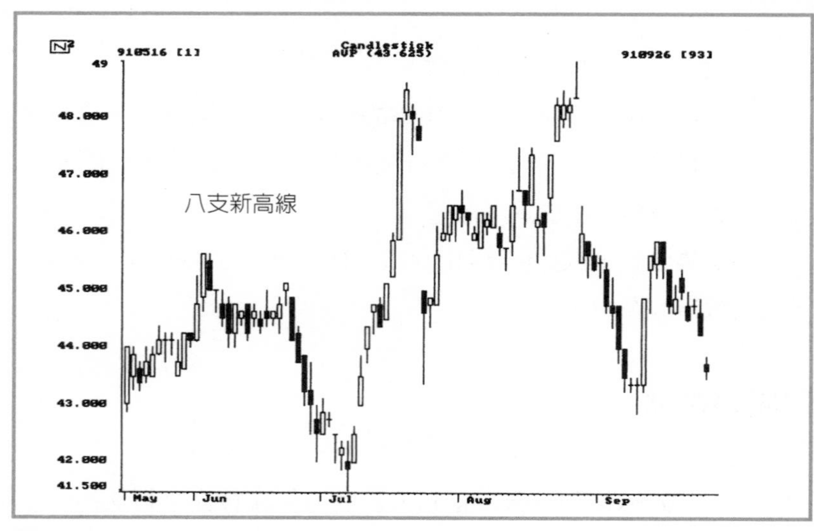

圖 5-9

鑷子（Tweezers，Kenuki）

「鑷子」是相對單純的排列，利用兩天或以上的線形判斷行情頭部和底部。如果兩天的最高價相同，排列稱為「鑷頭」（Kenukitenjo）；如果兩天的最低價相同，排列稱為「鑷尾」（Kenukizoko）。線形的最高價或最低價，也可能是開盤價或收盤價。所以，假設某天線形有很長的上影線，而隔天線形為「開盤實線」；這種情況下，第2支線形開盤價（也是最高價）將等於第1支線形最高價。「鑷頭」和「鑷尾」都不侷限於兩天的排列；構成鑷子的兩支線形之間，可能間隔著數支走勢不規則的線形。

鑷頭和鑷尾排列可以提供短期的支撐和壓力。所謂支撐或壓力，是指市場先前走勢出現轉折的價格區域。支撐是指目前行情

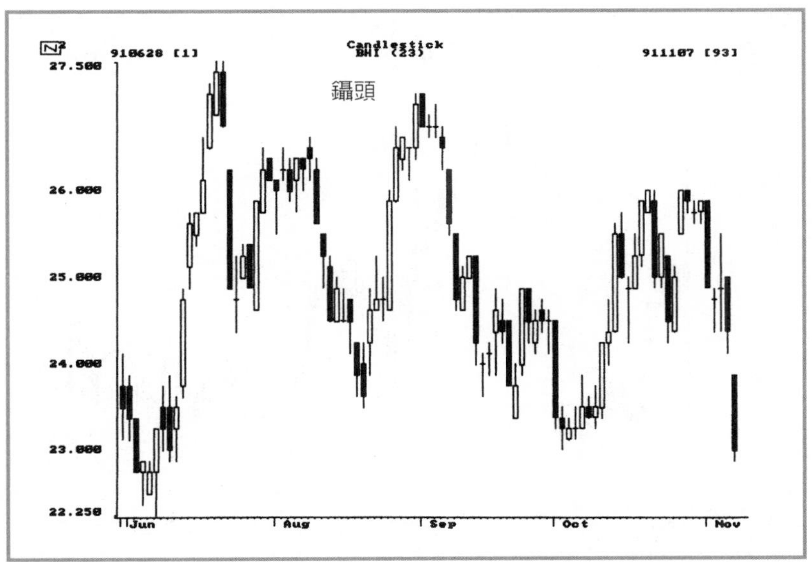

圖 5-10

下檔能夠阻止價格下跌的區域，壓力則是指目前行情上檔能夠阻止價格上漲的區域。鑷頭或鑷尾如果屬於某種反轉型態的一部份，則更能夠發揮效力。兩個高價或低價相同的「母子十字線」就是很典型的例子。

第3章討論的「低價配」和「三明治」型態也很類似鑷子排列。這兩種多頭反轉型態，都是鑷子概念的衍生排列，差別在於它們考慮收盤價，而鑷子考慮最低價或最高價。

高浪（High Waves，Tukane Nochial）

「高浪」是指一系列持續出現上影線的線形。上升趨勢的末端，如果出現許多「流星」、「紡錘」、「墓碑十字」之類的線形，

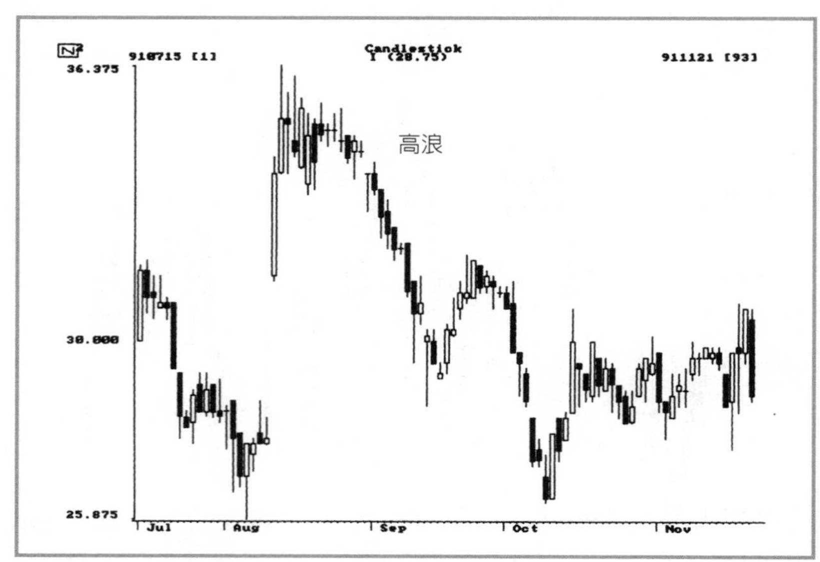

圖 5-11

意味著市場可能做頭。價格未能收在最高價附近，顯示市場喪失方向，趨勢很可能反轉。「大敵當前」可能是高浪排列的起點。

塔頂和塔底（Tower Top & Tower Bottom，Ohtenjyou）

「塔頂」和「塔底」是由許多實體很長的線形構成，線形顏色逐漸轉變，顯示可能的反轉。塔底發生在下降趨勢末端，排列首先出現許多長黑線，但這些黑線沒有必要像「三烏鴉」型態不斷創新低價；然後，線形顏色慢慢轉為紅線，雖然不會馬上呈現價格向上反轉的跡象，但線形收盤價逐漸往最高價靠攏。

這種反轉排列偶爾也會出現短線形，但通常發生在線形顏色由黑轉紅的過渡期。塔頂排列的情況剛好相反。「塔」是指這種

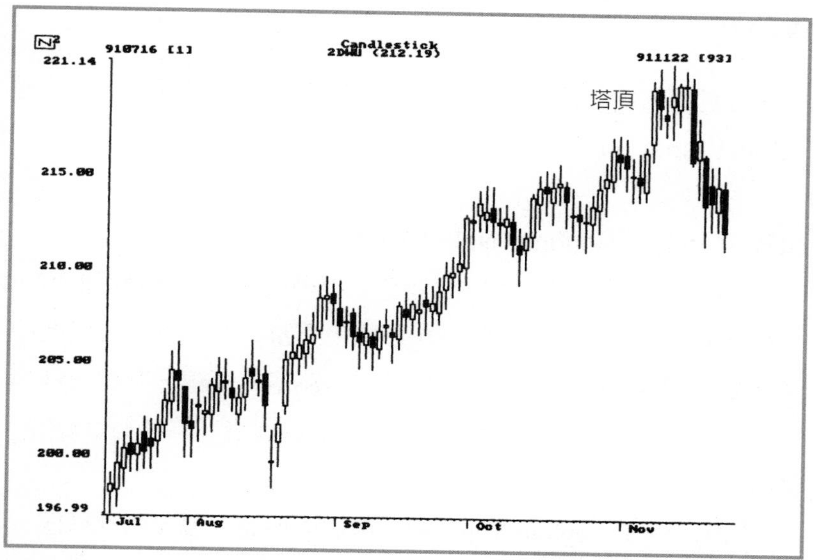

圖 5-12

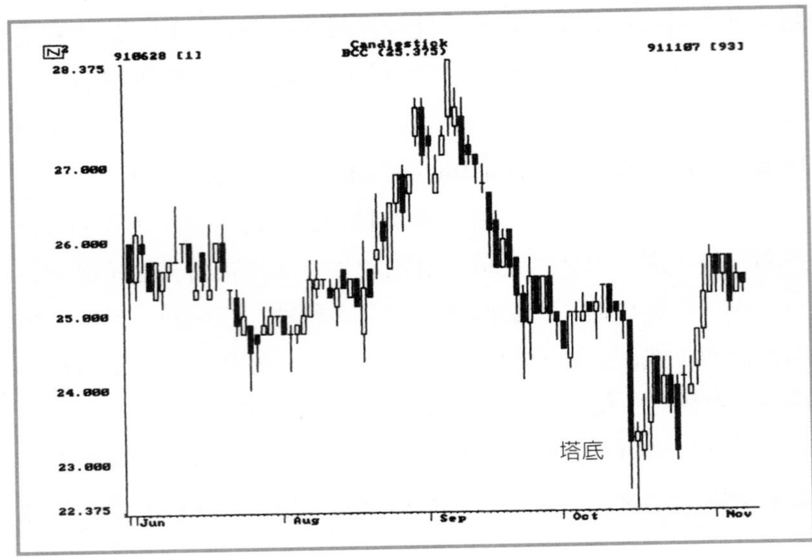

圖 5-13

型態特質的長線形而言。某些日本文獻稱這類的頭部排列爲「角塔頂」（Turret Top）。

鍋底（Fry Pan Bottom，Nabezoko）

「鍋底」排列和「塔底」很類似，但構成線形的實體都很短。這種排列的下緣呈現弧形狀，線形顏色不重要。經過多日發展而呈現弧形狀排列之後，最後會出現向上跳空的紅線，確認反轉排列完成，正式展開上升趨勢。這種排列名稱源自於中國式炒鍋的底部形狀。

「糰頭」（Dumpling Top）與「鍋底」對應，屬於頭部形態。排列呈現向上凸的圓弧狀，類似傳統技術分析的「圓形頂」。排列

910628 [1]
Candlestick
CI (54.25)
911107 [93]
54.250
50.000
45.000
41.250
Jun
Aug
Sep
Oct
Nov
鍋底

圖 5-14

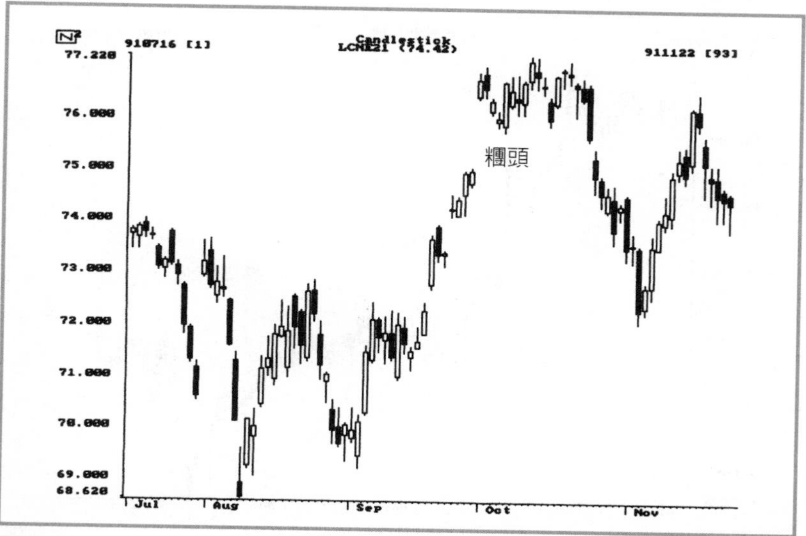
910716 [1]
Candlestick
LCHZ21 (74.42)
911122 [93]
77.220
76.000
75.000
74.000
73.000
72.000
71.000
70.000
69.000
68.620
Jul
Aug
Sep
Oct
Nov
糰頭

圖 5-15

最後會出現一支向下跳空的黑線，確認反轉型態完成，下降趨勢正式展開。向下跳空之後的黑線，如果是「執帶」，排列對於未來價格走勢的預測能力會更好。

高價跳空（High Price Gapping，Bohtoh）和
低價跳空（Low Price Gapping，Bohraku）

「高價／低價跳空」相當於日本陰陽線的突破。當價格開始在支撐或壓力區盤整待變，市場醞釀的不確定性會隨著時間經過而愈來愈強。

走勢一旦突破支撐／壓力，趨勢方向會變得很明確。

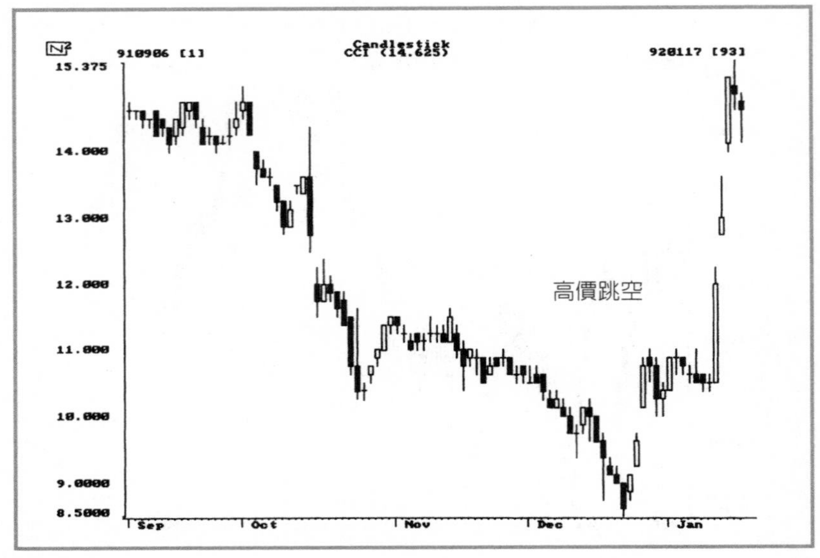

圖 5-16

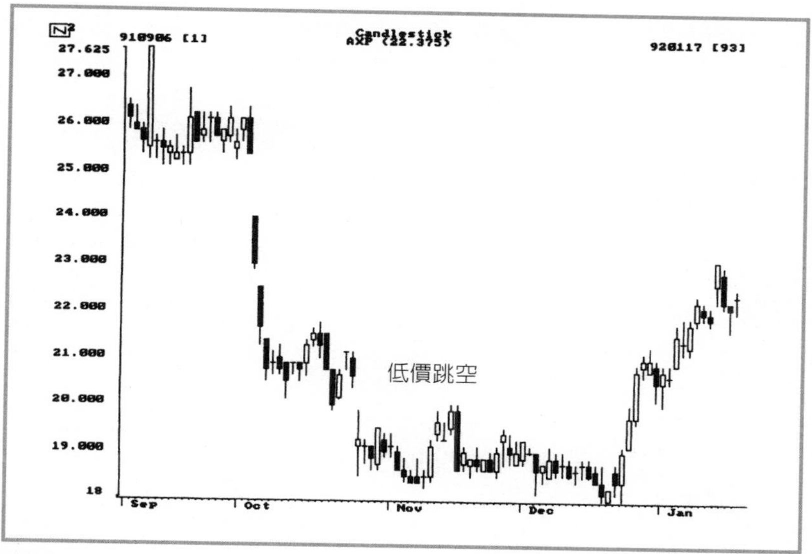

圖 5-17

前述跳空如果是朝既有趨勢方向突破，則排列屬於連續性質。原則上，這些排列類似於「上升／下降三法」或「執墊」，但沒有明確的型態結構可供定義。

第6章

陰陽線型態判別的哲學基礎

所需資料、缺口和法則

陰陽線圖形繪製，所需要的只是每天的價格資料，包括股票或商品的開盤價、最高價、最低價和收盤價。股票交易經常沒有開盤價資料。這種情況下，可以採用昨天收盤價做爲今天開盤價。可是，如果昨天收盤價高於今天最高價，則以當天最高價做爲收盤價。同理，昨天收盤價如果低於今天最低價，則以當天最低價做爲收盤價。如此可以讓今天價格區間與昨天收盤價之間顯現缺口。

缺口是陰陽線分析的重要部分。爲了證明開盤價對於缺口界定沒有重要性，缺口是陰陽線分析的重要部分。爲了證明開盤價對於缺口界定沒有重要性，我們在有開盤價和沒有開盤價的情況下，分別測試S&P 100成分股。我們也針對具有開盤價數據的大量資料做廣泛的測試，看看運用開盤價界定的缺口，是否能夠提供額外的統計資訊。只要某天最高價和最低價都高於前一天最高價，我們就做向上跳空的分析。同理，只要某天最高價和最低價都低於前一天最低價，就做向下跳空的分析。一旦判定「跳空線形」，就利用下列公式計算，開盤價在當天價格區間所佔的相對位置：

〔(**開盤價－最低價**)／(**最高價－最低價**)〕× 100

分析結果一致顯示：在缺口出現的隔天，開盤價落在當天價格區間的17%～31%處。如果是向上跳空缺口，開盤價落在當天價格區間的17%～28%處；如果是向下跳空缺口，開盤價落在當天價格區間的17%～31%處。請注意，這是根據大量資料所做成的統計結果，所以如果想要運用於個別案例，千萬要小心。

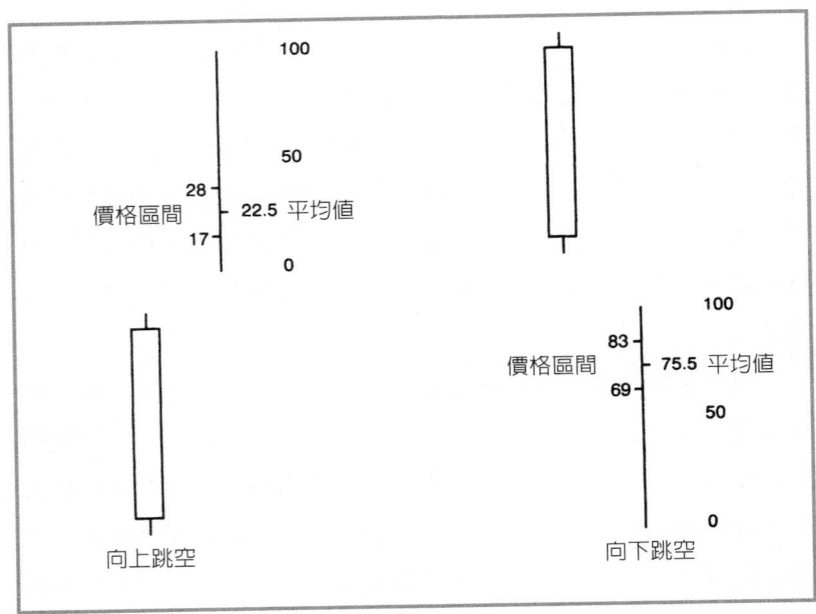

圖 6-1

我們必須瞭解，某些陰陽線型態如果沒有開盤價的話，根本不能存在。換言之，對於這類型態來說，昨天收盤價不能取代今天開盤價。本書最初編寫於1992年，某些開盤價資料當時不容易取得。後來，一般專業資料供應商都提供所有股票的開盤價資料。不論是否純屬巧合，很多供應商都是在1991年開始提供開盤價資料。下列陰陽線型態不能沒有開盤價：

- 倒狀鎚子
- 烏雲罩頂
- 貫穿線
- 遭遇線
- 雙鴉躍空
- 雙鴉
- 獨特三河底
- 反撲
- 低價配
- 並肩白線
- 三線反擊
- 頸內線

為了藉由電腦判定陰陽線型態，我們可以採用一些技巧，使得上述型態仍然可供運用。舉例來說，我們可以設定相關參數，將「大於」改成「大於或等於」。如此一來，如果型態條件規定「某天開盤價必須低於前一天收盤價」，可以調整為「某天開盤價必須低於或等於前一天收盤價」。這雖然會讓陰陽線型態定義變得比較寬鬆，但起碼可以讓我們處理那些沒有開盤價的資料。

現代電子科技可以讓交易者直接觀察盤中走勢圖，包括跳動檔、一分鐘走勢圖，乃至於任何期間架構的走勢資料。本書不打算評論哪種形式的資料比較好，但不要忽略我們有時候確實會因小失大，或有「見樹不見林」的問題。請記住，陰陽線型態所反映的是短期交易心理，包括收盤後的決策程式在內。這也是為什麼開盤價和收盤價都很重要的原因所在。引用盤中資料而不能退場保持「旁觀者清」的立場，這點起碼是應該遭到質疑的。

觀念

關於如何判別價格型態，這方面的技巧已經存在許久了。我們可以利用電腦檢視、篩選大量資料，整理各種型態的統計數據，評估價格型態的預測能力。可是，這種處理方式始終得不到普遍的肯定，因為它只考慮統計方法，卻忽略了更重要的層面：人類心理——解釋某些型態為何會比其他型態更成功。

心理領域

市場開盤的最初幾分鐘內，行情會顯著反映隔夜情緒。如果有特殊事件發生，交易甚至可能會發生混亂。就紐約證交所來說，如果某股票的買、賣單嚴重失衡的話，專業報價商可能要花幾分鐘的時間才能開盤。可是，不論股票或商品，一旦開盤之後，交易就有了基準參考價格。根據這個基準價格，全天的交易都相對容易做決策。

隨著交易進行，當投機者的情緒翻騰到最高點，就會出現極端價位：整天交易的最高價和最低價。當交易結束時，最後一筆交易的成交價格，也就代表當天的收盤價。很多人會根據收盤價擬定投資策略，包括隔天開盤的戰術在內。

除了盤中交易資料之外，通常有四種價格可供交易者分析使用。我們當然知道每個交易日的正確開盤價和收盤價，但當天的最高價和最低價究竟出現在什麼時間、發生在什麼狀況下，通常就不得而知了。

我們如何判定陰陽線型態存在呢？

對於多數陰陽線型態來說，除了要辨識相關型態所需要具備的價格關係之外，還需要考慮當時的趨勢。當時趨勢代表相關價格型態之所以發生的心理環境背景。現在的文獻往往都不太重視此項要素。

我想藉此機會特別強調，日本陰陽線分析屬於短期性質（1～7天之間）。任何型態如果出現較長期的影響，則純屬巧合。

趨勢決定

何謂趨勢？如果能夠很深入地回答這個問題，或許就能揭露市場的奧秘了。至於此處的討論，我們只打算做簡單而適用於短期分析的解答。

趨勢分析是技術分析的最主要內容之一。對於某些人來說，判定趨勢方向的重要性，甚至不下於判定行情轉折時間。關於趨勢的各種定義和判定方法，一般技術分析書籍的討論相當詳細。

移動平均是用來代表趨勢的最常用指標之一。

移動平均與平滑程式

移動平均（moving average）是最簡單的市場系統之一，運作效果很好，甚至不會輸給其他最佳、最複雜的平滑技術。移動平均就如同計算普通平均值一樣，唯一差別在於「移動」；所謂「移動」是指相關計算會隨著新資料出現而持續更新平均值。移動平均的計算過程，如果每個資料點的權數相等，則稱爲「簡單移動平均」或「算術移動平均」。

移動平均會把特定數列的數值平滑化，藉以降低短期波動，但持續保持較長期的數值波動。當然，移動平均會因爲涵蓋期間的差別而改變其性質。

賀斯特（J.M. Hurst）在《股票交易時機的神奇獲利功能》（The Profit Magic of Stock Transaction Timing，1970）一書內，藉由下列三個基本原則解釋移動平均計算期間造成的影響：

1. X期的移動平均會剛好把X期的波動震幅減少爲零。
2. X期的移動平均會顯著降低（但不會完全消除）X期以下的波動震幅。
3. 所有超過X期的震幅都會「穿透」（顯示）到移動平均上，但程度不同。愈接近X期者，移動平均對於該期間所造成的震幅減少程度愈顯著；期間愈遠離X期者，該期間的震幅愈能夠穿透移動平均。很長期的週期性，幾乎能夠完全穿透移動平均。

「指數移動平均」（exponential moving average）採用相當複雜

的平滑程式，但基本原理與簡單移動平均相同。指數平滑化技巧是用來協助雷達追蹤和航道預測。關於趨勢預測，愈近期資料的重要性應該愈大。指數平滑化的數學公式看起來蠻複雜的，實際上只是要讓愈近期的資料點，擁有愈大的權數。雖然只需要2期的資料，就能計算指數移動平均，但資料愈多愈好。指數移動平均的最大特色，就是平滑程式會使用全部的資料點，只是愈早期的資料，其權數（重要性）會愈來愈小。

此處打算概略介紹指數移動平均的計算程式。指數移動平均採用一個平滑化常數，這個常數的性質類似簡單移動平均的期數。假定我們要計算股票收盤價的指數移動平均，其更新程式如下：計算今天收盤價和前一天指數移動平均之間的差值，將此差值乘以平滑化常數，然後把乘積加到前一天的指數移動平均，結果就是今天的指數移動平均。相較於 n 期簡單移動平均，如果想計算對應的指數移動平均，平滑常數通常設定為 2 /（n＋1）。

本書採用的趨勢方法

經過多次測試之後，我們找到一種最能夠反映短期趨勢的指數移動平均。這種移動平均必須能夠有效顯示短期趨勢，而且計算程式不能複雜，概念也必須很容易瞭解。愈單純的概念，通常也愈可靠。

根據大量資料進行測試，我們發現10期移動平均的效果很好，尤其適合反映陰陽線型態的短期趨勢。

陰陽線型態辨識

前幾章詳細講解了陰陽線型態的細節，以及開盤、最高、最低和收盤價之間的關係。這些章節主要是談論趨勢概念的運用，本章則準備探討如何判定趨勢。另外，我們也要找到某種方法來界定何謂「長日」、「短日」、「十字線」…等，還有，還有線形實體和影線之間的關係。後者對於某些型態的辨識是很重要的，譬如：「吊人」和「鎚子」。

下列各節將分別處理這方面的相關議題。

長日

關於「長日」的定義，此處提出三種決定方法，不論哪種方法，或三種方法的任何組合，都可以用來決定何謂「長日」。下列公式使用的「極小值」，是指長日定義所能夠接受的最小百分率。陰陽線之實體長度所佔的百分率（細節定義請參考下文），只要超過前述極小值，就可以視爲長日。

1.（線形實體長度÷價格）×100→極小值 （0～100%）

這種方法考慮線形實體長度除以股票／商品價格的百分率。極小值設定爲5%。換言之，實體長度佔價格的百分率只要是5%或更大，該線形就視爲「長日」。

2.（線形實體長度÷價格區間）×100→極小值 （0～100%）

這種方法考慮線形實體長度佔整個線形長度（價格區間）的

百分率。換言之，影線只要相對很短，線形就可以視爲長日。這種方法如果單獨使用，結果並不好；如果配合另外兩種方法使用，效果很不錯。舉例來說，「紡錘線」不是長日。

3.（線形實體長度÷最近X天的線形實體平均長度）×100
→極小值（0～100%）

這種方法考慮目前線形相較於最近線形之實體長度的關係。X通常設定在5～10之間，極小值設定爲130%。換言之，相較於最近X天的線形實體長度，如果今天之線形實體長度多出30%，則視爲長日。這種方法相當理想，因爲與陰陽線的根本概念相互吻合，而且適用於短期分析。

短日

「短日」是相對於「長日」而言；所以，有關短日的處理，我們可以直接運用前一節的概念和公式，但「極小值」需要改爲「極大值」。

短實體／長實體之關係

「吞噬」和「母子」型態需要考慮兩支線形之實體長度的關係。此處考慮的短實體／長實體，不同於前面兩節考慮的長日／短日。此處考慮的長短，是指兩個實體之間的相互關係（長度與位置）。不論吞噬或母子，主要都是考慮某線形實體「吃掉」另一支線形實體。可是，何謂「吃掉」呢？換言之，吃到什麼程度才叫做「吃掉」呢？嚴格來說，吃掉就是吃掉，即使兩支線形實體

長度只差1檔，也算吃掉。可是，實際運用上，或許希望界定吃掉的程度。我們可以利用下列公式辦到這點：

（短實體長度÷長實體長度）×100→極大值（0～100%）

我們建議極大值的設定，應該讓肉眼能夠輕易辨別。譬如說，假定把極大值設定爲70%，這種情況下，「吃掉」所考慮的兩支線形，短實體長度就不能超過長實體長度的70%。

紙傘

「紙傘」的實體位於當天價格區間的上端，下影線長度顯著超過實體。如果上影線存在，需要考慮其長度。實體和下影線之間的長度關係，可以藉由長度百分率做界定：

（紙傘實體長度÷下影線長度）×100→不超過X%

X如果設定爲50，則實體長度不可以超過下影線長度的50%。對於這種情況，下影線長度至少是實體長度的2倍。至於上影線的部分，也可以透過類似方式處理：

（紙傘上影線長度÷價格區間長度）×100→不超過Y%

有關上影線的長度，我們考慮其與價格區間的關係。Y如果設定爲10，那麼上影線長度就不可以超過整個價格區間的10%。這方面的設定，有助於辨識「吊人」和「鎚子」。至於「流星」和「倒狀鎚子」，也可以採用類似（而顚倒）的設定。

十字線

十字線的開盤價等於收盤價。對於多數情況來說，這個定義太過嚴苛，因此在型態認定上應該給予一些彈性。下列公式界定十字線可以接受的開、收盤價差異：

（十字線實體長度÷價格區間長度）×100→不超過X%

X通常可以設定在1～3%；換言之，十字線的實體長度，不得超過整個線形長度的1～3%。

等價

「等價」是指價格相等的情況。「遭遇線」和「隔離線」都會碰到這類情況；遭遇線規定兩天的收盤價相等，隔離線規定兩天的開盤價相等。前述有關「十字線」的概念，也可以運用於此。某些情況下，根據型態的表面意義嚴格設定參數值，反而會侷限——而不是提升——價格型態的概念。

電腦化分析與異常現象

表6-1的陰陽線型態統計數據顯示，這項分析所使用的資料數量、資料類型，以及各種重要的統計數值。普通股資料包括紐約證交所、那斯達克市場和美國證交所的全部普通股，涵蓋13年的期間。此處沒有採用1991年底之前的資料，因爲多數供應商當時都沒有提供開盤價。由於某些股票未必在整個分析期間內都有交易資料，所以摘要統計數據之間往往會有不符合的現象。

表 6-1 陰陽線型態統計值

普通股家數	7,275	**發生次數**：型態發生總次數	
天數	14,600,000	**頻率**：型態發生頻率	
年數	57,937	**間隔天**：型態間隔天數平均數	
型態數量	1,680,149	**型態／年**：型態每年發生次數	
型態發生頻率	8.69	**間隔年**：型態間隔年數平均數	

反轉型態	類型	發生次數	頻率	間隔天	型態/年	間隔年
母子－	R－	245424	1.68%	59	4.2361	0.24
母子＋	R＋	212875	1.46%	69	3.6743	0.27
吞噬－	R－	200698	1.37%	73	3.4641	0.29
吞噬＋	R＋	197612	1.35%	74	3.4108	0.29
吊人－	R－	125268	0.86%	117	2.1622	0.46
鎚子＋	R＋	51373	0.35%	284	0.8867	1.13
母子十字－	R－	48891	0.33%	299	0.8439	1.19
單白兵＋	R＋	41181	0.28%	355	0.7108	1.41
母子十字＋	R＋	41171	0.28%	355	0.7106	1.41
星形十字－	R－	35082	0.24%	416	0.6055	1.65
單烏鴉－	R－	32402	0.22%	451	0.5593	1.79
外側三日上升＋	R＋	32125	0.22%	454	0.5545	1.8
外側三日下降－	R－	31115	0.21%	469	0.5371	1.86
內困三日翻黑－	R－	29626	0.20%	493	0.5114	1.96
高價配－	R－	29237	0.20%	499	0.5046	1.98
內困三日翻紅＋	R＋	27529	0.19%	530	0.4752	2.1
星形十字＋	R＋	27080	0.19%	539	0.4674	2.14
鷹撲－	R－	26798	0.18%	545	0.4625	2.16
低價配＋	R＋	24726	0.17%	590	0.4268	2.34
飛鴿歸巢＋	R＋	22514	0.15%	648	0.3886	2.57
烏雲罩頂－	R－	16170	0.11%	903	0.2791	3.58
物極而反－	R－	15694	0.11%	930	0.2709	3.69
物極而反＋	R＋	13963	0.10%	1046	0.2410	4.15
貫穿線＋	R＋	12045	0.08%	1212	0.2079	4.81

反轉型態	類型	發生次數	頻率	間隔天	型態/年	間隔年
倒狀鎚子＋	R＋	11907	0.08%	1226	0.2055	4.87
步步為營－	R－	11305	0.08%	1291	0.1951	5.12
步步為營＋	R＋	8130	0.06%	1796	0.1403	7.13
三烏鴉－	R－	6777	0.05%	2154	0.1170	8.55
連續向上三跳空－	R－	6020	0.04%	2425	0.1039	9.62
遭遇線－	R－	5344	0.04%	2732	0.0922	10.84
三白兵＋	R＋	5055	0.03%	2888	0.0873	11.46
晨星＋	R＋	4902	0.03%	2978	0.0846	11.82
遭遇線＋	R＋	4661	0.03%	3132	0.0805	12.43
夜星－	R－	4641	0.03%	3146	0.0801	12.48
流星－	R－	4272	0.03%	3418	0.0737	13.56
連續向下三跳空＋	R＋	4049	0.03%	3060	0.0699	14.31
三星＋	R＋	2924	0.02%	4993	0.0505	19.81
三星－	R－	2912	0.02%	5014	0.0503	19.9
反撲＋	R＋	2359	0.02%	6189	0.0407	24.56
執帶＋	R＋	2258	0.02%	6466	0.039	25.66
執帶－	R－	2156	0.01%	6772	0.0372	26.87
夜星十字－	R－	2156	0.01%	6772	0.0372	26.87
反撲－	R－	2141	0.01%	6819	0.037	27.06
晨星十字＋	R＋	2119	0.01%	6890	0.0366	27.34
三明治－	R－	810	0.01%	18025	0.014	71.53
三明治＋	R＋	755	0.01%	19338	0.013	76.74
梯頂－	R－	588	0.00%	24830	0.0101	98.53
梯底＋	R＋	578	0.00%	25260	0.010	100.24
雙鴉－	R－	421	0.00%	34679	0.0073	137.62
峰迴路轉＋	R＋	417	0.00%	35012	0.0072	138.94
雙兔＋	R＋	304	0.00%	48026	0.0052	190.58
閨中乳燕＋	R＋	247	0.00%	59109	0.0043	234.56
大敵當前－	R－	240	0.00%	60833	0.0041	241.4
棄嬰＋	R＋	166	0.00%	87952	0.0029	349.02
棄嬰－	R－	163	0.00%	89571	0.0028	355.44

反轉型態	類型	發生次數	頻率	間隔天	型態/年	間隔年
起跑－	R－	150	0.00%	97333	0.0026	386.24
起跑＋	R＋	150	0.00%	97333	0.0026	386.24
3 Down Gap Up＋	R＋	98	0.00%	148980	0.0017	591.19
3 Up Gap Down－	R－	88	0.00%	165909	0.0015	658.37
雙鴉躍空－	R－	46	0.00%	317391	0.0008	1259.49
獨特三河底＋	R＋	36	0.00%	405556	0.0006	1609.35
南方三星＋	R＋	35	0.00%	417143	0.0006	1655.33
獨特三峰頂－	R－	34	0.00%	429412	0.0006	1704.01
雙兔跳空＋	R＋	33	0.00%	442424	0.0006	1755.65
北方三星－	R－	19	0.00%	768421	0.0003	3049.29
反轉型態總計		1,642,065	11.25%			
偃鼓息兵＋	C＋	11282	0.08%	1294	0.1947	5.14
隔離線－	C－	2816	0.02%	5185	0.0486	20.57
戳入＋	C＋	2786	0.02%	5240	0.0481	20.8
上升三法＋	C＋	2738	0.02%	5332	0.0473	21.16
戳入－	C－	2594	0.02%	5628	0.0448	22.33
隔離線＋	C＋	2371	0.02%	6158	0.0409	24.44
頸上線＋	C＋	2207	0.02%	6615	0.0381	26.25
頸上線－	C－	2113	0.01%	6910	0.0365	27.42
下降三法－	C－	1808	0.01%	8075	0.0312	32.04
並肩白線＋	C＋	896	0.01%	16295	0.0155	64.66
三線反擊－	C－	839	0.01%	17402	0.0145	69.05
向下跳空三法－	C－	795	0.01%	18365	0.0137	72.88
上肩帶缺口＋	C＋	775	0.01%	18839	0.0134	74.76
下肩帶缺口－	C－	720	0.00%	20278	0.0124	80.47
三線反擊＋	C＋	712	0.00%	20506	0.0123	81.37
向上跳空三法＋	C＋	676	0.00%	21598	0.0117	85.7
並肩黑線－	C－	571	0.00%	25569	0.0099	101.46
並肩黑線＋	C＋	519	0.00%	28131	0.009	111.63

反轉型態	類型	發生次數	頻率	間隔天	型態/年	間隔年
並肩白線－	C－	307	0.00%	47557	0.0053	188.72
執墊＋	C＋	264	0.00%	55303	0.0046	219.46
執墊－	C－	151	0.00%	96689	0.0026	383.69
頸內線＋	C＋	83	0.00%	175904	0.0014	698.03
頸內線－	C－	61	0.00%	239344	0.0011	949.78
連續型態總計		38,084	0.26%			
所有型態總計		1,680,149	11.51%			

就所有陰陽線型態來說，型態發生的頻率稍高於11%，相當於每隔9個交易日（事實上是8.69個交易日），就會出現某種價格型態。對於股票或期貨的每日分析，這是有一點或許值得留意，是相當理想的頻率。反轉型態發生的頻率，大約是連續型態的40倍。這點也很重要，因爲這顯示交易部位變動所導致的趨勢反轉。我們的分析包含65種反轉型態和23種連續型態，反轉型態大約佔所有型態的74%。

有一點或許值得留意，有5種陰陽線型態出現的頻率，即佔所有型態的6.7%。另外，「母子」型態佔此5種型態的46%，佔所有型態的3%以上。請注意，有些型態非常罕見。如果想評估這些罕見型態究竟是否有參考價值，請參閱第7章的統計評鑑。各位務必要瞭解，當某型態出現時，其統計上究竟是成功或失敗，並無太大意義。關於陰陽線型態成功或失敗的問題，本書第7章會深入處理。

在此大量資料中，如果某型態只出現幾次，我們必須瞭解這些案例成功或失敗，很大成份內取決於當時的市場環境。千萬不要讓統計數據干擾常識判斷，更要留意資料本身可能不正確。樣本大小會影響統計數據的可信程度。資料的樣本如果很小，重點是個別數值的分配情況。舉例來說，如果只有12個樣本，那麼12個案例都成功的情況，其意義顯然超過只有5、6個案例成功。

記住，數百年來，陰陽線型態都被用來做爲一種視覺的繪圖技術。電腦絕對不能處理圖形正常情況下所傳達的主觀含意。使用電腦時，還要考慮顯示器螢幕解析度的問題。螢幕影像是由許多細小的畫素構成。如果特定畫面所呈現的資料太多，或涵蓋的期間太長，資料的數值即使有顯著差異，在螢幕上看起來也可能相同。水準線段的最小尺寸，其本身可能也有價格區間，卻不是肉眼所能察覺。不只是電腦螢幕顯示的圖形有問題，透過電腦印製的圖形也有類似問題。所以，對於陰陽線型態的定義和辨識準則，都必須保留一些彈性。

當某陰陽線型態是另一型態的一部份時，運用電腦處理資料，往往會引起困擾。電腦會按照時間發生順序閱讀資料，先發生的資料先處理。一旦認定某型態，及儲存該結果，然後繼續其程式。舉例來說，當電腦辨識了多頭「吞噬」型態之後，如果第2天出現一支紅線，其收盤價高於吞噬型態第1支線形，則電腦會察覺「外側三日上升」型態，並做紀錄。這兩種型態的資料統計與測試都應該進行。可是，在優先秩序的考量下，唯有「外側三日上升」才被認定爲陰陽線型態。

第7章

陰陽線型態判別的可信程度

運用前一章談論的辨識哲學，我們可以找到某種方法判斷陰陽線型態的功效。

型態成敗衡量

關於各種陰陽線型態的成功或失敗，衡量方面採用下列三個假設：

1. 型態判別必須依據其開盤、最高、最低和收盤價之間的關係。
2. 爲了判別型態，必須決定趨勢。這個假設和前個假設是可以互換的；某個假設都必須包含於處理方法內。
3. 必須建立某種衡量標準，藉以判定陰陽線型態的成敗。

爲了做可靠的預測，我們或許知道當時的市場趨勢，也可能不知道。此處採納這兩種可能假設。

趨勢已知

陰陽線型態可以劃分爲兩大類：既有趨勢反轉（反轉型態），既有趨勢持續發展（連續型態）。

每天，對於每種證券，我們需要預測既有趨勢是否會在預測期間內反轉或持續發展。換言之，如果今天收盤價高於當時的指數移動平均（用以衡量趨勢），則假設當時行情處於上升趨勢。預測成功或失敗，是根據趨勢在預測期間內的變動來衡量。預測期間是介於陰陽線型態完成到未來某特定時間的天數，用以衡量型態成敗。本書所有分析都採用日線資料（相對於週線或盤中資料而言）。

每當陰陽線型態出現，就可以據此預測行情短期之內的發展方向。預測期間是陰陽線型態完成之後的某天數期間，用以判斷該陰陽線型態是否成功。預測期間是未來的某段時間，用以衡量陰陽線型態的預測功能。

趨勢一旦產生，持續發展的機會大於反轉。任何科學或工程研究人員都瞭解，此概念只不過是牛頓「第一運動定律」的延伸：除非外力改變其狀態，否則動者恆動，靜者恆靜。簡單說，市場價格繼續維持既有的發展方向比較簡單，想要改變方向比較困難。

所以，相較於趨勢反轉，趨勢持續發展更爲常見。記住，我們所談論的期間，都是短期未來。

到了預測期間內，如果價格仍然處在既有趨勢之上，則陰陽線型態視爲成功。簡單說：進入預測期間內，如果價格仍然處於上升趨勢，則型態視爲成功（圖7-1）。否則，視爲失敗。圖7-1顯

示反轉／連續型態和預測期間之間的關係。關於價格型態和預測期間之間的關係，我們假定既有趨勢爲已知。

趨勢未知

有時候，預測是在既有趨勢未知的狀況下進行。碰到這種情形，我們用「投擲銅板」的方式決定當時趨勢究竟是上升或下降。換言之，如果不知道既有趨勢，則該趨勢持續或反轉的機會各佔一半（50%）。高於或低於50%的程度，乃反映分析資料的方

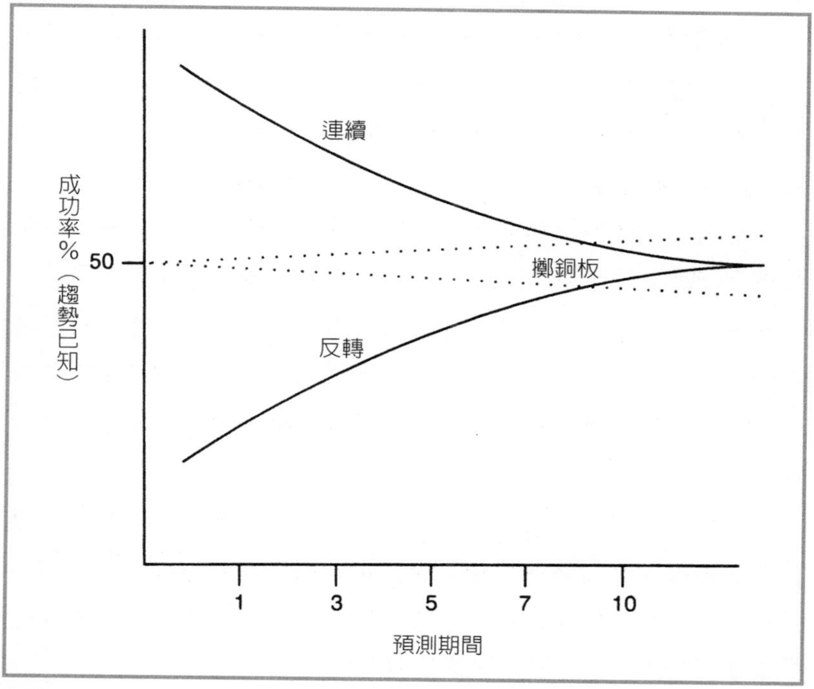

圖7-1

向偏頗。同樣地，型態成功或失敗，將取決於價格在預測期間內的趨勢變動。這種情況也顯示在圖7-1。記住，多數陰陽線型態必須知道既有趨勢。

既有趨勢反轉＆既有趨勢持續

根據電腦的計算，有兩個參數需要決定：「既有趨勢反轉」和「既有趨勢持續」。這兩者又可以進一步劃分爲「上升」和「下降」：「既有趨勢反轉上升」，「既有趨勢反轉下降」，「既有趨勢持續上升」，「既有趨勢持續下降」。

「既有趨勢反轉成功」和「既有趨勢持續成功」的總和，必定等於測試程式的資料天數。因爲每天都要做預測，而且「既有趨勢反轉成功」和「既有趨勢持續失敗」必定是相等的；換言之，既有趨勢反轉如果成功，也就等於既有趨勢持續的失敗。

陰陽線反轉型態和「既有趨勢反轉」做比較，可以進一步劃分爲「反轉上升」和「反轉下降」。陰陽線反轉型態所要反轉的，正是既有趨勢；所以，其成功衡量的界定，就不適合像連續型態那般嚴格。事實上，反轉型態成功的機會，可能低於投擲銅板（50%），因爲反轉型態預測既有趨勢會變動，而且既有趨勢爲已知。

同樣地，陰陽線連續型態和「既有趨勢持續」做比較。根據定義，連續型態認爲既有趨勢將持續發展。我們知道，既有趨勢持續發展的機會原本就比較大；這種情況下，連續型態如果眞的具備預測功能的話，其表現就必須很好。

陰陽線型態的統計排序

陰陽線型態可以預測交易者的心理圖像，如果運用得當的話，這套系統可以提供合理的預測結果。本節將解釋我們所發展的各種統計技巧，用以測試陰陽線型態的預測效力。請注意，我們不打算採用數字說明成功率，只提供相對的成敗。雖說如此，所謂成功，仍然意味著型態可以正確預測市場走勢，失敗則代表相反情況。

運用先前章節討論的所有型態判定資訊（包括趨勢決定），現在可以來評估陰陽線型態的預測功能究竟如何。由於愈單純的方法，通常也是較好的方法，所以此處不準備使用太多假設，只假設價格會在未來個期間內有所變化。

當某特定陰陽線型態的相對成敗狀況決定之後，將計算其與適當型態衡量標準之間的關係。所謂的衡量標準，也就是稍早提到的「既有趨勢反轉」和「既有趨勢持續」。我們知道，由於既有趨勢通常都會持續發展，所以連續型態的表現必須顯著優於反轉型態。這也是爲什麼很多連續型態的成功率雖然很高，但統計排序卻是負的。

陰陽線型態排序分析

本書所做的分析，雖然採用適當的資料，但讀者務必體認一項事實，有很多因素可能影響分析結果，譬如說：不同市況、不同數量的資料，以及任何足以影響證券價格的其他因素。

排序分析採用兩組資料，第一組（短期）資料涵蓋期間爲2.5年，當時的市況波動相當劇烈。這段期間介於2002年4月30日～2004年12月31日，總共有675個交易日。第二組資料涵蓋期間介於1991年11月29日～2004年12月31日，總共有3300個交易日。至於1991年之前的陰陽線型態分析，資料取得有困難，因爲多數資料供應商都不能提供可靠的開盤價。兩組資料都採用紐約證交所、那斯達克交易所和美國證交所的2277種股票，而且這些股票都提供掛牌選擇權交易，主要是基於股票的市場流動性考量。

短期型態分析（2002年4月30日～2004年12月31日）

首先由短期分析開始，圖7-2顯示S&P 500在這段期間內的走勢，價格波動相當劇烈，但也夾著一些趨勢明確的行情。剛開始，市場出現一波強勁跌勢，然後呈現三重底（頭肩底）型態，緊跟著出現明確的漲勢，多頭行情一直持續到2004年初。至於2004年上半年的走勢，基本上是稍微偏空的橫向盤整，但到了7月底又展開漲勢。

相關分析結果請參考表7-1到7-7。每份表格都採用不同期間評估價格型態的排序。表7-1採用1天期的分析期間。換言之，評估陰陽線型態成功與否，是根據型態完成之後1天的表現做成決定。我們的分析總共有1,505,359天資料，產生148,984個陰陽線型態。所以，大概平均每隔10天就會有一個陰陽線型態。表7-2的分析期間爲2天，表7-3爲3天，其他依此類推。

分析期間長度爲何只延伸到7天爲止？我個人認爲，陰陽線型態屬於短期性質，分析期間一旦超過7天，相關結果應該純屬巧

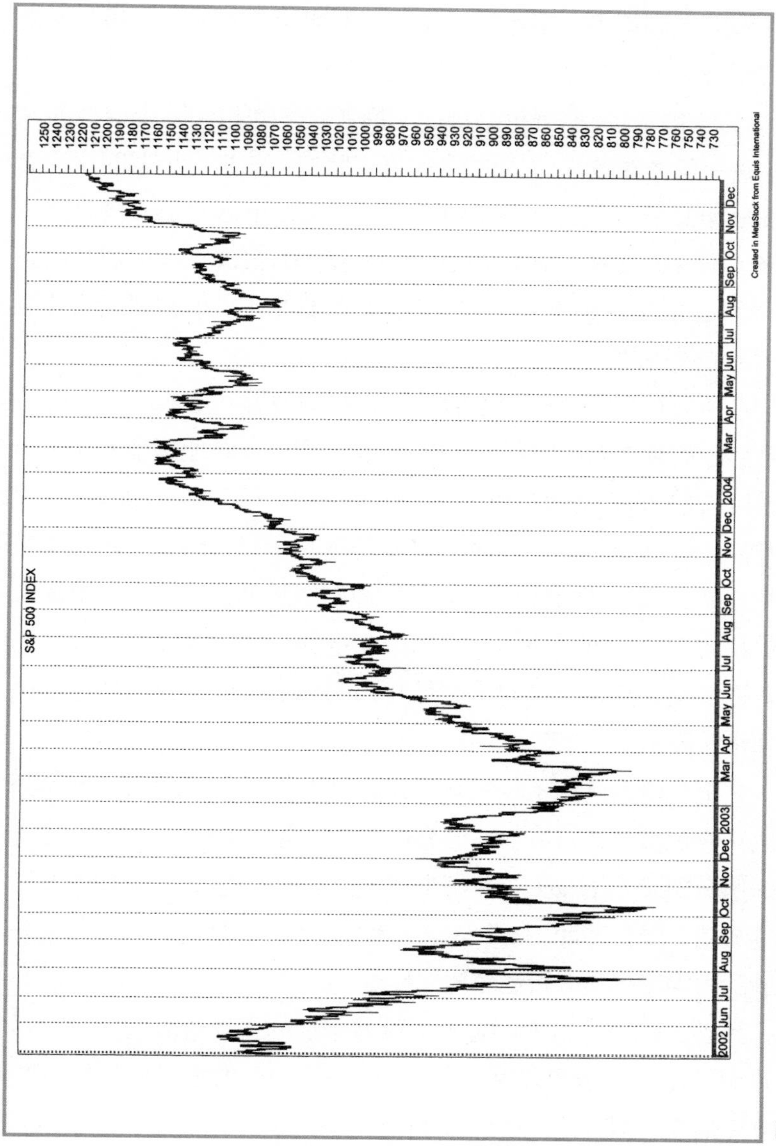

S&P 500 INDEX

Created in MetaStock from Equis International

圖 7-2 S&P 500股價指數（涵蓋 2.6 年）

合，沒有預測意義。請記住，陰陽線型態所要判斷的是趨勢反轉或持續發展，但不能預測趨勢能夠維持多久。

表7-1顯示1天期分析的排序。換言之，當相關陰陽線型態完成之後，股票在隨後1天期間內的表現狀況。如果分析期間內的價格高於型態最後一天價格，則視爲成功；如果低於型態最後一天價格，則視爲失敗。空頭「反撲」的成功率是100%，但總共只發生3次。由於發生頻率太低，是否應該忽略？不，但需要運用其他分析工具做確認。

在所有可辨識的68個型態內，有28個型態判定成功（根據前一章討論的排序方法爲判斷標準）。請注意，多頭連續型態「隔離線」（＃12）的成功率爲57%，排序%爲10，但空頭反轉型態「大敵當前」（＃13）的排序%也是10，但成功率只有54%。兩者成功率相差3%，排序爲何相同？由於隔離線屬於連續型態，大敵當前屬於反轉型態，型態發生當時的既有趨勢，其持續發展的可能性顯著高於趨勢反轉；所以，對於相同的績效排序，連續型態成功率理當較高。

在這七份表格內，我們發現分析期間逐步延長到5天，型態判定成功的個數都持續增加，但分析期間一旦超過5天，型態判定成功的個數則又開始減少。舉例來說，分析期間爲1天，有28個型態判定成功；分析期間爲5天，有37個型態判定成功。這種現象進一步確認陰陽線型態分析屬於短期性質。

另外，隨著分析期間延長，某些型態的排序會跟著變動，這點也值得注意。舉例來說，對於1天期的分析來說，空頭「反撲」的排序最高，但其他六個分析期間的排序如下：

反撲（R－）	
分析期間（天）	排序
1	1
2	1
3	64
4	63
5	62
6	64
7	63

這是相當極端的例子，但也因此更能凸顯這方面的可能性。對於2天期的分析，空頭反撲的表現仍然最好，但3天～7天的分析，結果都很差。當然，由於總共只有3個案例，所以這方面的分析也不宜太過強調。

讓我們再看看空頭「隔離線」連續型態的情況：

隔離線（C－）	
分析期間（天）	排序
1	4
2	4
3	9
4	3
5	8
6	3
7	1

上述資料顯示，空頭隔離線在所有分析期間內，表現都相當不錯。各位可以發現，「低價配」和「高價配」的情況也很類似。

讓我們再看看空頭「遭遇線」反轉型態的表現：

遭遇線（R－）

分析期間（天）	排序
1	41
2	63
3	53
4	48
5	31
6	8
7	8

這個型態的表現，隨著分析期間延伸而變好；所以，對於遭遇線，趨勢可能要等幾天才會反轉。表現具有類似性質的其他型態還包括：空頭「步步爲營」和多頭「飛鴿歸巢」。

表7-1 選擇權根本股票績效排序%（1天期）

#	類型	名稱	總數	成功	平均獲利%	間隔天	成功率%	排序%
1	R–	反撲－	3	3	2.04	501786	100	105
2	R–	高價配－	76	52	0.9	19807	68	40
3	R+	低價配＋	51	35	2.15	29516	69	34
4	C–	隔離線－	19	12	0.06	79229	63	30
5	R+	起跑＋	96	60	0.74	15680	63	22
6	C–	向下跳空三法－	433	248	0.34	3476	57	17
7	R+	反撲＋	5	3	–1.14	301071	60	17
8	C+	向上跳空三法＋	342	205	0.62	4401	60	17
9	R+	閨中乳燕＋	27	16	0.81	55754	59	16
10	R+	反轉鎚子＋	2896	1659	0.38	519	57	12
11	C+	上肩帶跳空＋	1735	994	0.38	867	57	12
12	C+	隔離線＋	46	26	1.13	32725	57	10
13	R–	大敵當前－	151	81	0.13	9969	54	10
14	C+	並肩白線＋	54	30	1.36	27877	56	8
15	R–	三胎鴉－	36	19	0.09	41815	53	8
16	R–	流星－	501	262	0.25	3004	52	7
17	R–	吊人－	15525	8042	0.03	96	52	6
18	C–	下降三法－	1805	934	0.18	833	52	6
19	R–	梯頂－	31	16	0.2	48559	52	6
20	R+	星形十字＋	578	313	0.49	2604	54	6
21	C+	三線反擊＋	881	474	0.12	1708	54	5
22	R+	南方三星＋	62	33	–0.06	24279	53	4
23	R+	飛鴿歸巢＋	5054	2681	0.2	297	53	4
24	R+	三星＋	98	52	0.47	15360	53	4
25	C–	三線反擊－	937	471	–0.02	1606	50	3
26	R–	夜星十字－	197	98	–0.18	7641	50	2
27	C+	頸內線＋	611	319	0.13	2463	52	2
28	C–	下肩帶缺口－	1881	928	–0.04	800	49	1
29	R+	母子＋	13453	6883	0.08	111	51	0
30	R–	外側三日下降－	4496	2184	–0.06	334	49	0
31	R–	步步為營－	430	208	–0.01	3500	48	–1
32	R–	烏雲罩頂	3342	1615	–0.14	450	48	–1
33	R+	母子十字＋	963	489	–0.04	1563	51	–1
34	R+	外側三日上升＋	3881	1949	0.04	387	50	–2
35	R–	母子－	16785	8010	–0.13	89	48	–2
36	R+	棄嬰＋	8	4	0.41	188169	50	–2

（續）表7-1　選擇權根本股票績效排序%（1天期）

#	類型	名稱	總數	成功	平均獲利%	間隔天	成功率%	排序%
37	R–	吞噬－	16109	7661	–0.04	93	48	–2
38	C+	上升三法＋	2704	1347	0.24	556	50	–3
39	R+	內困三日翻紅＋	1277	636	0.01	1178	50	–3
40	R+	執帶＋	1522	757	0.27	989	50	–3
41	R–	遭遇線－	53	25	0.36	28403	47	–3
42	R+	長實體白線＋	2675	1312	0	562	49	–4
43	R+	貫穿線＋	2422	1181	–0.04	621	49	–5
44	R–	執帶－	2145	993	–0.14	701	46	–5
45	R–	星形十字－	666	308	–0.42	2260	46	–5
46	R+	吞噬＋	13869	6737	–0.02	108	49	–5
47	R–	母子十字－	1078	497	–0.28	1396	46	–5
48	R–	長實體黑線－	3441	1585	–0.09	437	46	–6
49	C+	頸上線＋	453	219	0.04	3323	48	–6
50	R–	三烏鴉－	497	228	–0.21	3028	46	–6
51	C–	頸內線－	440	199	–0.18	3421	45	–7
52	R–	雙鴉－	698	314	–0.09	2156	45	–8
53	R+	鎚子＋	15108	7073	–0.24	99	47	–9
54	R+	三白兵＋	380	178	–0.25	3961	47	–9
55	R–	雙鴉躍空－	345	151	–0.18	4363	44	–10
56	R–	三星－	80	35	–0.34	18816	44	–10
57	R–	夜星－	1555	674	–0.36	968	43	–11
58	R–	內困三日翻黑－	1320	570	–0.19	1140	43	–11
59	C–	並肩白線－	14	6	–0.06	107525	43	–12
60	C–	頸上線－	344	146	–0.15	4376	42	–13
61	R+	晨星十字＋	273	121	–0.27	5514	44	–13
62	R–	起跑－	129	54	–0.41	11669	42	–14
63	R+	晨星＋	1815	784	–0.42	829	43	–16
64	R+	獨特三河底＋	10	4	–0.42	150535	40	–22
65	R+	梯底＋	60	19	–1.27	25089	32	–38
66	R+	遭遇線＋	4	1	–1.51	376339	25	–51
67	R+	三明治＋	4	1	–2.89	376339	25	–51
68	R–	棄嬰－	5	1	–5.13	301071	20	–59
		總計	148984	73225				

表7-2 選擇權根本股票績效排序%（2天期）

#	類型	名稱	總數	成功	平均獲利%	間隔天	成功率%	排序%
1	R–	反撲－	3	2	–1.64	501786	67	48
2	R–	高價配－	76	48	0.43	19807	63	40
3	R+	低價配＋	96	72	1.76	15680	75	36
4	C–	隔離線－	19	10	0.33	79229	53	17
5	C+	起跑＋	46	29	1.58	32725	63	15
6	R+	向下跳空三法－	27	17	1.76	55754	63	14
7	C+	反撲＋	342	208	0.8	4401	61	11
8	C–	向上跳空三法＋	433	216	–0.01	3476	50	10
9	R+	閨中乳燕＋	51	31	3.48	29516	61	10
10	R+	反轉鎚子＋	578	349	1.11	2604	60	10
11	R+	上肩帶跳空＋	2894	1730	0.92	520	60	9
12	R–	隔離線＋	196	96	–0.41	7680	49	8
13	C+	大敵當前－	1732	1027	0.74	869	59	8
14	R–	並肩白線＋	31	15	–0.04	48559	48	7
15	C+	三胎鴉－	881	518	0.53	1708	59	7
16	R–	流星－	15501	7466	–0.35	97	48	7
17	R–	吊人－	150	72	–0.27	10035	48	6
18	C–	下降三法－	1805	858	–0.25	833	48	5
19	R+	梯頂－	5052	2930	0.72	297	58	5
20	C–	星形十字＋	1880	888	–0.38	800	47	5
21	C+	三線反擊＋	54	31	2.09	27877	57	4
22	C–	南方三星＋	440	207	–0.39	3421	47	4
23	R–	飛鴿歸巢＋	500	234	–0.25	3010	47	4
24	R–	三星＋	428	199	–0.21	3517	46	3
25	C+	三線反擊－	610	345	0.67	2467	57	3
26	C–	夜星十字－	936	430	–0.47	1608	46	2
27	R+	頸內線＋	3879	2168	0.67	388	56	1
28	R+	下肩帶缺口－	13449	7399	0.53	111	55	0
29	C+	母子＋	452	249	0.48	3330	55	0
30	R–	外側三日下降－	16093	7238	–0.35	93	45	0
31	R+	步步為營－	1521	833	0.79	989	55	–1
32	R–	烏雲罩頂	4495	1997	–0.46	334	44	–2
33	R–	母子十字＋	36	16	–0.32	41815	44	–2
34	R–	外側三日上升＋	3436	1524	–0.45	438	44	–2
35	R–	母子－	16762	7360	–0.47	89	44	–3
36	R+	棄嬰＋	2672	1423	0.43	563	53	–3

（續）表7-2　選擇權根本股票績效排序%（2天期）

#	類型	名稱	總數	成功	平均獲利%	間隔天	成功率%	排序%
37	C+	吞噬－	2700	1432	0.61	557	53	–4
38	R–	上升三法＋	696	302	–0.51	2162	43	–4
39	R+	內困三日翻紅＋	1277	671	0.4	1178	53	–5
40	R+	執帶＋	61	32	0.03	24678	52	–5
41	R+	遭遇線－	13851	7241	0.35	108	52	–5
42	R–	長實體白線＋	664	284	–1.09	2267	43	–5
43	R–	貫穿線＋	2142	916	–0.53	702	43	–5
44	R+	執帶－	98	51	0.86	15360	52	–5
45	R–	星形十字－	129	55	–0.64	11669	43	–6
46	R–	吞噬＋	3338	1420	–0.5	450	43	–6
47	R+	母子十字－	376	195	0.19	4003	52	–6
48	R–	長實體黑線－	1076	456	–0.67	1399	42	–6
49	R+	頸上線＋	962	493	0.32	1564	51	–7
50	R+	三烏鴉－	2422	1240	0.3	621	51	–7
51	R–	頸內線－	1318	545	–0.59	1142	41	–8
52	R+	雙鴉－	8	4	0.38	188169	50	–9
53	R+	鎚子＋	4	2	0.9	376339	50	–9
54	R+	三白兵＋	15099	7521	0.1	99	50	–9
55	R–	雙鴉躍空－	1553	627	–0.78	969	40	–11
56	R–	三星－	497	193	–0.9	3028	39	–14
57	C–	夜星－	344	132	–0.54	4376	38	–15
58	R+	內困三日翻黑－	60	28	–0.12	25089	47	–15
59	R–	並肩白線－	80	30	–1.52	18816	38	–17
60	R–	頸上線－	345	127	–0.76	4363	37	–18
61	R+	晨星十字＋	1815	809	–0.21	829	45	–19
62	R+	起跑－	273	121	–0.06	5514	44	–19
63	R–	晨星＋	53	18	–0.9	28403	34	–25
64	R+	獨特三河底＋	5	2	–0.96	301071	40	–27
65	R+	梯底＋	10	4	–0.22	150535	40	–27
66	C–	遭遇線＋	14	4	–0.36	107525	29	–37
67	R+	三明治＋	4	1	–7.58	376339	25	–55
68	R–	棄嬰－	5	1	–6.51	301071	20	–56
		總計	148835	73192				

表7-3 選擇權根本股票績效排序%（3天期）

#	類型	名稱	總數	成功	平均獲利%	間隔天	成功率%	排序%
1	R–	反撲－	76	50	0.6	19807	66	52
2	R+	高價配－	96	74	3.04	15680	77	36
3	R+	低價配＋	51	34	5.24	29516	67	17
4	R+	隔離線－	27	18	2.1	55754	67	17
5	R–	起跑＋	150	74	–1.17	10035	49	14
6	C–	向下跳空三法－	432	211	–0.07	3484	49	13
7	R+	反撲＋	61	39	0.89	24678	64	13
8	R–	向上跳空三法＋	31	15	–0.05	48559	48	12
9	C–	閨中乳燕＋	19	9	–0.02	79229	47	10
10	R–	反轉鎚子＋	36	17	–0.22	41815	47	10
11	C+	上肩帶跳空＋	342	210	1.02	4401	61	8
12	C+	隔離線＋	54	33	2.68	27877	61	8
13	R+	大敵當前－	376	230	0.54	4003	61	8
14	R–	並肩白線＋	15460	7172	–0.61	97	46	7
15	C+	三胎鴉－	880	537	0.89	1710	61	7
16	C+	流星－	46	28	1.69	32725	61	7
17	R+	吊人－	5052	3052	1.04	297	60	6
18	R+	下降三法－	576	347	1.44	2613	60	6
19	C+	梯頂－	1729	1042	1.06	870	60	6
20	R+	星形十字＋	2892	1741	1.28	520	60	6
21	R+	三線反擊＋	5	3	–0.08	301071	60	6
22	C–	南方三星＋	1804	814	–0.57	834	45	5
23	C+	飛鴿歸巢＋	607	360	1.06	2479	59	4
24	C+	三星＋	451	265	0.68	3337	59	3
25	R–	三線反擊－	500	222	–0.4	3010	44	3
26	R–	夜星十字－	196	87	–0.71	7680	44	3
27	R+	頸內線＋	3866	2243	0.96	389	58	2
28	R+	下肩帶缺口－	13449	7733	0.89	111	57	1
29	R–	母子＋	427	186	–0.53	3525	44	1
30	R–	外側三日下降－	16084	6997	–0.65	93	44	1
31	R+	步步為營－	1520	872	1.19	990	57	1
32	R–	烏雲罩頂	4493	1939	–0.68	335	43	0
33	C–	母子十字＋	1880	808	–0.71	800	43	0
34	C–	外側三日上升＋	440	189	–0.74	3421	43	0
35	R–	母子－	3431	1450	–0.76	438	42	–2
36	R+	棄嬰＋	13845	7691	0.8	108	56	–2

（續）表7-3　選擇權根本股票績效排序%（3天期）

#	類型	名稱	總數	成功	平均獲利%	間隔天	成功率%	排序%
37	R–	吞噬－	664	279	–1.3	2267	42	–3
38	R+	上升三法＋	2667	1477	0.72	564	55	–3
39	C+	內困三日翻紅＋	2689	1472	0.8	559	55	–4
40	R–	執帶＋	16655	6917	–0.78	90	42	–4
41	R–	遭遇線－	696	288	–0.88	2162	41	–4
42	R–	長實體白線＋	2135	878	–0.76	705	41	–5
43	R+	貫穿線＋	2422	1310	0.73	621	54	–5
44	R+	執帶－	98	53	1.71	15360	54	–5
45	R–	星形十字－	1070	438	–1.03	1406	41	–5
46	R–	吞噬＋	3328	1360	–0.77	452	41	–5
47	R+	母子十字－	962	513	0.63	1564	53	–6
48	R+	長實體黑線－	60	32	0.48	25089	53	–6
49	R–	頸上線＋	129	52	–0.92	11669	40	–6
50	R–	三烏鴉－	1553	626	–1.04	969	40	–6
51	R+	頸內線－	1273	677	0.7	1182	53	–7
52	R–	雙鴉－	1318	527	–0.91	1142	40	–7
53	R–	鎚子＋	53	21	–0.81	28403	40	–8
54	R+	三白兵＋	15095	7864	0.4	99	52	–8
55	R–	雙鴉躍空－	345	136	–0.85	4363	39	–9
56	C–	三星－	344	135	–0.92	4376	39	–9
57	C–	夜星－	934	367	–1.12	1611	39	–9
58	C–	內困三日翻黑－	13	5	–0.88	115796	38	–11
59	R+	並肩白線－	4	2	5.02	376339	50	–12
60	R–	頸上線－	80	30	–2.59	18816	38	–13
61	R+	晨星十字＋	1814	868	–0.05	829	48	–16
62	R–	起跑－	497	179	–1.36	3028	36	–16
63	R+	晨星＋	273	127	0.28	5514	47	–18
64	R–	獨特三河底＋	3	1	–3.21	501786	33	–23
65	R+	梯底＋	10	4	0.4	150535	40	–30
66	R–	遭遇線＋	5	1	–5.67	301071	20	–54
67	R+	三明治＋	4	1	–4.57	376339	25	–56
68	R+	棄嬰－	8	2	–0.18	188169	25	–56
		總計	148585	73434				

表7-4 選擇權根本股票績效排序%（4天期）

#	類型	名稱	總數	成功	平均獲利%	間隔天	成功率%	排序%
1	R–	反撲－	76	44	0.26	19807	58	38
2	R+	高價配－	96	76	3.4	15680	79	36
3	C–	低價配＋	19	10	–0.02	79229	53	26
4	R–	隔離線－	31	16	–0.4	48559	52	23
5	C+	起跑＋	46	33	1.92	32725	72	23
6	C–	向下跳空三法－	432	208	–0.27	3484	48	15
7	R+	反撲＋	27	18	2.92	55754	67	15
8	R+	向上跳空三法＋	51	34	6.63	29516	67	15
9	C+	閨中乳燕＋	54	36	3.31	27877	67	15
10	C+	反轉鎚子＋	879	558	1.14	1712	63	9
11	R–	上肩帶跳空＋	500	228	–0.53	3010	46	9
12	R+	隔離線＋	2891	1802	1.71	520	62	7
13	R+	大敵當前－	61	38	1.25	24678	62	7
14	R–	並肩白線＋	15437	6911	–0.85	97	45	7
15	R–	三胎鴉－	150	67	–1.54	10035	45	7
16	R+	流星－	575	352	1.82	2618	61	5
17	C–	吊人－	1804	792	–0.8	834	44	5
18	R–	下降三法－	196	86	–0.98	7680	44	5
19	C+	梯頂－	342	208	1.25	4401	61	5
20	R+	星形十字＋	5047	3069	1.32	298	61	5
21	C+	三線反擊＋	606	367	1.2	2484	61	4
22	C+	南方三星＋	450	271	0.93	3345	60	4
23	C+	飛鴿歸巢＋	1729	1039	1.16	870	60	3
24	R+	三星＋	5	3	1.33	301071	60	3
25	R–	三線反擊－	3428	1471	–0.94	439	43	3
26	R+	夜星十字－	376	224	0.8	4003	60	2
27	R+	頸內線＋	3865	2299	1.29	389	59	2
28	R–	下肩帶缺口－	426	182	–0.75	3533	43	2
29	R+	母子＋	13393	7934	1.2	112	59	2
30	R–	外側三日下降－	16079	6788	–0.86	93	42	1
31	C–	步步為營－	440	185	–0.97	3421	42	0
32	C–	烏雲罩頂	1880	788	–0.93	800	42	0
33	R–	母子十字＋	36	15	–0.38	41815	42	0
34	R–	外側三日上升＋	4490	1867	–0.92	335	42	–1
35	R+	母子－	1515	873	1.41	993	58	–1
36	R–	棄嬰＋	664	275	–1.57	2267	41	–1

（續）表7-4　選擇權根本股票績效排序%（4天期）

#	類型	名稱	總數	成功	平均獲利%	間隔天	成功率%	排序%
37	R–	吞噬－	80	33	–2.93	18816	41	–1
38	R+	上升三法＋	13788	7862	1.05	109	57	–2
39	R–	內困三日翻紅＋	696	284	–1.16	2162	41	–2
40	R–	執帶＋	3325	1358	–1.05	452	41	–2
41	R–	遭遇線－	16652	6779	–1	90	41	–3
42	R+	長實體白線＋	960	537	1	1568	56	–4
43	R–	貫穿線＋	2134	860	–1.01	705	40	–4
44	R+	執帶－	2663	1477	0.92	565	55	–5
45	C+	星形十字－	2677	1481	1.01	562	55	–5
46	R–	吞噬＋	1553	618	–1.32	969	40	–5
47	R–	母子十字－	345	137	–1.07	4363	40	–5
48	R–	長實體黑線－	53	21	–1.19	28403	40	–5
49	R+	頸上線＋	2412	1322	0.92	624	55	–6
50	R–	三烏鴉－	1069	419	–1.29	1408	39	–6
51	R–	頸內線－	1318	513	–1.18	1142	39	–7
52	C–	雙鴉－	344	134	–1.24	4376	39	–7
53	R+	鎚子＋	1272	683	0.88	1183	54	–8
54	R+	三白兵＋	15086	8014	0.62	99	53	–9
55	C–	雙鴉躍空－	926	354	–1.35	1625	38	–9
56	R+	三星－	98	52	2.61	15360	53	–9
57	R–	夜星－	129	49	–1.12	11669	38	–9
58	R+	內困三日翻黑－	60	31	0.25	25089	52	–11
59	R+	並肩白線－	4	2	8.58	376339	50	–14
60	R+	頸上線－	273	136	0.26	5514	50	–14
61	R+	晨星十字＋	1812	883	0.16	830	49	–16
62	R–	起跑－	497	168	–1.74	3028	34	–19
63	R–	晨星＋	3	1	–4.65	501786	33	–20
64	C–	獨特三河底＋	13	4	–1.23	115796	31	–27
65	R+	梯底＋	10	4	–0.13	150535	40	–31
66	R+	遭遇線＋	8	3	–1.56	188169	38	–35
67	R–	三明治＋	5	1	–6.46	301071	20	–52
68	R+	棄嬰－	4	1	–3.94	376339	25	–57
		總計	148365	73388				

表7-5 選擇權根本股票績效排序%（5天期）

#	類型	名稱	總數	成功	平均獲利%	間隔天	成功率%	排序%
1	R–	反撲－	76	44	–0.06	19807	58	41
2	R+	高價配－	96	75	3.93	15680	78	32
3	R–	低價配＋	31	16	–0.72	48559	52	26
4	R–	隔離線－	149	73	–1.83	10103	49	19
5	C–	起跑＋	432	207	–0.48	3484	48	17
6	C+	向下跳空三法－	54	37	3.73	27877	69	16
7	R–	反撲＋	499	237	–0.68	3016	47	16
8	C–	向上跳空三法＋	19	9	–1	79229	47	15
9	C+	閨中乳燕＋	46	31	1.82	32725	67	14
10	R+	反轉鎚子＋	27	18	2.95	55754	67	13
11	R+	上肩帶跳空＋	51	34	6.85	29516	67	13
12	R–	隔離線＋	15419	6781	–1.06	97	44	7
13	R–	大敵當前－	80	35	–3.18	18816	44	7
14	R+	並肩白線＋	2890	1811	1.99	520	63	6
15	R–	三胎鴉－	195	85	–1.23	7719	44	6
16	C+	流星－	874	546	1.33	1722	62	6
17	C+	吊人－	606	377	1.51	2484	62	5
18	R+	下降三法－	575	356	2.19	2618	62	5
19	C–	梯頂－	1792	771	–1.16	840	43	5
20	R–	星形十字＋	3400	1450	–1.12	442	43	4
21	R+	三線反擊＋	5043	3073	1.62	298	61	3
22	R+	南方三星＋	3864	2342	1.56	389	61	3
23	R+	飛鴿歸巢＋	376	227	0.91	4003	60	2
24	C–	三星＋	1879	789	–1.25	801	42	2
25	C+	三線反擊－	448	270	1.23	3360	60	2
26	R–	夜星十字－	129	54	–1.53	11669	42	2
27	C–	頸內線＋	440	184	–1.24	3421	42	2
28	C+	下肩帶缺口－	1725	1036	1.33	872	60	2
29	R–	母子＋	36	15	–1.21	41815	42	1
30	R+	外側三日下降－	13388	8016	1.45	112	60	1
31	R–	步步為營－	53	22	–1.51	28403	42	1
32	R–	烏雲罩頂	342	142	–1.18	4401	42	1
33	R–	母子十字＋	15984	6643	–1.06	94	42	1
34	R+	外側三日上升＋	1513	903	1.65	994	60	1
35	C+	母子－	342	204	1.43	4401	60	1
36	R–	棄嬰＋	694	287	–1.35	2169	41	1

（續）表7-5　選擇權根本股票績效排序%（5天期）

#	類型	名稱	總數	成功	平均獲利%	間隔天	成功率%	排序%
37	R–	吞噬－	424	175	–0.89	3550	41	0
38	R–	上升三法＋	3315	1354	–1.22	454	41	0
39	R–	內困三日翻紅＋	663	269	–1.85	2270	41	–1
40	R+	執帶＋	13785	7983	1.3	109	58	–2
41	R–	遭遇線－	16634	6683	–1.21	90	40	–2
42	R–	長實體白線＋	4483	1798	–1.17	335	40	–2
43	R–	貫穿線＋	1553	621	–1.51	969	40	–3
44	R–	執帶－	1314	524	–1.36	1145	40	–3
45	R+	星形十字－	958	548	1.18	1571	57	–3
46	R+	吞噬＋	2662	1518	1.17	565	57	–3
47	C+	母子十字－	2677	1517	1.28	562	57	–4
48	R–	長實體黑線－	2126	830	–1.24	708	39	–5
49	C–	頸上線＋	926	355	–1.65	1625	38	–7
50	R–	三烏鴉－	1068	410	–1.67	1409	38	–7
51	C–	頸內線－	344	131	–1.24	4376	38	–7
52	R+	雙鴉－	1271	692	1.07	1184	54	–8
53	R+	鎚子＋	15079	8165	0.86	99	54	–8
54	R+	三白兵＋	61	33	1.14	24678	54	–8
55	R+	雙鴉躍空－	98	53	3.47	15360	54	–8
56	R+	三星－	2411	1302	1.04	624	54	–8
57	R+	夜星－	60	31	0.94	25089	52	–13
58	R+	內困三日翻黑－	1812	913	0.43	830	50	–15
59	R+	並肩白線－	4	2	8.11	376339	50	–15
60	R+	頸上線－	8	4	–0.28	188169	50	–15
61	R+	晨星十字＋	273	136	0.25	5514	50	–16
62	R–	起跑－	3	1	–4.91	501786	33	–19
63	R–	晨星＋	497	162	–2.28	3028	33	–21
64	R+	獨特三河底＋	5	2	0.84	301071	40	–32
65	R+	梯底＋	10	4	–0.1	150535	40	–32
66	R–	遭遇線＋	5	1	–7.55	301071	20	–51
67	R+	三明治＋	4	1	–3.69	376339	25	–58
68	C–	棄嬰－	13	2	–1.94	115796	15	–63
		總計	148113	73420				

表7-6 選擇權根本股票績效排序%（6天期）

#	類型	名稱	總數	成功	平均獲利%	間隔天	成功率%	排序%
1	R+	反撲－	96	77	3.78	15680	80	35
2	R–	高價配－	76	41	–0.65	19807	54	34
3	C–	低價配＋	19	10	–1.2	79229	53	31
4	C–	隔離線－	432	206	–0.5	3484	48	18
5	R–	起跑＋	147	70	–1.82	10240	48	18
6	C+	向下跳空三法－	54	38	3.9	27877	70	18
7	C+	反撲＋	46	31	2.1	32725	67	13
8	R–	向上跳空三法＋	53	24	–1.55	28403	45	12
9	R–	閨中乳燕＋	31	14	–1.4	48559	45	12
10	R+	反轉鎚子＋	51	33	7.58	29516	65	9
11	R–	上肩帶跳空＋	15401	6641	–1.26	97	43	7
12	R–	隔離線＋	499	215	–0.96	3016	43	7
13	R–	大敵當前－	194	83	–1.7	7759	43	6
14	R+	並肩白線＋	27	17	3.42	55754	63	6
15	R+	三胎鴉－	374	235	1.05	4025	63	5
16	R+	流星－	575	361	2.57	2618	63	5
17	R+	吊人－	5040	3137	1.84	298	62	4
18	C+	下降三法－	341	212	1.73	4414	62	4
19	C+	梯頂－	873	540	1.59	1724	62	4
20	R+	星形十字＋	2889	1783	2.29	521	62	4
21	R–	三線反擊＋	692	288	–1.49	2175	42	3
22	R–	南方三星＋	3396	1410	–1.36	443	42	3
23	C+	飛鴿歸巢＋	446	273	1.51	3375	61	3
24	C–	三星＋	1792	739	–1.53	840	41	2
25	R–	三線反擊－	422	174	–0.91	3567	41	2
26	C+	夜星十字－	1720	1048	1.5	875	61	2
27	C–	頸內線＋	1879	772	–1.4	801	41	2
28	R–	下肩帶缺口－	15961	6536	–1.24	94	41	1
29	R+	母子＋	13383	8079	1.67	112	60	1
30	R+	外側三日下降－	3856	2320	1.76	390	60	1
31	R–	步步為營－	16598	6747	–1.34	90	41	1
32	R+	烏雲罩頂	5	3	0.09	301071	60	1
33	R+	母子十字＋	1509	906	1.91	997	60	1
34	R–	外側三日上升＋	3311	1342	–1.4	454	41	0
35	R+	母子－	958	571	1.46	1571	60	0
36	R+	棄嬰＋	13768	8141	1.54	109	59	–1

（續）表7-6　選擇權根本股票績效排序%（6天期）

#	類型	名稱	總數	成功	平均獲利%	間隔天	成功率%	排序%
37	R+	吞噬－	61	36	1.52	24678	59	–1
38	C+	上升三法＋	605	356	1.73	2488	59	–1
39	R–	內困三日翻紅＋	342	135	–1.55	4401	39	–2
40	R–	執帶＋	1552	611	–1.77	969	39	–2
41	R+	遭遇線－	2661	1538	1.36	565	58	–3
42	C+	長實體白線＋	2675	1542	1.45	562	58	–3
43	R–	貫穿線＋	36	14	–1.28	41815	39	–4
44	R–	執帶－	661	257	–2.23	2277	39	–4
45	R–	星形十字－	80	31	–3.73	18816	39	–4
46	C–	吞噬＋	926	359	–1.79	1625	39	–4
47	R–	母子十字－	1314	508	–1.63	1145	39	–4
48	R–	長實體黑線－	1066	412	–1.9	1412	39	–4
49	C–	頸上線＋	440	169	–1.56	3421	38	–5
50	R–	三烏鴉－	4479	1722	–1.53	336	38	–5
51	R+	頸內線－	1270	721	1.31	1185	57	–5
52	R–	雙鴉－	2121	813	–1.48	709	38	–5
53	R+	鎚子＋	98	55	4.04	15360	56	–6
54	R+	三白兵＋	2410	1347	1.3	624	56	–6
55	R+	雙鴉躍空－	15071	8333	1.04	99	55	–7
56	R–	三星－	129	48	–1.78	11669	37	–8
57	C–	夜星－	344	127	–1.72	4376	37	–8
58	R+	內困三日翻黑－	273	142	0.34	5514	52	–13
59	R+	並肩白線－	1811	930	0.54	831	51	–14
60	R–	頸上線－	497	172	–2.48	3028	35	–14
61	R+	晨星十字＋	4	2	8.78	376339	50	–16
62	R+	起跑－	8	4	–0.29	188169	50	–16
63	R+	晨星＋	4	2	–2	376339	50	–16
64	R–	獨特三河底＋	3	1	–6.08	501786	33	–17
65	R+	梯底＋	60	29	0.68	25089	48	–19
66	R+	遭遇線＋	10	4	–0.08	150535	40	–33
67	R–	三明治＋	5	1	–7.02	301071	20	–50
68	C–	棄嬰－	13	2	–2.32	115796	15	–62
		總計	147943	73540				

表7-7 選擇權根本股票績效排序%（7天期）

#	類型	名稱	總數	成功	平均獲利%	間隔天	成功率%	排序%
1	C–	反撲－	19	11	–1.52	79229	58	46
2	R–	高價配－	76	42	–1.25	19807	55	39
3	R+	低價配＋	96	77	3.63	15680	80	33
4	R+	隔離線－	4	3	8.25	376339	75	24
5	R+	起跑＋	51	38	7.42	29516	75	24
6	C–	向下跳空三法－	432	206	–0.64	3484	48	20
7	C+	反撲＋	54	39	4.1	27877	72	20
8	R–	向上跳空三法＋	53	25	–1.35	28403	47	19
9	R+	閨中乳燕＋	27	19	3.75	55754	70	17
10	R–	反轉鎚子＋	80	37	–3.8	18816	46	16
11	R–	上肩帶跳空＋	31	14	–1.42	48559	45	14
12	C+	隔離線＋	46	31	2.2	32725	67	12
13	R–	大敵當前－	147	65	–2.14	10240	44	11
14	R–	並肩白線＋	497	216	–1.21	3028	43	9
15	C+	三胎鴉－	870	561	1.89	1730	64	7
16	R+	流星－	374	241	1.16	4025	64	7
17	R–	吊人－	15386	6493	–1.46	97	42	6
18	C+	下降三法－	341	218	1.93	4414	64	6
19	R+	梯頂－	5038	3202	2.14	298	64	5
20	R–	星形十字＋	36	15	–1.33	41815	42	5
21	R+	三線反擊＋	2883	1803	2.59	522	63	4
22	C+	南方三星＋	1716	1071	1.81	877	62	3
23	R–	飛鴿歸巢＋	194	79	–2.05	7759	41	3
24	C–	三星＋	1789	727	–1.69	841	41	2
25	R+	三線反擊－	1509	931	2.14	997	62	2
26	R+	夜星十字－	98	60	4.75	15360	61	1
27	C+	頸內線＋	445	272	1.68	3382	61	1
28	R–	下肩帶缺口－	689	276	–1.75	2184	40	1
29	R+	母子＋	13375	8122	1.93	112	61	1
30	C–	外側三日下降－	1879	751	–1.73	801	40	1
31	R–	步步為營－	3392	1349	–1.69	443	40	0
32	R+	烏雲罩頂	575	347	2.79	2618	60	0
33	C–	母子十字＋	925	367	–1.82	1627	40	0
34	R–	外側三日上升＋	421	167	–1.04	3575	40	0
35	R+	母子－	3841	2307	1.87	391	60	0
36	R+	棄嬰＋	5	3	2.09	301071	60	0

（續）表7-7　選擇權根本股票績效排序%（7天期）

#	類型	名稱	總數	成功	平均獲利%	間隔天	成功率%	排序%
37	R–	吞噬－	16566	6538	–1.54	90	39	–1
38	R+	上升三法＋	958	570	1.68	1571	59	–1
39	R–	內困三日翻紅＋	1552	608	–2.09	969	39	–2
40	R–	執帶＋	3304	1292	–1.73	455	39	–2
41	R–	遭遇線－	15942	6218	–1.55	94	39	–2
42	R+	長實體白線＋	13746	8121	1.69	109	59	–2
43	C–	貫穿線＋	440	170	–1.82	3421	39	–3
44	R–	執帶－	657	253	–2.55	2291	39	–3
45	C+	星形十字－	604	353	1.89	2492	58	–3
46	C+	吞噬＋	2670	1551	1.57	563	58	–4
47	R+	母子十字－	2654	1538	1.48	567	58	–4
48	R–	長實體黑線－	341	129	–1.75	4414	38	–5
49	R+	頸上線＋	61	35	1.66	24678	57	–5
50	R–	三烏鴉－	4476	1690	–1.73	336	38	–5
51	R+	頸內線－	1265	724	1.44	1190	57	–5
52	C–	雙鴉－	344	128	–1.78	4376	37	–6
53	R–	鎚子＋	1314	483	–1.87	1145	37	–8
54	R–	三白兵＋	1063	390	–2.24	1416	37	–8
55	R+	雙鴉躍空－	15067	8373	1.27	99	56	–8
56	R+	三星－	2410	1339	1.39	624	56	–8
57	R–	夜星－	2117	771	–1.79	711	36	–8
58	R–	內困三日翻黑－	497	177	–2.74	3028	36	–10
59	R+	並肩白線－	273	147	0.68	5514	54	–11
60	R–	頸上線－	129	45	–2.01	11669	35	–12
61	R+	晨星十字＋	60	31	0.97	25089	52	–14
62	R+	起跑－	1811	928	0.76	831	51	–15
63	R–	晨星＋	3	1	–5.99	501786	33	–16
64	R+	獨特三河底＋	4	2	–1.62	376339	50	–17
65	R+	梯底＋	10	4	–0.11	150535	40	–34
66	R–	遭遇線＋	5	1	–6.99	301071	20	–50
67	R+	三明治＋	8	2	–1.57	188169	25	–59
68	C–	棄嬰－	13	2	–2.74	115796	15	–61
		總計	147758	72799				

較長期型態分析（1991年11月29日～2004年12月31日）

繼續引用前一節的相同概念，但資料更多了（大約有550萬個交易日）。大體上來說，陰陽線型態在各種市況下的表現都不錯。圖7-3顯示S&P 500在1991年11月29日～2004年12月31日的走勢，包括一段長達10年的大多頭市場，以及隨後數年的空頭行情。

表7-8仍然顯示相同的分析結果，但涵蓋更長時間、更多資料，也測試更多陰陽線型態。排序的依據是型態成功率，也就是型態成功次數佔該型態所有發生次數的百分率。成功率的倒數，也就是失敗率（換言之，1－成功率＝失敗率）。每種型態都在七個不同預測期間內做測試，表格最後一欄顯示七個不同預測期間之成功率的平均值。

表7-8與7-9可以回答下列問題：

1. 每種陰陽線型態的表現如何？
2. 每種陰陽線型態的最佳出場方法爲何？最適用於哪種期間架構？
3. 每種陰陽線型態什麼時候表現最佳？
4. 每種陰陽線型態什麼時候表現最差？

沒有產生淨盈虧的交易（換言之，毛利剛好支付相關交易成本），沒有包括在表7-8的成功率計算內，也沒有包含在表7-9的每筆交易淨盈虧計算。每筆交易的淨盈虧，也就是所有交易淨盈虧的平均值，數值可能是正數（盈）或負數（虧）。

圖 7-3 S&P 500股價指數（涵蓋13年多）

注意：「每筆交易淨盈虧」是「所有個別交易淨盈虧總和」除以「交易筆數」。如果所有交易都賺錢或賠錢（換言之，沒有損益兩平者），則下列關係成立：

每筆交易淨盈虧＝（成功率×成功交易平均獲利）＋（失敗率×失敗交易平均虧損）

注意，上述公式採用加號，因爲「失敗交易平均虧損」爲負數。各位如果想要自行計算，請留意成功率和失敗率的四捨五入部分。舉例來說，如果7筆交易有5筆交易成功的話，成功率計算雖然是71.4286％，但表格顯示的數據則是四捨五入的71％。電腦程式計算是根據直接結果計算（沒有四捨五入）。

有效的陰陽線型態，其每筆交易淨盈虧應該在各種期間架構下都是正數。對於每筆淨盈虧爲正值的型態，其失敗交易的平均損失愈小愈好。陰陽線型態畢竟不是完美的，所以當預測失敗時，型態的平均虧損當然愈小愈好。

成功率如果是50％，其表現並不優於投擲銅板。表7-8最後一欄內，數值最高和最低者，分別各有2個數據（總共4個數據）採用粗體字表示。

請注意，這4個數據對應型態的樣本數都很小。在總型態個數701,402之中，這4種型態的個數只有92個，相當於0.013％（大約是萬分之一）。

請留意多頭「峰迴路轉」的表現，在所有7個預測期間內，成功率表現都很不錯。成功率平均爲56％，算得上是最傑出者之一。這份表格就是希望讀者留意這類的型態。

最後，表7-8最下側一列數據，顯示所有7個預測期間成功率的平均值。這些數據大體上可以顯示陰陽線型態的一般效用。雖然有兩個預測期間的成功率跟投擲銅板沒有差別，但其他期間的表現都較好。

表7-8　選擇權根本股票成功率%

股票數量	2,277
交易天數	5,490,000
型態數量	701,402
型態發生頻率	7.8272

型態	數量	1	2	3	4	5	6	7	平均
單烏鴉－	15850	48%	48%	48%	48%	49%	49%	48%	48%
單白兵＋	20812	49%	50%	51%	53%	53%	53%	53%	52%
三烏鴉－	3659	49%	48%	48%	47%	46%	46%	46%	47%
3 Dn Gap Up＋	44	43%	43%	50%	40%	36%	36%	37%	41%
連續向下三跳空＋	1101	55%	53%	55%	53%	53%	53%	55%	54%
連續向上三跳空－	1940	54%	54%	54%	54%	55%	54%	52%	54%
三線反擊＋	447	48%	50%	49%	54%	55%	56%	56%	53%
三線反擊－	500	49%	48%	48%	49%	47%	48%	49%	48%
北方三星－	7	60%	57%	43%	57%	67%	43%	14%	49%
南方三星＋	9	67%	44%	67%	89%	78%	75%	50%	**67%**
3 Up Gap Dn－	32	45%	38%	38%	41%	38%	35%	52%	**41%**
3白兵＋	2479	52%	52%	51%	53%	52%	52%	52%	52%
棄嬰＋	64	59%	54%	58%	62%	56%	57%	48%	56%
棄嬰－	44	49%	55%	51%	60%	55%	51%	53%	53%
大敵當前－	148	49%	47%	48%	49%	46%	43%	47%	47%
偃鼓息兵＋	7214	50%	53%	52%	52%	52%	52%	52%	52%

（續）表7-8 選擇權根本股票成功率%

型態	數量	1	2	3	4	5	6	7	平均
執帶＋	1062	50%	50%	54%	56%	55%	54%	55%	53%
執帶－	983	51%	49%	48%	48%	48%	47%	46%	48%
起跑＋	84	58%	53%	62%	58%	57%	53%	52%	56%
起跑－	89	52%	51%	45%	56%	60%	60%	58%	55%
閨中乳燕＋	101	51%	55%	52%	50%	50%	53%	54%	52%
步步為營＋	3994	54%	53%	55%	56%	56%	56%	56%	55%
步步為營－	5903	53%	52%	52%	52%	52%	52%	51%	52%
峰迴路轉＋	250	54%	58%	54%	55%	57%	55%	57%	56%
鷹撲－	6395	54%	54%	52%	53%	51%	50%	50%	52%
烏雲罩頂－	7354	50%	48%	47%	48%	48%	48%	47%	48%
星形十字＋	12505	53%	53%	54%	54%	54%	55%	55%	54%
星形十字－	16939	53%	52%	52%	51%	51%	51%	50%	51%
下肩帶缺口－	383	52%	52%	52%	51%	49%	49%	50%	51%
外側三日上升＋	16782	49%	50%	51%	52%	51%	51%	52%	51%
外側三日下降－	17345	48%	47%	47%	47%	47%	46%	45%	47%
吞噬＋	87974	49%	49%	50%	50%	51%	51%	51%	50%
吞噬－	95200	49%	48%	48%	48%	48%	47%	47%	48%
夜星十字－	1202	49%	51%	52%	53%	53%	53%	50%	52%
夜星－	1531	48%	47%	49%	49%	49%	48%	48%	48%
下降三法－	1027	53%	54%	54%	48%	47%	48%	48%	50%
雙鴉躍空－	11	64%	45%	45%	40%	36%	45%	36%	44%
雙兔跳空＋	7	86%	71%	86%	86%	86%	86%	86%	**84%**
跳空三法＋	342	57%	55%	53%	52%	48%	52%	52%	53%
跳空三法－	416	49%	49%	47%	48%	48%	48%	48%	48%
鎚子＋	13295	45%	47%	47%	47%	49%	49%	50%	48%
吊人－	21717	65%	62%	60%	59%	57%	57%	56%	59%
母子十字＋	11712	52%	51%	52%	53%	53%	53%	54%	53%
母子十字－	14215	52%	51%	51%	50%	50%	49%	49%	50%
母子＋	101531	50%	51%	52%	52%	53%	53%	53%	52%
母子－	120366	51%	50%	50%	50%	49%	49%	49%	50%
內困三日翻紅＋	15190	50%	50%	52%	51%	51%	52%	52%	51%
內困三日翻黑－	16893	49%	48%	48%	48%	48%	47%	47%	48%
飛鴿歸巢＋	6080	51%	52%	53%	54%	53%	54%	55%	53%
頸內線＋	22	43%	41%	36%	50%	48%	59%	45%	46%
頸內線－	22	50%	40%	50%	45%	45%	**29%**	36%	42%
倒狀鎚子＋	2754	64%	61%	59%	59%	58%	58%	58%	60%
反撲＋	143	51%	47%	44%	46%	46%	47%	49%	47%

（續）表7-8　選擇權根本股票成功率%

型態	數量	1	2	3	4	5	6	7	平均
反撲－	92	54%	49%	43%	44%	40%	47%	43%	46%
梯底＋	383	48%	53%	60%	54%	54%	56%	57%	55%
梯頂－	363	52%	51%	51%	54%	54%	51%	51%	52%
執墊＋	164	46%	49%	50%	53%	55%	55%	53%	52%
執墊－	96	57%	47%	45%	52%	47%	48%	49%	49%
高價配－	4668	67%	62%	61%	58%	57%	55%	55%	59%
低價配＋	4190	67%	61%	59%	58%	57%	57%	58%	60%
遭遇線＋	1101	49%	51%	50%	52%	52%	53%	54%	52%
遭遇線－	1336	51%	50%	50%	52%	52%	51%	51%	51%
晨星十字＋	1105	47%	46%	49%	50%	53%	54%	52%	50%
晨星＋	1601	49%	50%	51%	50%	51%	51%	53%	51%
頸上線＋	388	58%	53%	56%	55%	50%	54%	53%	54%
頸上線－	375	54%	49%	50%	50%	48%	46%	49%	49%
貫穿線＋	5751	49%	48%	50%	51%	51%	52%	52%	50%
上升三法＋	1650	52%	52%	51%	50%	52%	51%	51%	51%
隔離線＋	317	52%	51%	53%	55%	55%	55%	56%	54%
隔離線－	349	49%	48%	51%	52%	50%	50%	47%	50%
流星－	1595	50%	49%	51%	50%	50%	49%	48%	50%
物極而反＋	6531	48%	50%	51%	52%	53%	53%	54%	52%
物極而反	7568	51%	51%	51%	50%	50%	49%	48%	50%
三明治＋	301	55%	53%	53%	58%	57%	56%	57%	56%
三明治－	321	51%	48%	46%	46%	47%	49%	47%	48%
並肩黑線＋	228	43%	47%	49%	48%	48%	48%	48%	47%
並肩黑線－	263	48%	49%	45%	45%	43%	44%	42%	45%
並肩白線＋	369	46%	44%	48%	50%	49%	49%	52%	48%
並肩白線－	98	48%	45%	46%	47%	48%	48%	49%	47%
戳入＋	760	54%	55%	56%	53%	52%	52%	54%	54%
戳入－	771	51%	52%	51%	50%	50%	47%	48%	50%
三星＋	869	44%	46%	47%	49%	50%	51%	51%	48%
三星－	867	47%	44%	47%	48%	46%	47%	47%	47%
雙鴉－	205	55%	50%	45%	47%	44%	44%	47%	47%
雙兔＋	125	47%	45%	44%	44%	52%	46%	43%	46%
獨特三河底	11	64%	45%	50%	45%	45%	45%	55%	50%
獨特三峰頂－	7	29%	57%	57%	57%	43%	29%	29%	43%
上肩帶缺口＋	415	50%	50%	49%	50%	49%	48%	49%	49%
總計	701402	52%	50%	51%	52%	51%	51%	50%	51%

關於陰陽線型態的適用程度，也可以觀察「每筆交易淨獲利」除以「每筆交易淨虧損」的比率。這是衡量陰陽線型態在預測期間內的整體獲利能力。表7-9顯示這方面的資料，比率爲正數者，採用粗體字。

表 7-9 選擇權根本股票「每筆交易淨利／淨損失」

股票數量	2,277
交易天數	5,490,000
型態數量	701,402
型態發生頻率	7.8272

型態	數量	1	2	3	4	5	6	7/每筆	平均
單烏鴉－	15850	–0.10	–0.15	–0.24	–0.22	–0.23	–0.26	–0.40	–0.23
單白兵＋	20812	**0.17**	**0.24**	**0.42**	**0.58**	**0.70**	**0.76**	**0.78**	**0.52**
三烏鴉－	3659	–0.09	–0.34	–0.36	–0.55	–0.73	–0.91	–1.07	–0.58
3 Dn Gap Up＋	44	–0.09	–1.40	–1.19	–1.96	–2.60	–3.30	–2.62	–1.88
連續向下三跳空＋	1101	**0.45**	**0.62**	**0.61**	**0.73**	**0.91**	**1.00**	**1.16**	**0.78**
連續向上三跳空－	1940	**0.13**	**0.19**	**0.18**	**0.17**	**0.22**	**0.24**	–0.05	**0.15**
三線反擊＋	447	–0.10	**0.10**	**0.07**	**0.40**	**0.16**	**0.46**	**0.59**	**0.24**
三線反擊－	500	–0.30	–0.43	–0.72	–0.61	–0.59	–0.78	–0.51	–0.56
北方三星－	7	–0.37	–0.70	–1.14	–1.05	–1.57	–2.46	–2.64	–1.42
南方三星＋	9	**0.17**	**0.80**	**1.04**	**1.50**	**1.91**	**1.22**	**1.95**	**1.23**
3 Up Gap Dn－	32	–1.90	–2.46	–1.99	–1.30	–1.86	–2.13	–1.23	–1.84
3白兵＋	2479	**0.18**	**0.23**	**0.36**	**0.47**	**0.43**	**0.34**	**0.44**	**0.35**
棄嬰＋	64	**0.73**	**0.40**	**0.33**	**0.46**	**0.24**	**0.76**	**0.81**	**0.53**
棄嬰－	44	**0.01**	–0.32	**0.43**	**0.37**	–0.04	–1.39	–1.81	–0.39
大敵當前－	148	–0.35	–0.39	–0.87	–0.70	–0.83	–1.23	–1.36	–0.82
偃鼓息兵＋	7214	**0.12**	**0.36**	**0.40**	**0.47**	**0.49**	**0.48**	**0.57**	**0.41**
執帶＋	1062	**0.12**	**0.00**	**0.55**	**0.91**	**1.04**	**0.99**	**1.08**	**0.67**
執帶－	983	**0.14**	–0.18	–0.18	–0.11	–0.09	–0.45	–0.63	–0.21
起跑＋	84	–0.02	**0.72**	**1.98**	**1.55**	**1.54**	**0.92**	**0.88**	**1.08**
起跑－	89	**0.03**	–0.06	**0.17**	**0.41**	**0.54**	**0.56**	**0.93**	**0.37**
閨中乳燕＋	101	**0.28**	**0.73**	**1.17**	**1.51**	**1.25**	**2.05**	**2.31**	**1.33**
步步為營＋	3994	**0.29**	**0.48**	**0.79**	**1.09**	**1.20**	**1.38**	**1.41**	**0.95**
步步為營－	5903	**0.06**	**0.08**	**0.08**	**0.08**	**0.14**	**0.07**	**0.00**	**0.07**
峰迴路轉＋	250	**0.36**	**0.67**	**0.54**	**0.54**	**0.38**	**0.49**	**0.77**	**0.54**
鷹撲－	6395	**0.06**	**0.03**	–0.09	–0.26	–0.37	–0.43	–0.60	–0.24

（續）表 7-9　選擇權根本股票「每筆交易淨利／淨損失」

型態	數量	1	2	3	4	5	6	7 /每筆	平均
烏雲罩頂−	7354	−0.09	−0.28	−0.37	−0.47	−0.53	−0.60	−0.78	−0.45
星形十字+	12505	**0.34**	**0.40**	**0.48**	**0.65**	**0.84**	**0.97**	**1.08**	**0.68**
星形十字−	16939	**0.03**	−0.03	−0.05	−0.06	−0.08	−0.11	−0.20	−0.07
下肩帶缺口−	383	**0.03**	**0.44**	**0.14**	−0.35	−0.32	−0.30	−0.43	−0.11
外側三日上升+	16782	**0.05**	**0.19**	**0.30**	**0.40**	**0.44**	**0.44**	**0.43**	**0.32**
外側三日下降−	17345	−0.23	−0.39	−0.39	−0.49	−0.60	−0.79	−0.98	−0.55
吞噬+	87974	**0.07**	**0.07**	**0.21**	**0.32**	**0.39**	**0.48**	**0.49**	**0.29**
吞噬−	95200	−0.08	−0.20	−0.30	−0.36	−0.45	−0.56	−0.72	−0.38
夜星十字−	1202	**0.09**	**0.06**	**0.19**	**0.23**	**0.28**	**0.13**	−0.30	**0.10**
夜星−	1531	−0.07	−0.20	−0.19	−0.28	−0.37	−0.50	−0.52	−0.30
下降三法−	1027	**0.35**	**0.40**	**0.50**	**0.12**	−0.04	**0.05**	**0.17**	**0.22**
雙鴉躍空−	11	**0.95**	−1.28	−2.26	−3.16	−3.75	−3.48	−5.91	−2.70
雙兔跳空+	7	**2.44**	**1.83**	**2.05**	**2.75**	**4.16**	**6.07**	**3.06**	**3.19**
跳空三法+	342	**0.22**	**0.20**	**0.30**	**0.09**	−0.09	−0.21	−0.26	**0.04**
跳空三法−	416	**0.14**	**0.14**	−0.16	−0.40	−0.45	−0.70	−0.92	−0.34
鎚子+	13295	−0.25	−0.25	−0.14	−0.16	−0.02	**0.08**	**0.22**	−0.07
吊人−	21717	**0.98**	**0.84**	**0.66**	**0.57**	**0.43**	**0.36**	**0.20**	**0.58**
母子十字+	11712	**0.20**	**0.25**	**0.40**	**0.58**	**0.74**	**0.84**	**1.04**	**0.58**
母子十字−	14215	−0.06	−0.14	−0.20	−0.27	−0.30	−0.38	−0.48	−0.26
母子+	101531	**0.16**	**0.22**	**0.37**	**0.54**	**0.63**	**0.69**	**0.80**	**0.49**
母子−	120366	−0.01	−0.13	−0.21	−0.25	−0.27	−0.31	−0.41	−0.23
內困三日翻紅+	15190	**0.14**	**0.20**	**0.37**	**0.43**	**0.44**	**0.51**	**0.51**	**0.37**
內困三日翻黑−	16893	−0.10	−0.25	−0.27	−0.32	−0.43	−0.55	−0.60	−0.36
飛鴿歸巢+	6080	**0.22**	**0.40**	**0.53**	**0.79**	**1.04**	**1.26**	**1.49**	**0.82**
頸內線+	22	−0.48	**0.08**	**0.36**	**1.00**	**1.19**	**2.13**	**1.53**	**0.83**
頸內線−	22	−0.22	−2.07	−1.59	−2.72	−2.82	−3.72	−4.16	−2.47
倒狀鎚子+	2754	**1.26**	**1.25**	**1.25**	**1.38**	**1.43**	**1.65**	**1.74**	**1.42**
反撲+	143	−0.42	−0.51	−0.47	−0.88	−0.80	−0.83	−0.91	−0.69
反撲−	92	−0.15	−0.73	−1.75	−1.13	−1.21	−0.90	−1.24	−1.02
梯底+	383	−0.10	**0.10**	**1.10**	**0.98**	**0.87**	**1.19**	**1.22**	**0.77**
梯頂−	363	**0.28**	**0.56**	**0.38**	**0.49**	**0.20**	**0.31**	**0.10**	**0.33**
執墊+	164	**0.05**	**0.21**	**0.56**	**0.11**	**0.69**	**0.82**	**0.71**	**0.45**
執墊−	96	**0.39**	−0.22	−0.46	**0.05**	−0.48	−0.06	−0.62	−0.20
高價配−	4668	**0.81**	**0.65**	**0.59**	**0.37**	**0.39**	**0.26**	**0.30**	**0.48**
低價配+	4190	**1.28**	**1.24**	**1.34**	**1.46**	**1.53**	**1.78**	**2.03**	**1.52**
遭遇線+	1101	−0.03	**0.09**	**0.09**	**0.34**	**0.58**	**0.76**	**0.92**	**0.39**
遭遇線−	1336	−0.05	−0.12	−0.10	−0.10	−0.20	−0.31	−0.35	−0.18

（續）表 7-9　選擇權根本股票「每筆交易淨利／淨損失」

型態	數量	1	2	3	4	5	6	7/每筆	平均
晨星十字＋	1105	–0.16	–0.22	–0.16	**0.12**	**0.25**	**0.42**	**0.52**	**0.11**
晨星＋	1601	–0.02	–0.04	**0.11**	**0.32**	**0.44**	**0.50**	**0.75**	**0.29**
頸上線＋	388	**0.16**	**0.38**	**0.44**	**0.42**	**0.21**	**0.48**	**0.54**	**0.38**
頸上線－	375	**0.04**	–0.26	–0.34	–0.27	–0.14	–0.47	–0.23	–0.24
貫穿線＋	5751	**0.11**	–0.09	**0.13**	**0.25**	**0.37**	**0.57**	**0.48**	**0.26**
上升三法＋	1650	**0.44**	**0.71**	**0.66**	**0.57**	**0.64**	**0.76**	**0.71**	**0.64**
隔離線＋	317	**0.42**	**0.66**	**0.99**	**1.16**	**1.61**	**1.62**	**2.07**	**1.22**
隔離線－	349	–0.49	–0.59	–0.32	**0.01**	–0.06	–0.60	–1.02	–0.44
流星－	1595	–0.19	–0.30	–0.13	–0.13	–0.10	–0.38	–0.46	–0.24
物極而反＋	6531	**0.00**	**0.13**	**0.30**	**0.50**	**0.70**	**0.85**	**1.09**	**0.51**
物極而反	7568	–0.07	–0.11	–0.20	–0.28	–0.40	–0.55	–0.71	–0.33
三明治＋	301	**0.10**	–0.10	**0.44**	**0.93**	**1.19**	**1.18**	**1.29**	**0.72**
三明治－	321	–0.08	–0.16	–0.43	–0.40	–0.39	–0.32	–0.37	–0.31
並肩黑線＋	228	–0.40	–0.31	–0.11	–0.19	–0.18	–0.21	**0.11**	–0.18
並肩黑線－	263	–0.39	–0.87	–1.22	–1.34	–1.72	–1.77	–1.82	–1.30
並肩白線＋	369	–0.14	–0.42	–0.35	–0.41	–0.35	–0.01	–0.07	–0.25
並肩白線－	98	**0.02**	–0.30	–0.31	–0.03	–0.56	–0.74	–0.76	–0.38
戳入＋	760	**0.25**	**0.54**	**0.75**	**0.69**	**0.70**	**0.75**	**1.14**	**0.69**
戳入－	771	–0.05	**0.04**	**0.01**	**0.02**	–0.09	–0.32	–0.28	–0.10
三星＋	869	–0.19	–0.20	**0.13**	**0.49**	**0.77**	**1.13**	**1.20**	**0.48**
三星－	867	–0.26	–0.33	–0.53	–0.69	–0.85	–0.84	–0.76	–0.61
雙鴉－	205	–0.10	–0.29	–0.24	–0.10	–0.24	–0.27	–0.06	–0.19
雙兔＋	125	–0.54	–0.83	–0.76	–0.79	–0.50	–0.49	–0.67	–0.65
獨特三河底	11	**0.68**	–0.43	–2.36	–2.38	–2.44	–3.45	–3.11	–1.93
獨特三峰頂－	7	–2.46	–2.71	–1.39	–2.43	–4.66	–7.44	–9.90	–4.43
上肩帶缺口＋	415	0.19	0.34	0.15	0.02	-0.02	-0.11	0.23	0.11

根據表7-9，我們能夠清楚看到某些陰陽線型態的整列「每筆交易淨獲利／淨損失」數據都是正數（粗體字）。這種性質當然很好，但我們還要配合觀察過表7-8，確保特定陰陽線型態不至於發生過份的損失。表7-8只顯示成功率，但成功率的倒數也就是失敗率（失敗率＝100－成功率）。

第8章

陰陽線型態績效

第7章處理陰陽線型態可靠性的議題，同時也考慮這些型態在不同預測期間內的表現。本章準備考慮的議題，是陰陽線型態相對於其他技術指標的績效表現。我想，很多人都想問：陰陽線型態的實際表現如何？本章準備回答這個問題。

下列表格（表8-1～表8-9）比較14種技術指標的表現，每種指標都採用最常用的參數設定。可是，每個表格都採用不同設定來分析陰陽線型態。陰陽線型態的成功或失敗，是根據當時價格與型態最後一天價格的比較決定。

就表8-1來說，陰陽線型態的成功或失敗，是以陰陽線型態完成當天與次一天價格做比較。對於空頭反轉或連續型態來說，如果價格走低，相關型態爲成功；反之，如果價格走高，則型態爲失敗。換言之，如果陰陽線型態對於相關期間的判斷正確，就視爲成功。

指標名稱縮寫（參數值）	技術指標
Candles（2）	陰陽線型態
NSI（0/11/89）	北方系統調配指標（North Systems' Insync Indicator）
DM（14/TF）	韋達趨向指標（Wilder's Directional Movement）
EMV（10/9/9）	阿姆斯走向指標（Arms' Ease of Movement）
MFI（20/40/60）	資金流動指數（Money Flow Index）
%D（14/20/80）	雷恩慢速隨機指標（Lane's Slow Stochastics）
%K（14/20/80）	雷恩快速隨機指標（Lane's Fast Stochastics）
PDO（18/10/11）	價格價格去勢擺盪指標（Price Detrend Oscillator）
MACD（12/25/9/9）	移動平均收斂-發散指標（Moving Average Convergence Divergence）
ROC（10/9/9）	變動率（Rate of Change）
RSI（14/35/65）	韋達相對強弱指數（Wilder's Relative Strength Index）
CCI（14/－100/100）	藍伯特商品通道指數（Lambert's Commodity Channel Index）
BRK（50/TF）	價格突破（Price Breakout）
% B（20/5/95）	包寧傑價格波動率指標（Bollinger's Volatility Indicator）

關於這些表格，有幾點需要注意。所有的普通股都取自三個股票交易所（紐約證交所、那斯達克與美國證交所）的掛牌股票，總計7,275家，涵蓋13年多的期間，總共有1,460萬個交易日（每支股票重複計算），產生了將近170萬個型態。

注意：每支個股都是先就表現最佳的指標做分析，然後取表現最佳指標的績效平均值，以及其相對績效。同樣地，買進-持有策略的績效平均值也是如此處理。這部分說明對於相關表格的瞭解很重要。

這七份表格（表8-1～表8-8）的唯一差別，只在於分析期間的長短，表8-1的分析期間爲1天，表8-2爲2天，依此類推，表8-7

爲7天。表8-8與表8-9另有不同的衡量，後文會詳細說明。

表8-1顯示的結果，陰陽線型態的分析期間爲1天Candles (1)。分析期間爲1天的情況下，陰陽線型態表現的排序在第5位，甚至不如買進-持有策略的平均表現。

表 8-1 最佳績效指標（1天期）

股票數量 7,275家 1991年11月29日～2004年12月31日
每支個股總計交易日3,300天 1,460萬個交易日資料

最佳指標	數量	績效平均值	買進-持有平均值	平均值差異
NSI (0/11/89)	82	1390.00%	214.20%	1176.00%
DM (14/TF)	279	894.90%	605.20%	289.70%
EMV (10/9/9)	173	740.90%	366.00%	374.90%
MFI (20/40/60)	154	580.60%	380.90%	199.70%
Candles (1)	**603**	**531.00%**	**597.60%**	**–66.62%**
%D (14/20/80)	46	518.20%	482.40%	35.78%
%K (14/20/80)	65	478.00%	373.00%	105.00%
MACD (12/26/9/9)	84	464.10%	242.80%	221.30%
ROC (10/9/9)	48	446.10%	358.40%	87.73%
PDO (18/10/11)	38	443.70%	519.90%	–76.16%
RSI (14/35/65)	115	417.70%	149.90%	267.80%
CCI (14/–100/100)	77	382.80%	364.30%	18.50%
BRK (50/TF)	201	325.90%	724.00%	–99.00%
%B (20/5/95)	73	250.60%	316.10%	-65.52%

表8-2的處理方法也相同，但陰陽線型態的預測期間爲2天Candles (2)。這種情況下，陰陽線型態在所有14種技術指標的績效排序爲第1位。

表 8-2 最佳績效指標（2天期）

股票數量 7,275家

每支個股總計交易日3,300天

最佳指標	數量	績效平均值	買進-持有平均值	平均值差異
Candles (2)	**536**	**1723.00%**	**633.40%**	**1089.00%**
NSI (0/11/89)	90	1264.00%	204.20%	1060.00%
DM (14/TF)	302	823.10%	611.90%	211.20%
EMV (10/9/9)	170	749.60%	354.20%	395.40%
MFI (20/40/60)	164	544.50%	369.90%	174.50%
%D (14/20/80)	46	513.80%	460.00%	53.83%
%K (14/20/80)	63	457.20%	331.20%	126.00%
PDO (18/10/11)	38	443.70%	519.90%	–76.16%
MACD (12/26/9/9)	89	435.50%	240.50%	195.10%
ROC (10/9/9)	49	430.80%	364.50%	66.25%
RSI (14/35/65)	115	414.30%	146.80%	267.50%
CCI (14/–100/100)	75	388.80%	336.20%	52.59%
BRK (50/TF)	224	289.60%	703.70%	–99.00%
%B (20/5/95)	77	236.20%	286.60%	-50.44%

表 8-3 最佳績效指標（3天期）

股票數量 7,275家

每支個股總計交易日3,300天

最佳指標	數量	績效平均值	買進-持有平均值	平均值差異
NSI (0/11/89)	86	1319.00%	188.90%	1130.00%
DM (14/TF)	316	783.50%	599.90%	183.60%
EMV (10/9/9)	175	724.30%	359.70%	364.60%
Candles (3)	**528**	**693.70%**	**649.00%**	**44.68%**
MFI (20/40/60)	164	543.40%	347.50%	195.90%
%D (14/20/80)	45	525.60%	496.00%	29.67%
%K (14/20/80)	56	490.60%	364.30%	126.30%
PDO (18/10/11)	35	475.50%	410.30%	65.26%
ROC (10/9/9)	47	445.10%	340.50%	104.60%
MACD (12/26/9/9)	91	424.50%	255.40%	169.00%
RSI (14/35/65)	112	414.30%	135.30%	279.00%
CCI (14/–100/100)	75	384.80%	349.90%	34.96%
BRK (50/TF)	236	268.90%	673.80%	–99.00%
%B (20/5/95)	72	247.60%	294.80%	-47.15%

表 8-4 最佳績效指標（4天期）

股票數量 7,275家

每支個股總計交易日3,300天

最佳指標	數量	績效平均值	買進-持有平均值	平均值差異
NSI (0/11/89)	89	1279.00%	196.30%	1083.00%
Candles (4)	**512**	**902.40%**	**651.50%**	**251.00%**
DM (14/TF)	321	770.70%	584.00%	186.70%
EMV (10/9/9)	170	733.80%	353.70%	380.10%
MFI (20/40/60)	158	557.50%	364.80%	192.70%
%D (14/20/80)	48	489.40%	473.60%	15.79%
%K (14/20/80)	57	485.10%	336.10%	149.00%
ROC (10/9/9)	45	456.40%	333.00%	123.30%
PDO (18/10/11)	36	447.00%	450.20%	–3.23%
RSI (14/35/65)	111	421.40%	143.00%	278.40%
MACD (12/26/9/9)	95	404.80%	249.40%	155.50%
CCI (14/–100/100)	75	370.70%	356.50%	14.20%
BRK (50/TF)	246	258.50%	686.10%	–99.00%
%B (20/5/95)	75	234.80%	293.20%	-58.43%

表 8-5 最佳績效指標（5天期）

股票數量 7,275家

每支個股總計交易日3,300天

最佳指標	數量	績效平均值	買進-持有平均值	平均值差異
Candles (5)	**507**	**3314.00%**	**622.20%**	**2691.00%**
NSI (0/11/89)	84	1326.00%	193.60%	1132.00%
DM (14/TF)	321	769.30%	589.10%	180.20%
EMV (10/9/9)	169	730.20%	338.30%	391.80%
%D (14/20/80)	43	531.40%	550.50%	–19.05%
MFI (20/40/60)	166	527.30%	381.30%	146.00%
%K (14/20/80)	57	497.30%	363.20%	134.00%
PDO (18/10/11)	33	475.40%	403.60%	71.80%
ROC (10/9/9)	44	451.60%	328.30%	123.20%
MACD (12/26/9/9)	93	413.80%	261.30%	152.50%
RSI (14/35/65)	114	411.50%	131.40%	280.10%
CCI (14/–100/100)	72	380.30%	325.20%	55.04%
%B (20/5/95)	71	244.90%	307.40%	–62.53%
BRK (50/TF)	264	237.90%	713.70%	-99.00%

表 8-6 最佳績效指標（6天期）

股票數量 7,275家

每支個股總計交易日3,300天

最佳指標	數量	績效平均值	買進-持有平均值	平均值差異
NSI (0/11/89)	84	1328.00%	218.60%	1110.00%
EMV (10/9/9)	179	688.20%	361.30%	327.00%
RSI (14/35/65)	114	410.60%	138.00%	272.60%
Candles (6)	**465**	**839.90%**	**604.10%**	**235.80%**
MACD (12/26/9/9)	92	418.70%	263.40%	155.20%
MFI (20/40/60)	169	517.40%	386.10%	131.30%
DM (14/TF)	335	741.10%	611.80%	129.30%
ROC (10/9/9)	43	458.60%	337.30%	121.30%
%K (14/20/80)	58	480.00%	358.90%	121.10%
CCI (14/–100/100)	73	376.60%	318.50%	58.14%
PDO (18/10/11)	37	440.40%	407.20%	33.27%
%D (14/20/80)	45	503.10%	509.40%	–6.37%
%B (20/5/95)	72	239.50%	274.40%	–34.91%
BRK (50/TF)	272	228.90%	720.60%	-99.00%

表 8-7 最佳績效指標（7天期）

股票數量 7,275家

每支個股總計交易日3,300天

最佳指標	數量	績效平均值	買進-持有平均值	平均值差異
NSI (0/11/89)	85	1316.00%	220.30%	1095.00%
EMV (10/9/9)	181	684.20%	370.80%	313.40%
Candles (7)	**433**	**835.50%**	**528.40%**	**307.10%**
RSI (14/35/65)	109	389.60%	139.40%	250.20%
MACD (12/26/9/9)	98	395.00%	252.90%	142.00%
MFI (20/40/60)	172	511.50%	381.70%	129.80%
%K (14/20/80)	63	448.80%	342.00%	106.80%
ROC (10/9/9)	47	424.50%	343.90%	80.61%
DM (14/TF)	341	729.70%	655.10%	74.51%
CCI (14/–100/100)	71	369.50%	382.50%	–12.93%
PDO (18/10/11)	38	429.90%	448.20%	–18.32%
%D (14/20/80)	46	495.30%	524.00%	–28.69%
%B (20/5/95)	76	232.90%	288.20%	–55.31%
BRK (50/TF)	278	224.30%	772.90%	–99.00%

表8-8仍然衡量相同的排序，但此處考量的績效是：特定陰陽線型態完成，乃至另一個反向陰陽線型態完成爲止。換言之，此處考慮的分析期間沒有固定天數，而是衡量某陰陽線型態完成到另一個反向型態完成之間的價格變動。請注意，相關分析涵蓋的期間平均天數爲8.7天。

表 8-8 最佳績效指標（反向型態）

股票數量 7,275家

每支個股總計交易日3,300天

最佳指標	數量	績效平均值	買進-持有平均值	平均值差異
NSI (0/11/89)	88	1266.00%	210.00%	1056.00%
DM (14/TF)	383	646.60%	652.40%	–5.71%
EMV (10/9/9)	206	599.00%	429.90%	169.10%
Candles (opp.)	**269**	**479.50%**	**441.30%**	**38.20%**
MFI (20/40/60)	191	463.10%	371.60%	91.51%
%K (14/20/80)	61	456.50%	442.80%	13.74%
PDO (18/10/11)	36	438.50%	434.90%	3.66%
ROC (10/9/9)	46	424.00%	348.90%	75.06%
%D (14/20/80)	53	409.40%	462.90%	–53.54%
MACD (12/26/9/9)	99	384.90%	284.20%	100.70%
RSI (14/35/65)	122	361.70%	139.50%	222.20%
CCI (14/–100/100)	86	327.80%	429.70%	–99.00%
%B (20/5/95)	77	231.30%	281.10%	–49.89%
BRK (50/TF)	321	187.70%	787.60%	–99.00%

表8-9仍然衡量相同的排序，但此處考量的績效是：陰陽線型態完成之後至少等待2天，然後唯有當績效沒有繼續改善，才結束部位。所謂「績效沒有繼續改善」，是指陰陽線型態完成之後，第3天或其後天數的收盤價，如果沒有優於前一天收盤價。對於多頭部位來說，「優於」就是「大於」；對於空頭部位而言，「優於」是「小於」。

表 8-9 最佳績效指標（至少等待2天）

股票數量 7,275家

每支個股總計交易日3,300天

最佳指標	數量	績效平均值	買進-持有平均值	平均值差異
NSI (0/11/89)	84	1328.00%	218.60%	1110.00%
NSI (0/11/89)	95	1192.00%	170.10%	1022.00%
DM (14/TF)	337	729.80%	598.30%	131.50%
EMV (10/9/9)	198	632.50%	372.00%	260.50%
%D (14/20/80)	47	492.40%	478.50%	13.93%
MFI (20/40/60)	188	470.80%	365.80%	105.00%
%K (14/20/80)	61	457.90%	349.10%	108.90%
ROC (10/9/9)	45	451.10%	340.70%	110.40%
PDO (18/10/11)	33	418.40%	314.30%	104.10%
Candles (2+)	**388**	**401.40%**	**718.40%**	**–99.00%**
MACD (12/26/9/9)	97	396.40%	265.90%	130.50%
RSI (14/35/65)	128	371.30%	132.10%	239.10%
CCI (14/–100/100)	77	358.70%	340.90%	17.80%
BRK (50/TF)	261	234.80%	712.80%	–99.00%
%B (20/5/95)	83	219.60%	277.10%	–57.51%

陰陽線型態績效結論

首先，讓我們看看陰陽線型態績效的摘要狀況：

型態參數	排序	百分率排序
1 day	5	64.3%
2 day	1	100%
3 day	4	71.4%
4 day	2	85.7%
5 day	1	100%
6 day	4	71.4%
7 day	3	78.6%
反向型態	4	71.4%
至少2天，等待惡化	9	35.7%

根據前述資料顯示，相較於多數價格爲基礎的技術指標，陰陽線型態的整體表現很不錯。相關九項評估中，只有在一種情況下，陰陽線型態在全數14種指標內的績效排序列於第五位。換言之，在92%的情況下，陰陽線型態排序優於64%的技術指標。

強力陰陽線
[完整版]

第 9 章

陰陽線型態過濾

「陰陽線過濾處理」是藉由其他常用技術分析工具，配合陰陽線使用的一套方法。「過濾」（Filtering）是技術分析領域裡的常用概念，而且經過證實能夠有效配合陰陽線型態使用。

運用單一方法從事行情分析或判斷市場時效，如果在方法上有任何根本瑕疵的話，陰陽線型態也不可避免。如同任何根據單一概念建構的價格相關技術指標一樣，陰陽線型態的表現未必永遠都很好。當數種技術指標彼此結合或配合運用，績效可能顯著改善。同樣地，就這方面來說，陰陽線也不例外：配合其他技術指標，可以顯著提升陰陽線的表現。

2005年附註：除了做些編輯上的調整之外，本章內容仍然是解釋陰陽線型態的過濾概念，並探討其運用。至於本章最後的表格，本版採用更多的樣本資料，因此也做了必要的更新。

以下列舉本章使用的其他技術指標，我們稍後也會簡單解釋其內容。括弧內的數據，代表相關技術指標設定的參數值。

指標名稱縮寫（參數值）	技術指標
NSINC	北方系統調配指標（North Systems' Insync Indicator）
RSI（14）	韋達相對強弱指數（Wilder's Relative Strength Index）
%B（20）	包寧傑價格波動率指標（Bollinger's Volatility Indicator）
MFI（20）	資金流動指數（Money Flow Index）
%D（14）	雷恩慢速隨機指標（Lane's Slow Stochastics）
CCI（14）	藍伯特商品通道指數（Lambert's Commodity Channel Index）
DM（14/TF）	韋達趨向指標（Wilder's Directional Movement）
EMV（10）	阿姆斯走向指標（Arms' Ease of Movement）
%K（14）	雷恩快速隨機指標（Lane's Fast Stochastics）
ROC（10）	變動率（Rate of Change）
MACD（12）	移動平均收斂-發散指標（Moving Average Convergence Divergence）
PDO（18）	價格價格去勢擺盪指標（Price Detrend Oscillator）

過濾概念

分析者可以藉由過濾概念來消除不成熟的陰陽線型態，或排除大多數過早出現的型態訊號。我們都清楚，陰陽線型態與市場趨勢之間的關係很密切，所以——如同多數技術指標——價格的延伸性趨勢經常會導致不成熟的型態訊號。換言之，我們可以藉由其他工具的協助，提升陰陽線型態的判斷效力。大多數技術分析者都會採用一種以上的指標確認訊號，陰陽線型態爲何不能比照辦理呢？答案在於技術指標的運用。看似明顯，但技術指標只能回答「什麼」（what）的部分，不能回答問題中「如何」（how）的部分。

下列討論將試著解釋「如何」的部分。多數指標都會定義何謂買進和賣出，藉以闡釋其意義與使用方法。在買進或賣出訊號實際發生之前，技術指標通常都已經產生較佳的發動點，但我們很難界定這些發動點。由於技術指標大多都是市場資料（價格）本身的函數，所以技術指標通常屬於落後指標。爲了讓指標訊號能夠更敏感地反映市況發展，指標參數可以設定得更緊密，如此雖然能夠讓訊號變得更及時，但也會產生很多不良（反覆）訊號。

技術指標一旦進入所界定的訊號準備區（presignal area），使用者就必須留意訊號發生位置。我們很難判斷技術指標停留在訊號準備區的時間會多久，但指標只要進入訊號準備區，終究會產生訊號（買進或賣出訊號）。統計資料顯示，指標停留在訊號準備區的時間愈久，訊號一旦出現，其效果也愈好。

對於技術指標來說，訊號準備趨勢過濾區域，也是其指紋。每種指標都有獨特的指紋。配合的技術指標一旦進入買進訊號準備區，我們只會考慮多頭的陰陽線型態。同理，配合的技術指標一旦進入賣出訊號準備區，我們只會考慮空頭的陰陽線型態。

訊號準備區

某些技術指標會根據指標讀數界定訊號準備區，通常都是在指標讀數的兩個極端設定這些區域，請參考圖 9-1。

對於擺盪指標來說，訊號準備區是定義爲指標穿越零線開始，而指標這個時候只要反向穿越其移動平均，就代表交易訊號（請參考圖 9-2）。

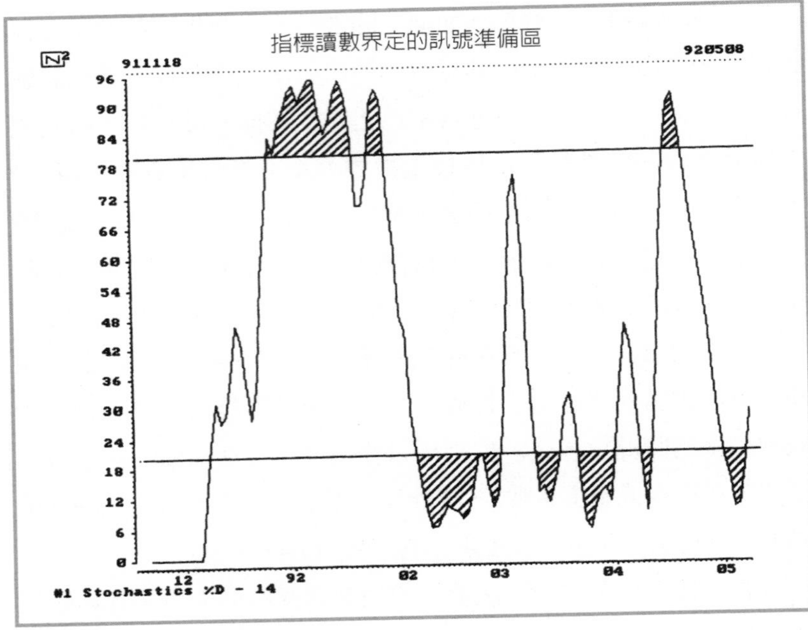

圖 9-1

技術指標

用來過濾陰陽線型態的技術指標，定義應該很清楚，資料也應該容易取得。這類技術指標的運作，必須讓使用者能夠決定買進區和賣出區，通常稱爲超賣區和超買區。舉例來說，韋達的相對強弱指數RSI，以及雷恩的隨機指標指標%K和%D，此兩者的讀數介於0～100，都是陰陽線型態的理想過濾指標。RSI與KD屬於運用最普及的技術指標，我們稍後會深入討論其結構與過濾作用。

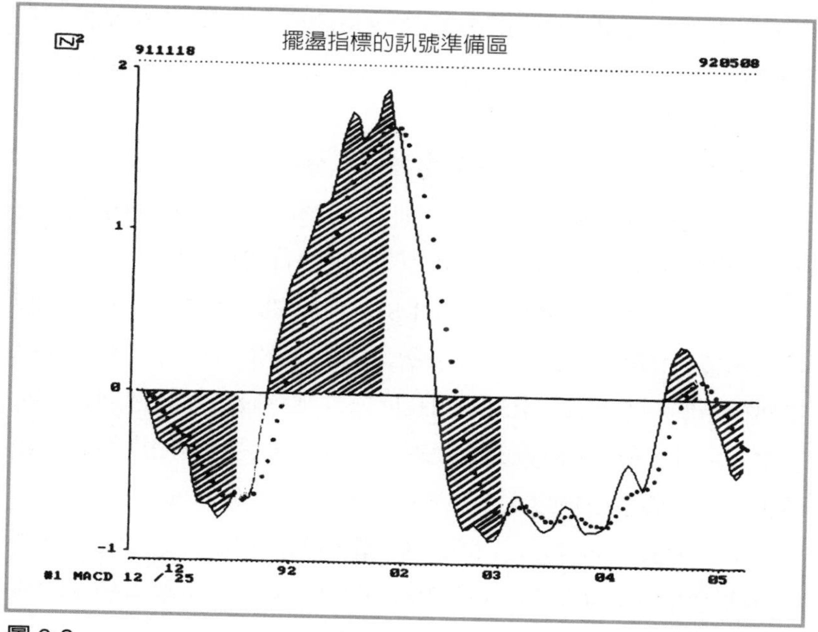

圖 9-2

韋達的RSI

韋達是在1970年代末期提出相對強弱指數（Relative Strength Index，RSI）的概念。這稱得上是運用得最普及的技術指標之一，但有各種不同的解釋。簡單說，RSI代表當時價格走勢相對強弱程度的衡量值，讀數介於0～100。原則上，這種指標取上漲天數和下跌天數的平均值。所謂上漲和下跌，是指當天收盤價和前一天收盤價之間的比較。

韋達偏愛採用14期的RSI，因爲14代表市場自然循環週期的半數。另外，他也把30和70設定爲RSI讀數的極端門檻水準。指標讀數一旦跌破30，代表行情即將回升；反之，指標讀數如果超越70，代表行情即將下跌。

我們也以把典型的價格走勢圖型態分析——譬如：頭間排列——直接引用到RSI圖形上。另外，在RSI讀數的兩個極端區域內，我們也可以觀察價格與RSI之間的走勢背離現象。

很多股票圖形供應商提供的RSI，預設期間是14期，但商品服務機構提供的RSI，預設期間多數是9期。如果可以判斷價格資料主要循環的週期長度，RSI期間長度通常應該設定爲該週期長度的一半。另外，關於RSI讀數的極端門檻水準，股票與期貨的慣用數值也不同，股票多數設定爲35/65，期貨通常設定爲30/70。

請參考圖9-3的Philip Morris（報價代碼MO）走勢圖。我們可以清楚看到，14天期RSI與價格之間呈現明顯的背離現象（圖形標示的對應趨勢線）。每當RSI進入兩端極端讀數區間，價格隨後很快就會改變趨勢。

雷恩的隨機擺盪指標% D

隨機指標（Stochastics）是喬治・雷恩（George Lane）多年前設計的擺盪指標。隨機指標試圖衡量收盤價落在每天價格區間的相對位置。簡言之，隨機指標想要回答一個問題：過去x天期間內，收盤價相對於價格交易區間的位置在哪裡？如同RSI的情況一樣，隨機指標最常用的期間也是14期。

隨機指標的概念是奠定在一種常見的現象上：上升趨勢發展

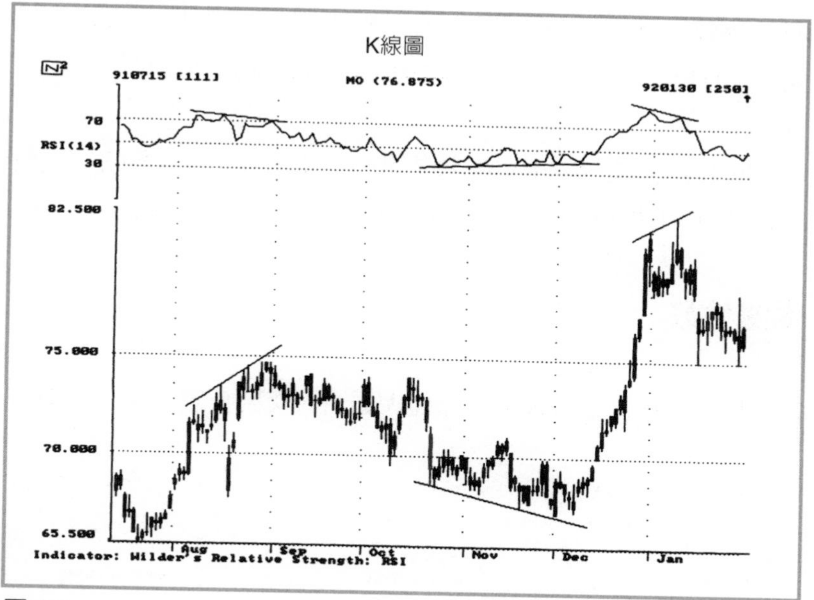

圖 9-3

過程，收盤價會更經常落在最高價附近；同理，下降趨勢發展過程，收盤價會更經常落在最低價附近。舉例來說，當行情由漲勢轉變為跌勢，最高價雖然還是會不斷創新高，但收盤價經常會落在最低價附近。這種性質使得隨機指標不同於一般擺盪指標；隨機指標衡量收盤價與特定趨勢之間的差異，然後把這種差異（相對強度）透過標準化方式表達。

%D實際上也就是%K的3期移動平均。一般情況下，%D和%K的走勢圖會並列在一起，閱讀上往往有些困難。關於隨機指標的解釋，使用者需要熟悉該指標在相關市場的行為反應。交易訊號判斷方法通常是：%D進入極端讀數區域（超買區為75～

85，超賣區爲15～25），然後當%K穿越%D時，即代表交易訊號。%D和%K的作用方式，就如同一般的兩條移動平均穿越系統。

圖9-4也就是先前RSI範例考慮的Philip Morris走勢圖。我們可以看到%D指標在超買、超賣區如何配合價格上下擺盪。

過濾參數

目前，市面上有很多功能強大的交易套裝軟體，除了從事一

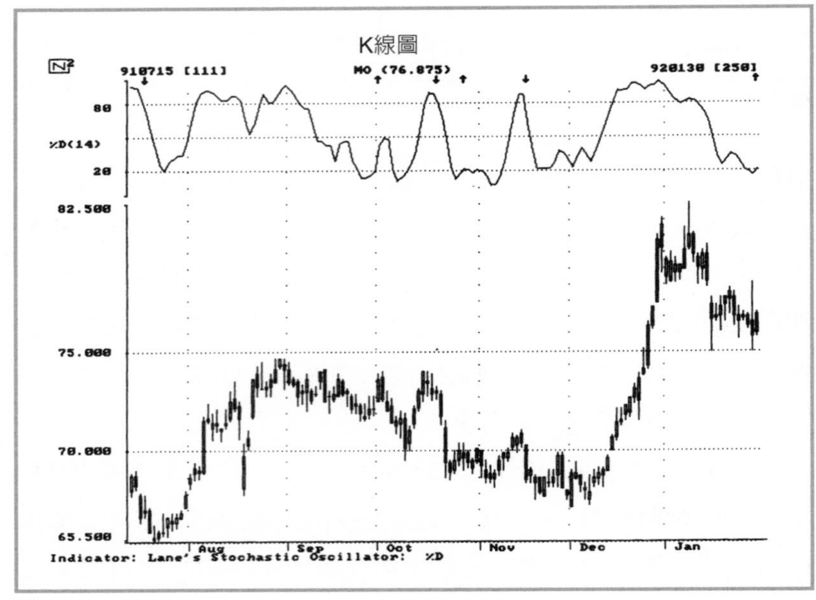

圖 9-4

般交易操作之外，還可以做歷史測試。有些軟體運用曲線套入方式（curve fitting）尋找參數的最佳設定數值，有些則運用資金管理技巧。不少高級軟體更是涵蓋各種功能。我們不打算在此討論這些軟體或方法的優、缺點，因爲此處只運用一些最簡單、最直接的概念。

此處準備測試三種操作系統：陰陽線型態、其他技術指標，以及過濾的陰陽線型態。每個系統都採用相同的買進、賣出、放空、回補的程式，假定交易者永遠留在市場內。永遠在市場上持有部位的操作方法，雖然未必最好，但此處基於測試目的而假設是如此。

這種情況下，我們想要顯示過濾陰陽線系統的表現，顯著優於另外兩套系統。另外，關於操作結果，我們假定在測試最後一天，所有的部位都根據當時的價格進行結算，讓各位能夠體會操作的整個過程。

技術指標讀數一旦到達預先設定的門檻參數值，訊號即產生。換言之，技術指標必須向上或向下穿越門檻水準，然後又反向穿越。譬如說，當%D向上穿越80，就進入了訊號準備區；這個時候，陰陽線型態的賣出過濾器開始運作。此處假定門檻水準爲20／80，只是爲了說明方便。

每種技術指標都需要設定期間參數的數值。如同前文談到的，期間參數應該根據所分析市場的基本循環週期長度來設定。另外還有兩個數值必須設定：指標讀數上、下兩端的門檻水準。技術指標必須穿越門檻讀數而進入訊號準備區，該技術指標才能扮演陰陽線型態的過濾器。

關於技術指標的參數值，我們最初採納一般交易者最常用的數據，譬如14天期的%D，門檻水準為20和80。可是，對於不同的股票，門檻水準可能設定為35和65。此處使用的資料為S&P 100和道瓊工業指數的成分股。

S&P 100指數成分股的資料，期間起始於1989年，終止於1992年3月31日。道瓊工業指數成分股資料的涵蓋期間為1990年4月24日到1992年3月31日。

過濾方法範例

根據表9-1的資料顯示，如果只採用陰陽線型態進行交易，100家股票之中，有67家股票獲利，33家股票發生虧損。這兩個數據是直接計算表9-1最初兩欄的正、負數據的數量。測試期間內，每家股票平均發生37.1個陰陽線型態訊號，平均每筆交易獲利0.40%。

S&P 100成分股如果完全採用%D指標的交易訊號，則有53家股票賺錢，47家股票虧損。每家股票的平均交易次數為30.01筆，每筆交易平均獲利0.02%。

假定把%D當做過濾器，然後根據陰陽線訊號進行交易。這種情況下，有62家股票獲利，38家虧損，結果反而不如單獨採用陰陽線型態，但仍然優於單獨採用技術指標%D。另外，每家股票的平均交易筆數為13.7筆，還不到陰陽線型態或%D的一半；每筆交易平均獲利為0.60%，顯著優於另外兩種方法。

表 9-1 過濾統計數據

100家股票　1340 期　技術指標：%D (14)　買進門檻：20 賣出門檻：80

報價代碼	獲利率% / 陰陽線	平均獲利率 %-陰陽線	獲利率% / 指標	平均獲利率 %-指標	獲利率% / 過濾	平均獲利率 %-過濾
AA	47.690/40 =	1.1923	82.100/38 =	2.1605	89.040/19 =	4.6863
AEP	19.840/34 =	0.5835	−35.800/34 =	−1.0529	8.9700/14 =	0.6407
AGC	−9.690/40 =	−0.2423	9.7800/30 =	0.3260	8.0500/17 =	0.4735
AIG	6.8700/41 =	0.1676	12.320/30 =	0.4107	−59.940/14 =	−4.2814
AIT	9.3800/33 =	0.2842	42.320/27 =	1.5674	21.980/10 =	2.1980
AMP	−34.440/48 =	−0.7175	27.650/33 =	0.8379	19.660/15 =	1.3107
AN	47.330/38 =	1.2455	−32.510/35 =	−0.9289	10.760/7 =	1.5371
ARC	48.740/42 =	1.1605	57.680/36 =	1.6022	4.0900/12 =	0.3408
AVP	−105.26/35 =	−3.0074	92.000/34 =	2.7059	−17.930/12 =	−1.4942
AXP	81.570/43 =	1.8970	38.510/29 =	1.3279	113.36/16 =	7.0850
BA	−16.960/29 =	−0.5848	26.750/31 =	0.8629	108.53/20 =	5.4265
BAC	−21.860/33 =	−0.6624	−82.550/21 =	−3.9310	−44.550/11 =	−4.0500
BAX	44.410/43 =	1.0328	−23.130/27 =	−0.8567	52.120/15 =	3.4747
BC	24.620/39 =	0.6313	−14.760/30 =	−0.4920	190.74/18 =	10.597
BCC	83.770/46 =	1.8211	40.060/26 =	1.5408	25.070/14 =	1.7907
BDK	−77.760/44 =	−1.7673	131.07/36 =	3.6408	−31.490/16 =	−1.9681
BEL	52.780/48 =	1.0996	−22.200/28 =	−0.7929	29.140/16 =	1.8213
BHI	114.57/38 =	3.0150	9.1300/36 =	0.2536	30.540/14 =	2.1814
BMY	41.450/36 =	1.1514	54.950/33 =	1.6652	−31.740/5 =	−6.3480
BNI	9.0000/36 =	0.2500	−44.460/27 =	−1.6467	−49.100/9 =	−5.4556
BS	58.150/45 =	1.2922	−58.090/32 =	−1.8153	−8.7100/12 =	−0.7258
CCB	18.560/35 =	0.5303	3.8700/29 =	0.1334	−35.480/14 =	−2.5343
CCI	39.360/40 =	0.9840	−40.970/38 =	−1.0782	42.240/21 =	2.0114
CDA	38.770/37 =	1.0478	233.73/33 =	7.0827	67.140/14 =	4.7957
CGP	53.650/48 =	1.1177	55.500/36 =	1.5417	43.730/19 =	2.3016
CHA	54.160/41 =	1.3210	65.230/28 =	2.3296	70.600/19 =	3.7158
CI	16.320/44 =	0.3709	13.080/28 =	0.4671	−4.3100/16 =	−0.2694
CL	20.010/51 =	0.3924	−49.560/25 =	−1.9824	−8.2400/19 =	−0.4337
CSC	−42.050/43 =	−0.9779	12.360/33 =	0.3745	38.810/19 =	2.0426
CWE	−10.930/33 =	−0.3312	−68.300/23 =	−2.9696	11.540/12 =	0.9617
DAL	−15.960/42 =	−0.3800	86.830/36 =	2.4119	−2.3100/14 =	−0.1650
DD	−25.940/45 =	−0.5764	−46.350/29 =	−1.5983	14.070/12 =	1.1725
DEC	30.880/37 =	0.8346	41.410/29 =	1.4279	75.850/14 =	5.4179
DIS	−36.790/28 =	−1.3139	−55.110/21 =	−2.6243	−45.950/13 =	−3.5346
DOW	−146.10/29 =	−5.0379	−15.670/32 =	−0.4897	−16.120/9 =	−1.7911

（續）表 9-1　過濾統計數據

100家股票　　1340 期　　技術指標：%D (14)　　買進門檻：20　賣出門檻：80

報價代碼	獲利率%／陰陽線	平均獲利率%-陰陽線	獲利率%／指標	平均獲利率%-指標	獲利率%／過濾	平均獲利率%-過濾
EK	−3.4000/30 =	−0.1133	26.600/31 =	0.8581	32.730/10 =	3.2730
ETR	−12.940/32 =	−0.4044	−25.660/25 =	−1.0264	−62.480/6 =	−10.413
F	−58.800/32 =	−1.8375	16.150/28 =	0.5768	−85.530/9 =	−9.503
FDX	29.690/40 =	0.7423	64.750/32 =	2.0234	−4.0700/15 =	−0.2713
FLR	44.220/36 =	1.2283	45.310/35 =	1.2946	132.12/18 =	7.3400
FNB	91.740/41 =	2.2376	23.440/27 =	0.8681	84.600/21 =	4.0286
GD	67.350/39 =	1.7269	−23.430/25 =	−0.9372	−32.300/14 =	−2.3071
GE	8.8000/23 =	0.3826	−14.610/29 =	−0.5038	−43/7 =	−6.1429
GM	−25.110/27 =	−0.9300	21.580/31 =	0.6961	24.930/11 =	2.2664
GWF	83.550/44 =	1.8989	−80.230/30 =	−2.6743	−107.71/12 =	−8.9758
HAL	39.060/38 =	1.0279	88.670/32 =	2.7709	16.060/14 =	1.1471
HM	−9.810/38 =	−0.2582	−35.270/32 =	−1.1022	97.200/17 =	5.7176
HNZ	−27.660/42 =	−0.6586	−29.680/23 =	−1.2904	11.810/16 =	0.7381
HON	−21.150/31 =	−0.6823	−3.5600/28 =	−0.1271	−10.480/10 =	−1.0480
HRS	41.300/41 =	1.0073	61.480/31 =	1.9832	9.1300/14 =	0.6521
HUM	62.090/39 =	1.5921	48.970/31 =	1.5797	161.86/20 =	8.0930
HWP	−18/22 =	−0.8182	−106.32/26 =	−4.0892	9.2400/10 =	0.9240
I	−74.760/38 =	−1.9674	−35.580/28 =	−1.2707	−45.430/20 =	−2.2715
IBM	11.380/31 =	0.3671	12.030/31 =	0.3881	14.910/11 =	1.3555
IFF	−25.540/43 =	−0.5940	32.710/33 =	0.9912	4/15 =	0.2667
IMA	19.640/33 =	0.5952	−23.540/28 =	−0.8407	−14.590/13 =	−1.1223
IP	46.850/31 =	1.5113	34.280/26 =	1.3185	35.360/13 =	2.7200
ITT	74.590/33 =	2.2603	25.560/36 =	0.7100	49.630/15 =	3.3087
JNJ	16.830/35 =	0.4809	−37.890/28 =	−1.3532	−13.870/13 =	−1.0669
KM	69.950/41 =	1.7061	31.310/31 =	1.0100	−16.390/16 =	−1.0244
KO	−34.090/34 =	−1.0026	−61.820/24 =	−2.5758	−102.14/11 =	−9.285
LIT	64.830/39 =	1.6623	40.910/42 =	0.9740	56.080/18 =	3.1156
LTD	131.97/40 =	3.2993	−93.690/25 =	−3.7476	−6.4000/16 =	−0.4000
MCD	35.690/40 =	0.8922	−33.790/30 =	−1.1263	−7.3300/17 =	−0.4312
MCIC	147.67/37 =	3.9911	−10.350/32 =	−0.3234	142.83/17 =	8.4018
MER	65.940/36 =	1.8317	26.110/28 =	0.9325	37.920/20 =	1.8960
MMM	46.860/35 =	1.3389	15.470/31 =	0.4990	51.840/13 =	3.9877
MOB	43.720/47 =	0.9302	60.820/35 =	1.7377	25.260/17 =	1.4859
MRK	−42.780/31 =	−1.3800	−44.460/22 =	−2.0209	−26.960/7 =	−3.8514
MTC	−25.090/27 =	−0.9293	−24.230/25 =	−0.9692	−49.560/9 =	−5.5067
NSC	35.660/31 =	1.1503	16.720/30 =	0.5573	58.970/17 =	3.4688
NSM	−166.31/29 =	−5.7348	−54.080/22 =	−2.4582	−69.310/6 =	−11.552
NT	−37.080/37 =	−1.0022	52.680/35 =	1.5051	42.920/13 =	3.3015

（續）表 9-1 過濾統計數據

100家股票　　1340 期　　技術指標：%D (14)　　買進門檻：20 賣出門檻：80

報價代碼	獲利率%/陰陽線	平均獲利率%-陰陽線	獲利率%/指標	平均獲利率%-指標	獲利率%/過濾	平均獲利率%-過濾
OXY	−5.2100/34 =	−0.1532	−95.790/22 =	−4.3541	35.700/12 =	2.9750
PCI	59.350/27 =	2.1981	−39.070/30 =	−1.3023	10.510/11 =	0.9555
PEP	48.670/40 =	1.2168	−64.410/29 =	−2.2210	−8.0600/19 =	−0.4242
PRD	94.990/43 =	2.2091	35.510/32 =	1.1097	6.8300/11 =	0.6209
PRI	88.500/31 =	2.8548	61.500/17 =	3.6176	−18.870/10 =	−1.8870
RAL	20.980/42 =	0.4995	−14.600/33 =	−0.4424	41.410/17 =	2.4359
ROK	67.470/43 =	1.5691	−54.640/36 =	−1.5178	47.540/12 =	3.9617
RTN	20.710/41 =	0.5051	−17.510/30 =	−0.5837	36.190/15 =	2.4127
S	−9.540/39 =	−0.2446	−65.700/24 =	−2.7375	−26.360/13 =	−2.0277
SKY	8.6600/38 =	0.2279	65.150/36 =	1.8097	−5.6200/17 =	−0.3306
SLB	−11.320/33 =	−0.3430	126.96/39 =	3.2554	39.730/9 =	4.4144
SO	−3.4300/35 =	−0.0980	2.8500/25 =	0.1140	0.9200/12 =	0.0767
T	−78/23 =	−3.3913	58.960/29 =	2.0331	−32.240/9 =	−3.5822
TAN	31.440/34 =	0.9247	170.86/41 =	4.1673	72.490/19 =	3.8153
TDY	147.34/36 =	4.0928	151.03/30 =	5.0343	112.80/7 =	16.114
TEK	−18.000/35 =	−0.5143	−29.300/26 =	−1.1269	15.590/15 =	1.0393
TOY	5.4200/33 =	0.1642	−45.240/35 =	−1.2926	35.420/9 =	3.9356
TXN	115.95/35 =	3.3129	−26.990/29 =	−0.9307	118.08/17 =	6.9459
UAL	60.960/32 =	1.9050	71.950/36 =	1.9986	−84.110/14 =	−6.0079
UIS	−30.310/30 =	−1.0103	−253.25/22 =	−11.511	−71.730/14 =	−5.1236
UPJ	29.830/38 =	0.7850	−36.960/26 =	−1.4215	14.430/10 =	1.4430
UTX	63.830/35 =	1.8237	92.380/37 =	2.4968	50.080/13 =	3.8523
WMB	−0.8200/52 =	−0.0158	41.210/36 =	1.1447	73.800/17 =	4.3412
WMT	12.000/34 =	0.3529	−78.470/28 =	−2.8025	−24.860/8 =	−3.1075
WY	4.5100/43 =	0.1049	−25.080/28 =	−0.8957	−58.990/11 =	−5.3627
XON	−8.5400/40 =	−0.2135	−35.710/27 =	−1.3226	27.000/10 =	2.7000
XRX	−73.810/32 =	−2.3066	63.880/33 =	1.9358	8.9600/17 =	0.5271
交易／獲利：(平均值)	37.1	0.40	30.1	0.02	13.7	0.60

資料涵蓋期間：890103～920331　　報告時間：04-05-1992@17:50:54

這說明了什麼呢？第一，採用%D做爲過濾器，陰陽線型態的交易筆數顯著減少。相較於單獨陰陽線型態，交易筆數減少63%；相較於%D，交易筆數減少54%。第二，採用過濾器之後，每筆交易的平均獲利顯著提升，較單獨採用陰陽線型態增加50%，較單獨採用%D增加30倍。

關於運用統計方法來支援某個論點，我們不可忽略一項事實：統計方法很容易受到操縱，因此不難得到任何想要的結果。沒錯，如果把交易佣金和滑移價差考慮進去，每筆交易0.6%的獲利很快就消失了，甚至轉盈爲虧。可是，此處想要強調的是相對表現；換言之，重點是這三種方法之間的相對表現，而不是絕對績效。歷史資料顯示，過濾的陰陽線型態，其績效顯著優於單獨使用陰陽線型態或%D指標。

表9-1考慮的資料是取自S&P 100指數的成分股。接下來，爲了減少相關股票的數量，我們將考慮道瓊工業指數的30支成分股。

請參考表9-2，此處列舉道瓊工業指數的30支成分股。另外，%D的門檻讀數稍做調整，讓訊號準備區的範圍稍微擴大。這部分資料的測試結果非常類似先前的S&P 100。單獨採用陰陽線型態訊號的情況，兩年期間內，每家股票平均交易筆數爲21.1，每筆交易的平均獲利爲0.02%。單獨採用%D的情況，每家股票平均交易筆數爲23.7，每筆交易的平均虧損爲0.46%。最後，把%D當做過濾器，陰陽線型態的每家股票平均交易筆數只有10.6，每筆交易的平均獲利爲0.23%。同樣地，重點是這三套方法彼此之間的相對關係，而不是絕對績效。

個別股票分析

我們很難挑選某適當的股票，然後把全部指標運用於該股票。問題不在於挑選一支讓技術指標顯得有用的股票；事實上剛好相反，因爲多數股票都適用過濾概念。

表9-2　過濾統計數據

30家股票　　1340期　　技術指標：%D (14)　　買進門檻：30　賣出門檻：70

報價代碼	獲利率% / 陰陽線	平均獲利率 %-陰陽線	獲利率% / 指標	平均獲利率 %-指標	獲利率% / 過濾	平均獲利率 %-過濾
AA	30.880/27 =	1.1437	62.420/26 =	2.4008	29.450/16 =	1.8406
ALD	−29.060/21 =	−1.3838	−11.820/27 =	−0.4378	−45.670/10 =	−4.5670
AXP	86.480/27 =	3.2030	−53.460/21 =	−2.5457	62.140/13 =	4.7800
BA	−30.040/15 =	−2.0027	−33.640/28 =	−1.2014	1.1800/10 =	0.1180
BS	55.940/25 =	2.2376	1.4100/25 =	0.0564	−33.110/9 =	−3.6789
CAT	−36.410/19 =	−1.9163	5.0700/24 =	0.2113	−26.550/8 =	−3.3188
CHV	6.8900/29 =	0.2376	−2.2900/24 =	−0.0954	25.320/16 =	1.5825
DD	−20.660/27 =	−0.7652	−51/17 =	−3	−2.1900/15 =	−0.1460
DIS	−20.810/13 =	−1.6008	−33.760/20 =	−1.6880	−12.650/10 =	−1.2650
EK	−21.500/15 =	−1.4333	22.630/27 =	0.8381	−11.380/9 =	−1.2644
GE	9.3900/12 =	0.7825	23.900/26 =	0.9192	−8.8700/5 =	−1.7740
GM	3.2600/18 =	0.1811	−8.4400/25 =	−0.3376	50.980/11 =	4.6345
GT	−42.200/19 =	−2.2211	−40.190/22 =	−1.8268	−15.560/11 =	−1.4145
IBM	2.9300/22 =	0.1332	33.430/21 =	1.5919	19.250/10 =	1.9250
IP	39.790/18 =	2.2106	−18.600/19 =	−0.9789	49.110/13 =	3.7777
JPM	36.270/24 =	1.5113	−23.820/21 =	−1.1343	51.770/10 =	5.1770
KO	−4.2100/21 =	−0.2005	−45.480/22 =	−2.0673	−35.450/7 =	−5.0643
MCD	16.580/25 =	0.6632	−2.8300/21 =	−0.1348	−0.2900/15 =	−0.0193
MMM	35.220/25 =	1.4088	−25.220/24 =	−1.0508	10.860/10 =	1.0860
MO	9.2600/20 =	0.4630	−27.940/21 =	−1.3305	−25.820/5 =	−5.1640
MRK	−52.900/16 =	−3.3063	−22.080/19 =	−1.1621	−30.250/8 =	−3.7813
PG	−14.220/15 =	−0.9480	−15.740/29 =	−0.5428	−49/7 =	−7
S	−10.910/26 =	−0.4196	−62.430/18 =	−3.4683	−7.8700/12 =	−0.6558
T	−40.380/12 =	−3.3650	−50.950/23 =	−2.2152	10.050/7 =	1.4357
TX	10.840/21 =	0.5162	−9.600/27 =	−0.3556	20.510/14 =	1.4650
UK	−25.700/27 =	−0.9519	95.040/29 =	3.2772	30.390/10 =	3.0390
UTX	58.920/21 =	2.8057	13.280/27 =	0.4919	43.640/12 =	3.6367
WX	89.440/27 =	3.3126	61.730/32 =	1.9291	57.200/14 =	4.0857
XON	−18.250/24 =	−0.7604	−39.700/22 =	−1.8045	7.8100/10 =	0.7810
Z	20.390/21 =	0.9710	42.430/23 =	1.8448	71.520/11 =	6.5018
交易／獲利：（平均值）	21.1	0.02	23.7	−0.46	10.6	0.23

資料涵蓋期間：900424～920331　　報告時間：04-06-1992@06:44:09

問題是如何維持可信度，而不至於讓讀者認爲該股票是經過精心挑選的。因此，我決定挑選S&P 100與道瓊工業指數成分股的第1支股票Alcoa（報價代碼AA）。圖9-5顯示Alcoa在分析期間內的高-低價長條圖和成交量。

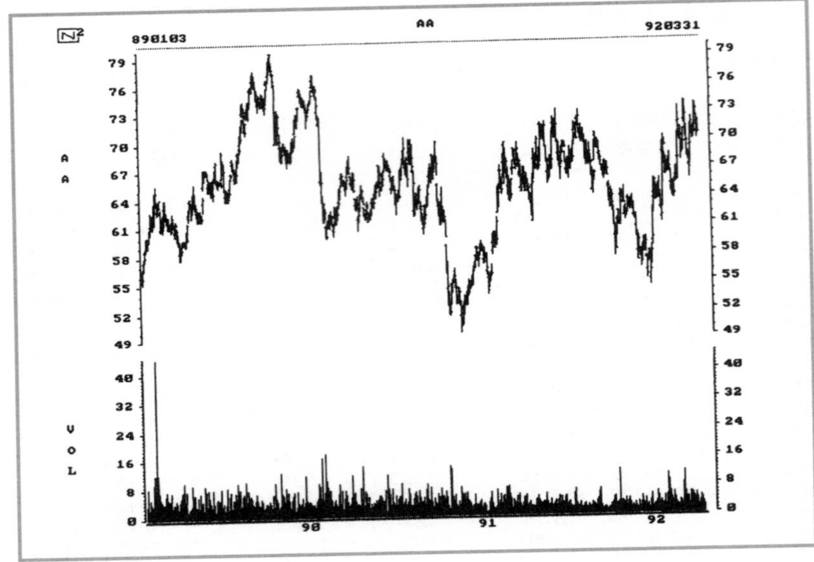

圖 9-5

圖9-6到圖9-18分別顯示AA陰陽線和13種不同技術指標走勢圖。這些圖形雖然只顯示140個交易日的資料，但相關分析的涵蓋期間仍然是由1989年1月1日到1992年3月31日（3.25年）。圖形的頂端（技術指標上方）的向上或向下箭頭，分別代表技術指標本身的買進或賣出訊號。在技術指標下方的向上或向下箭頭，則是電腦軟體自動判定的陰陽線型態買進或賣出訊號。這部分，就代表陰陽線型態訊號如果呈現雙箭頭，就代表該訊號經過技術指標過濾。圖形右下角的方格，則分別呈現三種方法的績效資料，包括：有效日期、總盈虧百分率、訊號個數、每筆交易平均盈虧。對於每份圖形，由於陰陽線型態本身的操作方式都相同，所以其

績效數據也相同。可是，每份圖形引用的技術指標都不同，所以這些圖形呈現的技術指標和過濾陰陽線型態績效資料也不同。單獨採用陰陽線型態操作Alcoa，涵蓋期間由1989年1月3日到1992年3月31日，總計出現40個訊號，總獲利率爲45.8%，平均每筆交易的獲利爲1.14%。

1989年1月3日，Alcoa股價爲55.875。到了1992年3月31日，股價爲70.5。所以，如果採用買進-持有策略，Alcoa在這段期間的獲利率稍高於26%。相關計算都沒有考慮佣金或滑移價差，各項數值也沒有做年度化調整。爲了讓交易策略保持單純，不同操作方法之間的比較，只能考慮相對數據。

最後，請注意，所有交易的盈虧都計算到分析期間最後一天，按照當天收盤價計算結果。這並不意味著這一天會出現交易訊號，但爲了做績效比較，我們假定所有未平倉部位都按照最後一天收盤價結算。

圖9-6顯示14天期%D，交易訊號的門檻水準設定在20和80。過濾陰陽線型態的總操作績效，雖然沒有勝過%D本身，但訊號數量顯著減少，使得陰陽線型態訊號的每筆交易平均獲利爲4.79%，顯著優於%D的2.07%。

圖9-7顯示14天期的快速版本隨機指標%K，門檻水準仍然設定在20和80。%K與%D的差別，在於%D是%K的3期移動平均，所以%K對於價格變動的反應比較敏感，%D的反應比較慢。這種情況下，如果考慮每筆交易的平均績效，過濾陰陽線型態是%K的3倍。

由於%K的變動速度較快，我們或許可以考慮擴大訊號準備

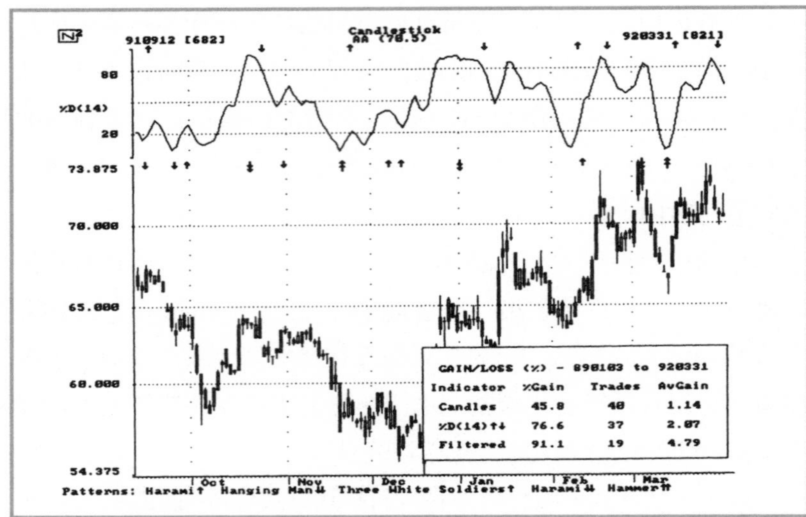
Candlestick
AA (70.5)
910912 [682]
920331 [821]
80
%D(14)
20
73.875
70.000
65.000
60.000
54.375
Oct
Nov
Dec
Jan
Feb
Mar
Patterns: Harami↑ Hanging Man⇊ Three White Soldiers↑ Harami⇊ Hammer⇈
GAIN/LOSS (%) - 890103 to 920331
Indicator %Gain Trades AvGain
Candles 45.8 40 1.14
%D(14)↑↓ 76.6 37 2.07
Filtered 91.1 19 4.79

圖 9-6

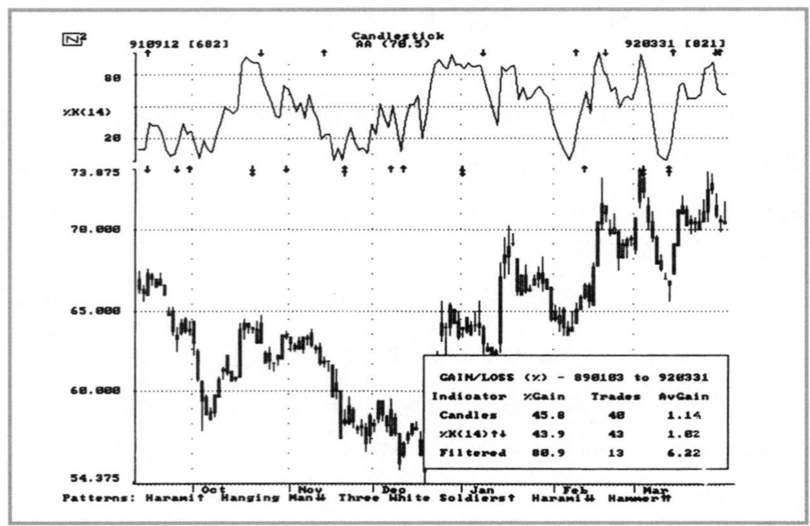
Candlestick
AA (70.5)
910912 [682]
920331 [821]
80
%K(14)
20
73.875
70.000
65.000
60.000
54.375
Oct
Nov
Dec
Jan
Feb
Mar
Patterns: Harami↑ Hanging Man⇊ Three White Soldiers↑ Harami⇊ Hammer⇈
GAIN/LOSS (%) - 890103 to 920331
Indicator %Gain Trades AvGain
Candles 45.8 40 1.14
%K(14)↑↓ 43.9 43 1.02
Filtered 80.9 13 6.22

圖 9-7

區，把門檻水準調整爲25和75。這種情況下，過濾陰陽線型態的總獲利爲71.6%，交易筆數爲21筆，平均每筆交易獲利3.41%。採用較大的訊號準備區，交易訊號雖然明顯增加，但總獲利並沒有增加。就%K本身來看，調整門檻水準之後，總獲利稍微提升到51.9%。如果更進一步擴大訊號準備區，把門檻水準調整到30和70，過濾陰陽線型態的交易筆數增加爲27筆，但總獲利卻下降爲31.5%。至於技術指標%K本身的績效，則下降到45.6%。所以，我們發現，%K門檻水準設定爲20和80，過濾陰陽線型態的績效通常較好，而且也不至於顯著影響%K本身的表現。

圖9-8顯示14天期的RSI，門檻水準設定爲35和65。就每筆交易的平均獲利來看，過濾陰陽線大概是RSI的兩倍。

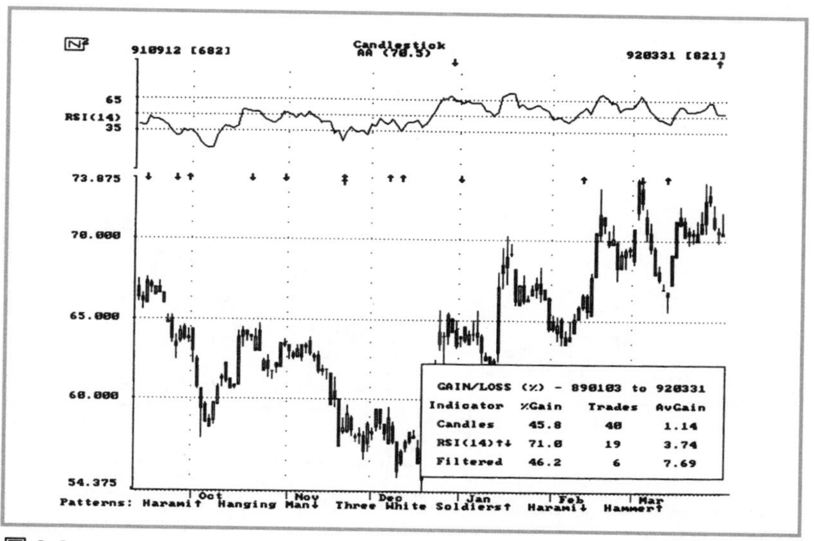

圖 9-8

圖9-9顯示資金流量指數。資金流量計算方法很類似RSI，但價格收高和價格收低的平均值需要分別做計算。就目前這個例子來說，價格收高和價格收低都採用21天期的平滑。進行平滑程式之前，每天的價格變動量，需要先乘以成交量。因此，對於相同的價格變動量，成交量愈大，影響也愈大。取得兩個平均數之後，還需要做進一步處理，使得指標讀數介於0與100之間。

根據圖9-9右下角方格的資料顯示，過濾陰陽線型態的表現優於資金流量指數，雖然技術指標本身的績效也不錯。

圖9-10顯示變動率技術指標的情況。變動率是很多技術分析者常用的概念。此處考慮的變動率，是比較今天與10天前之收盤價的變動百分率。舉例來說，如果今天的變動率是7.5%，代表今

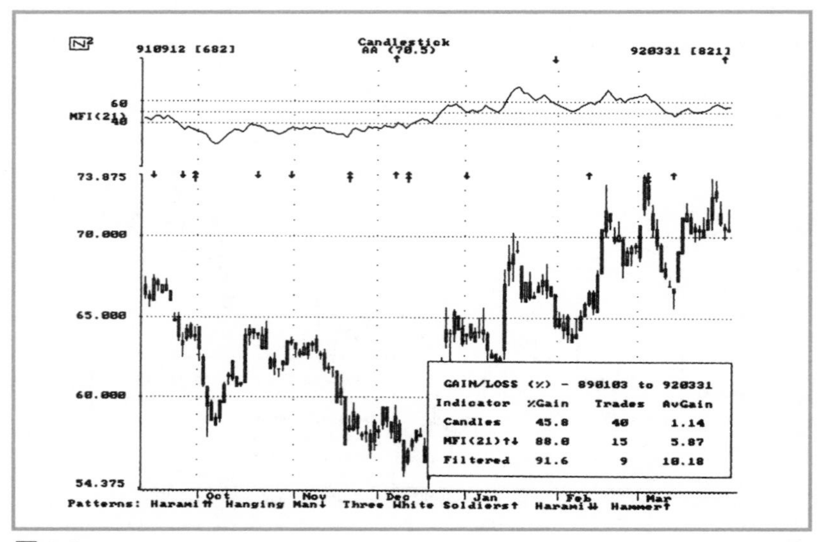

圖 9-9

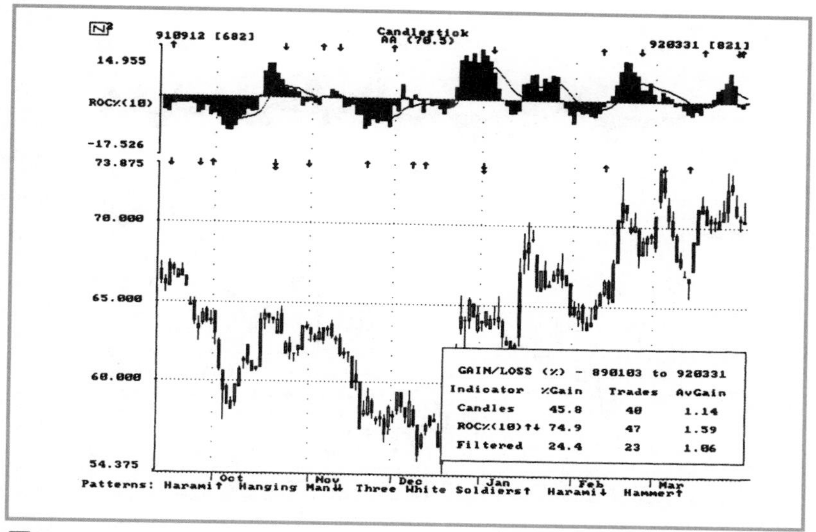

圖 9-10

天收盤價較10天前收盤價高出7.5%。變動率讀數沒有明確的界限，所以不能設定門檻水準。一般運用上，交易訊號是採用變動率本身與其移動平均之間的穿越。這類穿越系統多數採用10期移動平均，但對於個別股票或商品，或許有其他更適用的平滑期數。

由總獲利角度做比較，變動率的表現顯著勝過單純陰陽線和過濾陰陽線；由平均獲利的角度來看，情況仍然如此，但變動率擁有的優勢稍微下降。變動率的訊號準備區，是在指標穿越零線之後而還沒有反向穿越其移動平均之前。

圖9-11顯示13期的阿姆斯的走向指標。交易訊號來自走向指標與其10期移動平均之間的穿越。走向指標是把等量圖形（Equivolume）的格狀予以數量化的結果。根據等量圖形，我們可以計

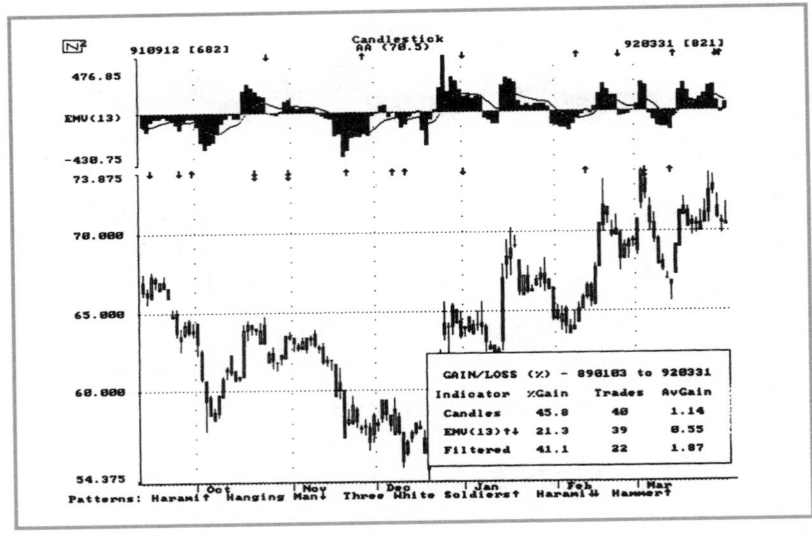

圖 9-11

算格狀寬度和長度之間的比率，稱之爲格狀比率（box ratio），也就是成交量與價格區間的比率。對於相同的價格區間而言，成交量放大會讓格狀比率增加，也因此顯示走向的困難程度。

就總報酬而言，這個指標優於單純陰陽線與過濾陰陽線；可是，一旦考慮交易筆數之後，過濾陰陽線型態的表現較好。

圖9-12顯示18期的雙動能擺盪指標（double momentum oscillator）。如同多數擺盪指標一樣，訊號是來自指標本身與其10期移動平均之間的穿越。雙動能擺盪指標是由兩個變動率組合而成，兩個變動率分別高於和低於該指標設定值的20％。就目前這個例子來說，指標設定值爲18，所以變動率分別根據14％和22％計算。

依據這個例子觀察，過濾陰陽線型態的表現顯著優於技術指

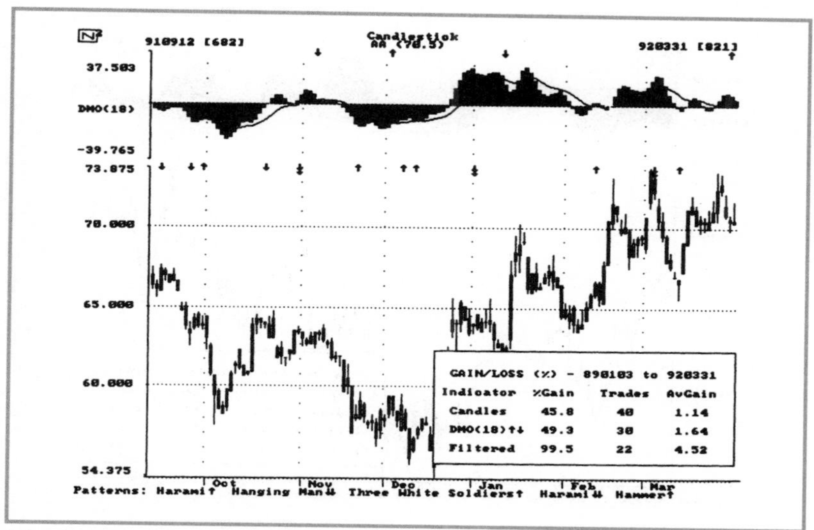

圖 9-12

標。圖9-13顯示15期的線性趨勢指標。線性趨勢指標是根據特定期間的最小平方方法之斜率來計算。此處採用的期間爲15天。由於這個指標本身已經很平滑，所以交易訊號是取自指標本身和其5期移動平均的穿越。

根據圖9-13右下角方格的資料顯示，線性趨勢指標的表現很不錯，過濾陰陽線型態的績效不如技術指標，也不如單純的陰陽線型態。所以，過濾陰陽線型態並不是永遠都有最好的績效。圖9-14顯示韋達的14期趨向指數，交易訊號取自趨向指標和其10期移動平均的穿越。韋達在1978年同時發表這項指標與RSI（參閱參考書目）。韋達並沒有建議利用穿越平滑線的方法來建構交易訊號。可是，這是唯一能夠產生過濾區域的方法。

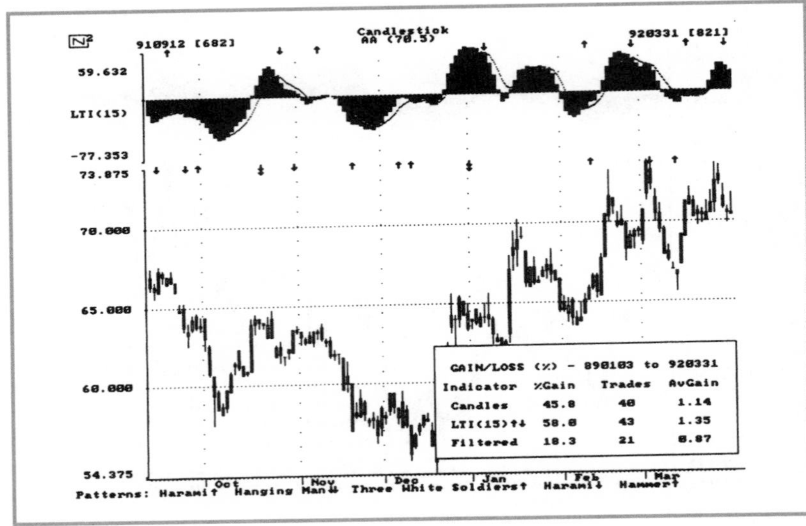
N²
910912 [682]
Candlestick
AA (70.5)
920331 [821]
59.632
LTI(15)
-77.353
73.875
70.000
65.000
60.000
54.375
GAIN/LOSS (%) - 890103 to 920331
Indicator %Gain Trades AvGain
Candles 45.8 40 1.14
LTI(15)↑↓ 58.0 43 1.35
Filtered 18.3 21 0.87
Oct
Nov
Dec
Jan
Feb
Mar
Patterns: Harami↑ Hanging Man⇊ Three White Soldiers↑ Harami↓ Hammer↑

圖 9-13

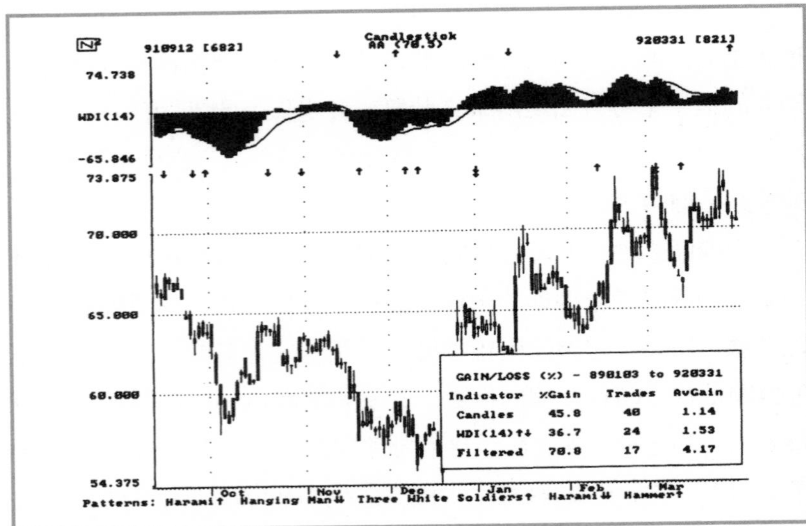
N²
910912 [682]
Candlestick
AA (70.5)
920331 [821]
74.738
WDI(14)
-65.846
73.875
70.000
65.000
60.000
54.375
GAIN/LOSS (%) - 890103 to 920331
Indicator %Gain Trades AvGain
Candles 45.8 40 1.14
WDI(14)↑↓ 36.7 24 1.53
Filtered 70.8 17 4.17
Oct
Nov
Dec
Jan
Feb
Mar
Patterns: Harami↑ Hanging Man⇊ Three White Soldiers↑ Harami⇊ Hammer↑

圖 9-14

就目前這個例子來看，過濾概念運用得很好。技術指標的表現雖然也不錯，但過濾陰陽線型態卻幾乎有三倍的績效。

圖9-15顯示21期的價格趨勢擺盪指標（price detrend oscillator，簡稱PDO）。PDO是收盤價與收盤價移動平均之間的差值，此處考慮的移動平均是21期。當PDO本身穿越其10期移動平均，代表交易訊號產生。

這是相當特別的情況：技術指標的表現極爲優異，但過濾陰陽線型態剛好相反。問題相信是發生在過濾區域的定義。圖9-16顯示亞培爾的MACD指標。MACD是價格趨勢指標概念的進一步延伸，但採用另一個平滑值而不是收盤價。MACD是計算12期平滑線和25期平滑線之間的差值。當此差值穿越其本身的9期移動平

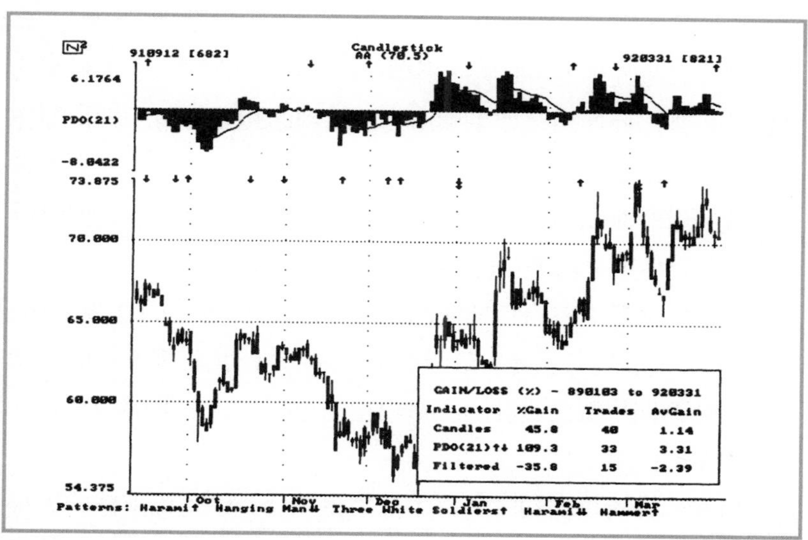

圖 9-15

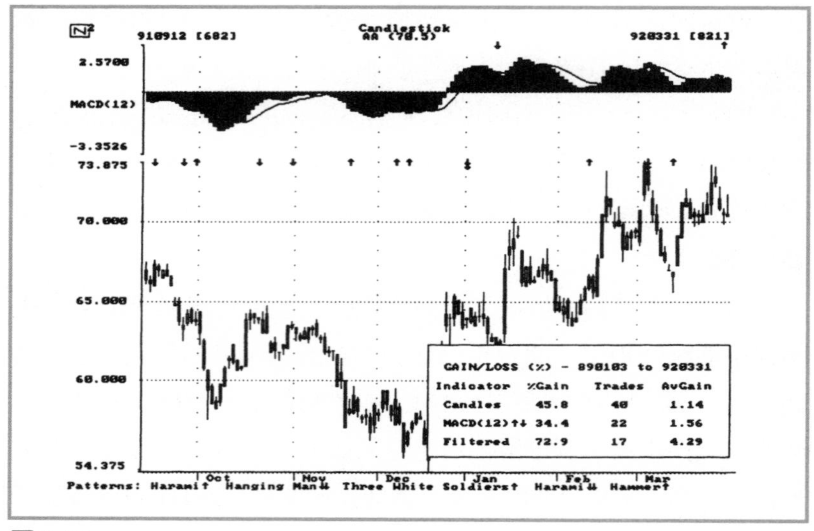

圖 9-16

均，則代表訊號發生。此處的指標參數採用9天期間，主要是因爲多數分析師如此使用。如果採用先前談到的10期平滑，則指標操作績效可以提升7%。

就此處的測試來說，MACD的表現不佳。可是，一旦與陰陽線型態配合使用，每筆交易的平均獲利卻高達4.29%。

圖9-17是藍伯特的14期商品通道指數CCI。當CCI穿越＋100或－100，代表交易訊號。就設計上來說，CCI是針對商品的循環／季節性週期特徵而設計的。這項指標選用特定期間的標準差，目前是採用14期。

相較於技術指標和陰陽線本身來說，過濾陰陽線型態的表現明顯較好。

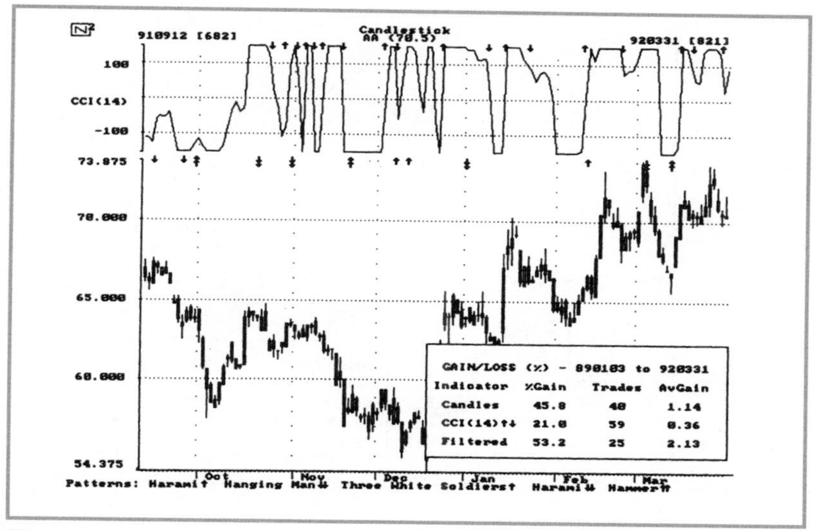

圖 9-17

圖9-18是包寧傑的%B擺盪指標，期間採用20天。%B是包寧傑用來展現包寧傑帶狀的另一種方法。包寧傑帶狀是取價格之20天期移動平均的2個標準差範圍，如此構成的帶狀可以涵蓋95%的價格行為。這是展現價格波動的好辦法。

%B只重視收盤價與帶狀區域之上下兩端門檻水準的相對關係。%B衡量收盤價與包寧傑帶狀的相對關係。當%B穿越100%與0%，代表交易訊號。

根據圖9-18右下角的方格資料顯示，%B本身的績效很不錯，但如果與陰陽線型態配合運用，每筆交易的平均績效可以更上一層樓。

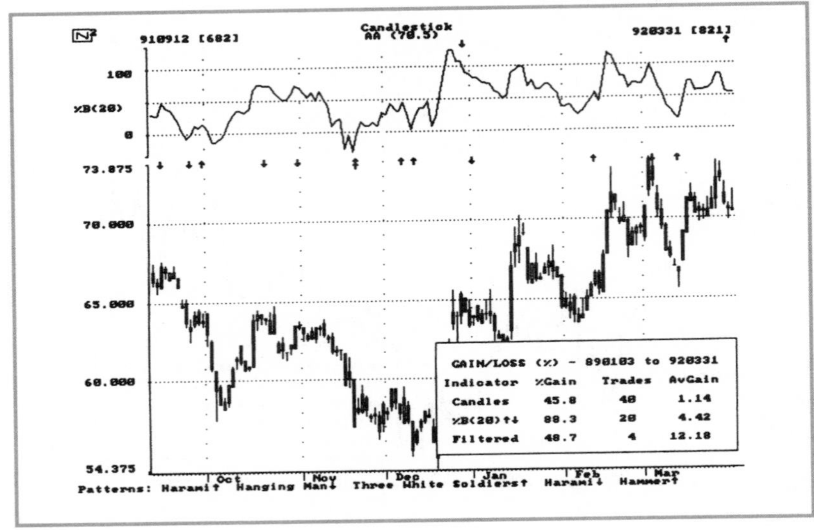

圖 9-18

過濾陰陽線型態績效

表9-3顯示最近的測試結果，運用11種技術指標過濾陰陽線型態。情況相當明顯：每種情況下，過濾陰陽線型態的表現都勝過單獨採用陰陽線型態。

表9-3顯示的資料包括：每種技術指標做爲濾網而產生的交易筆數，以及技術指標設定之門檻水準或移動平均穿越期數。資料另外還顯示最佳和最糟交易的表現。表格下半部則按照淨獲利%高低順序列示技術指標。

表 9-3 過濾陰陽線型態績效—淨獲利%

7275支股票　　　　MTBT = 兩筆交易之間的平均天數

4,467,335個分析日

2002年4月30日～2004年12月31日（675個交易日）

指標	NSINC	CCI	%B	RSI	%K	%D
總計	26089	12019	18986	19201	11335	15344
MTBT	138	48	98	143	46	64
最佳獲利：	611	119	572	424	131	137
最糟損失：	-92	-49	-98	-92	-62	-68

指標	MFI	ROC	EMV	PDO	MACD	陰陽線
總計	15765	10668	11696	8697	9285	7030
MTBT	74	45	45	50	82	22
最佳獲利：	160	161	125	161	171	65.4
最糟損失：	–68	–45	–54	–54	–80	–51

過濾	門檻水準		獲利		虧損		合計	
名稱（期）	買進	賣出	總計	平均%	總計	平均%	總計	淨獲利%
NSINC	11	89	4198	13.6	2588	–12.0	6786	3.8
RSI (14)	35	65	4237	12.6	2594	–13.0	6831	2.8
%B (20)	5	95	4178	10.2	2775	–8.5	6953	2.7
MFI (20)	40	60	4363	7.4	2683	–6.2	7046	2.2
%D (14)	20	80	4304	7.1	2747	–5.5	7051	2.2
CCI (14)	–100	100	4316	5.3	2798	–3.9	7114	1.7
EMV (10)	9	9	4353	5.1	2765	–3.8	7118	1.6
%K (14)	20	80	4351	5.1	2766	–4.0	7117	1.6
ROC (10)	9	9	4302	4.9	2839	–3.7	7141	1.5
MACD (12)	9	9	4216	7.1	2795	–7.3	7011	1.3
PDO (18)	10	11	4280	4.8	2839	–4.2	7119	1.2
陰陽線	10	10	4473	2.7	2754	-1.8	7227	1.0

結論

配合前一章資料觀察，我們可以大致瞭解陰陽線型態與其他技術指標的相對表現，然後考慮藉由技術指標做為過濾器的概念，陰陽線型態的操作績效顯然可以提升。除了整體績效較佳之外，過濾方法還可以減少交易筆數。降低操作次數可以節省交易成本，也可以提升每筆操作的獲利能力。過濾確實有效！

第10章

陰陽線交易

本章是由萊恩・李奇費爾特（Ryan Litchfield）提供。

附註（葛雷・莫里斯）：「陰陽線交易」是本書第三版新增添的整章內容。

1990年底的某天，萊恩・李奇費爾特打電話給我，邀我在達拉斯市中心的某飯店共進午餐。由於他下午還要上課，午餐休息時間只有一個小時。結果，這個小時過得難以想像地快。當然，坐著聽別人讚美你的著作，是很好的享受，但萊恩對於陰陽線運用有著非常特殊的見解，這也是這次聚會帶給我的最大收穫。稍後，他邀我到他的課堂裡講幾句話。

他的學員們對於陰陽線非常著迷，不是因爲我的緣故，關鍵是萊恩的授課內容。隨後幾年，我們都繼續保持聯絡，偶爾還會碰面聊聊。當我決定重新編輯本書第三版時，就想到要保留一章的篇幅給萊恩。結果，萊恩的論述讓本書增色不少，效果遠比我當初的想像要好多了。

希望各位也有同感。

導論

處在敏感的交易世界裡，任何優勢都會很快被鎖定。最近20年來，陰陽線繪圖方法在金融交易圈子裡變得愈來愈普及。陰陽線的魅力，源自於這套方法的異國色彩，以及各種膾炙人口的傳說。目前，幾乎所有圖形服務機構都提供陰陽線走勢圖，很多網站和書籍也特別強調這種繪圖方法。陰陽線如果只是用另一種方式來表達相同的開盤、最高、最低和收盤價，實在沒道理引起如此廣泛的注意。

陰陽線已經有200多年的運用歷史，直到今天仍然是日本交易界唯一的繪圖方法；單憑這點，我想陰陽線就值得我們認眞研究，並且將其整合進入西方的交易分析工具內，但過去20年來，我們所仰賴的幾乎只是舊有的翻譯文獻和熱忱。

葛雷・莫里斯是當初把陰陽線觀念引入西方世界的兩位最主要倡導者之一，也是第一位運用統計方法檢定陰陽線型態之發生頻率和預測精確性的學者，但當時的大眾學習熱忱和電腦運算功能都不能與目前相提並論。現在，我們終於有一套完整的資料，徹底展現陰陽線的本質與事實，將其擺在我們身處背景的適當位置，挑選眞正有用的內容與技巧，將其融入西方繪圖方法。

陰陽線分析方法是在沒有適當規劃的情況下，逐漸蔓延到西方世界。它們仍然帶著古老、神秘的色彩，被視爲是遠古時代的神奇交易工具，到處可以看到自詡爲專家的分析師，但陰陽線究竟是什麼呢？它們如何能夠充分而完整地整合到西方分析體系內？它們的預測有多精確？精確性是否是陰陽線的最主要特長？

何謂「好的訊號」？我們是否應該要記憶全部的型態？本書運用統計技巧完整分析陰陽線型態，徹底檢定其預測精確性，探討適當的運用方法。我們雖然要感謝那些當初把陰陽線引入西方世界的先驅研究者，但對於本版來說，這畢竟只是懷舊的成分。

葛雷・莫里斯察覺，西方世界所瞭解的陰陽線知識需要提升、擴大，而且他也針對陰陽線做了最徹底的統計分析。配合萊恩・李奇費爾特的交易運用分析，本書將成爲學習陰陽線的經典教科書。

萊恩所做的最大貢獻，是讓分析者能夠把陰陽線擺在適當的背景架構上運用。陰陽線不是什麼神秘的東西；陰陽線是很容易學習的合理方法，唯有無知的人，才會覺得它們很神秘。

就趨勢與型態辨識來說，西方傳統方法優於陰陽線，但兩者是互補而非彼此競爭的東西。陰陽線屬於很短期的分析方法，通常只涵蓋少數幾天的期間，顯著反映交易的心理層面；西方傳統型態分析所預測的價格目標和行爲，通常可以延伸到幾週、幾個月或好幾年。運用陰陽線，更能凸顯價格走勢在樞紐點呈現的支撐／壓力行爲。

20年前，當時的電腦運算功能還沒有辦法充分發揮陰陽線型態在實務運用上的分析功能。西方交易者創造的市場，使得陰陽線方法變得沒有必要。過去所嘗試的各種精確性研究，似乎都缺乏適當背景和應有深度。現在，本書塡補了一個長久以來存在的空隙，讀者可以適當地整合東方和西方的交易智慧。

東方-西方的融合

陰陽線方法當初傳入西方世界，經常被視爲是新奇玩意兒，但現在已經廣被接受。這一方面是因爲人們總希望能夠找到競爭優勢的緣故。所以，我們可以看到市面上充斥著各種金融財務刊物、新奇電子產品、新的技術指標、乃至於新的交易軟體。對於這些東西，有些交易者已經養成難以控制的癖好，經常只能根據他們偏愛的工具或系統來看待市場。陰陽線繪圖方法是一種很好的工具，但這並不是凌駕市場的什麼神秘系統或神奇武器。

陰陽線已經有大約200年的運用歷史，可以說是一套歷經時間考驗的繪圖方法，非常適合用來解釋、分析金融市場的短期行爲和價格走勢。過去100多年來，西方交易者也發展出一套很棒的技術分析、型態判別方法。經過適當的整合，這兩套方法可以截長補短、彼此配合，發揮驚人的綜效。

本章的重點，是希望讓西方讀者能夠體會陰陽線方法的眞正價值與貢獻。至於型態的細節架構和辨識方法，請參考本書先前各章的解釋。

除非經過適當的訓練，否則陰陽線——或任何其他技術工具——都沒有太大的實用價值。很不幸地，那些想運用陰陽線技術方法的交易者，多數都誤解了陰陽線的根本性質，期待陰陽線提供一些其所不能提供的東西。交易者不能期待陰陽線型態提供精準的交易訊號。

很多倡導陰陽線方法的人，往往將其視爲一套替代性的系統，這種觀念嚴重破壞了陰陽線應有的功能。陰陽線繪圖方法雖然優

於西方傳統的長條圖，但陰陽線型態並不能取代西方傳統的型態分析。想要適當地融合這兩套方法，需要瞭解：

- 陰陽線的特殊價值。
- 交易與投資的運用。
- 導致價格行爲與型態的程式。
- 新聞事件如何影響價格。
- 陰陽線與西方技術指標之間的關連；瞭解這點，才能把陰陽線適當地融入西方的型態分析。

誰需要陰陽線？

首先要談個基本前提。簡言之，想要交易得很好，不一定要採用陰陽線。這是什麼意思？在談論陰陽線價值的專門書籍裡，竟然會提出這種奇怪的前提。話雖然沒錯，但這卻是瞭解和體會陰陽線價值的關鍵所在。

請參考圖10-1與10-2，支撐／壓力呈現的一致性型態，顯示了多、空部位的進場點。只要價格型態繼續保持完整，針對這些型態所進行的交易就不需要走勢圖之外的其他工具。

陰陽線提供了鮮明的視覺動態影像，讓我們清楚看到交易者在重要支撐／壓力區域展現的心理態度和實際行爲。因此，這種生動描述心理人氣和交易行爲的型態，讓我們得以更瞭解市場發展。交易者研究這類型態的時間已經長達200多年，所累積的智慧絕對值得我們參考。

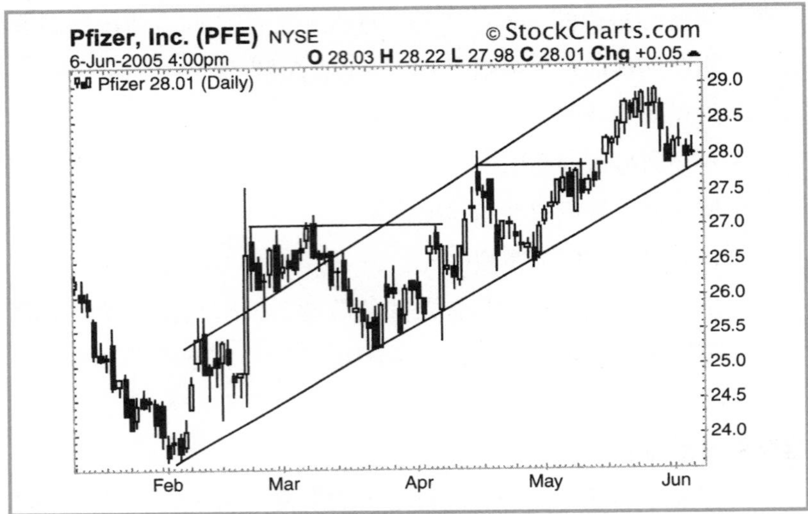
Pfizer, Inc. (PFE) NYSE
© StockCharts.com
6-Jun-2005 4:00pm
O 28.03 H 28.22 L 27.98 C 28.01 Chg +0.05
Pfizer 28.01 (Daily)
29.0
28.5
28.0
27.5
27.0
26.5
26.0
25.5
25.0
24.5
24.0
Feb
Mar
Apr
May
Jun

圖 10-1

JetBlue Airways Corp. Nasdaq Nat. Mkt.
© StockCharts.com
6-Jun-2005 4:00pm
O 22.09 H 22.60 L 21.95 C 22.35 V 1.8M Chg +0.28
JetBlue 22.35 (Daily)
26
25
24
23
22
21
20
19
18
Oct
Nov
Dec
2005
Feb
Mar
Apr
May
Jun

圖 10-2

投資vs.交易

投資

對於投資人來說，陰陽線幾乎沒有什麼意義。投資主要是取決於經濟基本面，除了買低-賣高之類的陳腔濫調之外，投資人往往只能買進，然後期待上升走勢能夠持續發展幾個月或幾年。投資人或許可以等待市場大幅修正的時機進場，或期待那些績優股能夠持續有好的表現。不幸地，多數情況下，機構法人和投資大眾總是不能掌握理想的買進時機，更經常因為恐慌或承受不了壓力而賣在底部附近。

陰陽線屬於短線工具，只能細部調整進、出場決策，對於長期投資的幫助不大。

交易

短線交易的情況則剛好相反，績效通常取決於短期價格型態。這種情況下，陰陽線就相當有價值，因為進、出場點的設定很重要。樞紐點是價格將出現關鍵走勢的水準，這些價位通常是可辨識、可預測的。短線交易操作的基本程式是：預測即將發生的價格行為，在初期階段進場建立部位，並在預期行情的發展過程中設法加碼，然後在預期走勢即將告一段落或反轉之前結束部位。短線交易講究機會，趁著趨勢波動或型態起伏而尋找賺錢契機。短線交易通常要掌握趨勢反轉，這正是陰陽線型態的特長（請參考圖10-3）。

陰陽線型態談論的就是反轉訊號；我們雖然也經常看到很多所謂的連續型態，但連續型態實際上只是失敗的反轉。

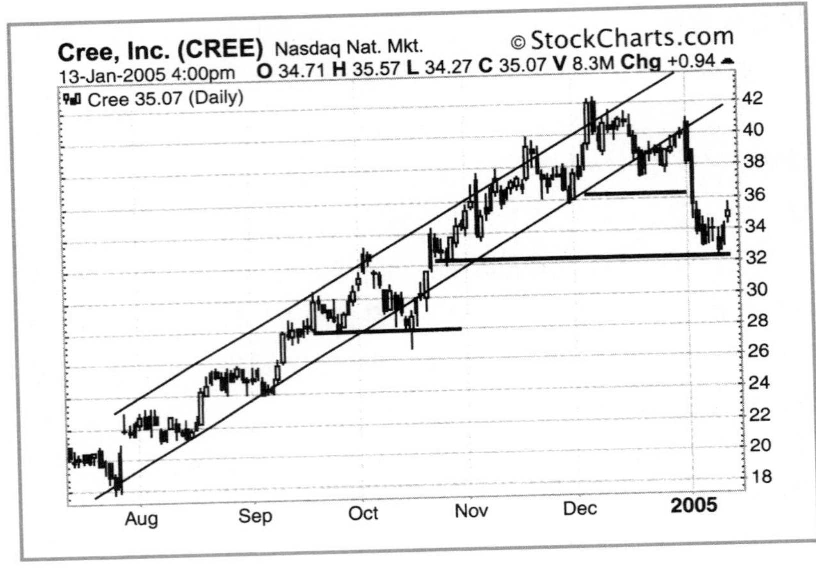

圖 10-3

由於陰陽線型態基本上屬於短期工具，所以對於短線交易者的幫助遠甚於長期投資人。

價格和型態操控

陰陽線對於短線交易的幫助很大，但使用者必須瞭解價格行爲和型態的發展，如此才能把日本陰陽線融入西方的型態分析。

關於價格型態的結構與發展，有很多文獻可供參考，但這類資料很少解釋價格型態之所以產生的理由與程式。探索價格型態之所以形成的理由，將是踏入陰陽線領域的重要門檻。型態存在意味著價格操控，也意味著價格行爲的可預測性質，使得那些知道如何判別價格型態的人可以獲利。

換言之，型態＝操控＝可預測性＝可獲利性

價格沒有受到控制而得以構成型態，這種可能性就如同把一大堆木材由高處往下丟，結果自然搭成一棟房子。如果我們在某處看到一棟房子，應該可以認定這是人爲結構（請參考圖10-4）。

圖 10-4

股票、商品、乃至於價格指數呈現的型態，都是市場參與者彼此互動造成的結果。非常神奇地，自由市場的參與者雖然都基於本身的財務利益而從事交易，但這種看似雜亂無章的行爲，最終竟然能像高處掉落的木材，自然形成一棟房屋，甚至煙囪還會冒煙呢！關於本段描述，重點不在於這種現象是否會發生，而在於這是如何發生的，以及陰陽線方法如何在這種情況下協助我們從事交易。

市場玩家

市場交易者各有不同的力量和背景，但每支股票或市場通常都有一、兩個領導者。這些領導者可能是專業的場內交易員，也可能是身處地球某個角落的億萬富豪；每支股票背後都有華倫・巴菲特（Warren Buffetts）或霍頓公司（E.F. Huttons）。當這些領導者採取行動的時候，每個知道怎麼回事的人，都會緊盯著他們的一舉一動。不同層次的玩家，通常會有不同的行爲反應，因此而構成一系列的連鎖程式，就如同在平靜的池塘裡，丟進石頭而激起的陣陣漣漪一樣。

激起漣漪的石頭，也就是市場領導者。某位領導者採取重大行動，次一層級的交易者也會跟進，然後是法人機構與交易大眾，形成連鎖反應（請參考圖10-5）。由中心向外延伸的層層漣漪，就像是其他市場參與者逐步推動股價朝特定方向移動。

圖 10-5

所以，領導者首先採取行動，然後由某些專業玩家推波助瀾，引發機構法人和投資基金的興趣，一般交易大眾最後也參與行動。整個程式進行得很自然，絕大部分參與者（交易大眾）甚至不知道自己扮演的角色。就像終極的實境表演（reality show）一樣，某些演員並不知道自己參與演出，也不知道其他玩家或表演本身存在。整個過程中，領導者與專業玩家扮演的角色雖然重要，但唯有仰賴交易大眾的參與，才能長時間維繫特定方向的價格走勢。其他參與者的共襄盛舉，才能讓價格走勢由支撐區延伸到壓力區（反之亦然）。

主要玩家只是「點火」而已。整個程式顯然不能由他們獨力完成，所以主要玩家必須等待群眾已經準備妥當，才能採取行動。如果這些玩家的判斷正確，「漣漪」就會延伸到次一個樞紐點。隨著價格走勢的發展，主要玩家會觀察動能何時轉弱，會在每個樞紐水準測試支撐／壓力的勁道，然後決定是否「換檔」。

由主要玩家的點火開始，直到一般大眾最後的買進或賣出爲止，整個程式促成價格型態的產生。當價格攀升到特定水準，主要玩家會賣出，藉以測試下檔是否還有繼續推升價格走高的充分力量。在行情底部，主要玩家會等待賣壓平息，然後才進場買進。換言之，在行情頭部，主要玩家會等待大家都上車；在底部，他們敢於獨自採取行動（請參考圖10-6）。

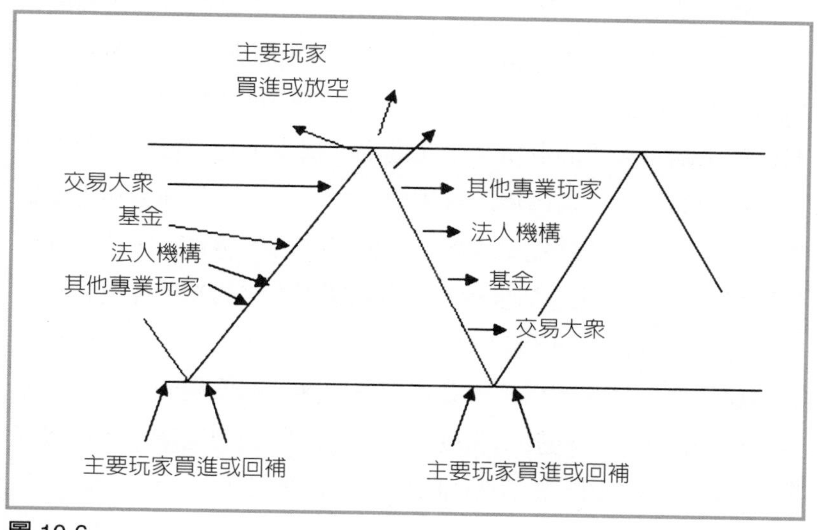

圖 10-6

有時候，群眾的跟進力道不符預期；碰到這種情況，主要玩家通常不會「硬幹」，他們會根據市場脈動而迅速調整自己的立場。這可以解釋某些新趨勢爲何會突然轉向（反覆），某些早起的鳥兒也會因此身陷交叉火網。陰陽線或許會發出反轉訊號，但行情反覆而導致訊號失敗。我們或許不知道訊號失敗的理由，但每種現象背後勢必存在理由。所以，金融交易危險重重。主要玩家會扮演領導者的角色，但不會長時間忍受無力的奔馳。

交易者不喜歡波動劇烈或方向不明確的價格型態，因爲這種行情可能傷及筋骨，有時候也會像不能引發流汗的運動一樣乏味無聊。交易者想要的是重大走勢，至於走勢的方向倒不是挺重要的。事實上，交易者可能更偏愛下跌走勢，因爲恐懼引發的行情往往更容易獲利。

關於價格型態發展，一般大眾總是不知不覺地扮演重要的角色，因爲他們患有集體的短期失憶症。他們在行情底部倉皇奔逃，卻費力地把股價推升到壓力區。人性總是不變的，只要次一波行情來臨，樂觀的群眾又紛紛進場，根本不知道自己在整個程式內扮演的角色。當市場的最主要參與者不知不覺而重複地充當砲灰，當然有助於創造重複發生的價格型態。事實上，所謂「渾然無知的群眾」，也包括很多不懂得判讀走勢圖的基金經理人。

陰陽線型態有助於瞭解那些促成價格型態之所以產生的群眾心理和行爲。這些市場參與者在支撐／壓力區展現的行爲，非常具有參考價值，有助於預測後續走勢。陰陽線型態顯示市場參與者之間的行爲互動，包括他們的情緒、心理和動能。

型態變化

對於很多人來說，他們過去可能不知道多數股票都有特定的主要玩家。我們可能永遠不認識或不知道誰是某股票的主要玩家，但多少可以感覺他們存在。有些價格型態非常明確、清楚，有些則否。

在關鍵的支撐／壓力區，乾淨俐落的反轉代表一種故事，拖泥帶水的轉折又代表另一種故事（請參考圖10-7和圖10-8）。初學者最好先研究價格型態通常都很明確的股票，運用陰陽線來準確拿捏進、出場時機。可是，請注意，不論多麼擅長判斷陰陽線型態，有些價格走勢難免會產生反覆。某些主要玩家可能缺乏明確、一貫的意圖。有些股票的走勢只能做概略判斷。

圖 10-7

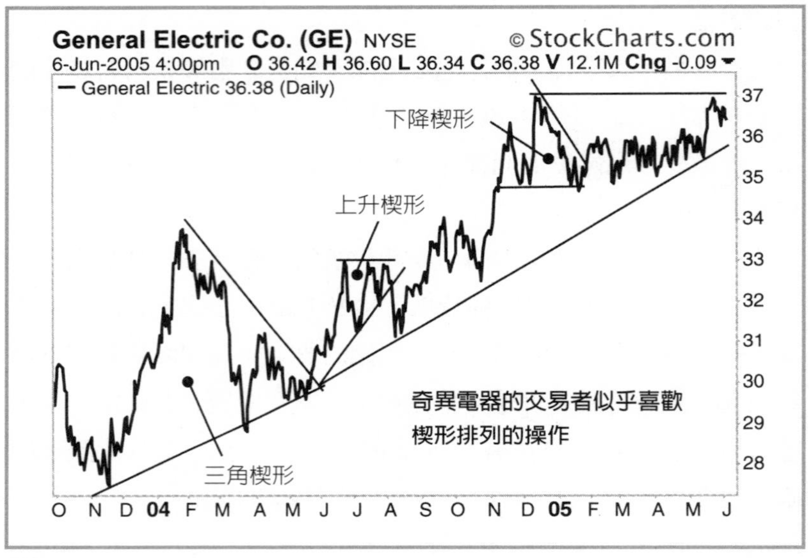

圖 10-8

目前，可供交易的股票有30,000多種，其他還有期貨、商品、外匯等；所以，應該不難找到適合交易的價格型態。型態明確的股票，其陰陽線訊號通常也比較可靠。不同的交易者，往往會有截然不同的行爲模式，其主導的價格走勢也會有不同的性質（請參考圖10-9和圖10-10）。

這種現象相當合理的，因爲陰陽線型態只是反映交易者的心理和行爲。對於圖10-9顯示的IBM陰陽線走勢圖，我們看到線形出現上、下影線的機會相對較少；換言之，收盤價經常也就是當天的最高價或最低價。

圖10-10的情況剛好相反，花旗銀行的價格波動較劇烈，影線往往都很長。

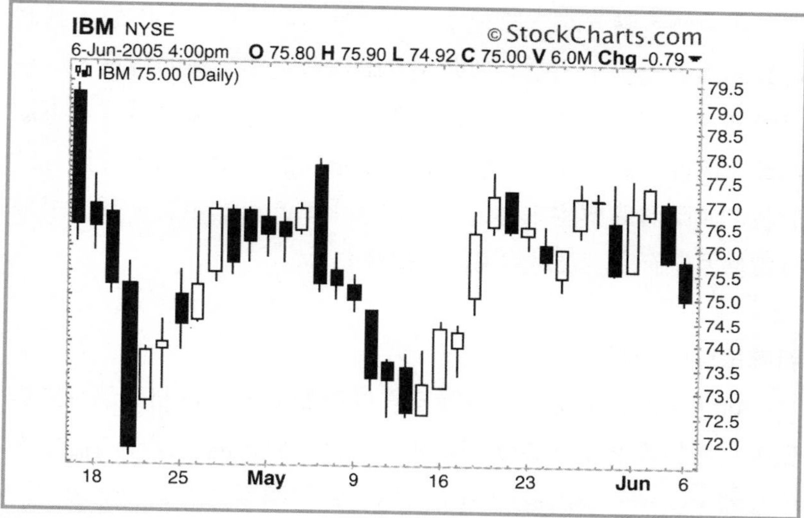
IBM NYSE
© StockCharts.com
6-Jun-2005 4:00pm O 75.80 H 75.90 L 74.92 C 75.00 V 6.0M Chg -0.79
IBM 75.00 (Daily)
79.5
79.0
78.5
78.0
77.5
77.0
76.5
76.0
75.5
75.0
74.5
74.0
73.5
73.0
72.5
72.0
18
25
May
9
16
23
Jun
6

圖 10-9

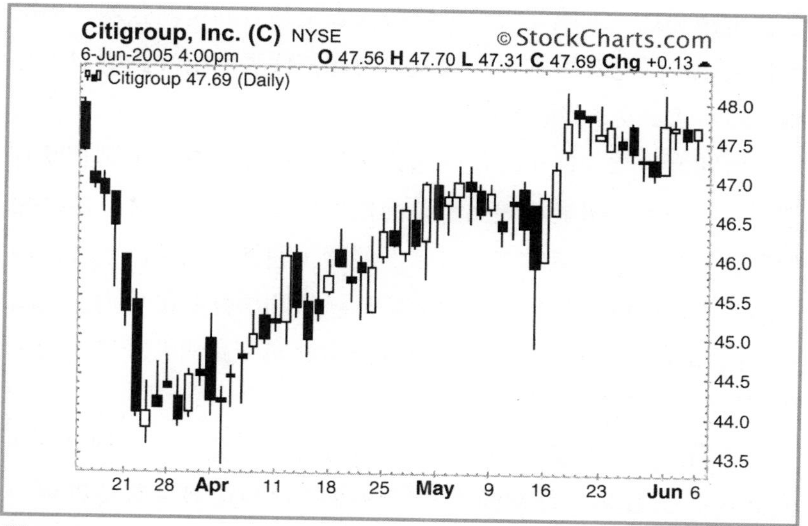
Citigroup, Inc. (C) NYSE
© StockCharts.com
6-Jun-2005 4:00pm O 47.56 H 47.70 L 47.31 C 47.69 Chg +0.13
Citigroup 47.69 (Daily)
48.0
47.5
47.0
46.5
46.0
45.5
45.0
44.5
44.0
43.5
21
28
Apr
11
18
25
May
9
16
23
Jun
6

圖 10-10

任何特定股票的主要玩家，通常都是同一群人；所以，我們可以藉由重複發生的價格型態來判斷這些主要玩家的行爲。價格反轉通常都發生在關鍵的支撐／壓力區，而這些關鍵價位並不難判斷；因此，我們研究這群人在關鍵價位的歷史行爲，往往有助於我們判斷該股票將來進入關鍵價格水準的可能走勢。關於這部分價格型態研究，正是陰陽線最擅長者。

新聞事件的因應

新聞可能影響交易；不論是意外新聞或預定新聞，都可能導致既有價格走勢中斷或受到扭曲。價格對於新聞的反應可能緩慢或激烈，後續的陰陽線將顯示市場受到新聞事件影響的心理與行爲。如果相關新聞的性質與既有走勢的方向相符，走勢速度可能加快，甚至在一天內完成。長線形代表交易者的情緒強烈，小線形代表跟進的意圖不強。影線很長，通常代表價格波動劇烈；影線很短，代表交易者的看法相當一致。

新聞發生當天通常會造成重大走勢。這種線形如果順著既有趨勢方向發展，可能演變爲重要價格型態。上升／下降三法連續型態就是由一支（或兩支）長線形展開，隨後2～4天內則會出現相對不明確的線形，因爲交易者將測試新聞事件的影響力道（請參考圖10-11）。如果既有趨勢得以繼續發展，意味著測試成功，既有趨勢受到確認。

市場對於新聞事件的反應，程度往往變幻莫測。平均應該造成$5走勢的新聞，有時候可能只會引發$2的走勢，有時則會引發$9的走勢。利多新聞發生在空頭行情中，可能完全發揮不了

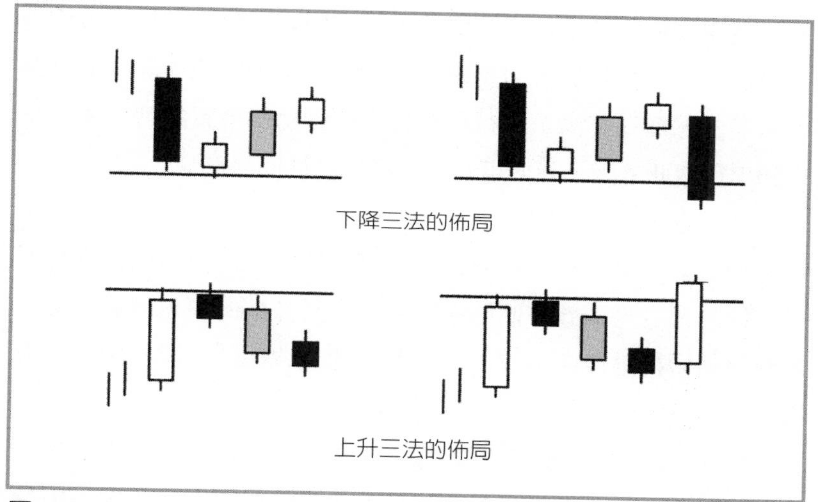

圖10-11

作用，反之亦然。行情走勢如果非常沈悶，微不足道的新聞也可能掀起大波瀾。在關鍵支撐／壓力區域，新聞事件可能影響反轉走勢，所以交易者需要留意新聞事件所引發的反轉或連續排列。在重大新聞即將公佈之前，市場也可能出現反映當時狀況的陰陽線型態，既有跌勢可能停頓，漲勢可能折返，等待消息面釐清或獲得確認。

新聞雖然會影響價格型態，但交易者應該把注意力擺在陰陽線訊號上，不要過份重視新聞事件本身。

技術指標

可供交易者使用的技術指標種類幾乎只受限於想像力；不論交易者實際上使用哪些技術指標，都應該配合陰陽線運用，如此才能更深入瞭解價格行爲。舉例來說，假定某股票價格逼近趨勢線或移動平均界定的下檔支撐區。當時，陰陽線訊號顯示價格跌勢動能減弱而即將向上反轉，而技術指標顯示嚴重超賣，兩者呈現的現象彼此確認，我們更有理由相信價格即將反彈。

請注意，眞正的關鍵是陰陽線代表的價格行爲，不是技術指標。換言之，交易對象是價格，不是技術指標；技術指標本身不會直接影響交易績效，價格漲跌才是交易盈虧的決定因素。交易者應該謹愼挑選技術指標，但不要太沈迷或相信技術指標。技術指標是價格行爲的「果」，不是「因」。

現在，回到先前談論的前提上：想要交易得很好，不一定要採用陰陽線。既然如此，我們爲何要學習陰陽線呢？答案：因爲陰陽線可以提升交易績效。

東西融合

西方採用的曲線圖（Line Charts）能夠清楚顯示價格型態，包括支撐與壓力在內，但沒有辦法顯示價格背後的市場行爲和心理。西方的長條圖（Bar Charts）能夠顯示股票的盤中走勢，不過所呈現的景象缺乏一目了然的特質（請參考圖10-12的比較）。根據陰陽線走勢圖，交易者憑著直覺就能理解市況發展；200多年的運用歷史顯示陰陽線確實是比較好的圖形工具。

日本陰陽線絕對不能取代西方的價格型態分析，但兩者配合運用而兼取其長處，效果則明顯優於個別方法。至於配合運用的關鍵，則是瞭解兩者的長處所在。日本陰陽線不能顯示雙重底的支撐，但能夠顯示交易者的多空態度（請參考圖10-13）。

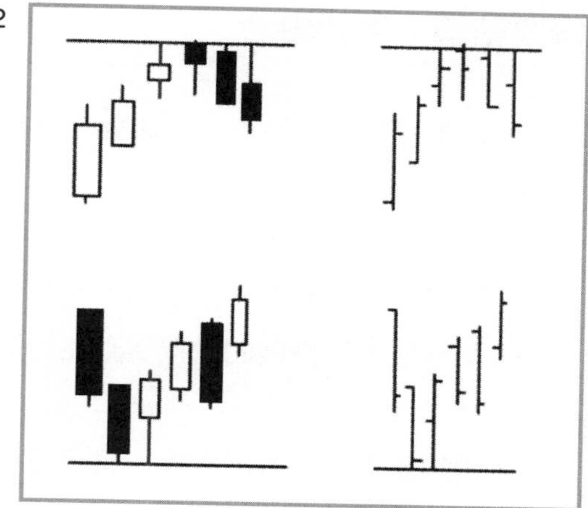

圖10-13

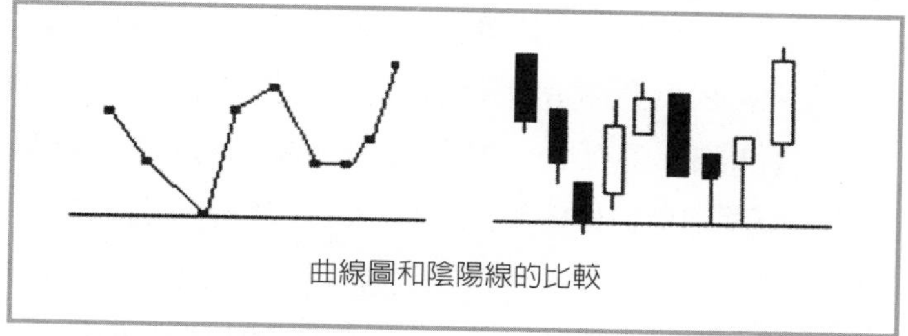

曲線圖和陰陽線的比較

東、西繪圖方法的融合，可以提升交易者判讀市場在樞紐價位呈現的人氣、情緒、動能和意圖，然後做適當的反應（請參考圖10-14）。換言之，西方繪圖方法顯示客人進入餐館，日本陰陽線則顯示他們有多飢餓。

圖10-14

摘要結論：東西融合

- 陰陽線是一套經過深入研究、歷經時間考驗的技術分析方法。
- 西方的價格型態分析，在陰陽線系統增添一個新維度。
- 陰陽線對於投資、交易提供一種新的觀點。
- 價格與型態發展的動機與動能，協助解釋陰陽線傳遞的資訊。
- 市場主要交易者的態度，會導致市場呈現性質截然不同的價格型態，有些很明確、容易預測，有些則不穩定、劇烈波動。所以，我們應該謹慎挑選想要交易的型態。
- 某些股票會顯示特殊的性質，反映主要交易者的個性。
- 新聞會影響行情，陰陽線走勢會顯示交易者對新聞的看法。
- 技術指標提供的資訊值得參考，應該被視爲顧問。可是，技術指標不能取代價格行爲。陰陽線也是技術指標。陰陽線可以協助預測行情，但不能保證任何結果。
- 西方繪圖方法強調關鍵場所，日本陰陽線則彰顯態度與人氣。

地點-地點-地點

房地產業者的至高咒語「地點-地點-地點」也同樣適用於陰陽線圖形分析。陰陽線單支線形或型態的發生位置，都顯著關係著其意義與預測精確性。讓我們透過一些比喻來說明。

落葉

熱帶或亞熱帶地區，樹葉整年度裡都會因爲氣候、天氣而變色或掉落，這類現象通常不容易吸引注意。可是，在溫帶或寒帶地區情況則非如此。時節到了9月底，樹葉很顯著地變色，然後掉落，展現一片秋天景象。到了9月底，大家都知道冬天即將來臨，最明顯的訊號莫過於樹葉的顏色。當然，這些訊號不代表氣候會立即變壞，但至少告訴我們秋天已至，冬天的舞臺已經搭好了。

陰陽線型態與訊號是藉由線形實體大小、影線長度，以及周遭其他線形的結構來界定。除了也要考慮當時的市場趨勢之外，有時候還要一些更精細的資訊，協助交易者解釋訊號，判斷訊號的重要性。

西方傳統的型態分析，需要考慮股票或指數之型態發生的位置。對於歷史走勢呈現的重要支撐或壓力區域，人們自然期待價格在該處可能發生重大變化。所以，陰陽線提供的反轉或連續訊號，如果發在重要價格位置，也就特別值得參考。當然，即使不採用陰陽線，交易者也可以成功運用價格型態，但陰陽線可以凸顯這些關鍵型態背後的市場心理和群眾行爲，在視覺上非常具有參考價値。讓我們再看另一個比喻：

煞車燈

看到煞車燈亮起，人們根據過去的經驗而會出現條件反應。如果問：「煞車燈代表什麼意思？」多數人會說，「該車即將停下來。」煞車燈意味著某種程度的危險。事實上，這個問題有好幾個合理的可能答案。

一般來說，煞車燈代表停止；可是，如果是在高速公路上，車行速度高達每小時75英里，那麼煞車燈通常代表該車正在減慢速度，應該不會停止。可是，高速公路上的煞車燈絕對不代表停止嗎？那也未必，完全取決於發生的位置與周遭狀況。

在交流道附近，如果車速爲每小時30英里，那麼煞車燈最可能代表停止，但還有幾種其他可能性（請參考圖10-15）。駕駛踩了煞車之後，可能先減速，然後再加速。他可能停下來，然後決定接下來準備幹什麼。他可能向右轉或倒車，然後朝另一個方向行駛。接近交流道的時候，車輛停下來的可能性很高，但隨後究竟會如何，則有各種可能性。

物理學基本原理告訴我們：運動中的物體，通常會繼續朝既有方向移動。可是，我們也知道，運動中的物體如果要改變方向，通常會先停頓。某股票究竟會繼續朝既有方向移動，或是反轉方

圖 10-15

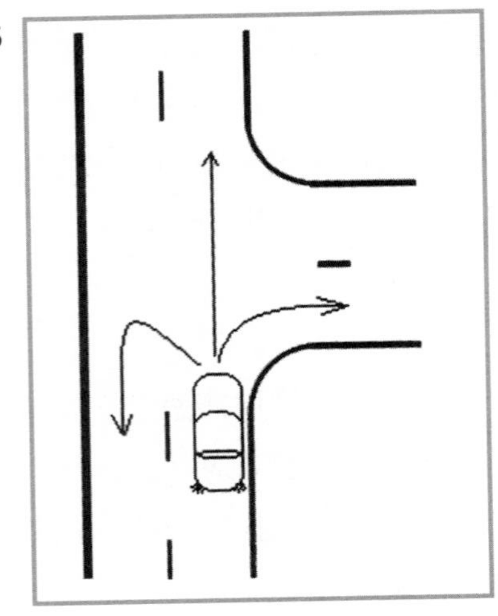

向，很大成分將取決於所在位置，就如同汽車出現煞車燈時，其後續行爲很大成分內取決於汽車處在高速公路或交流道上。汽車如果處在交流道，煞車燈很可能代表駕駛正在做重大決策。總之，訊號發生時，需要考慮發生位置。

我們經常聽說「一知半解最危險」。碰到某種陰陽線型態的預測沒有實現，很多人會因此覺得失望或挫折。這往往是因爲忽略周遭背景而發生的錯誤；換言之，陰陽線型態必須擺在當時市況下做判斷。舉例來說，看似最完美的多頭吞噬型態，其所處的位置可能完全勾消型態的含意，請參考圖10-16。外側日型態可能發生在上升趨勢過程，所以不具備多頭反轉含意。

圖 10-16

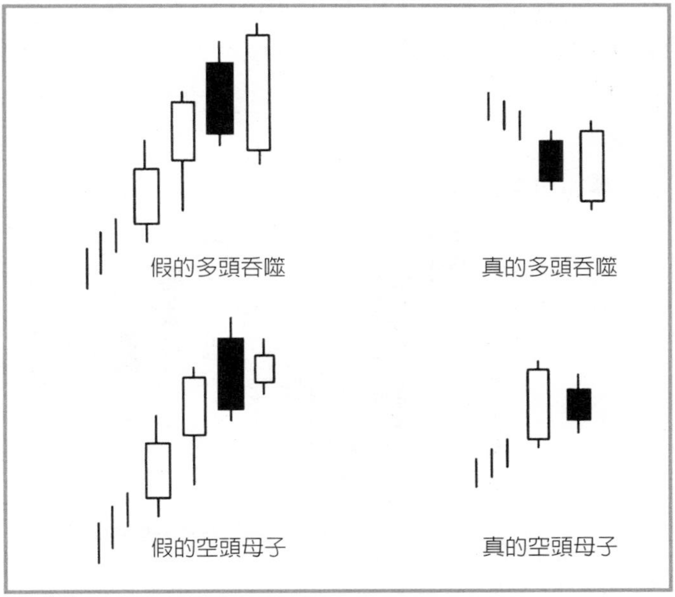

假的多頭吞噬

真的多頭吞噬

假的空頭母子

真的空頭母子

葛雷・莫里斯是這麼說的，「多頭反轉型態不會發生在上升趨勢過程。」根據本書採用的基準，上升趨勢是指價格處於10天期指數移動平均之上。多頭反轉型態必須發生在10天期指數移動平均的下側；所謂上升趨勢，價格必須處在移動平均之上。所以，多頭反轉型態不會發生在上升趨勢過程。

在上升趨勢或下降趨勢的推動浪-修正浪循環發展過程，修正完成之後的多頭和空頭訊號，看起來似乎與前一段陳述矛盾（參考圖10-17）。這屬於技術上的例外情況，本章稍後還會討論一些有關陰陽線的重要概念。

很多單一線形的陰陽線型態，其名稱並不恰當，很容易引起誤會。鎚子和吊人經常造成混淆。事實上，除了線形發生的位置之外，兩者完全相同，請參考圖10-18。鎚子和吊人型態顯示方向性的壓力，透露既有動能即將停頓，下影線代表交易者的看法並不一致。

圖 10-17

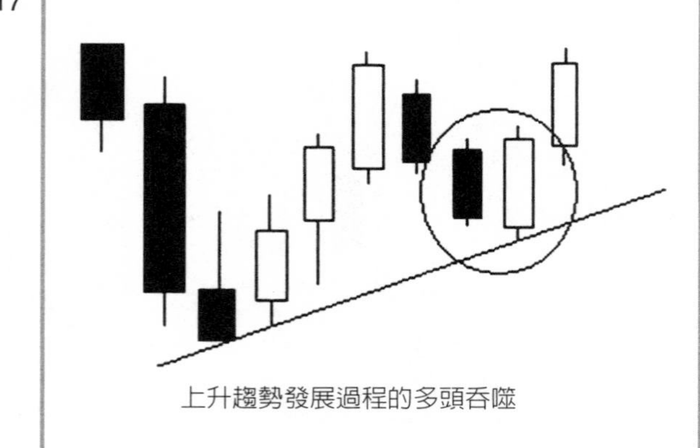

上升趨勢發展過程的多頭吞噬

圖 10-18

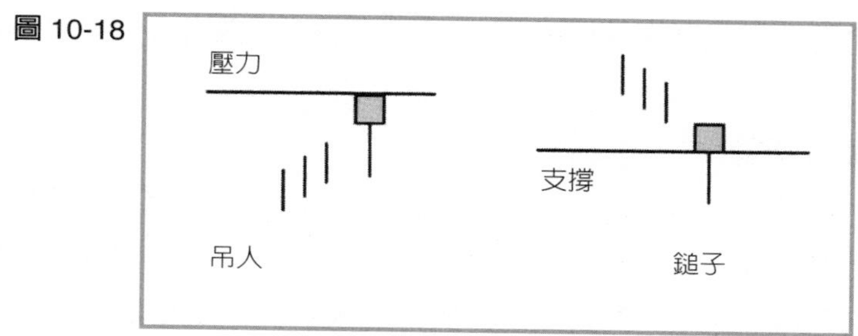

鎚子顯示既有的下降趨勢想要繼續發展，但人氣已經改變，收盤價向上反轉。吊人則顯示既有上升趨勢遭遇壓力，費了一整天的努力，收盤價才勉強拉升到開盤價附近。這兩種型態都屬於反轉排列，因爲市場在關鍵價格區域展現強勁的反向力道，使得既有動能沒辦法繼續發展。

如果不是發生在支撐／壓力關鍵區域，吊人／鎚子通常不會造成趨勢反轉。既有上升或下降趨勢發展過程，經常會發生猶豫不決或修正整理的走勢，這些行爲未必發生在支撐／壓力區域，吊人／鎚子雖然還是代表猶豫不決，但比較像是高速公路上看到的煞車燈：車速或許會減緩，但不會停頓。

名稱正確與否的重要性，當然不如所傳遞的訊息是否正確；交易者絕對應該設法在正確位置，取得正確的訊息。誤判煞車燈的意思，可能造成混淆、挫折，甚至導致危險。同樣地，誤判陰陽線訊號的意思，也會造成混淆、挫折，代價往往很昂貴。

由單純的統計學角度來看，絕大多數陰陽線型態失敗的機會大約介於40～60％。可是，這包括所有情況——高速公路與交流道。我們應該考慮訊號發生的背景（位置）；換言之，陰陽線型態是否發生在關鍵的支撐／壓力區，解釋上應該有很大差別。

反轉vs.折返

折返（retracement）是既有趨勢的暫停或修正整理。陰陽線訊號的解釋，取決於交易者的操作對象是趨勢，或是趨勢內部的價格循環。如果交易對象是趨勢，則會忽略既有趨勢發展過程產生的折返修正走勢；如果對象是趨勢內部的循環，則會針對推動浪和修正浪之間的交替起伏而轉換部位，請參考圖10-19。

圖 10-19

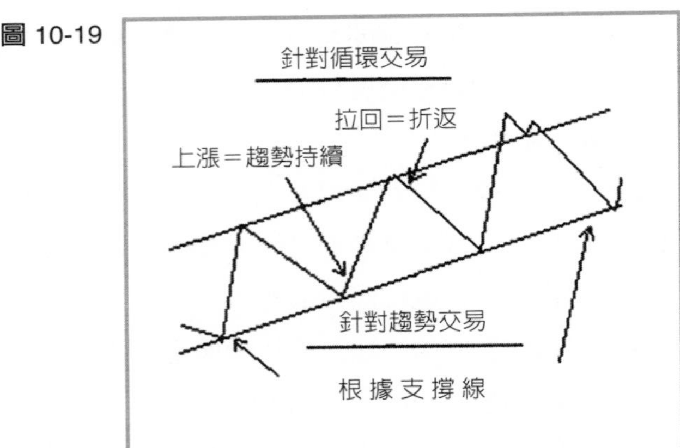

反轉訊號必須配合趨勢循環判斷，順勢交易者需要藉由陰陽線確認趨勢已經結束。處在上升趨勢過程（下降趨勢的情況也相同），雖然既有趨勢看起來完全沒問題，但空頭反轉訊號仍然會發生在趨勢通道的上緣，這代表什麼意思？是否代表既有趨勢將結束？或只是既有趨勢即將折返修正？所謂趨勢結束，事實上是指

價格觸及上升通道下緣而不能回升。所以，反轉訊號如果發生在上升趨勢通道的上緣，只代表行情即將向下修正，並不代表上升趨勢將向下反轉。除非支撐線遭到貫穿，否則既有上升趨勢仍然有效（請參考圖10-20）。

圖 10-20

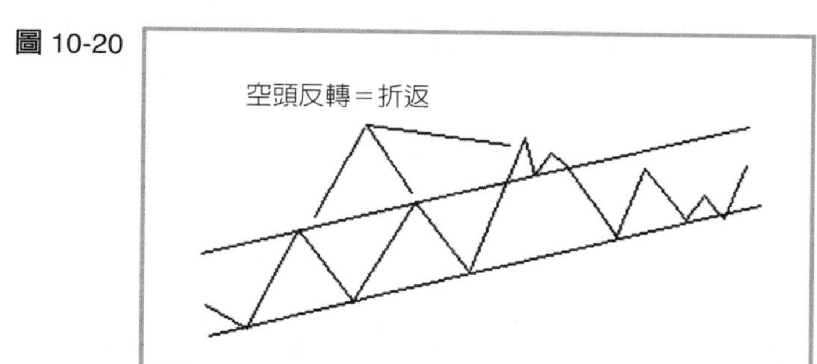

多頭趨勢取決於多頭反轉

只要支撐線遭到測試而沒有跌破——也就是在支撐水準附近出現多頭反轉訊號——上升趨勢就視爲持續發展，當多頭趨勢結束的時候，並不會在壓力區出現空頭反轉訊號，而通常是在支撐區出現空頭連續訊號（跌破支撐），請參考圖10-21。

所以，我們必須知道交易訊號發生的位置，因爲訊號意義取決於其發生位置。上升趨勢發展過程，當價格測試下檔支撐時，交易者必須知道如何判斷空頭連續訊號（支撐測試失敗）和多頭反轉訊號（支撐測試成功）。這種情況下，反轉訊號代表上升趨勢得以持續，連續訊號反而代表上升趨勢終止。

圖 10-21

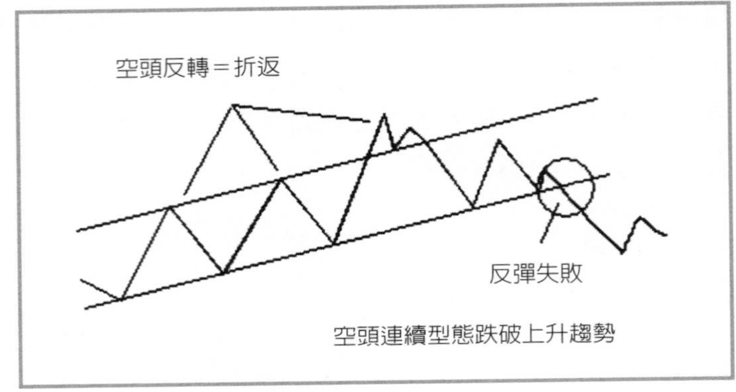

趨勢內部循環的交易

運用陰陽線交易趨勢內部的循環，需要知道如何判斷支撐／壓力區的反轉／連續訊號。交易者根據壓力區的空頭反轉訊號結束多頭部位或建立空頭部位。壓力區的連續訊號，代表價格突破壓力。處在支撐區，反轉訊號代表價格恢復上升，連續訊號代表上升趨勢結束（請參考圖10-22）。

不同於其他技術指標可以按照時間長短做調整，陰陽線型態通常是由1支到5支線形構成，預測效力往往只有幾天。所以，型態週期寬度很重要。某些陰陽線型態規定股票必須處於上升趨勢，「上升趨勢不可能出現多頭反轉型態」的說法雖然沒錯，但也有技術性例外。任何特定上升趨勢，通常是由一系列更小規模的漲跌走勢構成，這些漲跌走勢也可能出現多頭／空頭反轉型態，請參考圖10-23。

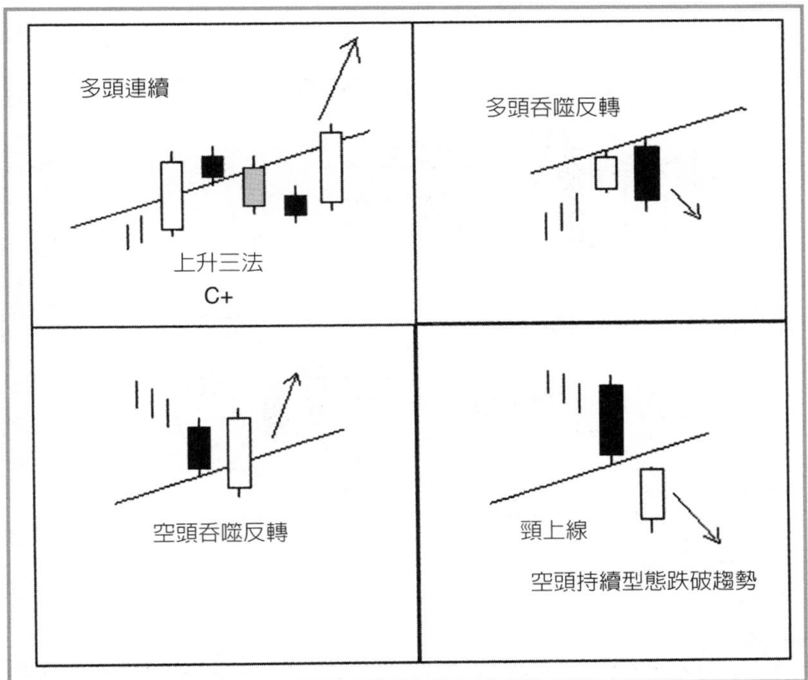

圖 10-22

傳遞訊息

名稱？

北美有五個不同種類的鼬鼠：條紋鼬鼠、東方斑點鼬鼠、西方斑點鼬鼠、豬鼻鼬鼠和冠頂鼬鼠。當這些鼬鼠覺得受到威脅時，都會有相同的反應。在野外碰到這些白條紋的哺乳類動物，一旦看到牠們轉過身準備做動作時，就別想辨別牠們究竟是東方

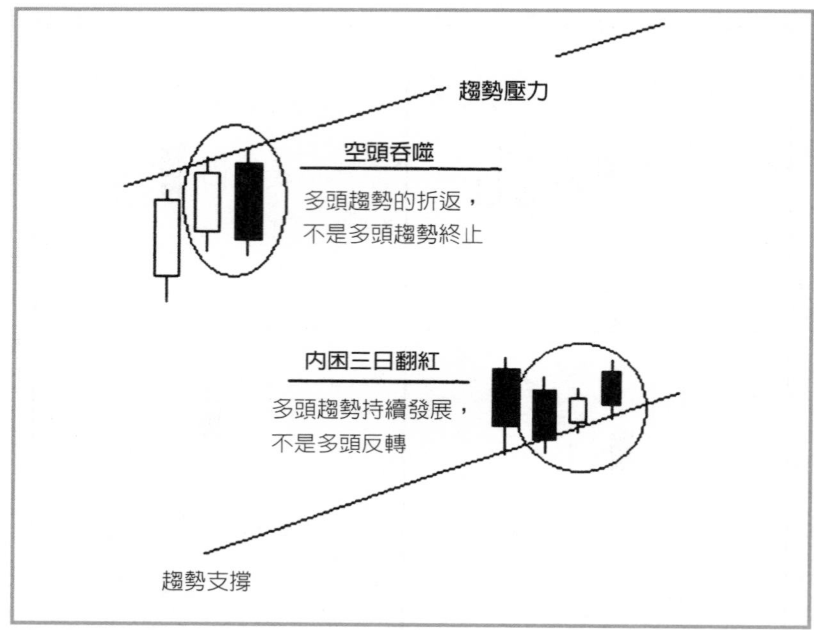

圖 10-23

或西方斑點鼬鼠。因為不論哪個種類，牠們所傳遞的訊息都相同：跑！

陰陽線型態的情況也是如此，很多不同型態所傳達的訊息是相同的。「陰陽線型態」有很多不同的型態名稱，重點是掌握價格型態傳遞的訊息，而不是判別或記憶型態名稱。事實上，很多交易者／分析者太過強調如何辨識型態，反而忽略了眞正重要的東西：陰陽線型態所傳遞的訊息。

吃力的工作，往往讓人望之生怯。陰陽線型態有80多種，記憶其名稱和結構、各種判斷準則和無數變形，確實是很吃力的工

作。不過，很幸運地，實際運用陰陽線的效力，未必跟這些記憶的東西有關。本章準備探討一些方法和工具，協助讀者掌握陰陽線的運用技巧。這方面的基礎，也有助於日後擴充陰陽線知識和技術。

什麼是好的？

不管是閱讀陰陽線方面書籍，或造訪相關網站，甚至在交易論壇上，有人可能會問：「何謂眞正好的反轉型態？」這是相當含糊的問題，什麼是眞正「好」的呢？提出這種問題的人，心態不難理解：希望有人能夠列舉幾種最好的型態，幫他們節省時間。然而，這是相當不恰當的問題。什麼叫做「好」？多好才算好？

任何所謂「好」的型態，都可能因爲發生位置而有不同影響力。每種型態或訊號，都各自傳達其訊息，因爲它們所描述的行爲各自不同。

如果沒有考慮型態發生的環境和背景，就不能彰顯所謂「好」的意義；適當界定「好型態」的意義，可以讓交易者在更適當的架構下瞭解陰陽線型態傳遞的訊息，甚至改變「好型態」的傳統概念。

首先讓我們試著瞭解陰陽線傳遞的訊息，然後根據其發生位置評估訊息的重要性。

實體短的線形

類似如鎚子或十字線等實體很短、甚至沒有實體的線形，它們傳遞的訊息相當特殊。根據數以百萬交易日的測試資料顯示，十字線和其他小線形的準確率爲50%。50%看起來好像不怎麼樣，但這些小線形預測「猶豫不決情緒」的準確性高達100%。

行情缺乏動能或新聞刺激，會讓價格呈現整理，沒有明確方向；小線形意味著價格劇烈波動，或缺乏動能的冷漠（請參考圖10-24）。方向發生反轉之前，既有趨勢會先停頓或喪失方向感，呈現猶豫不決或謹慎思考的心理。

在樞紐價位，股票如果喪失方向感，價格上漲或下跌本身也變得不重要。交易者隨時都想知道行情走勢，想判斷市場的人氣方向。重要支撐／壓力區域顯現的小線形，所傳遞的正是市場缺乏方向感、猶豫不決的訊息，這是非常明確的訊號，參考圖10-25。

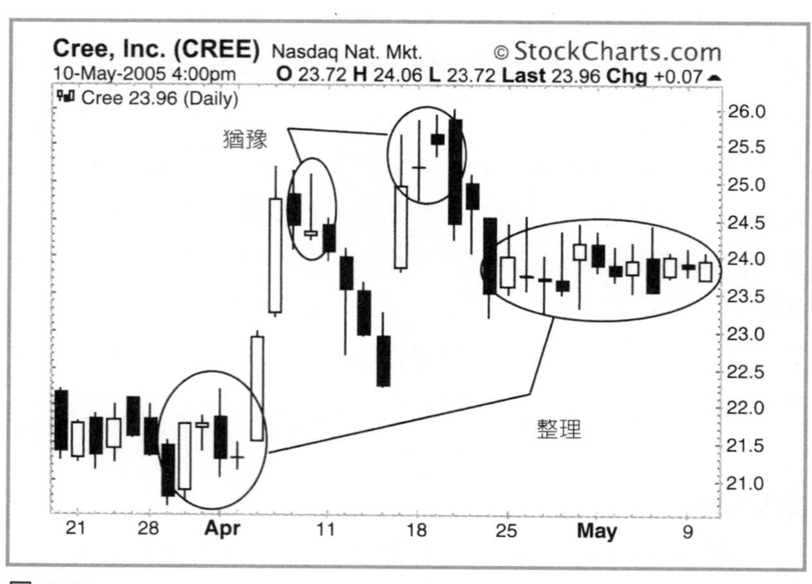

圖10-24

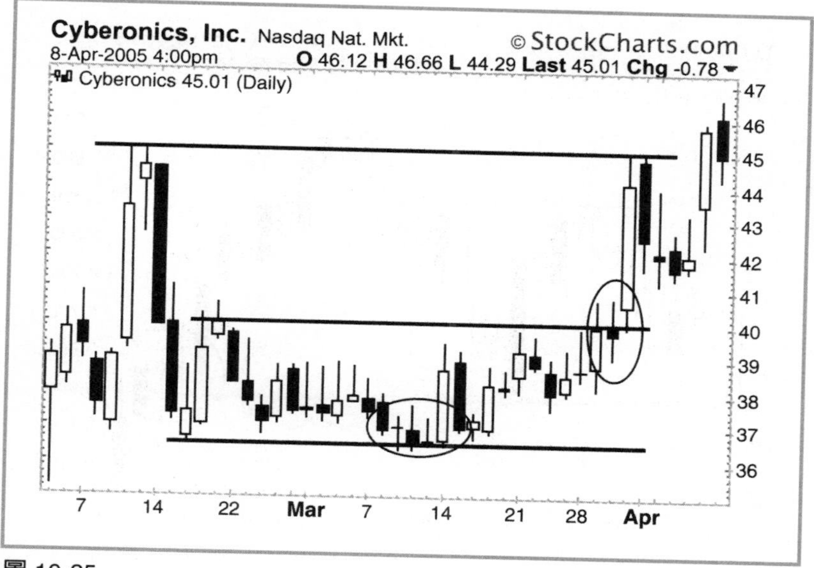

圖 10-25

既有趨勢在關鍵樞紐區域呈現的猶豫不決，但隨後進行突破，則代表小線形並非反轉訊號，而是既有趨勢的連續（請參考圖10-26）。小線形傳遞的猶豫不決訊息非常清楚、精確。猶豫不決之後的走勢，不論朝哪個方向發展，結果都很重要，交易者在此之前，態度必須保持彈性、中立。

實體長的線形

實體很長的線形，屬於單一線形的陰陽線型態，實體——相對於影線——的長度很長。很多交易者對於這種線形都抱著錯誤

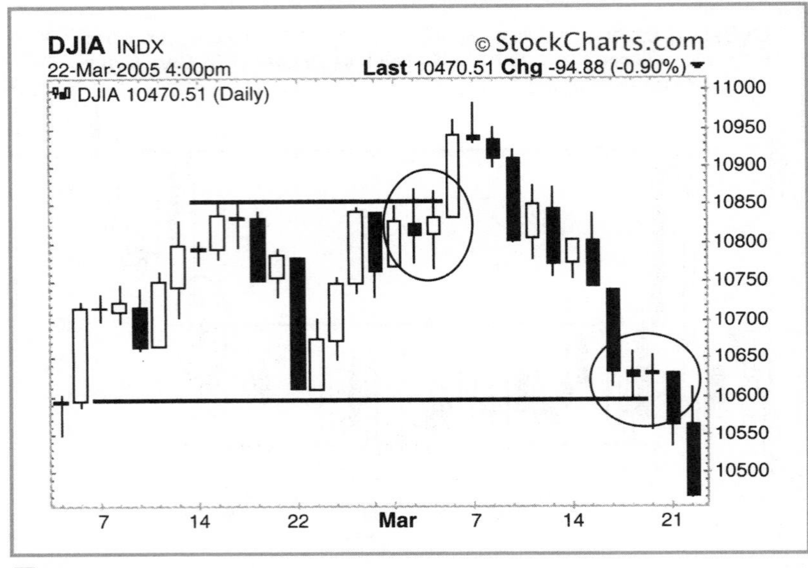

圖 10-26

的期待，認為長線形代表明確偏多或偏空的訊號。可是，這類線形的後續發展往往讓人覺得意外。

這種長線形傳遞的訊息很強烈，就如同遊樂場裡跑進一位新的小孩，充滿新的挑戰。當這種長線形出現之後，隨後經常可以看到2～4支的測試線形。上升／下降三法連續型態就是很典型的例子，一支順勢長線形出現之後，隨後出現3～4支反向的測試線形（請參考圖10-27和10-28）。

朝著既有趨勢方向發展的這類長線形，雖然是好訊號，但也傳達了既有趨勢將（暫時）停頓的訊息。

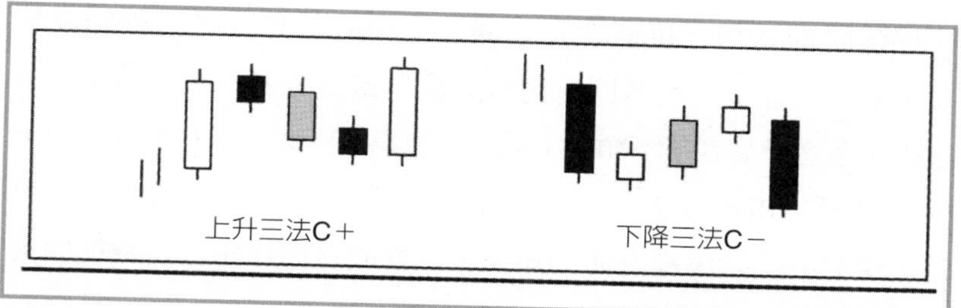

圖 10-27

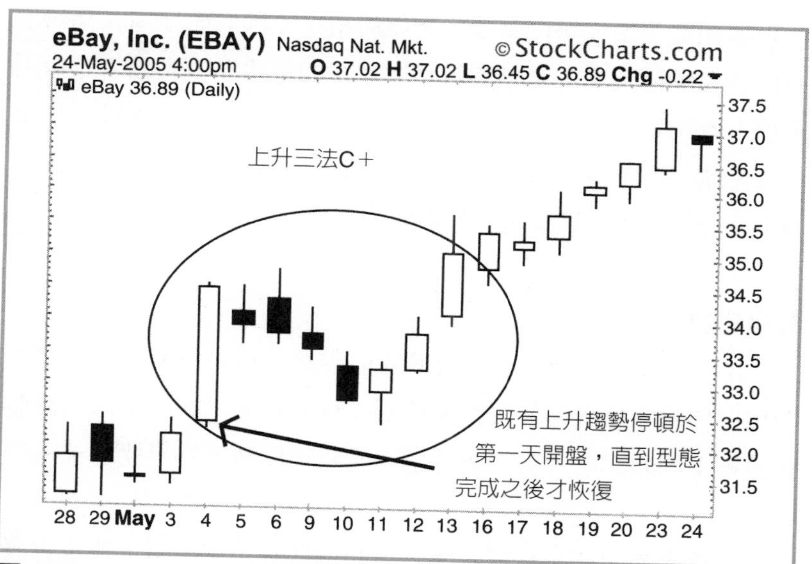

圖10-28

交易小技巧

在這類長線形出現之後，順勢交易者可能必須忍受長線形所創造之獲利遭到侵蝕，靜待既有趨勢恢復。對於初學者來說，爲了保障帳面獲利，可能會在長線形之後的整理走勢過程結束部位，結果只能空手看著既有趨勢隨後又繼續發展。一旦結束部位之後，多數交易者都不願或不敢重新進場，因此只能在場外觀望，覺得自己被市場欺騙了。事實上，市場傳遞的訊息很清楚；可是，由於缺乏陰陽線方面的知識，人性的自然反應往往會促使交易者過早離場。

請注意，上升／下降三法的成功率只有50%，因此型態發生的位置相當重要。舉例來說，型態的第一支線形如果進入樞紐價格區或目標價位區，交易者或許應該扭緊停止點，因爲多等幾天而既有趨勢得以繼續發展的機會只有50%。反之，如果排列的第一支順勢長線形顯然還沒有到達目標價位區附近，交易者或許可以多等幾天，看看既有趨勢是否能夠恢復。

較複雜的型態

市場參與者可能要花點時間才能凝聚共識。爲期四天到六天的型態，意味著市場參與者要花很長時間來凝聚看法。每支線形都傳遞不同的訊息，當這類型態完成時，反轉走勢可能已經進行一陣子了。

交易者謹慎觀察盤勢發展，等到型態確定完成時，往往會發現理想的進場點已經過去了（請參考圖10-29）。正確的進場時機，是當走勢遠離支撐／壓力水準。對於複雜的型態來說，如果要等待型態完成的確認訊號，往往會錯過理想的進場點。訊號如果能夠獲得確認，那當然很好，但對於複雜的型態來說，沒有必要等待型態完成之後才進場。

圖10-29

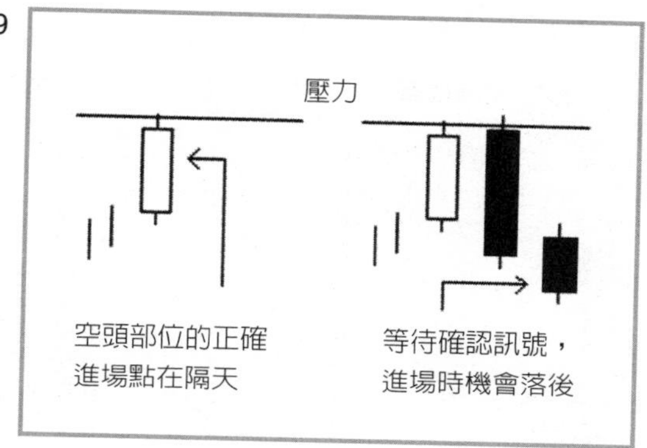

交易小技巧

未經確認的明確進場點，可以先建立小部位，等到訊號經過確認之後，才繼續加碼。稍後如果發現訊號不正確，虧損也不至於太嚴重，相對容易做彌補。

訊號精確vs.訊號發生頻率

很多人認爲，結構愈複雜的型態，其傳遞的訊號成功機會愈高。某些研究資料確實支持這項結論，但這些型態必須發生在重要的支撐／壓力區，否則——根據葛雷．莫里斯的測試資料顯示——情況未必如此。

某些結構很單純的型態，訊號成功率也很高。複雜的型態，其成功率或許眞的比較高，但這類型態發生的頻率較低，交易機會也比較少。多數的陰陽線反轉型態，結構都相對單純。所以，結構比較單純的型態，其發生機會比較多，可供運用的機會也比較多（請參考圖10-30）。

圖10-30

天數	發生頻率最高		天數	成功機會最高	
2	母子－	R–	3	雙兔跳空＋	R+
2	母子＋	R+	1	吊人－	R–
2	吞噬－	R–	2	高價配－	R–
2	吞噬＋	R+	2	低價配＋	R+
1	吊人－	R–	1	倒狀鎚子＋	R+
1	鎚子＋	R+	3	三明治＋	R+
1	母子十字－	R–	3	跳空三法＋	C+
2	單白兵＋	R+	3	三線反擊＋	C+
2	母子十字＋	R+	2	乳鴿歸巢＋	R+
1	十字星形－	R-	3	步步為營－	R-

關於陰陽線形態，眞正重要的是發生在樞紐價位的正確訊號。訊號的成功機會與性質雖然很重要，但關鍵是發生位置。有些訊號會失敗，但訊號成功機會並不像表面上看起來那麼重要；所以，尋找「好訊號」並沒有絕對的迫切性。

影線方向

本書提供的新資料顯示一種非常有趣的關係，這個關係涉及四種大家都很熟悉的形態：鎚子、吊人、流星和倒狀鎚子（包括紙傘和長腳十字在內）。我們過去認爲，這四種形態的預測精確性大致相當。鎚子與吊人更是大家耳熟能詳的排列，很多書籍或網站都公認此兩者是「很好的型態」。可是，就如同很多傳統概念一樣，如果做更深入的分析、比較，將會發現一些有趣的關係。

關於長影線和既有趨勢方向之間的關係，本書檢定了數以百萬交易日的資料，結果發現兩者之間存在顯著的關連，請參考圖10-31。

圖10-31

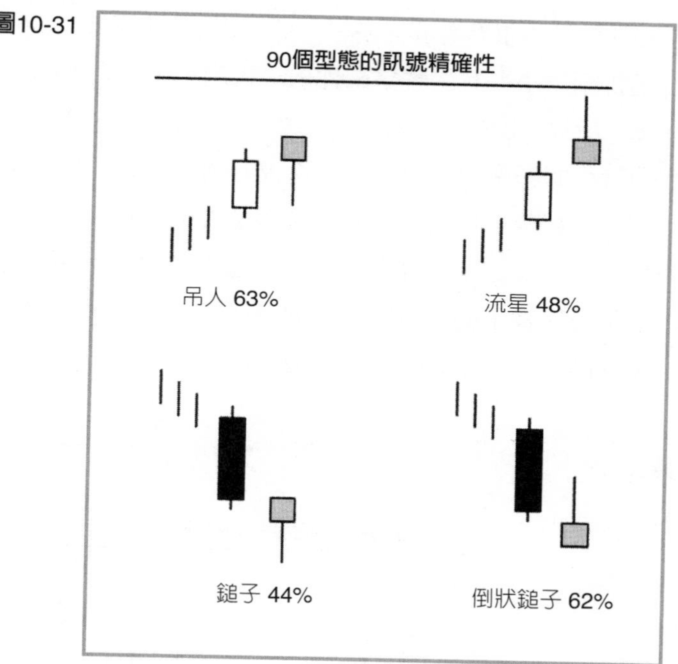

吊人和倒狀鎚子的訊號成功機率分別爲63%和62%，顯著高於鎚子（44%）和流星（48%）。一般認爲這類實體很小而影線很長的線形，預測功能都大致相當，但統計測試結果卻非如此，吊人和倒狀鎚子的預測準確性，分別擁有19個和14個百分點的優勢。對於這類線形的預測功能，實體大小的影響程度，明顯小於影線方向。對於影線方向和長短都類似的線形來說（請參考圖10-32），實體部分究竟是小、很小或根本不存在（十字線），預測功能並沒有差別。

此處考慮的精確性，是取型態完成之後1～7天的平均值。

這些測試結果很有意義。鎚子一向被視爲「很好的型態」，但在這四種排列之中，其訊號精確性敬陪末座。吊人型態的訊號精確性最高。所以，影線方向會顯著影響型態反轉的成功機會。

型態發生的頻率也值得注意。影線方向相反的兩種空頭反轉排列，吊人（精確性最高）的發生頻率是流星的30倍。至於兩種多頭反轉排列，鎚子（精確性最差）的發生頻率是倒狀鎚子的5倍。在支撐區，鎚子的發生頻率高於倒狀鎚子；在壓力區，吊人的發生頻率高於流星（請參考圖10-32）。

圖10-32

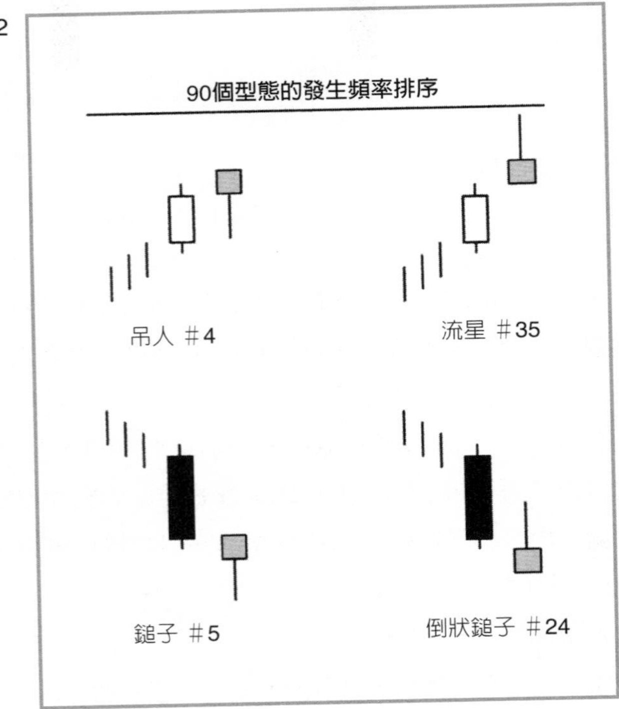

所以，這類線形不能被視爲同等重要。在壓力區，吊人的發生頻率不只顯著高於流星，訊號精確性也顯著優於流星。反之，在支撐區，鎚子的發生頻率雖然較高，但訊號精確性不如倒狀鎚子。請注意，我還要重複強調，訊號精確性與型態發生位置之間有明顯的關連。鎚子很常見，但發生在關鍵價位，訊號的精確性將顯著提高。

顛倒型態

顛倒型態的排列結構與含意剛好相反。絕大部分的陰陽線型態都有對應的顛倒型態，所傳遞的訊息剛好相反，請參考圖10-33。顛倒型態的預測成功率，大多與原型態相仿，但也有一些例外情況值得特別留意。

圖10-33

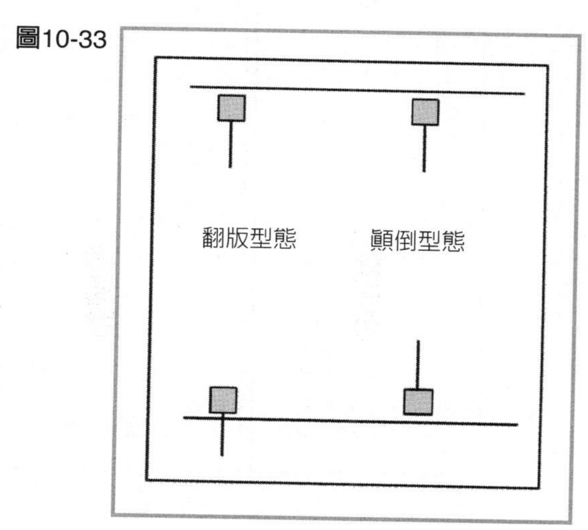

前文討論曾經提到，前文討論曾經提到，相較於多頭反轉型態鎚子，空頭反轉型態吊人的成功率高出19個百分點（63% vs. 44%），但鎚子的顛倒型態是倒狀鎚子，不是吊人。此處把鎚子和吊人相提並論，主要是因爲多數人都認爲此兩者是顛倒型態，而且都會發生在支撐或壓力區。事實上，鎚子與吊人是翻版型態，不是顛倒型態，其預測成功率的差別相當大。就發生頻率來看，吊人顯著超過其顛倒型態倒狀鎚子，鎚子與流星的情況也是如此，請參考圖10-34。

圖10-34

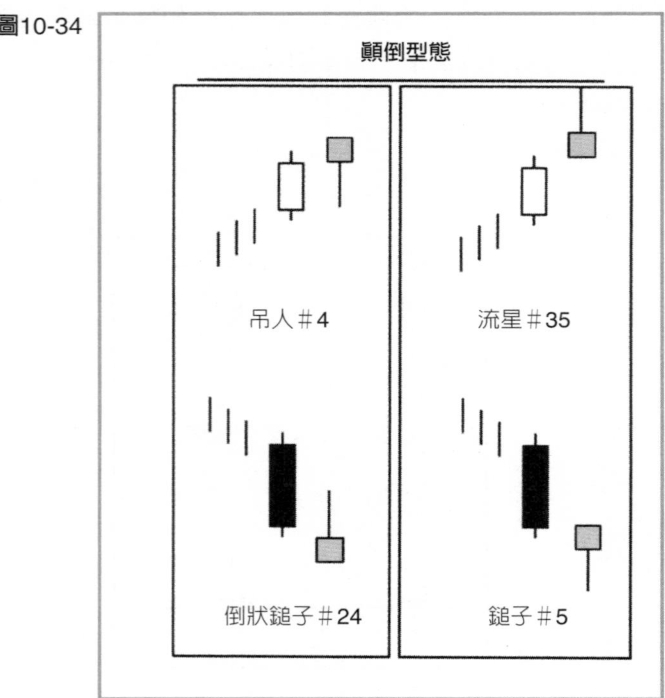

在所有90個型態中，有88個型態產生44組的顛倒對應型態。如果比較原型態和顛倒型態之間的預測成功率差異，我們發現只有7組案例的預測成功率差異超過5個百分點。另外有34組案例的預測成功率差異不足4個百分點，有3組案例的預測成功率完全相同（請參考圖10-35）。

圖10-35

成功率差別超過5%

7組顛倒型態

型態	成功率
3 Down Gap Up＋	52%
3 Up Gap Down－	41%
北方三星－	45%
南方三星＋	53%
大敵當前－	47%
峰迴路轉＋	52%
雙鴉躍空－	45%
雙兔跳空＋	64%
跳空三法＋	55%
跳空三法－	49%
雙鴉－	46%
雙兔＋	52%
獨特三河底＋	49%
獨特三峰頂－	43%

成功率完全相同的顛倒型態

型態	成功率
下降三法－	50%
上升三法＋	50%
遭遇線＋	49%
遭遇線－	49%
物極而反＋	52%
物極而反－	52%

成功率差別介於1～4%

34組顛倒型態

型態	成功率
單烏鴉－	46%
單白兵＋	49%
三烏鴉－	48%
三白兵＋	52%
連續向下三跳空＋	51%
連續向上三跳空－	52%
三線反擊＋	55%
三線反擊－	52%
棄嬰＋	52%
棄嬰－	50%
執帶＋	51%
執帶－	47%
起跑＋	53%
起跑－	52%
步步為營＋	54%
步步為營－	52%
鷹撲＋	53%
乳鴿歸巢＋	54%
烏雲罩頂－	47%
貫穿線＋	49%
星形十字＋	54%
星形十字－	52%
下肩帶缺口－	51%
上肩帶缺口＋	50%
外側三日上升＋	49%
外側三日下降－	46%
吞噬＋	46%
吞噬－	45%
夜星十字－	49%
晨星十字＋	48%
倒狀鎚子＋	62%
吊人－	63%
母子十字＋	52%
母子十字－	50%
母子＋	51%
母子－	49%
內困三日翻紅＋	50%
內困三日翻黑－	47%
頸內線＋	44%
頸內線－	46%
鎚子＋	44%
流星－	48%
反撲＋	44%
反撲－	41%
梯底＋	53%
梯頂－	50%
執墊＋	51%
執墊－	48%
高價配－	63%
低價配＋	62%
夜星－	45%
晨星＋	46%
頸上線＋	49%
頸上線－	51%
隔離線＋	46%
隔離線－	43%
三明治＋	58%
三明治－	54%
並肩黑線＋	50%
並肩黑線－	46%
並肩紅線＋	48%
並肩紅線－	46%
戳入線＋	53%
戳入線－	52%
三星＋	47%
三星－	46%

預測成功率差異程度超過5％的7組型態內，全部都是多頭型態的預測成功率優於空頭型態，請參考圖10-36。所以，多頭型態顯然佔有預測精準方面的優勢。

過去，大家似乎普遍認爲，空頭反轉型態的預測成功率應該優於多頭反轉型態，因爲——相較於壓低價格——推升價格顯然更困難、更費力。

圖10-36　預測成功率差異程度超過5％者

7組顛倒型態	
3 Down Gap Up＋	52％
3 Up Gap Down－	41％
北方三星－	45％
南方三星＋	53％
大敵當前－	47％
峰迴路轉＋	52％
雙鴉躍空－	45％
雙兔跳空＋	64％
跳空三法＋	55％
跳空三法－	49％
雙鴉－	46％
雙兔＋	52％
獨特三河底＋	49％
獨特三峰頂－	43％

可是，實際資料卻顯示相反情況：在44組顛倒型態組合內，有33組的多頭訊號預測精確性較高，8組型態的空頭訊號預測精確性較高，剩餘3組則沒有顯著差別（請參考圖10-37）。明確資料顯示多頭型態的表現優於顛倒的對應型態，而且預測精準程度有明顯差異者，完全都是多頭型態的表現較優異。

圖10-37

偏多

型態	比率
單烏鴉－	46%
單白兵＋	49%
三烏鴉－	48%
三白兵＋	52%
3 Down Gap Up＋	52%
3 Up Gap Down－	41%
三線反擊＋	55%
三線反擊－	52%
北方三星－	45%
南方三星＋	53%
棄嬰＋	52%
棄嬰－	50%
大敵當前－	47%
峰迴路轉＋	52%
執帶＋	51%
執帶－	47%
起跑＋	53%
起跑－	52%
步步為營＋	54%
步步為營－	52%
鷹撲－	53%
乳鴿歸巢＋	54%
烏雲罩頂－	47%
貫穿線＋	49%
星形十字＋	54%
星形十字－	52%
外側三日上升＋	49%
外側三日下降－	46%
吞噬＋	46%
吞噬－	45%
下降三法－	50%
上升三法＋	50%
雙鴉躍空－	45%
雙兔跳空＋	64%
跳空三法＋	55%
跳空三法－	49%
母子十字＋	52%
母子十字－	50%
母子＋	51%
母子－	49%
內困三日翻紅＋	50%
內困三日翻黑－	47%
反撲＋	44%
反撲－	41%
梯底＋	53%
梯頂－	50%
執墊＋	51%
執墊－	48%
夜星－	45%
晨星＋	46%
隔離線＋	46%
隔離線－	43%
三明治＋	58%
三明治－	54%
並肩黑線＋	50%
並肩黑線－	46%
並肩白線＋	48%
並肩白線－	46%
戳入線＋	53%
戳入線－	52%
三星＋	47%
三星－	46%
雙鴉-	46%
雙兔＋	52%
獨特三河底＋	49%
獨特三峰頂－	43%

偏空

型態	比率
連續向下三跳空＋	51%
連續向上三跳空－	52%
下肩帶缺口－	51%
上肩帶缺口＋	50%
夜星十字－	49%
晨星十字＋	48%
倒狀鎚子＋	62%
吊人－	63%
頸內線＋	44%
頸內線－	46%
鎚子＋	44%
流星－	48%
高價配－	63%
低價配＋	62%
頸上線＋	49%
頸上線－	51%

無偏頗

型態	比率
下降三法－	50%
上升三法＋	50%
遭遇線＋	49%
遭遇線－	49%
物極而反＋	52%
物極而反－	52%

50%不代表50/50機會

陰陽線型態預測有50%精確性，這並不代表趨勢反轉和趨勢持續發展的可能性各佔一半，因爲還有猶豫不決的價格走勢。股票價格發展如果只有兩個方向的話，那麼訊號預測精準程度爲50%左右，就代表該訊號沒有太大意義。訊號精準程度50%經常被解釋爲價格漲跌各佔一半機會，但股票價格實際上有三種可能發展方向：上漲、下跌和橫向走勢。這讓整個情況徹底改觀（請參考圖10-38）。如果某反轉型態預測訊號的精準度爲50%，意味著訊號失敗的機會爲50%，但後面這50%涵蓋趨勢持續發展和橫向走勢兩種可能性。這種情況下，雖然訊號預測精準度只有50%，仍然意味著趨勢反轉的可能性，應該大於趨勢持續發展，也大於價格橫向發展。

選擇權交易者持有買權的空頭價差交易（Bear Call Spread），只要股價等於或低於某特定水準（選擇權履約價格），部位就可以

圖10-38

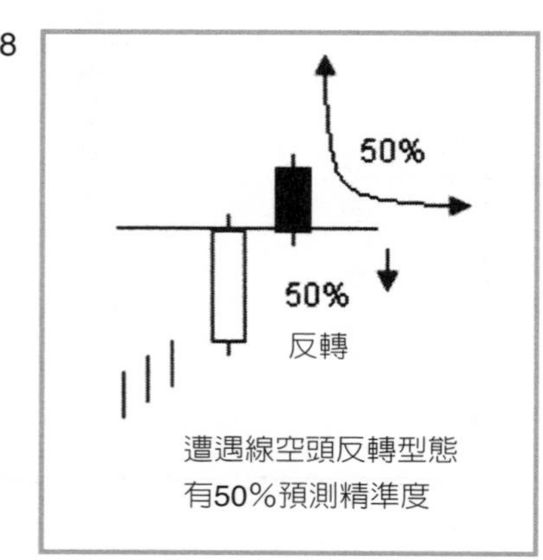

實現最大獲利。採行這種策略的時機，往往是交易者判斷股價不能穿越上檔壓力區，或很可能跌破下檔支撐區。當股價逼近上檔壓力區而出現十字線、吊人、流星、紡錘線等線形，代表價格走勢變得猶豫不決。這類單純反轉型態的訊號精確程度大約是50%（48%～63%），但價差交易的成功機率顯然更高於此。在上檔壓力區，趨勢反轉向下的機會雖然只有50%，但價格也可能在壓力區呈現橫向發展，所以價差交易成功的機會應該高於50%（請參考圖10-39）。

圖10-39

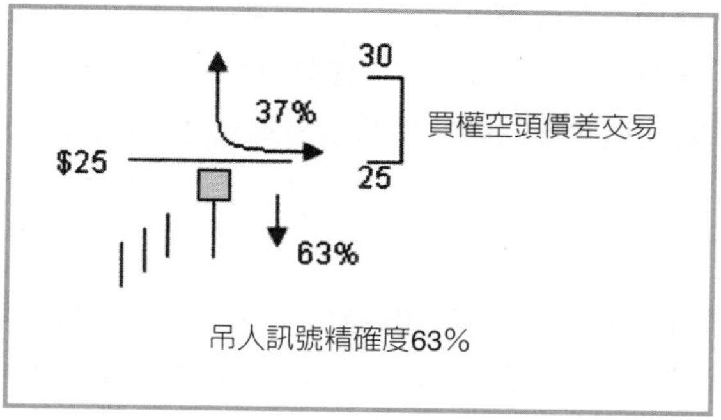

吊人訊號精確度63%

交易小技巧

樞紐價位區域出現猶豫不決的訊號，可以提升某些交易的勝算。在壓力區建立適當的價差交易，交易成功的機會將顯著大於50%。

實體和影線／優先順序和傳遞訊息，市場人氣vs.價格波動

每個價格型態所傳遞的訊息，是由每天線形訊息構成，後者包括實體（由開盤價與收盤價界定）和影線（由最高價和最低價

界定）。關於陰陽線的解釋，應該優先考慮實體部分，影線的重要性次於實體。

線形實體顯示當天的人氣和整體狀態。實體很小、正常或很大？實體偏多或偏空？偏多或偏空的程度如何？最後分數將決定誰是贏家和輸家，但分數未必能夠充分道盡整個故事（參考後文的解釋）。

影線顯示當天行情的波動程度，說明市場參與者達成共識的困難程度。影線如果很長，通常是受到新聞事件影響，但也可能只代表市場參與者缺乏共識。影線如果很短，可以進一步確認線形實體傳遞的訊息。總之，影線可以顯示當天價格行爲的波動程度，顯露人氣狀況的影響（請參考圖10-40和10-41）。

缺口

缺口是值得稍做討論的價格現象。眞正的跳空缺口很罕見，也很重要（請參考圖10-42），經常伴隨著強勁的價格走勢。缺口可以強化反轉訊號，因爲發生在樞紐價位的缺口，代表強勁的人氣。本節雖然不準備專門討論缺口理論，但陰陽線型態有助於判斷缺口的重要性。

缺口涉及的型態有幾種，但缺口傳遞的根本訊息是：

1. 缺口代表市場休息期間內，市場參與者的看法發生顯著變化，使得開盤價高於或低於前一天收盤。
2. 缺口沒有被塡補的期間拉得愈久，缺口愈重要。
3. 市場開盤經常出現缺口，但這些缺口很少能夠保持到當天收盤。

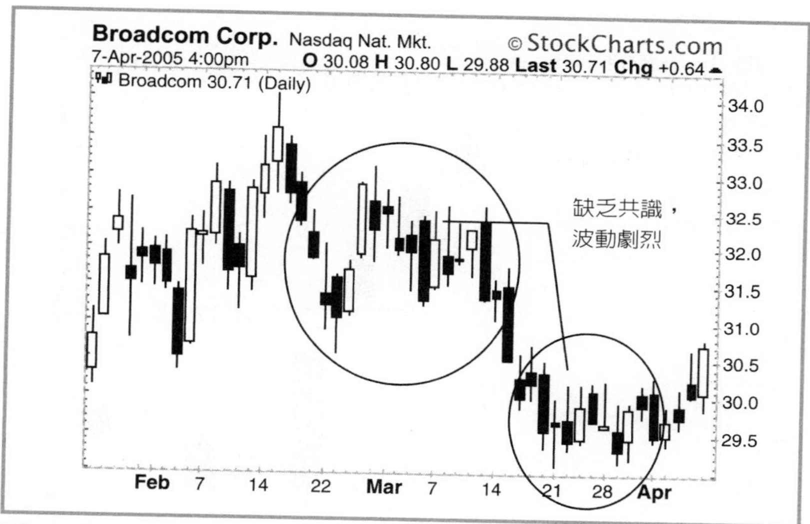
Broadcom Corp. Nasdaq Nat. Mkt.
© StockCharts.com
7-Apr-2005 4:00pm
O 30.08 H 30.80 L 29.88 Last 30.71 Chg +0.64
Broadcom 30.71 (Daily)
缺乏共識，
波動劇烈
34.0
33.5
33.0
32.5
32.0
31.5
31.0
30.5
30.0
29.5
Feb
7
14
22
Mar
7
14
21
28
Apr

圖 10-40

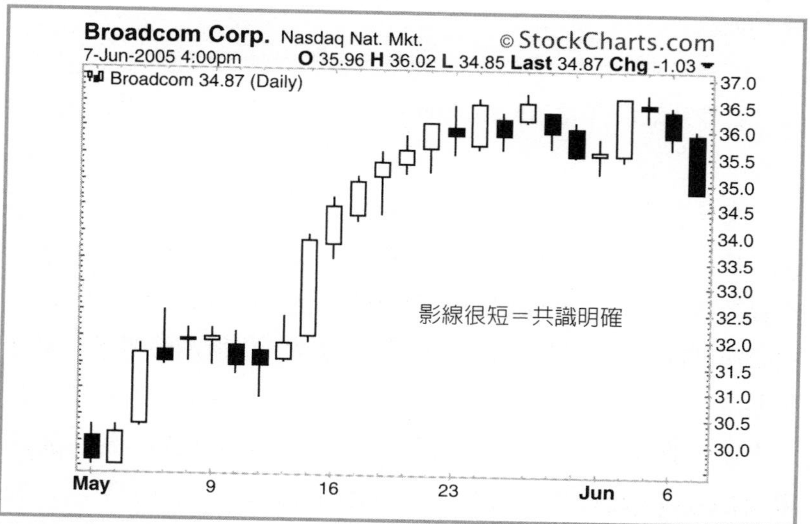
Broadcom Corp. Nasdaq Nat. Mkt.
© StockCharts.com
7-Jun-2005 4:00pm
O 35.96 H 36.02 L 34.85 Last 34.87 Chg -1.03
Broadcom 34.87 (Daily)
影線很短＝共識明確
37.0
36.5
36.0
35.5
35.0
34.5
34.0
33.5
33.0
32.5
32.0
31.5
31.0
30.5
30.0
May
9
16
23
Jun
6

圖 10-41

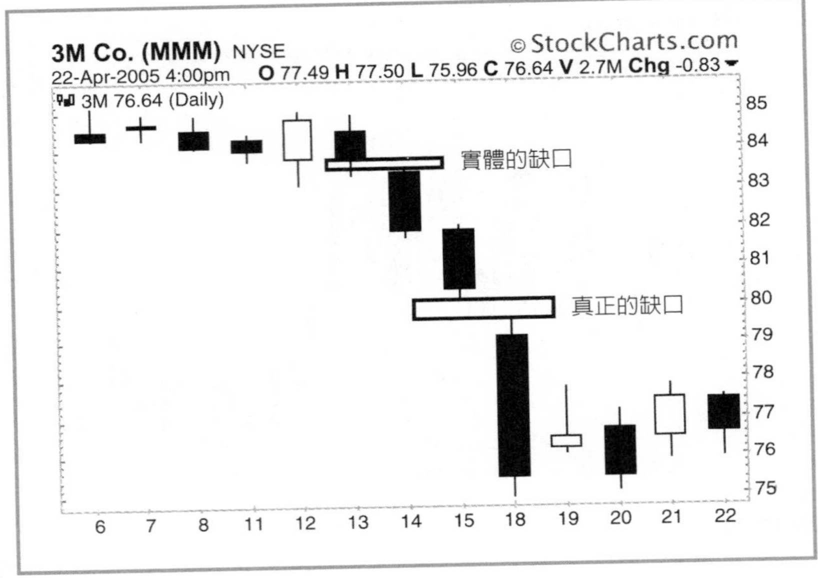

圖 10-42

4. 觀察缺口究竟如何被填補，有助於瞭解市場人氣狀況。

交易小技巧

缺口大約有90%會在當天被填補。因此，開盤跳空缺口幾乎都會被填補，但這些缺口如何被填補，過程很重要。如果陰陽線回頭填補缺口，然後繼續朝缺口方向發展，這種走勢傳達的訊息很明確：確認跳空缺口。反之，如果價格填補當天開盤的跳空缺口之後，收盤價位在前一天線形之內，通常代表反轉訊號（請參考圖10-43）。缺口代表價值評估的變動，觀察交易者對於缺口的反應，是瞭解缺口意義的關鍵。

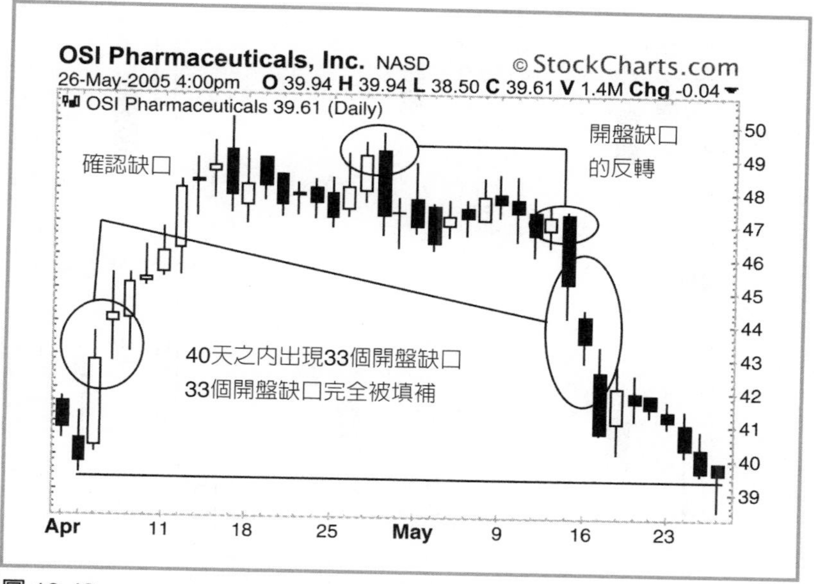

圖 10-43

眞正的缺口很罕見，而且經常幾天之內都不會被填補。最重要的缺口可能要好幾個星期、幾個月，甚至好幾年才會被填補。對於陰陽線使用者來說，缺口究竟如何被填補的，程式很重要；股票是否在盤中藉由很長的影線填補缺口，然後迴轉收盤；或者收盤落在缺口，隔天才啓動？填補程式是跌跌撞撞或乾淨俐落（請參考圖10-44）。

這方面行爲傳遞的訊息很重要，就像把鬆散的繩子打上結。瞭解交易者對於特定缺口的感受，清楚如何判讀陰陽線傳遞的訊息，這是交易者能夠掌握的重要優勢。

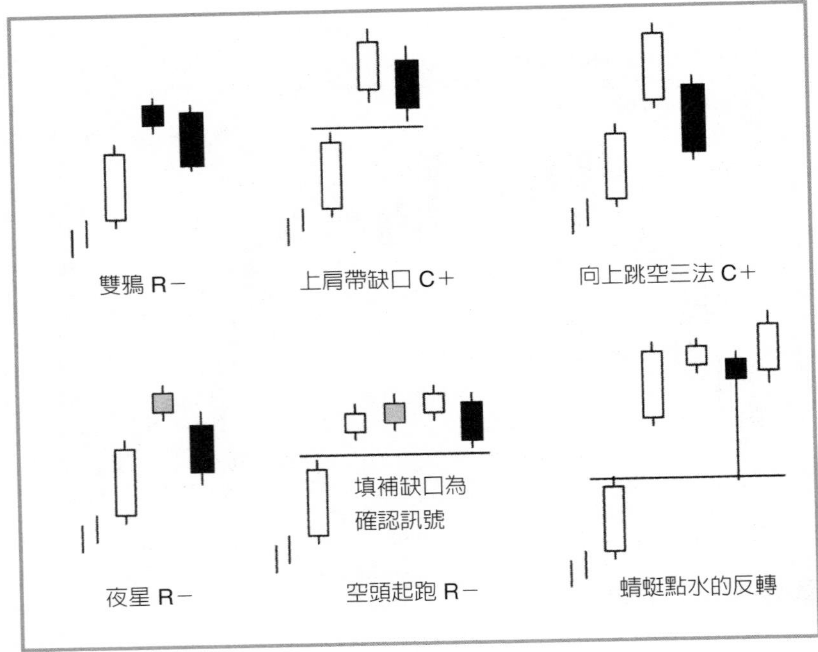

圖10-44

正確觀點

交易者必須瞭解每支線形傳遞的訊息，然後才能瞭解整個型態所傳遞的訊號。沒錯，我們可以強行記憶陰陽線型態結構，但單純根據型態進行交易，勝算並不高。瞭解型態發生的背景位置，能夠顯著提升訊號精確性，但在樞紐區域，交易者的心態還要保持客觀和彈性。陰陽線訊號可以提升交易績效，但不是交易的唯一憑藉。

市場走勢是人性的反映；可是，人性雖然有脈絡可循，畢竟還是變幻莫測。就像某人要上臺演講時，我們雖然可以判讀其肢

體語言，但不論其所傳遞的訊息是緊張不安或自信滿滿，畢竟不足以決定其演講的好壞。

我們必須觀察走勢如何逼近支撐／壓力區，才能瞭解其眞正性質。主要玩家會驅使價格朝關鍵價位移動，讓我們透過下列比喻來說明這方面的「訊息」。

某個球隊在正規賽季內奮戰，一路殺向季後賽，希望最終能夠奪冠。正規賽季內，球隊的表現很不錯，每場比賽都掌握某種程度的優勢。教練很高興，滿懷信心。陰陽線實體會顯示每場比賽的最終輸贏（紅線或黑線）。下影線顯示比賽過程曾經發生的落後，上影線則顯示曾經發生的領先。仔細觀察球隊如何邁向季後賽，試著瞭解教練的感覺（請參考圖10-45）。

對於每場勝利的比賽，教練對於比賽過程的感受未必相同。同樣是勝利，球隊的演出可能拖泥帶水，也可能展示最佳表現；這可能影響季後賽的結果。踏入季後賽之後，頂多只能輸幾場比賽，否則就會被淘汰。球隊在第一回合可能被打得落花流水，但畢竟還是挺到最後一場比賽。球隊也可能贏得每場比賽而一路領先，也可能必須急起直追而反敗爲勝。比賽過程可能乾淨俐落或緩慢折磨，球隊最終可能邁向冠軍戰，否則就打包回家（請參考圖10-46）。

盤中走勢

陰陽線方法歷經200年的研究發展，歸納了價格走勢的傾向和性質。這些研究結果絕對有價值，也值得參考，但型態發生的位置及其所傳遞的訊息也都很重要。還有另外一方面的探討，能夠

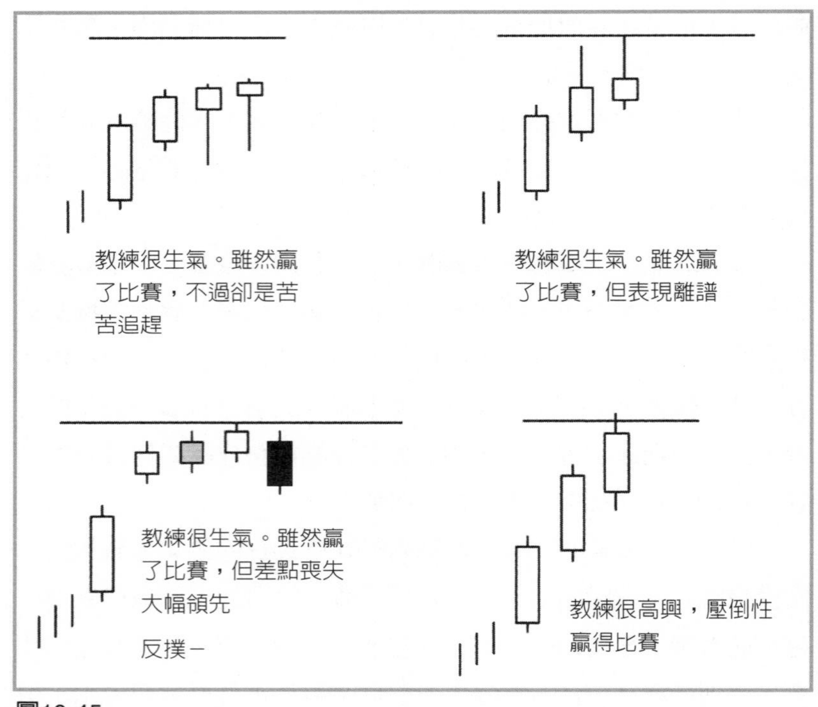

圖10-45

更進一步解釋和運用陰陽線訊號。

觀察價格如何逼近樞紐價位，有助於瞭解市場參與者的人氣與心理；同樣地，觀察個別陰陽線的線形如何產生，有助於判斷隔天的跟進走勢。對於兩英里的長程賽跑，兩位跑者同時越過終點站，其中一位跑者顯然露出疲態，另一位仍然精神飽滿。前半段賽程的狀況，應該有助於我們判斷後半段賽程的發展。單支陰陽線或許有名稱，也可能有特殊意涵，但該線形的發展過程，應該有助於我們判斷明天的行情。

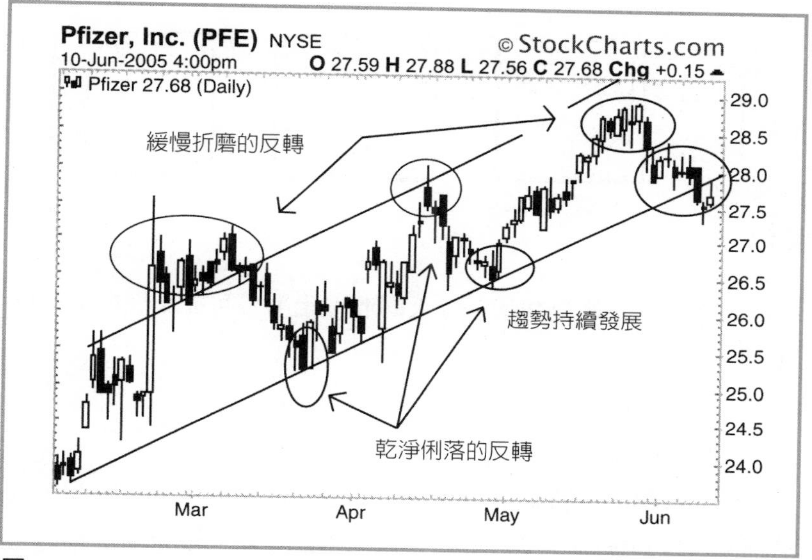

圖10-46

鎚子型態顯示支撐區的賣壓最終被克服。這種線形顯示賣方在關鍵價位驅使價格走低，但買盤則逢低買進。雖然買賣雙方都曾經主宰一段行情，但最終的勝利是由買方掌握，意味著支撐價位應該能夠守住。歷史資料顯示，鎚子型態的預測成功率為42%（支撐區的預測成功率較高），但當天線形的發展過程，應該能夠提供一些額外的資訊。

表面上看起來完全相同的鎚子線形，盤中發展過程可能迥然不同，所傳遞的訊息也可能截然有別（請參考圖10-47）。買盤展現的勁道可能很強，也可能相當疲軟，漲勢可能發生在早盤或臨收盤。收盤當時可能只有買進價，或只有賣出價，買賣雙方也可

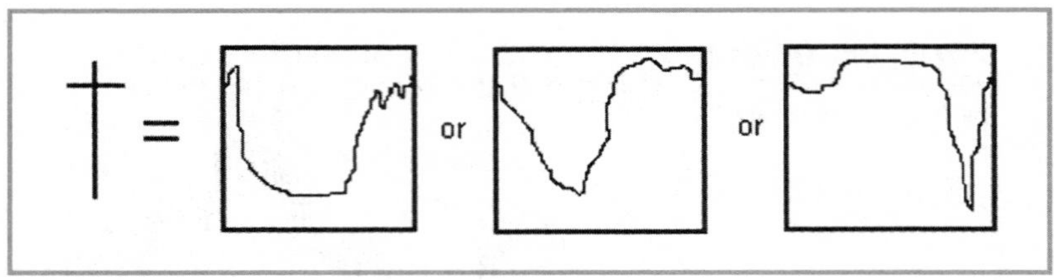

圖10-47

能勢均力敵。我們都知道，今天的收盤走勢很可能影響明天的開盤。

交易小技巧

處在關鍵的樞紐區域，交易者希望能夠掌握所有可資運用的訊息，藉以判斷隔天早盤可能出現的跟進走勢。就這方面來說，前一天的盤中走勢相當值得參考。關於盤中走勢，當然需要評估盤中走勢圖，但不必是即時走勢圖。透過網路可以取得這類的免費盤中走勢圖。某些情況下，觀察前一天的盤中走勢圖，可能顯著影響隔天的交易決策。

摘要結論

關於陰陽線訊號的解釋，我們是運用長期研究的綜合結果。這類的一般性判斷雖然有根據，但有些微妙的訊息是隱藏在型態發生位置和發生過程（盤中走勢）。

- 每支線形都蘊含著資訊，但樞紐價位發生的線形更重要。
- 型態傳遞的訊息，其重要性更甚於型態名稱。
- 沒有必要浪費時間尋找「好的型態」。

- 單一線形透露的猶豫不決訊息，其訊號成功率可能高達100％。
- 單一線形反轉型態屬於最可靠的型態之一。
- 複雜型態的發生頻率較低。
- 訊號精確性的評估，是考慮所有情況，但樞紐價位發生的型態較重要。
- 50％的訊號成功率並不代表一半／一半的機會。
- 線形實體透露人氣心理，影線顯示價格波動程度。
- 跳空缺口代表人氣突然變動；缺口塡補程式則代表缺口的重要性。
- 價格逼近樞紐區域的走勢，往往會透露交易者的心理狀況。
- 線形的盤中走勢，往往會透露後續跟進走勢的狀況。

陰陽線家族

一旦瞭解單一線形傳遞的訊息，價格型態再也不會顯得抽象、難以理解。瞭解價格型態的含意之後，就比較容易歸納各種類似的型態。

本節內容準備幫助讀者學習和記憶陰陽線型態。本書前文已經詳細講解陰陽線型態的定義，所以本節只準備討論型態的說明圖例和參考，並做比較。多數型態的結構都具有某種程度的彈性，所以需要相當多的圖例才能涵蓋完整的可能性。請注意，如果讀者需要型態條件或細節資料，請參考本書前文。

分門別類地學習陰陽線型態，就如同辨識家族成員一樣。某個大家族的成員如果分散在群眾之中，辨識起來恐怕有困難。可是，如果這些成員站在一起，並且按照家族關係排列，那就相當容易辨識了。

就如同一般家族的成員一樣，陰陽線可以先經過分門別類，然後做學習。某些型態彼此之間可能是直系或旁系血親。旁系親戚的成員看起來或許有些奇怪，但實際上還是符合型態條件；所以，根據家族關係來學習，陰陽線型態比較容易記憶。

陰陽線型態有著嚴格的定義，有些線形排列與特定價格型態很類似；對於這些「非常類似」的線形排列，日本人沒有給予特定名稱。當我們碰到這些並不完全符合某型態定義的類似線形排列時，只要憑藉經驗和普通常識，應該不難掌握相關排列傳遞的訊息。

前文已經討論「猶豫不決」的線形訊號，其特色是線形實體很小，影線長度則反映行情波動程度。這類線形有些有專門名稱，有些則否，但傳遞的訊息大致相同。

單一線形的型態，多數都沒有名稱，但這並不會改變其所傳遞的訊息。判斷某線形是否是眞正的鎚子，或只是接近鎚子的其他無名線形，這方面的差異在實務運用上，並沒有太大意義（請參考圖10-48）。類似如鎚子和星形十字等標準的「猶豫不決」型態，它們被賦予專有名稱是有道理的，其重要程度可能超過其他沒有名稱的類似線形，但又怎麼樣呢？碰到鼬鼠攻擊時，不論是東方或西方斑點鼬鼠，結果都沒有太大差別。

圖10-48

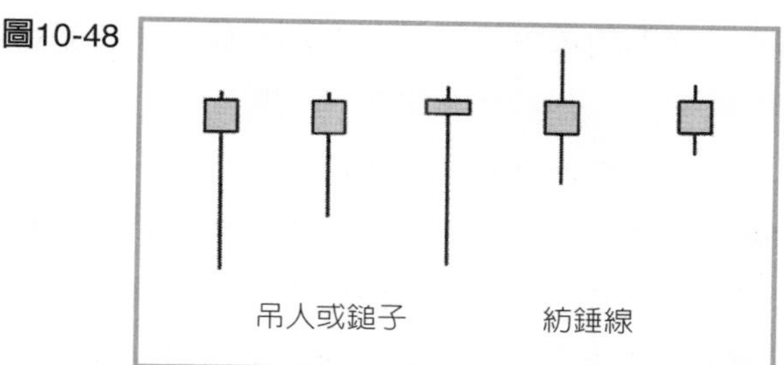

單一線形的家族

家族關係的最明顯例子，可能太過微妙而不容易辨識。這是多頭實線和空頭實線之間的過渡。這個家族的兩端，分別是高聳的實線。日文的實線（Marubozu）是指和尚坐在蓮座上（請參考圖10-49）。由背後觀察，和尚很平穩地坐在蓮座，頭部很平滑。

圖10-49

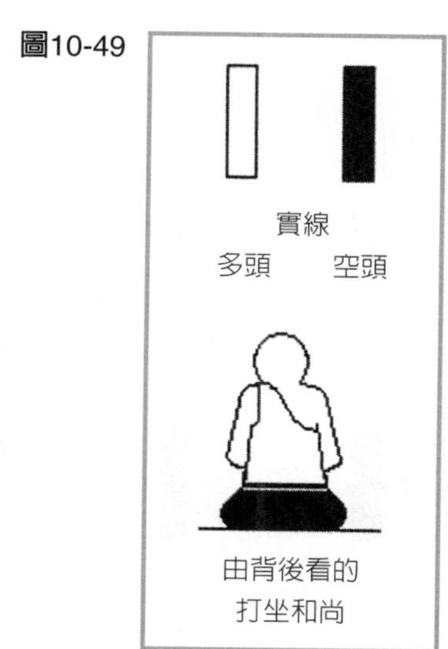

實線是最強勁的單支線形，或是顯著偏多，或是顯著偏空。線形沒有影線，代表市場看法有明確的共識。

影線代表的意義或許有些令人困惑，但擺在適當的架構上解釋，訊息就很清楚了。舉例來說，眞正強勁的多頭實線，沒有任何影線。這類的紅色實線如果出現上影線，就稱爲「開盤實線」（換言之，線形開盤端沒有影線）紅色實線如果出現下影線，則稱爲「收盤實線」（線形收盤端沒有影線）。影線出現在哪一端，線形傳遞的訊息強度也有差異，尤其是在樞紐價位（請參考圖10-50）。紅色實線出現下影線，代表盤中出現賣壓，但最終憑藉強勁買氣而價格收在最高檔。反之，紅色實線如果出現上影線，代表價格一度顯著走高，但上檔賣壓強勁，價格最終並沒有收在最高價。收盤價的重要性超過開盤價，所以臨收盤的走勢，其重要性勝於開盤或盤中走勢。

圖10-50

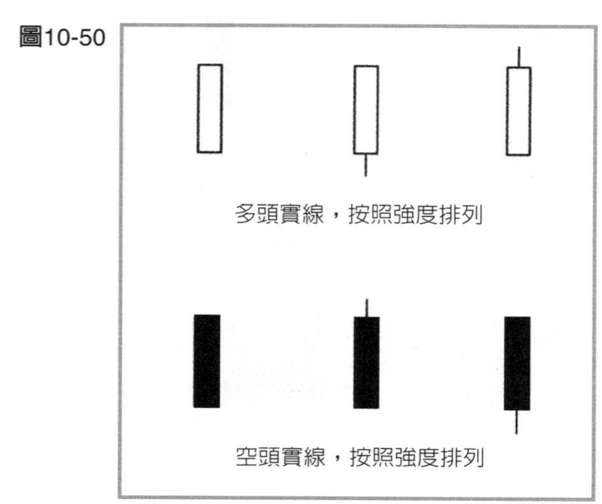

不少陰陽線型態涉及實線，譬如：執帶、頸上線、頸內線、隔離線、反撲，以及幾種鑷子型態（請參考圖10-51）。

多頭實線到空頭實線之間的轉移、過渡，就如同行走於兩座山峰之間，有很多上坡和下坡的路徑，中間則是平坦的山谷。最中性、最沒有方向感的線形，莫過於四點十字線；這種線形躺在平坦的山谷。四點十字線屬於理論性線形，因爲股價開盤和收盤都位在當天的最高價和最低價，沒有任何交易發生。實際上能夠看到的最中性線形，應該是星形十字。

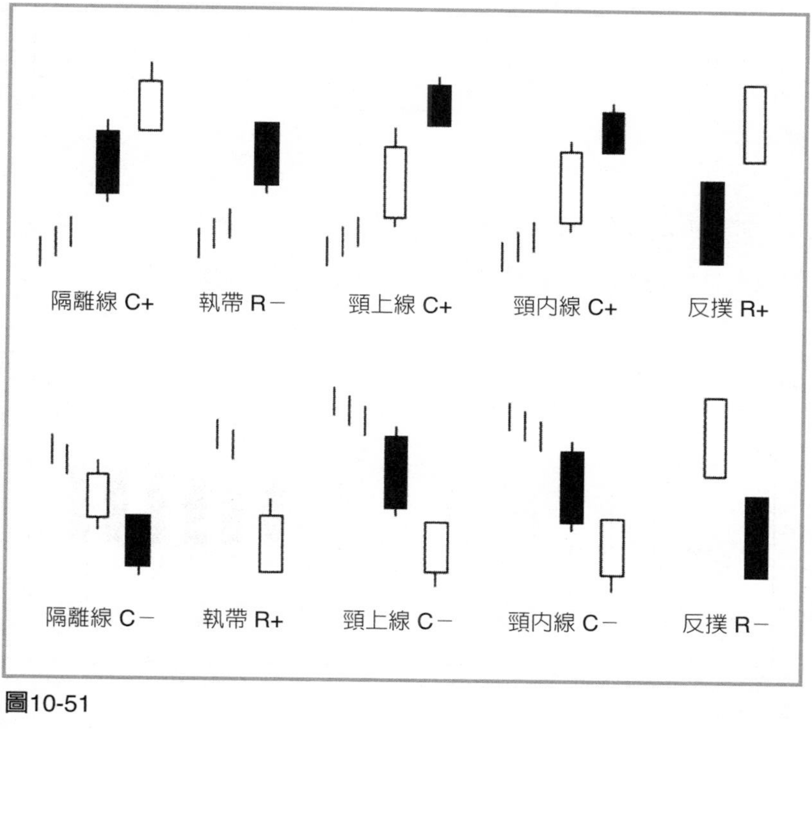

隔離線 C+ 執帶 R－ 頸上線 C+ 頸內線 C+ 反撲 R+

隔離線 C－ 執帶 R+ 頸上線 C－ 頸內線 C－ 反撲 R－

圖10-51

任何陰陽線都屬於這個家族；由此角度做觀察，有助於我們瞭解單支線形傳遞的訊息。由多頭實線開始，該線形顯示的市場共識非常明確，然後增添影線或縮短實體長度，使得共識慢慢產生分歧，價格波動愈來愈劇烈，最終演變爲星形十字（請參考圖10-52）。

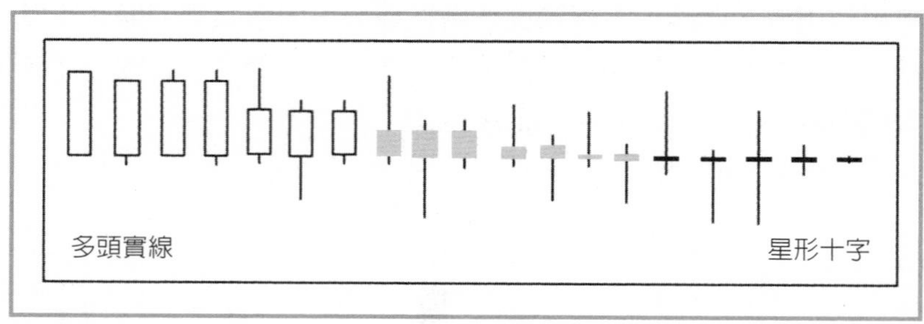

圖10-52

越過中心點之後，線形實體又開始變大，實體爲黑色，影線的重要性慢慢減少，最終成爲空頭實線（請參考圖10-53）。

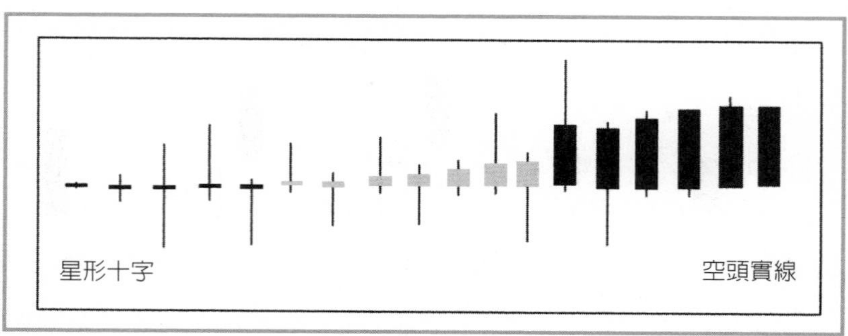

圖10-53

實體大小：多大才算大？

關於實體的長度，日本人有所謂的長線形、短線形和正常線形，這些名詞雖然都有定義，但一般運用上只需要仰賴普通常識就夠了。回顧最近幾天的線形，應該不難判斷目前線形實體究竟是相對長、相對短或是一般。所謂「小」，就是很小的意思，甚至可以是十字線。

實體顏色

實體如果很長，線形顏色就很重要。隨著實體長度變短，所代表的市場共識也轉弱，線形顏色的重要性也跟著降低。實體如果很小，線形顏色幾乎完全不重要。

影線代表行情波動程度，讓單支線形透露猶豫不決、缺乏方向感的狀況。影線扮演重要角色的單一線形有很多，有些有名稱，有些沒有，但傳達的訊息在性質上都相同（請參考圖10-54）。這類線形有各種變形，但名稱與線形顏色都不重要。

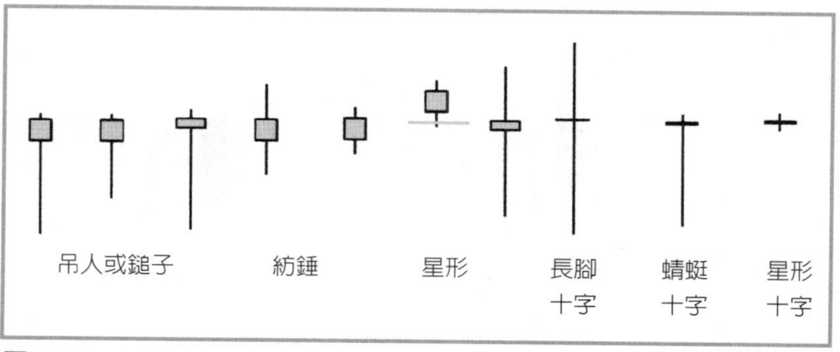

圖10-54

對於成績爲A的學生來說，分數差個1、2點，可能會或不會讓A變成B。陰陽線型態也有類似的情況。某些反轉型態和連續型態的結構很類似，些微的線形變化，很可能就讓反轉型態變成連續型態，反之亦然。譬如說，戳入線＋和貫穿線就是很典型的例子（同理，貫穿線－和烏雲罩頂），請參考圖10-55。戳入線（連續型態）和貫穿線（反轉型態）之間的差別，只在於第2天黑線收盤價有或沒有穿越第1天線形實體的中心點；兩者之間的差別或許很小，但200多年的經驗顯示，這方面的些許差異很重要。可是，看看訊號的平均成功百分率，型態差異的重要性似乎又變模糊了。

圖10-55

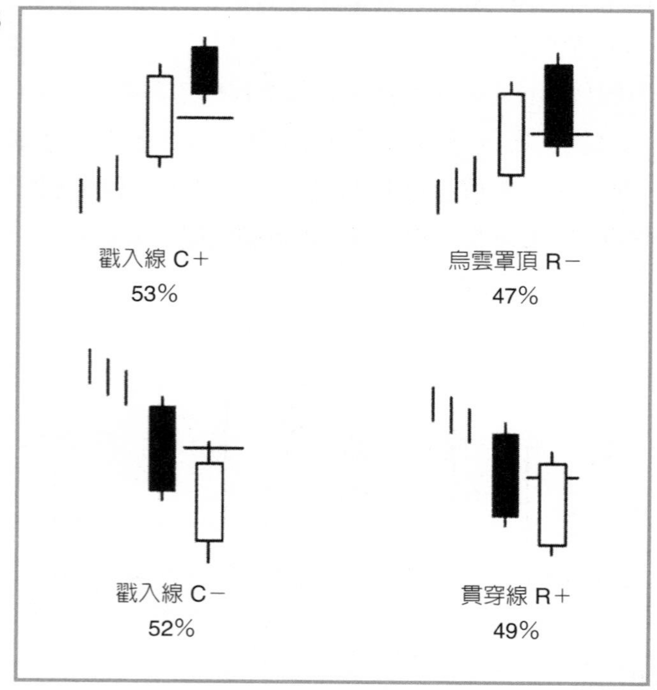

陰陽線方面的教科書通常都不會把圖10-55顯示的4種型態擺在一起做比較；可是，實際上應該這麼做，這可觀察連續與反轉型態之間的過渡。

戳入線－和戳入線＋屬於顛倒型態，但兩者都屬於連續排列。一般來說，把大石頭滾下坡，總是比滾上坡容易。所以，這兩種型態雖然完全對稱，但發生在壓力區的戳入線－不太可能成功。

確認

確認（confirmation）是型態定義的條件之一。有些型態需要確認，有些型態不需要。確認程式顯示型態完成之後將會發生預期結果的可能性。猶豫不決或顯示市場高度不確定的型態，當然不需要經過確認；唯有反轉或連續型態才有確認的必要。

不同陰陽線型態的確認必要程度往往不同。想要瞭解各種型態經由確認的不同必要程度，我們可以考慮型態的簡化線形（型態合併的單一線形）。

陰陽線型態的簡化線形

多年前，葛雷・莫里斯解釋如何把2、3支線形構成的排列，簡化爲單一線形，然後判斷其傳遞訊息。本書稍早已經談過這方面的資料，此處希望藉由外側日和內側日型態進一步做比較。

外側日

外側日（outside day）是相當常見的多頭吞噬型態：在下降趨

勢發展過程，首先出現一支順勢黑線，然後出現一支長紅線，其實體完全吃掉前一天的線形實體。簡化線形的開盤價是取型態第1支線形的開盤價，簡化線形的收盤價是取型態最後一支線形的收盤價，簡化線形的最高價和最低價，則是分別取整個型態的最高價和最低價。多頭吞噬型態展現多、空力量的激烈變動，但整個型態的簡化線形則可能呈現高度不確定的鎚子，乃至於下影線很長的蜻蜓十字線，請參考圖10-56。

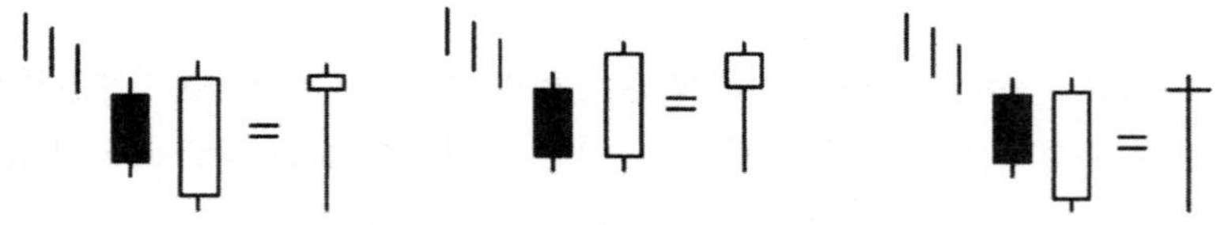

多頭吞噬型態與其簡化線形的各種可能

圖10-56

此處傳遞的訊號很明確，因爲型態結構沒有太大彈性。下檔的賣壓很快就消失了。強勁的買盤阻止價格繼續下跌，這種型態如果發生在重要支撐區，意義更顯著。型態完成之後，隔天線形（第3支線形）收盤價如果高於吞噬型態第2支線形收盤價，簡化線形的不確定將雲消霧散，代表強勁的多頭反轉訊號（請參考圖10-57）。如果同時考慮3支線形，則稱爲外側三日上升型態；這個型態名稱很恰當：「外側」是因爲第2支線形爲外側日，「三日」代表型態是由三支線形構成，「上升」代表既有下降趨勢反轉爲「上升」趨勢。

圖10-57

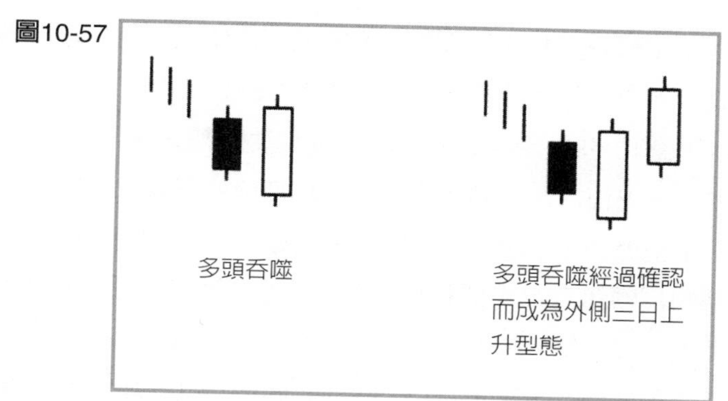

所以，確認可以做爲非常有用的比較工具。吞噬和母子是由2支線形構成的最常見反轉排列。*母子型態*需要經過確認，吞噬排列則不需要，因爲*母子型態*呈現高度不確定，吞噬型態傳遞的訊息很明確。結論雖然正確，但理由未必很明顯。分析與比較型態的簡化線形，或許可以看到更深沈、更複雜的理由。

內側日

*母子型態*是典型的內側日排列。首先是順著既有趨勢方向出現一支實體很長的線形，隔天出現一支實體相對小的線形，第2支線形實體完全被第1支線形實體吃掉。請注意，型態構成的兩支線形，其實體的某一端可以相等，但不可兩端都相等。另外，兩支線形的顏色沒有硬性規定，但顏色最好相反。多頭和空頭*母子型態*的簡化線形彈性很大，由影線很長的十字線，到長實體的紅線或黑線都有可能。*母子型態*有著各式各樣的變形，情況不同於吞噬型態，所以該排列也傳遞各種不同訊息。

實際比較吞噬和母子型態，就不難明白母子型態爲何需要經過確認；如果沒有經過確認，母子型態傳遞的訊號，可能性實在太廣泛。圖10-58顯示空頭母子和吞噬型態的簡化線形。母子型態最起碼要三支線形才能判斷訊號，吞噬型態的訊號出現在第2天。

母子型態的第2支線形實體很短，既有漲勢沒有繼續發展，但所傳遞的反轉訊息，可能程度顯然不如空頭吞噬。對於空頭母子型態來說，經過第3支線形的確認，影響很大。確認線形是黑線，開盤價位在第1支線形的內部，收盤價則低於第1支線形的開盤價。

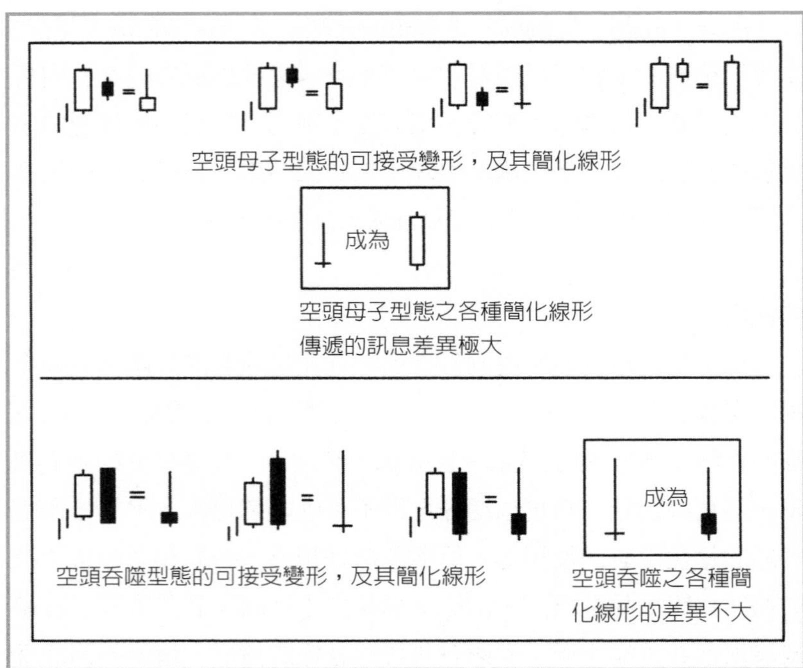

圖10-58

如此一來，空頭母子型態第2支線形和第3支確認線形可以合併，這支合併（簡化）線形就如同空頭吞噬型態的第2支線形。所以，經過確認的空頭母子型態和空頭吞噬型態傳遞的訊息應該類似，但型態由三支線形構成，多少會讓訊號強度變弱（請參考圖10-59）。經過確認的母子型態有個新名稱「內困三日翻黑」，名稱雖然奇怪，但很合理：「三日」是指型態由三支線形構成，「內困」是指第2支線形爲內側日，「翻黑」是指既有上升趨勢向下反轉。

形成當天線形的盤中走勢，本章稍早已經討論。對於同一支線形，各種盤中走勢所傳遞的訊息也各自不同。這種情況很類似反轉型態，也說明了某些型態爲何需要經過確認來強化訊號。

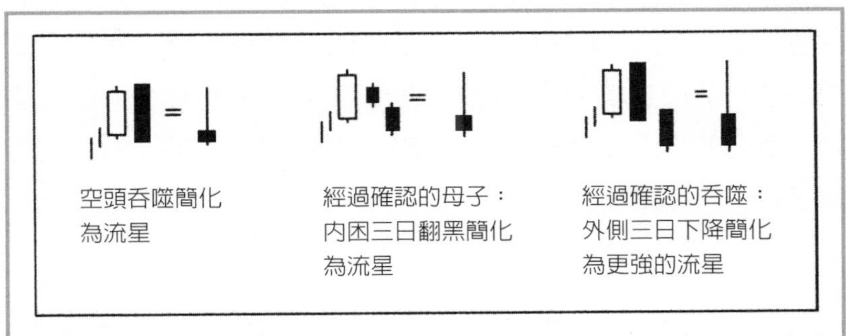

圖10-59

逼近和跟進

很多陰陽線形態會闡述價格趨勢如何逼近支撐／壓力區。稍早，我們把這種程式比喻爲教練看著球隊進入季後賽。價格型態可能顯示趨勢將反轉、連續發展或缺乏明確方向（猶豫不決），而且多數型態都存在著對應的顚倒型態，兩者傳遞的訊息剛好相反。型態逼近支撐／壓力的程式，大體上可以劃分為五種。第一和第五種分別代表強勁的反轉和連續走勢；第二和第三種代表反轉走勢，第四種則多數屬於連續走勢。每種類別內的型態數量和分配狀況反映一項事實：陰陽線排列大多屬於反轉型態。由於反轉型態大多發生在支撐／壓力區域（不論交易察覺與否），如果事先知道可能的樞紐價位區域（判讀走勢圖），可以讓交易者觀察價格型態如何逼近，並做適當的評估。

我想藉由籃球的五種術語來稱呼這五種類別：「攔截」、「失誤」、「回場」、「假動作」和「快攻」，反映價格型態逼近支撐／壓力區域展現的行為（請參考圖10-60），我稍後會詳細解釋。關鍵在於價格型態的發生位置，解釋型態傳遞的訊息。線形或許不完美，但它們試著傳遞訊息，所以使用者要想辦法判讀訊息，試著瞭解可能的意涵。敲門的人可能是大野狼，也可能是星探愛德·麥克馬洪（Ed McMahon，電視名主持人）。可是，有一點是確定的：有人敲門。

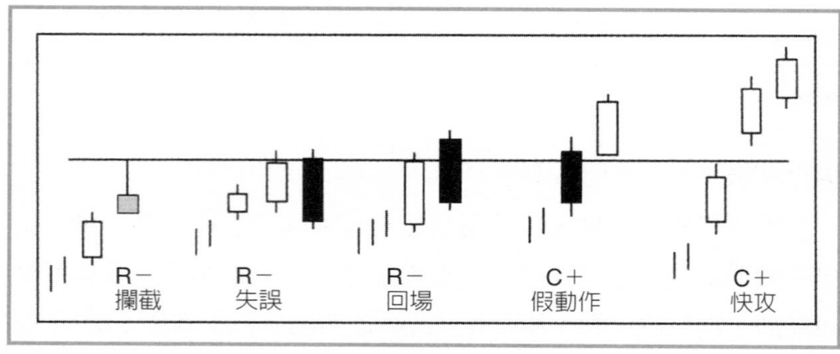

圖10-60

攔截

攔截會讓士氣突然轉移到對方。展現這種性質的價格型態，代表價格逼近樞紐價位時，市場人氣會產生激烈變化。一般價格曲線圖可能沒有辦法充分表達這種狀況，因爲價格似乎沒有到達樞紐區域（請參考圖10-61）。這個時候出現的陰陽線，通常會有顯著的影線伸向樞紐區域，但最終朝相反方向收盤。交易者如果期待價格穿越樞紐區域，面對這類的價格型態，通常會覺得失望。

圖10-61

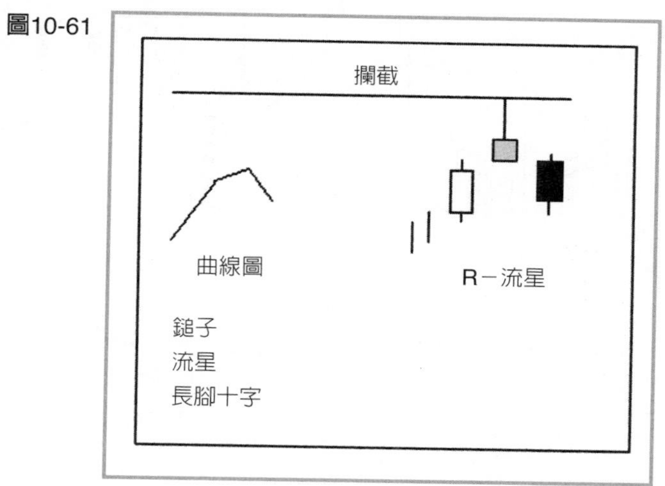

只有那些知道支撐／壓力區域的人，才能藉由追蹤性停止單掌握這種「飛車射擊」的機會。如果走勢發生在盤中，很多交易者都會錯過機會。雖說如此，由事後角度觀察，將可發現這些影線很長的線形確實傳達了精確訊息：「嘿！我們已經被迫停止了，但沒有人可以到家。實在不妙。」

如果造市者誤算開盤價的話，往往會有朝支撐／壓力區發展的顯著開盤跳空缺口（請參考圖10-62）。這種價格波動劇烈的行情，一旦塵埃落定之後，人們就會懷疑相關新聞的處理方式是否正確，賣壓通常會持續發展。

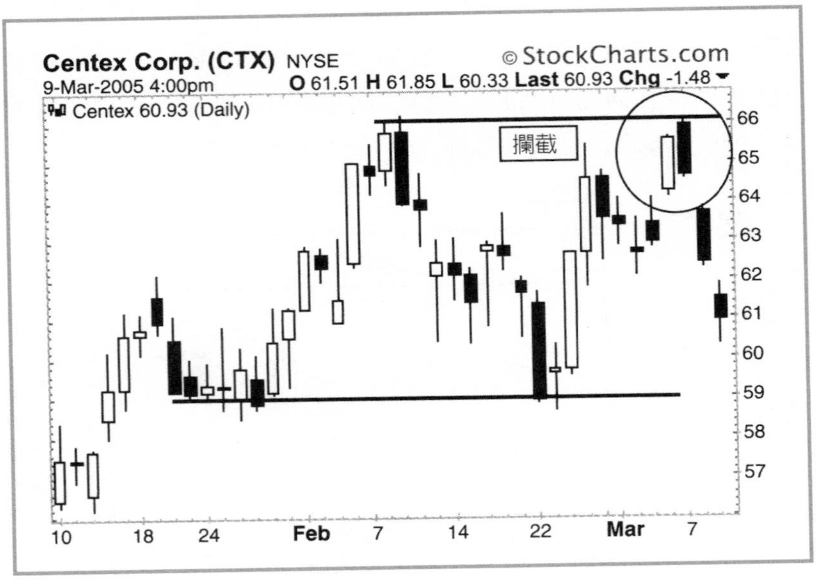

圖10-62

失誤

失誤會把控球權交給對方。多數失誤是因爲犯規，由裁判把球交給對方。這類價格型態到達樞紐區域，然後趨勢發生反轉，完全沒有模稜兩可或含糊的現象（請參考圖10-63和10-64）。這類型態的構成排列最多，價格走勢通常會停頓，然後明確地反轉。「失誤」型態包括1支線形到5支線形的排列，運用上相對單純，這類走勢逼近樞紐點，然後致意，趨勢跟著就反轉。

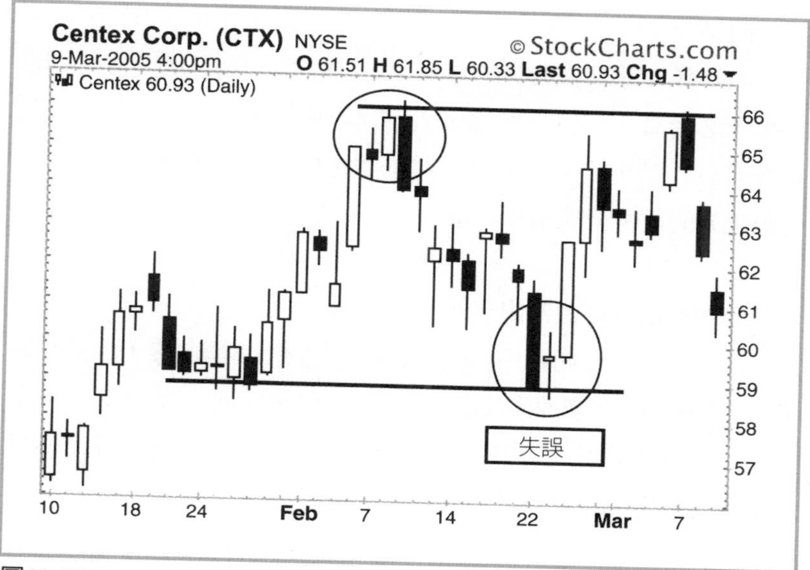

圖10-63

圖10-64 失誤型態

R+	十字星形+	R+	母子+	R+	三明治+
R−	十字星形−	R−	母子−	R−	三明治−
R−	單烏鴉−	R+	內困三日翻紅+	R+	閨中乳燕+
R+	單白兵+	R−	內困三日翻黑−	R+	獨特三河底+
R−	鷹撲−	R+	低價配+	R−	獨特三峰頂−
R+	乳鴿歸巢+	R−	高價配−	R−	北方三星−
R+	步步為營+	R+	梯底+	R+	南方三星+
R−	步步為營−	R−	梯頂−		

回場

回場是在球進入對方的半場之後，又回到自己的半場。這個比喻未必恰當，但還是顯示了價格穿越樞紐點，然後折回。突破走勢頗有「開玩笑」的味道。這雖然包括少數幾種連續型態，但多數越界的反轉型態都屬於這類。

第四和第五類經常出現跳空缺口

回場型態也可能藉由很長的影線「越界」(換言之，流星和鎚子之類的排列)，就像馬前探子一樣。價格在盤中穿越支撐／壓力，收盤價卻折返（請參考圖10-65和10-66）。有些陰陽線型態可以同時歸類到失誤和回場。

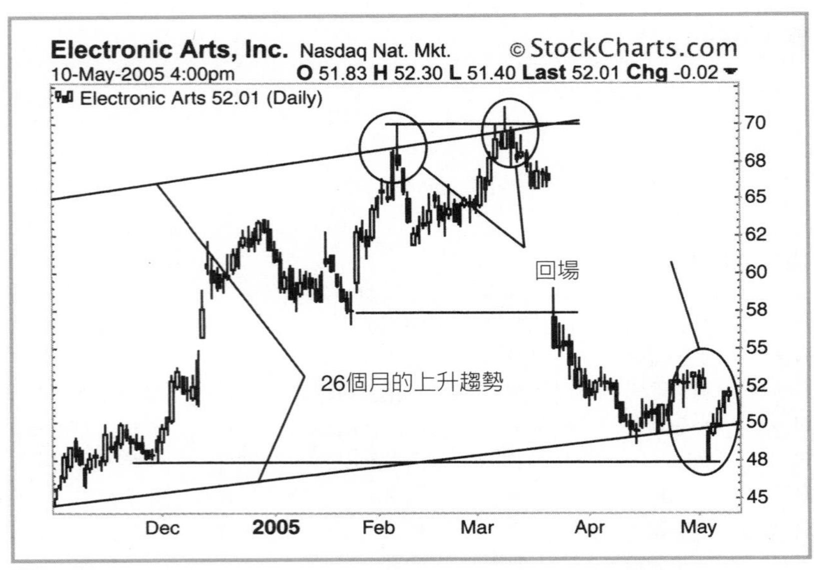

圖10-65

圖10-66 回場

R＋	三星＋	R－	雙鴉躍空－	R－	雙鴉躍空－
R－	三星－	R＋	雙兔跳空＋	R＋	雙兔跳空＋
R－	雙鴉－	R－	烏雲罩頂－	R＋	吞噬＋
R＋	雙兔＋	R＋	貫穿線＋	R－	吞噬－
R－	夜星－	R＋	星形十字＋	C＋	起跑＋
R＋	晨星＋	R－	星形十字－	C－	起跑－
R＋	遭遇線＋	R＋	外側三日上升＋		
R－	遭遇線－	R－	外側三日下降－		

假動作

好的射手會藉由假動作來掩護自己的意圖，欺騙對手。這類排列包括一些連續型態，它們先呈現相當逼眞的反轉走勢，最終卻朝著既有趨勢方向進行突破。交易者通常會因爲先前的反轉走勢而出場，結果只能空手望著既有趨勢持續發展。問題不在於停損單遭到引發；問題是交易者只能怨天尤人，聽任正常的行情持續發展（請參考圖10-67）。如果預先知道這種情況可能發生，而且清楚當時的狀況如何，就能夠協助交易者正確地處理部位。

假動作往往很逼眞，交易者應該要知道最初的反轉走勢可能持續，也可能很快終止，所以要在這種架構下處理交易。如果反轉走勢持續進行，代表他們持有正確部位；如果反轉走勢又反轉回到既有趨勢方向，交易者的部位也應該跟著反轉，不該停損而在場外怨天尤人。

這類型態需要特別注意，因爲排列涵蓋好幾天的線形，所傳遞的訊號可能讓人覺得困惑。掌握這類型態，可以避免因爲反轉

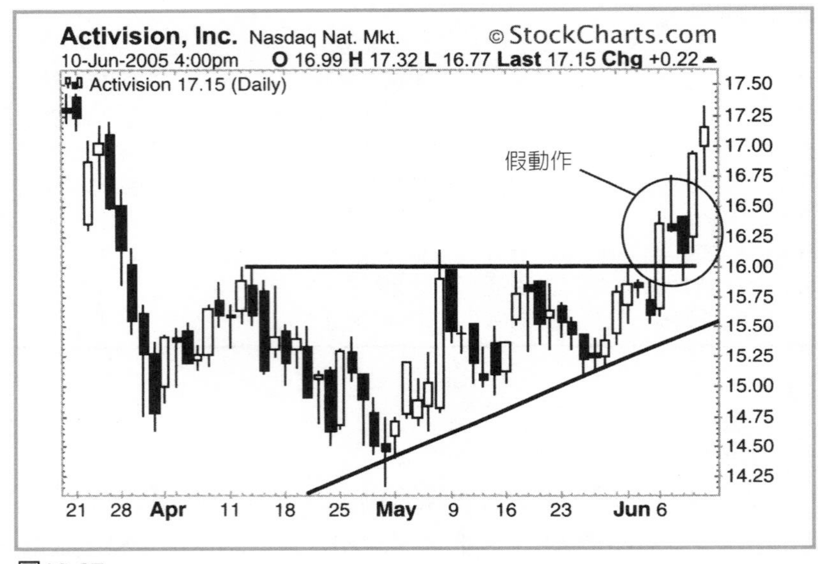

圖10-67

走勢失敗、既有趨勢恢復而導致部位反覆。這類型態的走勢呈現英文字母N的軌跡，首先是既有趨勢朝支撐／壓力逼近，然後出現假動作的折返，緊跟著又恢復既有趨勢方向而突破支撐／壓力。這類型態也經常出現強勁的跳空缺口（請參考圖10-68）。

圖10-68 假動作型態

C−	下肩帶缺口−	C＋	隔離線＋
C＋	上肩帶缺口＋	C−	隔離線−
C＋	執墊＋	C＋	三線反擊＋
C−	執墊−	C−	三線反擊−
C−	下降三法−	C＋	向上跳空三法＋
C＋	上升三法＋	C−	向下跳空三法−

快攻

最後一類屬於快攻類型，這類走勢會趁著當時的動能而快速穿越支撐／壓力（請參考圖10-69）。

這類型態的數量並不多，因為直接穿越樞紐區域的強勁長線形很明顯，不需要特有名稱，短期內沒有被塡補的跳空缺口也很罕見。唯有那些顯得猶豫而最終持續發展的缺口才有名稱（請參考圖10-70）。

第一類和第五類的型態數量較少，意味著市場參與者多數知道支撐／壓力水準。市場參與者在達成共識之前，通常會出現一些鬥爭，支撐／壓力區域的鬥爭可能很快就有結果，也可能要經

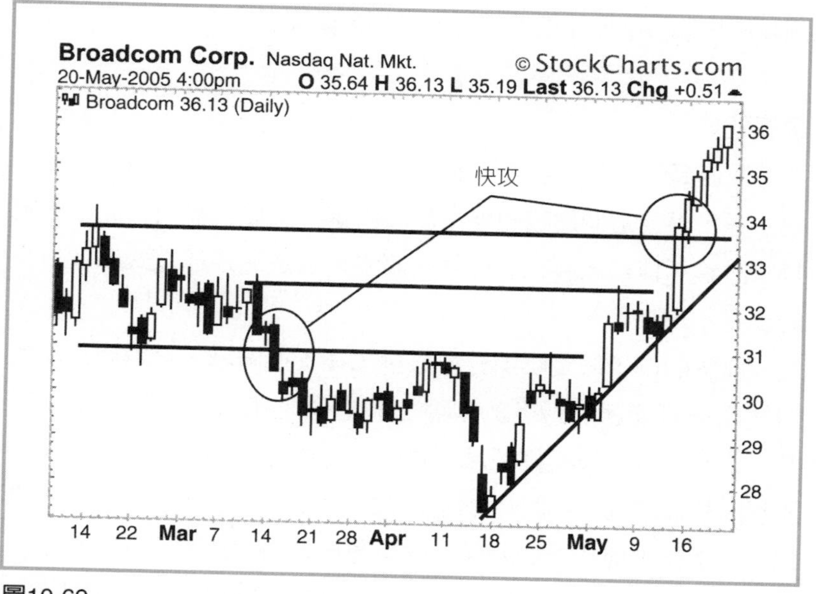

圖10-69

圖10-70 快攻

C＋	並肩黑線＋	重大突破
C－	並肩黑線－	藉由未經填補的缺口穿越
C＋	並肩白線＋	支撐或壓力
C－	並肩白線－	線形

過一番激烈戰鬥。第一類和第五類的價格型態屬於例外。對於第一類型態來說，既有趨勢的一方，參與者的態度太過於「膽怯」，所以很快就放棄對抗。對於第五類型態而言，既有趨勢的一方，氣勢非常強勁，使得對手幾乎沒有抵抗的意圖。可是，多數情況下（換言之，也就是第二類、第三類和第四類型態），市場參與者想在價格樞紐區域達成共識，通常都需要經過一番鬥爭。

家族延伸

家族延伸可以由許多次級類別構成：表或堂兄弟姊妹、嬸姑姨、孫…等。這個比喻也適用於陰陽線。由於篇幅的緣故，此處無法討論每種家族關係；可是，讀者可以透過這種方式做進一步的研究。

此處的例子假定陰陽線型態發生在支撐區域，透過修正族譜樹狀圖儘可能處理最多的型態。我們假定市場當時呈現下降趨勢，走勢逼近下檔支撐區域。雖然不可能像人類學家使用的眞正流程圖那般精確，但圖10-71已經能夠相當不錯呈現概況，讀者可以自行增添其他額外的關係。這份圖形是由左往右發展，從中央部分開始，首先是母子反轉型態R＋，最後結束於外側三日上升R

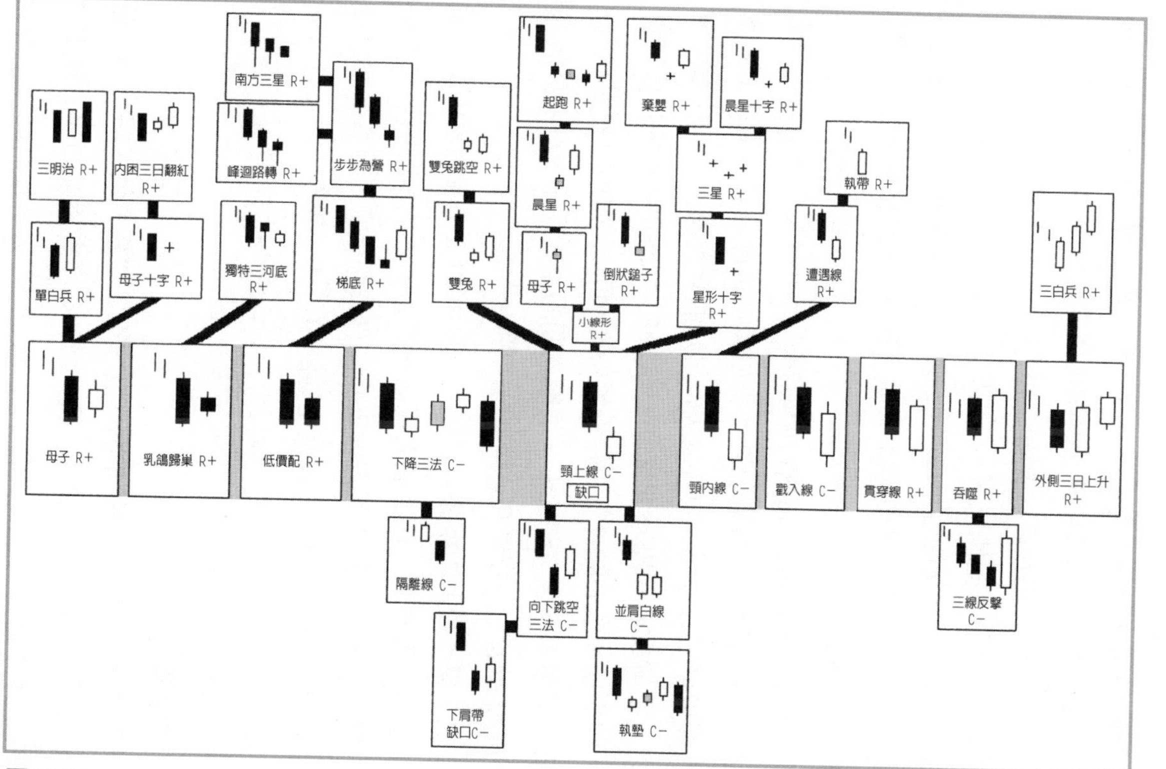
南方三星 R+
起跑 R+
棄嬰 R+
晨星十字 R+
三明治 R+
內困三日翻紅 R+
峰迴路轉 R+
步步為營 R+
雙兔跳空 R+
晨星 R+
三星 R+
執帶 R+
單白兵 R+
母子十字 R+
獨特三河底 R+
梯底 R+
雙兔 R+
母子 R+
倒狀鎚子 R+
星形十字 R+
遭遇線 R+
三白兵 R+
小線形 R+
母子 R+
乳鴿歸巢 R+
低價配 R+
下降三法 C−
頸上線 C−
缺口
頸內線 C−
戳入線 C−
貫穿線 R+
吞噬 R+
外側三日上升 R+
隔離線 C−
向下跳空三法 C−
並肩白線 C−
三線反擊 C−
下肩帶缺口C−
執墊 C−

圖10-71

＋。有點像前文討論走勢逼近支撐／壓力的五種程式，但此處列舉的相關型態包括趨勢反轉和連續排列。對於中心線的型態（方格相對最大者），由左往右慢慢呈現變形，至於相關的型態（如果有的話）則往上下兩側分岔，分別標示爲R＋（多頭反轉）和C－（空頭連續）。由於篇幅的限制，此處沒有列舉某些型態（譬如預測精確程度較低者）。有關個別型態的資料和摘要圖例，請參考葛雷．莫里斯的分析。

這份圖形的功用，是讓我們能夠一目了然地看到相關的價格型態。乍看之下雖然有點混亂，不過還是值得研究。事實上，多數人都可以由這份圖形中獲益，一份好的解說圖，往往勝過反覆研究文字解說。花點時間琢磨，熟悉各種型態的名稱與結構之後，圖形所顯示的關係就會慢慢變得鮮明。每個類別或族群都會變成建構積木。很多情況下，型態之間的差異很小，但些許的差異有時候就會造成反轉和連續型態之間的差別。

很多單一線形的型態沒有顯示在圖10-71，不過圖形內還是顯示了其他相關型態，因此讀者應該不難判斷這些遺漏的型態應該擺在哪裡。舉例來說，圖形內雖然沒有長腳十字，但該型態只是鎚子和倒狀鎚子的變形。這些型態的特色都是猶豫不決、行情波動強烈；長腳十字只不過是程度更強烈一些。

堂表關係

觀察不同型態之間的相關程度、性質和相似性，將有助於瞭解和記憶價格型態。稍早，當我們討論母子和吞噬型態的確認問題時，曾經談到「堂表」關係（cousin），這是我們最經常碰到

的關係，但這種關係還可以更進一步擴大。我們鼓勵讀者試著辨識價格型態之間的關係和相關程度。換言之，這只是開始，不是結束。

缺口

請注意，缺口代表的意義不完全相同。眞正的缺口是指兩支線形之間存在沒有交易的價格區間；所謂的眞正缺口，是指線形實體和影線都沒有重疊的價格空檔。實體缺口（body gaps）是指線形實體之間沒有重疊的價格缺口（但影線重疊），開盤缺口（opening gaps）則是指開盤價跟前一天線形之間產生的缺口，但這種缺口在當天交易過程便被填補了（請參考圖10-72）。

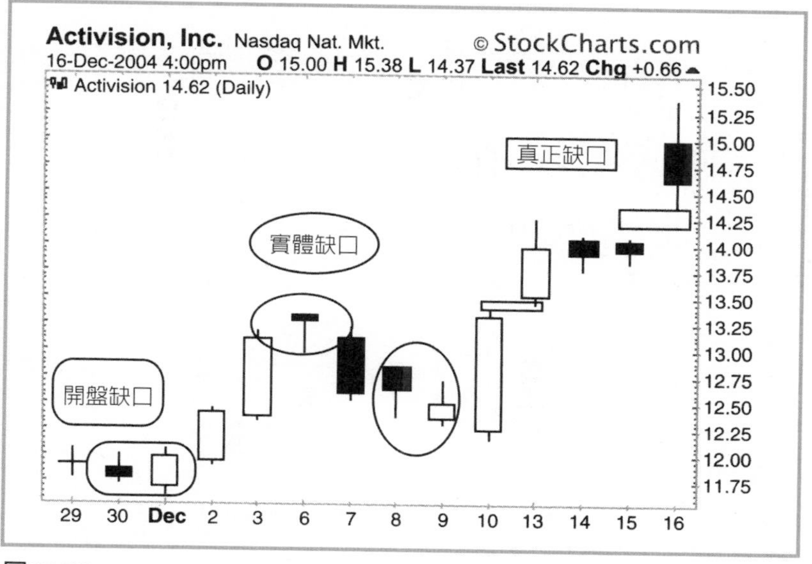

圖10-72

缺口未必發生在價格樞紐區域，但很多複雜的價格型態都摻雜著跳空缺口。

事實上，90%的缺口會在當天遭到封閉，所以眞正的缺口相當罕見。開盤跳空缺口傳遞了重要訊息，但其後續發展（缺口是否當天被塡補，影線是否重疊）將呈現缺口的實際意義。眞正的

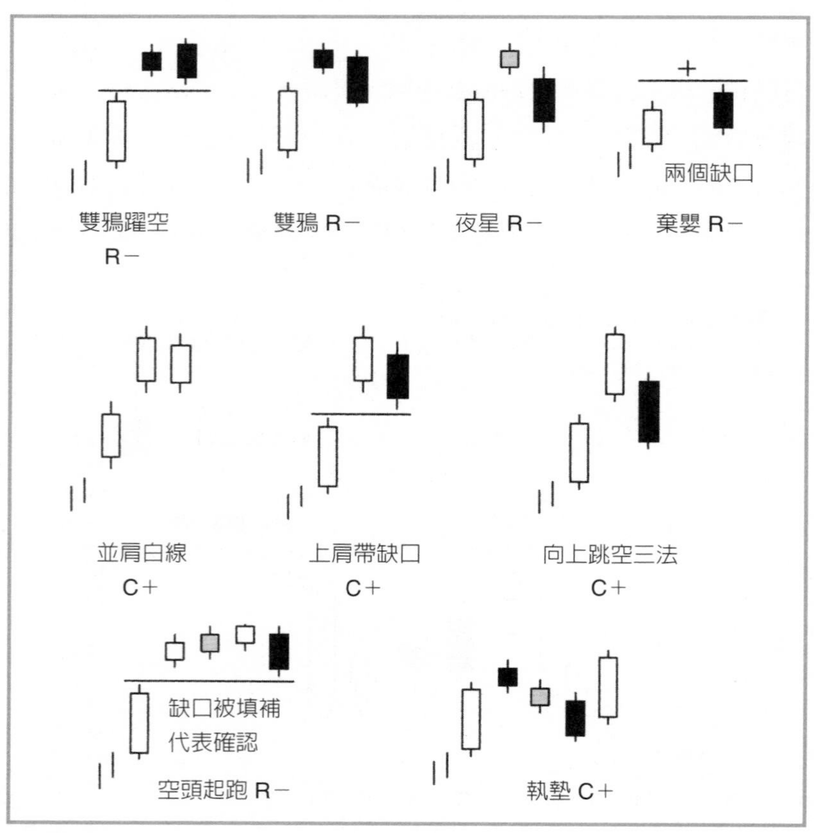

圖10-73

缺口順勢跳過重要支撐／壓力，代表連續訊號，顯示既有趨勢很可能持續發展。至於實體缺口和開盤缺口，其傳遞的訊息則不若真實缺口那般強烈，而且經常是反轉型態的構成部分（請參考圖10-73）。陰陽線缺口或是被封閉，或是保持缺口狀態。真正缺口幾乎都屬於連續型態，被填補的缺口則多數屬於反轉型態。

鑷子

一雙鑷子的兩支腳有同樣高度（請參考10-74），有幾種陰陽線型態具備鑷子的結構。實際上，鑷子比較像是一種概念，而不是型態。大體上來說，股票今天還認定昨天的價格，意味著交易者仍然記得反轉點。常理告訴我們，某個價位愈重要，就愈值得重視。

交易小技巧

鑷子經常是反轉型態的構成部分，但有一點值得特別注意。

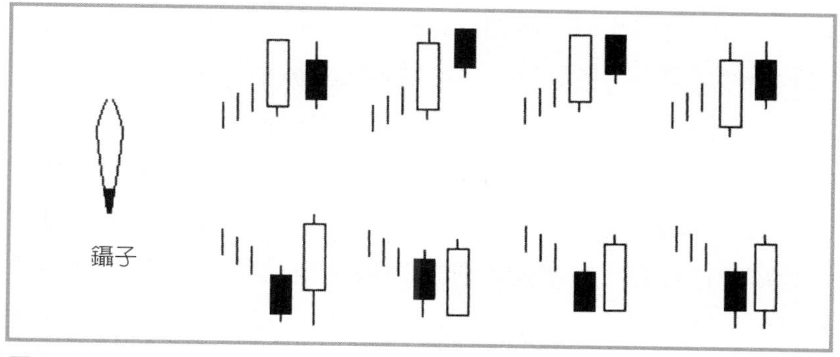

圖10-74

股票今天的開盤價，經常是昨天的收盤價。所以，這種價格排列必須擺在當時的市況架構上做判斷，就如同很多缺口並沒有太大意義一樣，很多鑷子排列也沒有意義。

讓我們看看幾種包含鑷子的價格型態，請參考圖10-75。

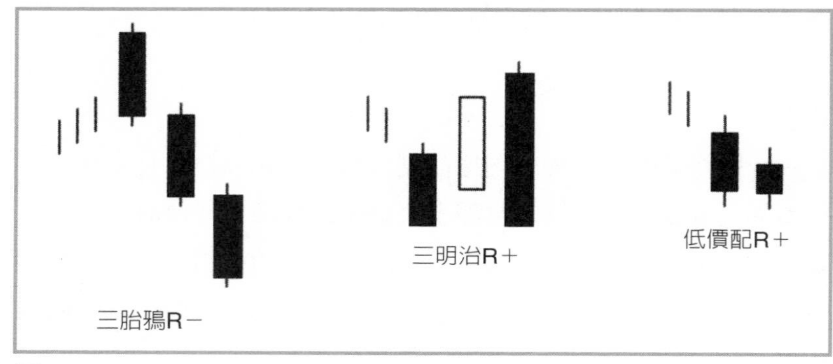

圖10-75

內側日和外側日家族

內側日和外側日屬於不同的反轉訊號，傳遞各式各樣的訊息，包括強烈反轉，乃至於不明確的猶豫，而且一旦經過確認，兩者代表的意義相同。內側日和外側日之間，存在著多種相關的過渡排列（請參考圖10-76）。同樣地，基於篇幅考量，此處只考慮多頭反轉排列；顛倒型態所傳遞的訊息剛好相反。

母子型態的內側日，傳遞猶豫不決的訊息。第一天的實體較長，反映當時的趨勢，第二天的小線形顯示猶豫不決，型態需要經過確認或反證。經過確認則成爲內困三日翻紅，經過反證則成爲下降三法。單白兵是由母子延伸出來的可能排列之一（請參考圖10-77）。

母子R＋
單白兵R＋
三明治R＋
戳入線
C－
貫穿線
R＋
吞噬R＋

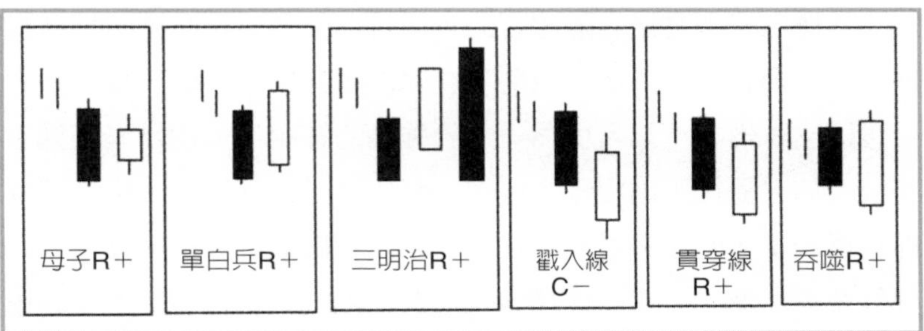

圖10-76

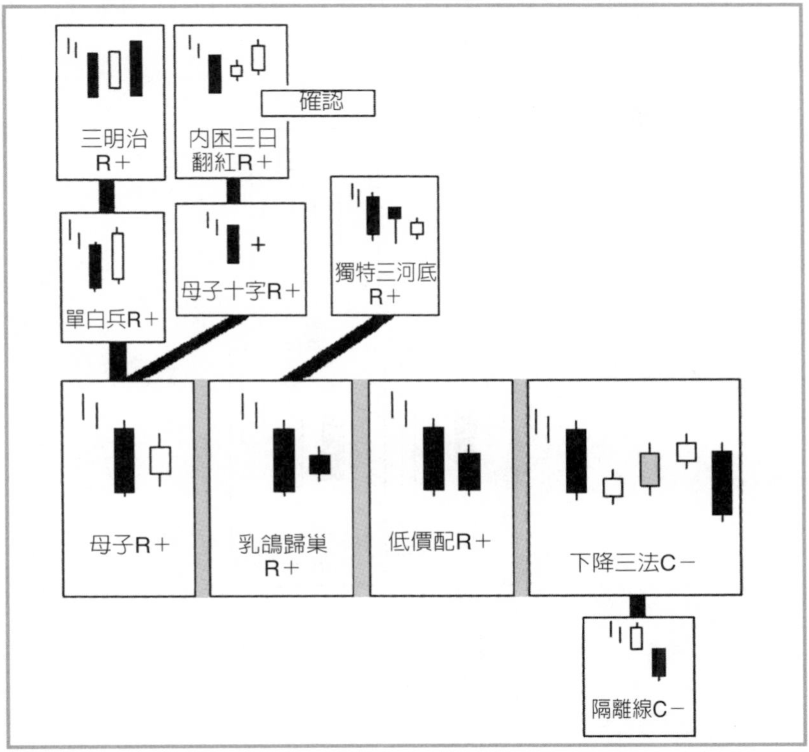

三明治
R＋
內困三日
翻紅R＋
確認
單白兵R＋
母子十字R＋
獨特三河底
R＋
母子R＋
乳鴿歸巢
R＋
低價配R＋
下降三法C－
隔離線C－

圖10-77

外側三日上升是經過確認的多頭吞噬型態，預測精確程度提高一些，簡化線形的多頭氣勢不會顯得更強勁。外側三日上升的最後兩支線形，可以合併爲一支更強勁的紅線，但還是呈現猶豫不決。如果隨後再出現一支紅線，將成爲三白兵型態，後者可以簡化爲一支多頭氣勢很強的紅線，預測精確程度又再度提高。三線反擊四天線形所簡化的線形訊號，和吞噬型態的簡化線形相同。三線反擊是由一支長紅線吃掉前面三支黑線，吞噬則是由一支長紅線吃掉前面一支黑線；這方面的差異使得吞噬型態往往演變爲連續排列而不是多頭反轉型態（請參考圖10-78）。

圖10-78

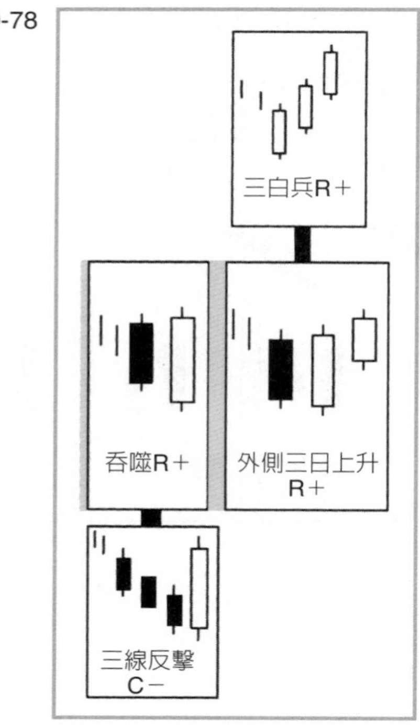

最後，圖10-79列舉一些3天到5天的複雜型態與其預測精確程度。反轉型態的數量明顯較多。請注意，很多型態都可以簡化爲鎚子排列的某種變形。

吞噬R＋46%

外側三日上升
R＋49%

三白兵R＋52%

梯底R＋53%

南方三星
R＋53%

大敵當前R＋52%

三線反擊C－52%

下降三法C－50%

獨特三河底
R＋49%

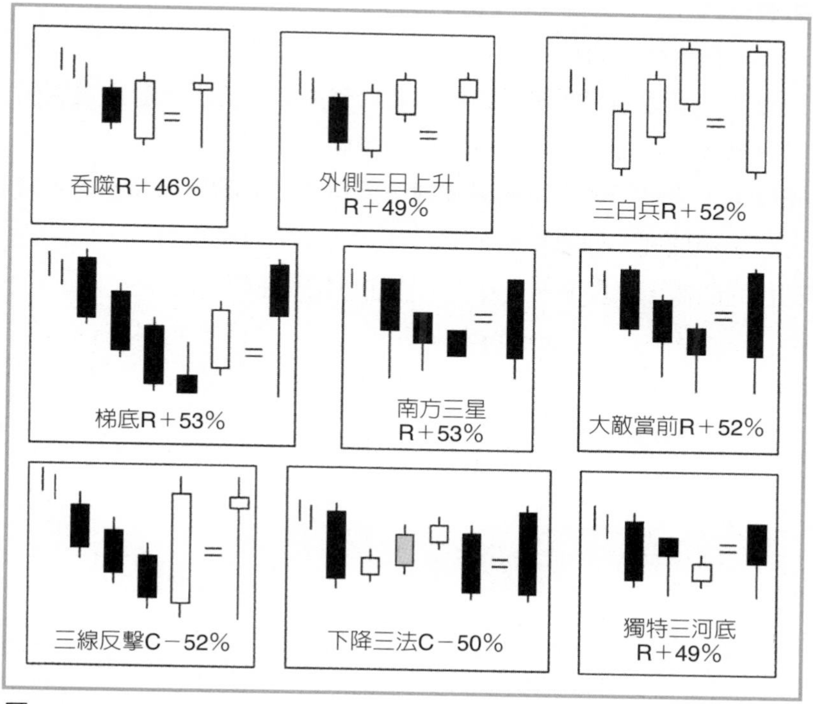

圖10-79

交易小技巧

三線反擊顯示交易者不要太相信單日的反轉走勢，但型態如果發生在支撐區，則應該考慮結束空頭部位，甚至準備開始建立多頭部位。瞭解型態的結構，然後等待行情重新測試支撐。碰到最糟的情況，交易者可以在上升過程加碼，萬一支撐遭到跌破，則轉換爲空頭部位。

摘要結論

價格走勢圖使得原本陰暗的交易得以綻放光明，日本陰陽線則更進一步透過型態辨識而展示市場參與者的心理狀態，更開拓了交易者的視野。可是，剛開始的時候，想要瞭解或有效運用陰陽線，不只是記憶專有名稱或搜尋幾種「好」的排列而已。不管在哪個領域裡，想要登堂入室，都需要非常認眞學習，才能踏過初步的門檻。事實上，登堂入室往往只是眞正學習的開始。

第11章

結　論

成功分析股票和期貨市場的行情，顯然不是一件簡單的事。可是，很多投資人或交易者所做的準備，往往就像參加一場牌局一樣。我們首先要瞭解市場的運作方式，然後才學習各種可能的分析方法或因應之道，譬如：基本分析或技術分析。就技術分析來說，這個領域涵蓋多種技巧，日本陰陽線只是其中之一。

本書不斷強調，陰陽線分析應該配合其他分析方法使用。可是，請注意，方法如果太多的話，往往只會徒增混淆和困擾——這項警告聽起來或許有些矛盾。不妨這麼說吧，如果你只有一只手錶，永遠都知道時間，如果有兩只手錶的話，恐怕就再也不知道明確的時間了。

讓我斬釘截鐵地告訴各位，陰陽線型態分析絕對要和其他確認技巧配合使用，譬如第9章提到的濾網，以及萊恩・李奇費爾特在第10章談到有關支撐／壓力的分析。

前文談到，陰陽線型態分析有助於其他技術指標的使用和時效拿捏。過濾陰陽線型態的使用績效，大體上優於一般技術指標或陰陽線型態本身。結合幾種技術指標或分析技巧的處理方法並不新穎；事實上，成功交易者大多都採用這種處理方式。把陰陽線型態分析納入交易工具箱，絕對可以提升操作績效。

本書藉由700多萬個交易日的資料檢定陰陽線型態，型態的平均成功率介於64％到41％之間，只有5種型態的成功率超過59％。成功率爲58％的型態，是否已經夠好而不需要經過確認？我不認爲如此，這也是我爲何不斷強調陰陽線型態需要與其他技術方法配合使用的原因。關於陰陽線的規格，日本文獻並沒有提出明確定義的詳細資料；很多概略性的說法，但沒有足夠的細節。可是，各位也不要過份渲染或迷信陰陽線型態的功能；務必要配合其他技術方法，如此才能提升陰陽線的績效。其他技巧幾乎必定會提升陰陽線的短期預測能力。

陰陽線在視覺上絕對更能凸顯價格資料傳遞的訊息。任何人如果堅持採用長條圖，只意味著他們太過頑固或不願做改變。

隨著時間經過，我相信會有愈來愈多的分析方法。有些會被普遍接受，有些很快就被淘汰。任何技術如果在方法上有紮實的基礎，應該就能夠持續流傳。我相信陰陽線繪圖方法和型態分析會長久流傳下去。

附錄A

專訪日本交易員竹廣引田先生

竹廣引田先生很親切地提供了一些有關陰陽線哲學的精闢見解。我從來沒有遇見任何人像引田先生一樣，如此專注於研究概念的細節。他在多年前就開始使用陰陽線，甚至是在個人電腦普及化之前，他的所有圖形都透過手工繪製。

1992年1月訪問日本的時候，我與引田先生一起研究，彼此切磋、討論陰陽線哲學。我保留了當時的談話紀錄，並由這些紀錄中，摘取適當問題做爲本篇專訪的內容。

部分談話內容稍微經過整理，目的只是爲了釐清觀念，絕對沒有改變原意。就我個人的感受來說，採用英文做爲第二種語言，可以讓表達內容更直接、誠懇，完全不會玩弄小聰明或故做幽默。我覺得這種做法很清新，想必讀者也有類似的感受。

1. 在什麼時候和什麼情況下，你開始對投資和交易產生興趣？

我想，這應該是在我31歲的時候，也就是25年前。可是，我曾經因爲虧損而一度離開市場約2年時間，當時的虧損金額很大，非我能力所能承擔。

2. 從什麼時候開始，你認爲某種技術分析會優於基本分析？

大概在我41歲的時候，當時我基於某種理由離開公司而又開始從事交易。首先由陰陽線型態分析著手，我透過實際操作研究各種不同的日本分析方法，後來也研究美國交易者使用的方法。這個時候，我決定完全採用技術分析，不再仰賴操作或基本分析。非常幸運地，我現在還能存活於市場。

更詳細一點說，大約由這個時候開始，我訂閱《商品雜誌》（Commodities，現在稱爲《期貨雜誌》Futures），還有其他刊物，譬如考夫曼（Kaufman）和韋達（Wilder）的《商品交易系統和方法》（Commodity Trading Systems and Methods）。我第一次使用可設定程式的計算機，是由德州儀器公司根據韋達之方法設計的。後來，當我在態度上對於交易變得更認眞時，便改用卡西歐（Casio）的程式計算機，方便採用自己設定的方法。稍後，爲了每天做分析，我又購買了一台32K記憶容量的 IBM-5100 型電腦，這是在1977年的時候。

1979年，我得知有繪圖功能的第二代蘋果電腦上市，立刻由美國進口一台。1980年，我加入CompuTrac組織，並參加他們在紐奧良舉辦的第一次會議。從那個時候開始，我訂閱《股票&商品雜誌》（Stock & Commodities）。

3. 你是否始終採用陰陽線方法繪圖？如果不是如此，請問你從什麼時候開始採用陰陽線？

不論綜觀行情走勢或瞭解市場行爲，我打從開始就始用陰陽線，因爲日本完全都採用陰陽線方法繪製價格走勢圖，情況就如

同美國使用長條圖一樣。不論喜歡與否，在日本，大家都使用陰陽線。

可是，陰陽線「型態分析」是另一個主題，這跟陰陽線「繪製走勢圖」是兩碼子事。對於如何適當地判讀價格型態，我是在幾年之後才產生興趣的。1965年，我閱讀清水先生（Shimizu）的第一本著作，然後才開始從事交易。這本書是尼可森（Nicholson）之《日本式圖形》（The Japanese Chart of Charts）的日文原著。

4. 日本目前是否普遍採用陰陽線繪製走勢圖，就如同美國使用長條圖一樣？

前面已經提到，除了陰陽線之外，日本沒有其他繪圖方法。沒錯，陰陽線在日本的普遍程度，就如同長條圖在美國一樣。使用陰陽線繪圖是一回事，至於如何判定陰陽線的價格型態，則是另一門學問。

5. 「陰陽線」（candlestick，燭形線）是否是西方名稱？若是如此，請問日本人如何稱呼陰陽線走勢圖與其分析呢？

關於如何記錄市場行爲和趨勢，日本人大概都使用陰陽線，至於其他類似如圈叉圖等圖形，則被歸類爲技術分析，通常用來決定在什麼時候採取行動。談到圖形，我們一般稱它們爲Hi Ashi（日線）、Shu Ashi（週線）、Tsuki Ashi（月線）。蠟燭的日文爲roshoku。

至於Ashi，則是指「腳」或「足」的意思，「足」也有「足跡」或「記錄過去」的含意，這可能是因爲足跡代表過去的行爲或行動。這是一般日文用法，不是市場術語。所以，我認爲「燭形足」（candlefoot）可能是比較恰當的名詞。當然，這實在是無關緊要，只要大家瞭解其意義，聽起來順耳就可以了。

6. 你是從事於股票或期貨交易呢？或者兩者皆有？

我兩者都做。對於期貨，我操作得很積極，至於股票則不然。我是由投資角度買股票，基本上都不賣出，主要是防範通貨膨脹，期貨操作則是爲了短期賺錢。

另外，期貨比較容易找到施力點，尤其是賣點；相對於做多，我比較喜歡放空，和放空做比較，做多經常是因爲放空失敗而造成的。不只如此，相對於做多，放空平均只要三分之一的時間就可以賺到所需要的價差。

7.你覺得陰陽線比較適合運用於股票或期貨，還是沒有差別？

讓我再強調一次，陰陽線繪圖和陰陽線型態分析是兩個不同的領域。陰陽線繪圖是一種繪圖方法，陰陽線型態則是分析方法，後者奠基於或衍生自「阪田五法」。陰陽線型態分析有兩種運用形式，一種適用於日線圖，一種適用於週線圖，其定義是不同的。日線圖的陰陽線型態，運用於期貨的績效比較好。這是因爲速度的關係，期貨的趨勢循環週期比較短，股票週期比較長。

8. 就你個人而言，哪些陰陽線型態的表現最好？可不可以列舉你最喜歡的十種型態？

這可能是從事科學研究的態度吧，但你的問題還是太直接

了，所以很難回答。請瞭解陰陽線型態分析是源自於人類的投資交易經驗，價格型態所表現的是市場趨勢和人類心理的結合，其中不存在科學邏輯。

由統計觀點來說，假設有100%完美的價格型態，這可能每年出現一次，或每三年出現一次，沒有人能夠毫不間斷地持續觀察。這涉及每天的分析，以及冗長而重複的工作。另外，某種型態的成功率過去即使高達100%，這也不保證將來絕對有效。就統計而言，樣本數量是一項重要考量因素；因此，對於樣本數量不同的型態，實在不能做比較。

我希望看到你的電腦軟體或其他人提供的研究報告。我相信，即使採用完全相同的資料，不同電腦軟體所提供的研究結果也不會相同，因爲每套軟體採用的定義通常都不同。每套軟體對於價格型態的定義多少會有差異，過濾法則的定義也是如此。因此，這類的任何研究報告都必須註明所引用的電腦程式，其結論只適用於特定環境架構，不能視爲陰陽性型態的普遍性質。這類研究報告所凸顯的，是電腦軟體採納的價格型態品質，不是陰陽線型態系統本身的品質。

總之，關於陰陽線型態的運用效果，我應該說這取決於你如何使用、其他因素的配合狀況，還有市況條件等，而非取決於陰陽線型態本身。另外，陰陽線型態只是眾多分析工具之一。

9. 你認爲哪些陰陽線型態的效果不是很好？是否可以列舉？

關於這個問題的答案，如同前面問題談到的，取決於很多因素，包括：運用方式、配合方法、價格水準、市況條件…等。

10. 你的交易或時效決策，是否只仰賴陰陽線型態分析，或者還配合其他技術指標運用？

關於陰陽線運用，我當然會配合其他技術方法。如同你所瞭解的，沒有任何一套技術分析方法其本身是完美無缺的，在我們所必須防禦的360度方位，陰陽線型態只能涵蓋一部份。然而，就時效分析而言，每天的陰陽線型態分析在期貨方面的使用效果很好。不過，我還要再強調一次，沒有任何方法可以涵蓋技術分析的所有領域。

另外，我想談談未平倉部位持有的契約口數。在市況允許的情況下，如何決定部位持有的契約口數，很大成分內取決於勇氣，後者也是影響交易的因素之一。每次一口契約，恐怕很難讓你賺錢。這也是爲什麼我對於最佳自動化操作系統不感興趣的理由。對於我來說，這純屬遊戲而已，所以我不喜歡。任何想賺錢的人，都應該要瞭解，這個世界沒有輕鬆賺得的錢，除非你很幸運，或者是國王的兒子。

作者附註：引田先生的意思是，當陰陽線型態訊號出現時，應該採用多口契約方式操作。另外，他也強調如何運用陰陽線型態訊號來建立或出清部位的重要性；換言之，陰陽線型態並非只是用於反轉部位而已。

11.你認爲哪些技術指標與陰陽線型態配合運用的效果最好？

關於這個問題，我必須特別強調，這取決於市況和價格水準。你必須考慮當時所處的環境或背景，才能決定採用哪種技術指標配合陰陽線運用。可是，就一般用途來說，%D隨機指標的

表現很不錯，但需要正確計算循環的週期，以及%D所產生之不同循環的收斂／發散行為。另外，如果想要預先判斷價格走勢的頭部或底部，隨機擺盪指標的效果也不錯。

12. 陰陽線分析目前在美國很風行。你認為這只是稍縱即逝的流行，或者你認為陰陽線分析將在美國落地生根？

我不認為這是一時流行，陰陽線應該會在美國落地生根，因為陰陽線的表達方式明顯優於長條圖，讓使用者更容易瞭解每天的價格變化。陰陽線還有另一個優點，陰陽線標示開盤價，這是解讀市場的重要考量之一。另外，我們只要隨意瀏覽陰陽線走勢圖，就能輕鬆掌握當天的行情走勢。就如同甘氏理論分析一樣，陰陽線的每種型態都有深沉的含意；所以，交易者對於價格型態所蘊含的哲學如果有興趣的話，應該會繼續使用這套方法。

13. 關於陰陽線分析，你對於西方使用者有何建議？

想要瞭解陰陽線，就要瞭解每種型態蘊含的哲學。就如同任何方法一樣，陰陽線並不完美，所以不可只仰賴價格型態本身，而必須和其他根據邏輯建立的方法相互配合運用。陰陽線型態分析是根據人類印象而建立的分析方法，然後將這些歷史型態表示為影像。請注意，在技術分析的最大可能範圍之外，還存在著心智力量的紀律規範，後者會形成你的哲學觀。

運用陰陽線型態，就需要相信它，當你得到陰陽線訊號，就必須執行或密切追蹤市場。對於每個陰陽線訊號都必須保持密切接觸。一旦與該訊號之間的關係中斷之後，該型態所蘊含的心理

狀態就無法運作很好了。

一旦建立操作策略之後，不論你對於上述解釋相信到何種程度，都不至於犯下大錯。只要採用適當的趨勢分析，就可以在可接受的傷害範圍內，預先察覺錯誤。如果你擁有這樣的策略，不論發生任何意外，你都不會覺得失望；當市場發生不利走勢，你將知道這是市場的錯誤，而不是你或策略的錯誤。

附註

讀者由這篇專訪可以發現，引田先生認爲陰陽線走勢圖和陰陽線型態分析之間，存在重要的區別。另外，千萬不要忘記，每個陰陽線型態都蘊含著某種根本心理狀態，這闡釋了每天帶動行情發展之交易者和投機者的心理。

引田先生始終認爲，其操作分析是與市場趨勢共舞。這並不是什麼嶄新的技術分析觀念，但交易者往往要親身歷經痛苦的經驗，才能體會其重要性。

附錄B

衍生性繪圖方法

陰陽線可以產生很多衍生性的繪圖和分析方法。陰陽線的訴求重點，在於它可以在視覺上協助我們解釋市況。由於陰陽線能夠精準描述市況發展，所以我們的大腦能夠快速吸收市場資訊。一種稱爲「強力陰陽線」（CandlePower）的新繪圖方法，更拓展了陰陽線的繪圖領域，因爲可以同時展現成交量。CandlePower是此概念之創始者N-Squared Computing（現在稱爲「北方系統公司」North Systems, Inc.）的商標。

強力陰陽線

強力陰陽線是把日本陰陽線和成交量結合爲一體的繪圖方法，同樣是以視覺爲訴求重點。多數繪圖軟體都把這種圖形稱爲「成交量陰陽線」（CandleVolume），而不是強力陰陽線（Candle Power）。

典型的繪圖方法——不論陰陽線或長條圖——都是以座標縱軸表示價格，橫軸表示時間（請參考第1章）。成交量通常都繪製爲直方圖，並列在價格走勢圖的下側。每當買、賣雙方完成一筆交易，就會產生兩項重要資訊，一是價格變動，一是成交量，我們的對於價格變動反應往往非常情緒化，但經常忽略成交量。成交量對於交易決策考量的重要性，遠超過我們一般認知的程度。理查・阿姆斯（Richard Arms）認爲，價格告訴我們發生了什麼，成交量則告訴我們這是如何發生的。約瑟夫・葛蘭威爾（Joseph Granville）以研究分析成交量爲畢生事業，並發表多本著作。

行情發展過程中，「量」經常是比「價」先行。這雖然是極具爭議性的論點，但同時留意價格和成交量，絕對可以提升時效判斷和決策效率。簡言之，價漲量增可視爲多頭訊號，價跌量縮則可視爲空頭訊號。

請參考圖B-1，這是強力陰陽線的單一線形。就如同一般日本陰陽線一樣，實體部分及其顏色是由開盤價和收盤價界定，影線分別代表盤中最高價和最低價。差異處在於強力陰陽線的實體寬

圖 B-1

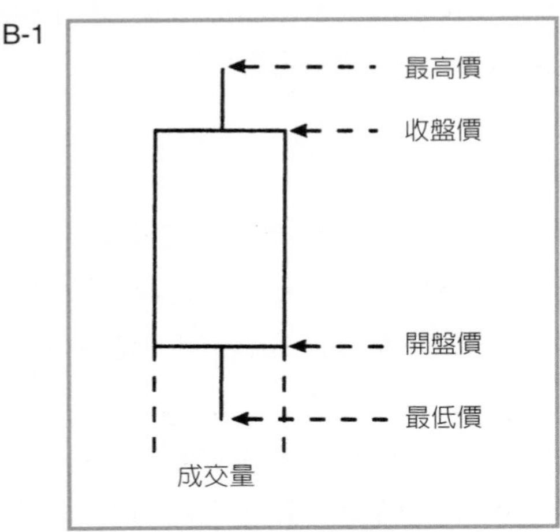

度反映當天成交量；換言之，成交量愈大，線形實體愈寬，反之亦然。對於一份走勢圖，線形實體最寬者，其成交量也最大；同理，線形實體最窄者，其成交量最小。

引進成交量之後，很多陰陽線型態的含意更顯著。舉例來說，多頭吞噬型態的第二天如果伴隨著大成交量，排列更具多頭氣勢。晨星最後一天如果出現大成交量，更能凸顯該型態。

圖B-2是Avon Products（報價代碼AVP）的強力陰陽線走勢圖。請注意，上升走勢包含很多體型肥胖的紅線，典型的價漲量增模式。肥胖紅線的數量減少之後，漲勢也就無以爲繼了。

範例

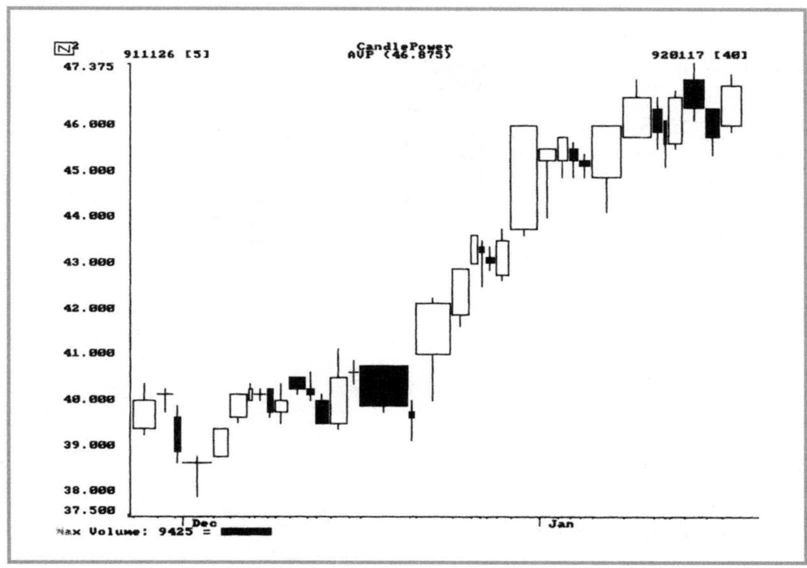

圖 B-2

請參考圖B-3，這是Bell South（BEL）的強力陰陽線走勢圖，巨大的黑線代表天量線形。經過一段不錯的漲勢之後，成交量慢慢萎縮。接著，某天價格突然暴漲，但幾乎以當天最低價收盤，成交量也巨幅放大。經過幾天的跌勢之後，連續出現三天的漲勢，但向下跳空缺口結束了這段小行情。緊跟著出現延伸性的跌勢。

圖B-4是花旗銀行（CCI）的走勢圖，請注意每個行情轉折點都伴隨著大成交量。市場底部出現一支巨大的黑線之後，行情開始回升。這段漲勢終止於一支相對粗胖的紅線，然後呈現一波橫向整理，接著藉由一支巨大紅線向上突破。經過兩個向上跳空缺

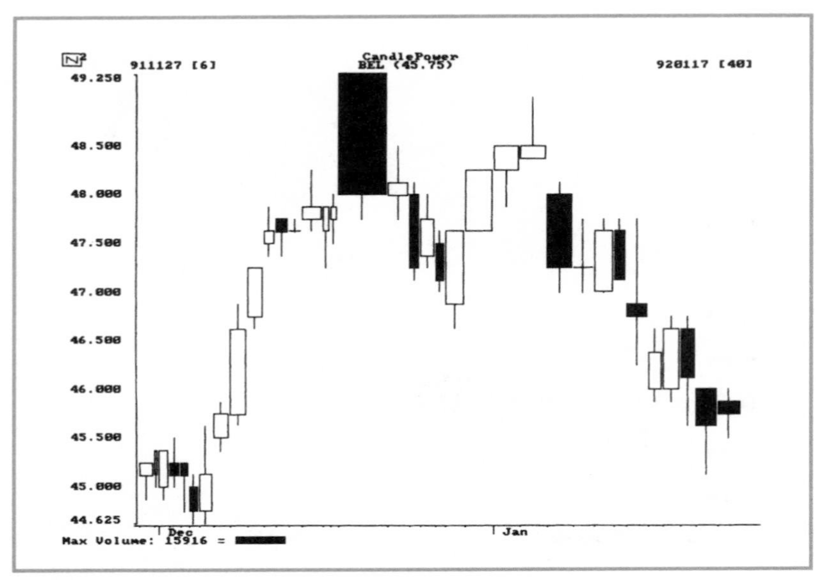

圖 B-3

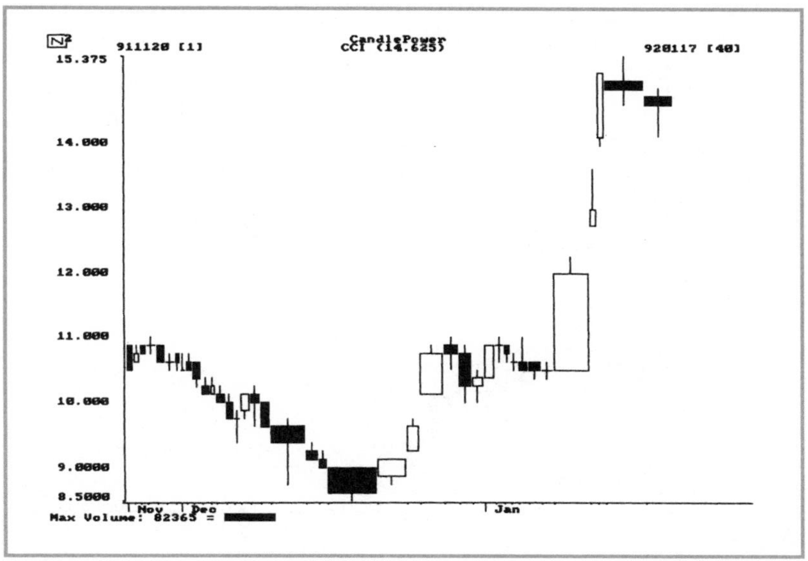

圖 B-4

口，緊跟著出現兩支不確定線形（紡錘線），成交量都相當大。大成交量的紡錘線，代表市場看法極端不一致。籌碼大量換手，但沒有任何一方可以取得優勢。

請參考圖B-5的Litton（LIT）走勢圖，12月底之前呈現的底部反轉持續出現大成交量。事實上，如果不是那支小的紡錘紅線，則晨星多頭反轉型態即可代表底部。這個範例說明某個型態的成交量放大，可以增添其重要性。

圖B-6是此處討論的最後一個強力陰陽線範例，其中顯示更多的線形，讓讀者更能體會這種繪圖方法的豐富內涵。

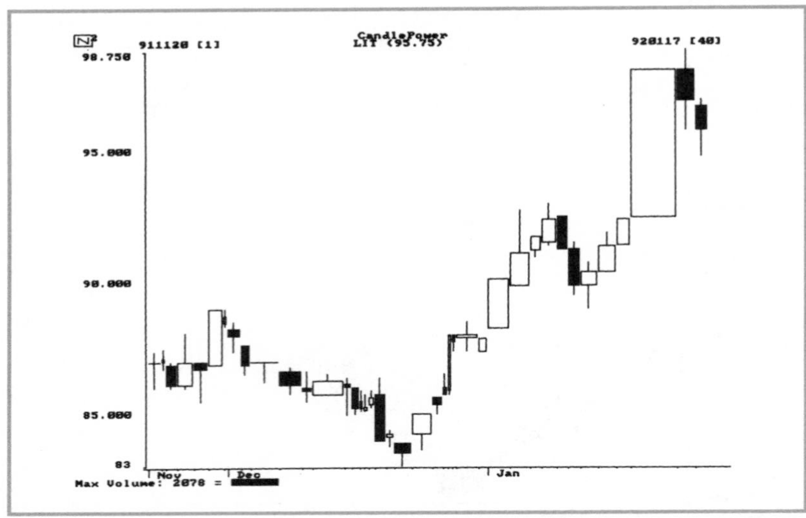
CandlePower
LIT (95.75)
911120 [1]
920117 [40]
98.750
95.000
90.000
85.000
83
Nov
Dec
Jan
Max Volume: 2078 =

圖 B-5

CandlePower
DAL (72.625)
911004 [28]
920117 [100]
75.250
70.000
65.000
60.000
56.750
Nov
Dec
Jan
Max Volume: 13565 =

圖 B-6

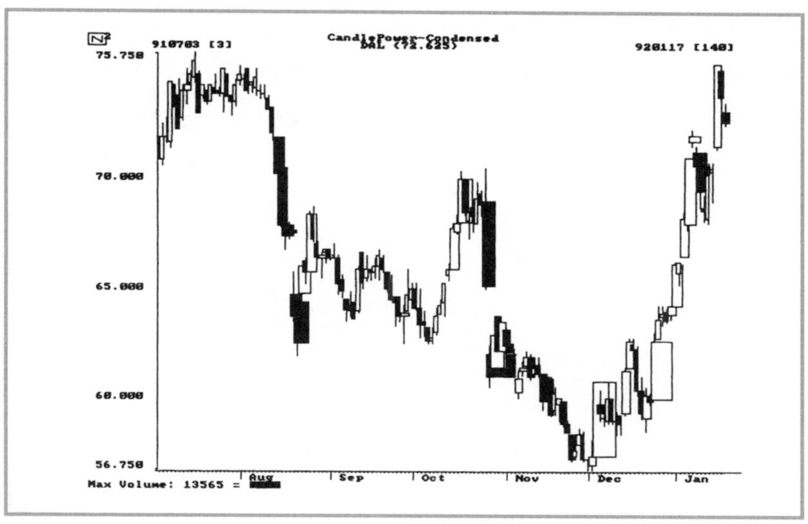

圖 B-7

濃縮強力陰陽線

強力陰陽線稍微做調整，就可以變成「濃縮版本的」強力陰陽線。透過這種方法繪圖，時間又重新回到座標橫軸。陰陽線實體寬度仍然隨著成交量大小而呈現比例變動，但會彼此重疊。座標橫軸上的刻度距離都相等，所以每支陰陽線都從固定位置開始。

這種繪圖方法可以呈現更多的資料，而且大成交量線形仍然一目了然，可是，個別陰陽線型態的判讀會變得比較困難。

採用濃縮強力陰陽線走勢圖，很容易觀察大成交量密集區域。在這種走勢圖上繪製趨勢線，也會同時反映成交量因素。

圖B-7與先前的圖B-6對應，兩者使用的價格、成交量資料完全相同，但B-7採用濃縮版本的強力陰陽線繪圖方法。此處故意如此安排，目的是要讓讀者能夠輕易判別這兩種走勢圖的差別。

參考書目

Analysis of Stock Price in Japan. Tokyo: Nippon Technical Analysis Association, 1988.

Hikita, Takehiro. *Shin Shuu-Ashi Tohshi Hoh—Tohkel to Kakuritus de Toraeru*（根據統計學和機率的週線新繪圖方法）. I OM Research Publications, 1977.

Hikita, Takehiro. *Daizu no Sekai—Yunyu Daizu no Semekata Moh-hekata*（黃豆世界── 進口黃豆攻擊策略與獲利方法）. IOM research Publications, 1978.

Kaburagi, Shigeru. *Sakimono Keisen—Sohba Okuno Hosomichi*（期貨圖形──針對專業交易詳細解釋）. Tohshi Nipoh Sha, 1991.

Kisamori, Kichitaro. *Kabushiki Keisen no Mikata Tsukaikata—Tohshika no Tameno Senryakuzu*（如何判讀與運用股價走勢圖── 投資策略）. Toyo Keizai Shinpoh Sha, 1978.

Lane, George C. *Using Stochastics, Cycles, and RSI*. Des Plaines, IL, 1986.

North Systems. *CandlePower 6 Pro Software*. Salem, OR, 2005.

Nison, Steve.《*Japanese Candlesticks Charting Techniques*》.,(《陰線陽線》，由寰宇出版)，New York: New York Institute of Finance, 1991.

Obunsha's Essential Japanese—English Dictionary. Japan, 1990.

Ohyama, Kenji. *Inn-Yoh Rohsoku-Ashi no Mikata—Jissenfu ni Yoru*（如何閱讀黑線／紅線或陰線／陽線——由實務角度觀察）. Japan Chart Co., Ltd., 1986.

Sakata Goho wa Fuurin Kazan—Sohba Keisen no Gokui（阪田的風林火山法則）: 2nd updated 3rd ed. Nihon Shohken Shimbun Sha, 1991.

Author's note: The above reference was an excellent source for many of the candle patterns. The name Fuurin Kazan may be translated as Fu—the speed like wind, Rin—that quietness like forest, Ku—that battle like fire, and Zan—that immobile positions like mountains. This idiom originated from the Chinese battle strategy the Honma was said to have read.

作者附註：以上列舉的書籍，都是陰陽線型態的很好參考書。風林火山的含意如下：其疾如風、其徐如林、侵略如火、不動如山。這種說法是源自於中國的《孫子兵法》。

Shimizu, Seiki. *The Japanese Chart of Charts*. Tokyo: Tokyo Futures Trading Publishing Co., 1986.

Wilder, J. Welles, Jr. *New Concepts in Technical Trading Systems.* Greensboro, NC: Trend research, 1978.

Yasui, Taichi. *Kabushiki Keisen no Shinzui—Nichi Bei Keisen Bunseki no Subete*（股價走勢圖）. Tokyo: Toyo Keizai Shinpoh Sha, 1981.

Yatsu, Toshikazu. *Tensai Shohbashi "Honma Shohkyu Hiden"—Kabu Hisshoh Jyutsu*（天才交易者本間宗久的秘密── 股票投資成功秘訣）. Diamon Sha, 1990.

Yoshimi, Toshihihko. *Toshihiko Yoshimi no Chato Kyoshitsu*（繪圖教室）. Japan Chart Co., Ltd., 1991.

#【關於作者】

葛雷・莫里斯 Gregory L. Morris

2005年6月以來，葛雷・莫里斯擔任PMFM, Inc.的投資組合經理人，負責管理PMFM共同基金（Core Advantage Portfolio Trust）。2003年12月到2005年5月之間，葛雷擔任股票集中市場掛牌基金MurphyMorris ETF的理事和顧問。同期間內，他也擔任Murphy Morris財務管理顧問公司的財務長和執行長，另外，他出版第二本著作《市場寬度指標完全指南》（The Complete Guide to Market Breadth Indicators）。

自從2002年10月以來，葛雷服務於StockChart.com，這是一家專門提供繪圖服務的網站（他另外也擔任莫里斯顧問公司的總裁）。他專門提供行銷、金融發展方面的顧問服務，並與StockChart.com結盟。1996年到2002年之間，他擔任MurphyMorris Inc.的執行長，這是一家專門提供金融市場行情分析工具與評論的網路公司，其合夥人為約翰・墨菲（John Murphy），墨菲曾經擔任CNBC的分析師。2002年10月，MurphyMorris Inc.被StockCharts.com購併。

1999年，葛雷和三位夥伴成立MurphyMorris財務管理公司，專門協助個人投資者管理資產。2004年1月開始，公司的營運重心是擔任Murphy Morris ETF的顧問，該基金後來併入PMFM基金家族。1994年到1996年，他擔任G. Morris公司的總裁，該公司專門提供投資和交易方面的產品服務。最主要產品是一套涵蓋450種指標和交易系統的產品，能夠適用於Windows作業軟體架構下的大多數套裝軟體。1993年到1994年，葛雷服務於MarketArts Inc.，該公司推出第一套視窗系統的技術分析軟體「華爾街視窗」（Windows on Wall Street）。

1992年，他出版《強力陰陽線》（CandlePower，由寰宇出版），也就是本書的初版。葛雷被公認為日本陰陽線專家和陰陽線過濾系統的開發者，他在全球各地講學。1989年5月，他獲頒Pratt County College的「1989年傑出校友」。1982年到1993年之間，他服務於N-Squared Computing公司，推出15種技術分析和繪圖軟體。

葛雷於1971年畢業於德州大學奧斯丁分校，擁有航空工程學士學位，他發表很多有關金融投資方面的文章，經常出席金融新聞頻道（FNN）的電視節目。1971年到1977年，他擔任美國海軍F4戰鬥機飛行員。葛雷目前有兩個小孩（都是工程師），並收養另外兩個小孩，與妻子Laura居住於北喬治亞的山區。

寰宇圖書分類

技　術　分　析

分類號	書名	書號	定價	分類號	書名	書號	定價
1	波浪理論與動量分析	F003	320	41	技術分析首部曲	F257	420
2	股票 K 線戰法	F058	600	42	股票短線 OX 戰術 (第 3 版)	F261	480
3	市場互動技術分析	F060	500	43	統計套利	F263	480
4	陰線陽線	F061	600	44	探金實戰 ‧ 波浪理論 (系列 1)	F266	400
5	股票成交當量分析	F070	300	45	主控技術分析使用手冊	F271	500
6	動能指標	F091	450	46	費波納奇法則	F273	400
7	技術分析 & 選擇權策略	F097	380	47	點睛技術分析一心法篇	F283	500
8	史瓦格期貨技術分析 (上)	F105	580	48	J 線正字圖 · 線圖大革命	F291	450
9	史瓦格期貨技術分析 (下)	F106	400	49	強力陰陽線 (完整版)	F300	650
10	市場韻律與時效分析	F119	480	50	買進訊號	F305	380
11	完全技術分析手冊	F137	460	51	賣出訊號	F306	380
12	金融市場技術分析 (上)	F155	420	52	K 線理論	F310	480
13	金融市場技術分析 (下)	F156	420	53	機械化交易新解：技術指標進化論	F313	480
14	網路當沖交易	F160	300	54	趨勢交易	F323	420
15	股價型態總覽 (上)	F162	500	55	艾略特波浪理論新創見	F332	420
16	股價型態總覽 (下)	F163	500	56	量價關係操作要訣	F333	550
17	包寧傑帶狀操作法	F179	330	57	精準獲利 K 線戰技 (第二版)	F334	550
18	陰陽線詳解	F187	280	58	短線投機養成教育	F337	550
19	技術分析選股絕活	F188	240	59	XQ 洩天機	F342	450
20	主控戰略 K 線	F190	350	60	當沖交易大全 (第二版)	F343	400
21	主控戰略開盤法	F194	380	61	擊敗控盤者	F348	420
22	狙擊手操作法	F199	380	62	圖解 B-Band 指標	F351	480
23	反向操作致富術	F204	260	63	多空操作秘笈	F353	460
24	掌握台股大趨勢	F206	300	64	主控戰略型態學	F361	480
25	主控戰略移動平均線	F207	350	65	買在起漲點	F362	450
26	主控戰略成交量	F213	450	66	賣在起跌點	F363	450
27	盤勢判讀的技巧	F215	450	67	酒田戰法一圖解 80 招台股實證	F366	380
28	巨波投資法	F216	480	68	跨市交易思維一墨菲市場互動分析新論	F367	550
29	20 招成功交易策略	F218	360	69	漲不停的力量一黃綠紅海撈操作法	F368	480
30	主控戰略即時盤態	F221	420	70	股市放空獲利術一歐尼爾教賺全圖解	F369	380
31	技術分析 ‧ 靈活一點	F224	280	71	賣出的藝術一賣出時機與放空技巧	F373	600
32	多空對沖交易策略	F225	450	72	新操作生涯不是夢	F375	600
33	線形玄機	F227	360	73	新操作生涯不是夢一學習指南	F376	280
34	墨菲論市場互動分析	F229	460	74	亞當理論	F377	250
35	主控戰略波浪理論	F233	360	75	趨向指標操作要訣	F379	360
36	股價趨勢技術分析一典藏版 (上)	F243	600	76	甘氏理論 (第二版) 型態 - 價格 - 時間	F383	500
37	股價趨勢技術分析一典藏版 (下)	F244	600	77	雙動能投資一高報酬低風險策略	F387	360
38	量價進化論	F254	350	78	科斯托蘭尼金蛋圖	F390	320
39	讓證據說話的技術分析 (上)	F255	350	79	與趨勢共舞	F394	600
40	讓證據說話的技術分析 (下)	F256	350	80	技術分析精論第五版 (上)	F395	560

技術分析(續)

分類號	書名	書號	定價
81	技術分析精論第五版(下)	F396	500

智慧投資

分類號	書名	書號	定價
1	股市大亨	F013	280
2	新股市大亨	F014	280
3	新金融怪傑(上)	F022	280
4	新金融怪傑(下)	F023	280
5	金融煉金術	F032	600
6	智慧型股票投資人	F046	500
7	瘋狂、恐慌與崩盤	F056	450
8	股票作手回憶錄(經典版)	F062	380
9	超級強勢股	F076	420
10	約翰・聶夫談投資	F144	400
11	與操盤贏家共舞	F174	300
12	掌握股票群眾心理	F184	350
13	掌握巴菲特選股絕技	F189	390
14	高勝算操盤(上)	F196	320
15	高勝算操盤(下)	F197	270
16	透視避險基金	F209	440
17	倪德厚夫的投機術(上)	F239	300
18	倪德厚夫的投機術(下)	F240	300
19	圖風勢—股票交易心法	F242	300
20	從躺椅上操作:交易心理學	F247	550
21	華爾街傳奇:我的生存之道	F248	280
22	金融投資理論史	F252	600
23	華爾街一九〇一	F264	300
24	費雪・布萊克回憶錄	F265	480
25	歐尼爾投資的 24 堂課	F268	300
26	探金實戰・李佛摩投機技巧(系列 2)	F274	320
27	金融風暴求勝術	F278	400
28	交易・創造自己的聖盃(第二版)	F282	600
29	索羅斯傳奇	F290	450
30	華爾街怪傑巴魯克傳	F292	500
31	交易者的 101 堂心理訓練課	F294	500
32	兩岸股市大探索(上)	F301	450
33	兩岸股市大探索(下)	F302	350
34	專業投機原理 I	F303	480
35	專業投機原理 II	F304	400
36	探金實戰・李佛摩手稿解密(系列 3)	F308	480
37	證券分析第六增訂版(上冊)	F316	700
38	證券分析第六增訂版(下冊)	F317	700
39	探金實戰・李佛摩資金情緒管理(系列 4)	F319	350
40	探金實戰・李佛摩 18 堂課(系列 5)	F325	250
41	交易贏家的 21 週全紀錄	F330	460
42	量子盤感	F339	480
43	探金實戰・作手談股市內幕(系列 6)	F345	380
44	柏格頭投資指南	F346	500
45	股票作手回憶錄 - 註解版(上冊)	F349	600
46	股票作手回憶錄 - 註解版(下冊)	F350	600
47	探金實戰・作手從錯中學習	F354	380
48	趨勢誡律	F355	420
49	投資悍客	F356	400
50	王力群談股市心理學	F358	420
51	新世紀金融怪傑(上冊)	F359	450
52	新世紀金融怪傑(下冊)	F360	450
53	金融怪傑(全新修訂版)(上冊)	F371	350
54	金融怪傑(全新修訂版)(下冊)	F372	350
55	股票作手回憶錄(完整版)	F374	650
56	超越大盤的獲利公式	F380	300
57	智慧型股票投資人(全新增訂版)	F389	800
58	非常潛力股(經典新譯版)	F393	420
59	股海奇兵之散戶語錄	F398	380
60	投資進化論:揭開"投腦"不理性的真相	F400	500
61	擊敗群眾的逆向思維	F401	450
62	投資檢查表:基金經理人的選股秘訣	F407	580
63	魔球投資學(全新增訂版)	F408	500
64	操盤快思 X 投資慢想	F409	420

智慧投資(續)

分類號	書名	書號	定價
65	文化衝突：投資，還是投機？	F410	550
66	非理性繁榮：股市。瘋狂。警世預言家	F411	600

共同基金

分類號	書名	書號	定價
1	柏格談共同基金	F178	420
2	基金趨勢戰略	F272	300
3	定期定值投資策略	F279	350
4	理財贏家 16 問	F318	280
5	共同基金必勝法則 - 十年典藏版(上)	F326	420
6	共同基金必勝法則 - 十年典藏版(下)	F327	380

投資策略

分類號	書名	書號	定價
1	經濟指標圖解	F025	300
2	史瓦格期貨基本分析(上)	F103	480
3	史瓦格期貨基本分析(下)	F104	480
4	操作心經：全球頂尖交易員提供的操作建議	F139	360
5	攻守四大戰技	F140	360
6	股票期貨操盤技巧指南	F167	250
7	金融特殊投資策略	F177	500
8	回歸基本面	F180	450
9	華爾街財神	F181	370
10	股票成交量操作戰術	F182	420
11	股票長短線致富術	F183	350
12	交易，簡單最好！	F192	320
13	股價走勢圖精論	F198	250
14	價值投資五大關鍵	F200	360
15	計量技術操盤策略(上)	F201	300
16	計量技術操盤策略(下)	F202	270
17	震盪盤操作策略	F205	490
18	透視避險基金	F209	440
19	看準市場脈動投機術	F211	420
20	巨波投資法	F216	480
21	股海奇兵	F219	350
22	混沌操作法 II	F220	450
23	傑西．李佛摩股市操盤術(完整版)	F235	380
24	智慧型資產配置	F250	350
25	SRI 社會責任投資	F251	450
26	混沌操作法新解	F270	400
27	在家投資致富術	F289	420
28	看經濟大環境決定投資	F293	380
29	高勝算交易策略	F296	450
30	散戶升級的必修課	F297	400
31	他們如何超越歐尼爾	F329	500
32	交易，趨勢雲	F335	380
33	沒人教你的基本面投資術	F338	420
34	隨波逐流～台灣 50 平衡比例投資法	F341	380
35	李佛摩操盤術詳解	F344	400
36	用賭場思維交易就對了	F347	460
37	企業評價與選股秘訣	F352	520
38	超級績效一金融怪傑交易之道	F370	450
39	你也可以成為股市天才	F378	350
40	順勢操作一多元管理的期貨交易策略	F382	550
41	陷阱分析法	F384	480
42	全面交易一掌握當沖與波段獲利	F386	650
43	資產配置投資策略(全新增訂版)	F391	500
44	波克夏沒教你的價值投資術	F392	480
45	股市獲利倍增術(第五版)	F397	450
46	護城河投資優勢：巴菲特獲利的唯一法則	F399	320
47	賺贏大盤的動能投資法	F402	450
48	下重注的本事	F403	350
49	趨勢交易正典(全新增訂版)	F405	600

程　式　交　易

分類號	書名	書號	定價
1	高勝算操盤(上)	F196	320
2	高勝算操盤(下)	F197	270
3	狙擊手操作法	F199	380
4	計量技術操盤策略(上)	F201	300
5	計量技術操盤策略(下)	F202	270
6	《交易大師》操盤密碼	F208	380
7	TS 程式交易全攻略	F275	430
8	PowerLanguage 程式交易語法大全	F298	480
9	交易策略評估與最佳化(第二版)	F299	500
10	全民貨幣戰爭首部曲	F307	450
11	HSP 計量操盤策略	F309	400
12	MultiCharts 快易通	F312	280
13	計量交易	F322	380
14	策略大師談程式密碼	F336	450
15	分析師關鍵報告 2─張林忠教你程式交易	F364	580

期　貨

分類號	書名	書號	定價
1	高績效期貨操作	F141	580
2	征服日經 225 期貨及選擇權	F230	450
3	期貨賽局(上)	F231	460
4	期貨賽局(下)	F232	520
5	雷達導航期股技術(期貨篇)	F267	420
6	期指格鬥法	F295	350
7	分析師關鍵報告(期貨交易篇)	F328	450
8	期貨交易策略	F381	360

選　擇　權

分類號	書名	書號	定價
1	技術分析 & 選擇權策略	F097	380
2	交易，選擇權	F210	480
3	選擇權策略王	F217	330
4	征服日經 225 期貨及選擇權	F230	450
5	活用數學 · 交易選擇權	F246	600
6	選擇權賣方交易總覽(第二版)	F320	480
7	選擇權安心賺	F340	420
8	選擇權 36 計	F357	360
9	技術指標帶你進入選擇權交易	F385	500
10	台指選擇權攻略手冊	F404	380
11	選擇權價格波動率與訂價理論	F406	1080

債　券　貨　幣

分類號	書名	書號	定價
1	賺遍全球：貨幣投資全攻略	F260	300
2	外匯交易精論	F281	300
3	外匯套利 I	F311	450
4	外匯套利 II	F388	580

財　務　教　育

分類號	書名	書號	定價
1	點時成金	F237	260
2	蘇黎士投機定律	F280	250
3	投資心理學 (漫畫版)	F284	200
4	歐丹尼成長型股票投資課 (漫畫版)	F285	200
5	貴族 ・ 騙子 ・ 華爾街	F287	250
6	就是要好運	F288	350
7	財報編製與財報分析	F331	320
8	交易駭客任務	F365	600

財　務　工　程

分類號	書名	書號	定價
1	固定收益商品	F226	850
2	信用衍生性 & 結構性商品	F234	520
3	可轉換套利交易策略	F238	520
4	我如何成為華爾街計量金融家	F259	500

國家圖書館出版品預行編目(CIP)資料

強力陰陽線完整版 / Gregory L. Morris , Ryan Litchfield 著 ; 黃嘉斌 譯. -- 初版. -- 臺北市 : 麥格羅希爾, 寰宇, 2011, 01
面； 公分. -- (寰宇技術分析 ; 300)
譯自 : Candlestick charting explained: timeless techniques for trading stocks and futures, 3rd ed.
ISBN 978-986-157-771-5 (精裝)

1. 證券投資 2. 投資技術 3.投資分析

563. 53 100000029

寰宇技術分析 300

強力陰陽線完整版

作　　者　Gregory L. Morris , Ryan Litchfield
譯　　者　黃嘉斌
主　　編　柴慧玲
美術設計　黃雲華
發 行 人　江聰亮
合作出版　美商麥格羅希爾國際股份有限公司台灣分公司
暨發行所　台北市 10044 中正區博愛路 53 號 7 樓
TEL: (02) 2383-6000　FAX: (02) 2388-8822
寰宇出版股份有限公司
台北市 106 大安區仁愛路四段 109 號 13 樓
TEL: (02) 2721-8138　FAX: (02) 2711-3270
E-mail: service@ipci.com.tw
http://www.ipci.com.tw
總 經 銷　寰宇出版股份有限公司
劃撥帳號　1146743-9
出版日期　西元 2011 年 1 月 初版一刷
西元 2017 年 7 月 初版八刷
印　　刷　普賢王印刷有限公司
定　　價　新台幣 650 元

ISBN：978-986-157-771-5